A NOITE DA ARMA

A NOITE DA ARMA
DAVID CARR

Tradução de
JOSÉ GRADEL

1ª edição

EDITORA RECORD
RIO DE JANEIRO • SÃO PAULO
2012

CIP-BRASIL. CATALOGAÇÃO NA FONTE
SINDICATO NACIONAL DOS EDITORES DE LIVROS, RJ

C299n   Carr, David
        A noite da arma / David Carr; [tradução de José Gradel]. – Rio de Janeiro: Record, 2012.

        Tradução de: The Night of the Gun
        ISBN 978-85-01-09739-2

        1. Carr, David. 2. Toxicômanos – Estados Unidos – Biografia. 3. Cocaína – Estados Unidos – Estudo de casos. 4. Jornalistas – Nova Iorque (Estados Unidos) – Biografia. I. Título.

12-5408   CDD: 926.1686
                        CDU: 929.613.81

Título original em inglês:
THE NIGHT OF THE GUN

Copyright © David Carr, 2008

Todos os direitos reservados. Proibida a reprodução, armazenamento ou transmissão de partes deste livro através de quaisquer meios sem prévia autorização por escrito. Proibida a venda desta edição em Portugal e resto da Europa.

Texto revisado segundo o novo Acordo Ortográfico da Língua Portuguesa.

Direitos exclusivos de publicação em língua portuguesa para o Brasil
adquiridos pela
EDITORA RECORD LTDA.
Rua Argentina, 171 – 20921-380 – Rio de Janeiro, RJ – Tel.: 2585-2000,
que se reserva a propriedade literária desta tradução.

Impresso no Brasil

ISBN 978-85-01-09739-2

Seja um leitor preferencial Record.
Cadastre-se e receba informações sobre nossos
lançamentos e nossas promoções.

Atendimento direto ao leitor:
mdireto@record.com.br ou (21) 2585-2002.

Para as fadas mágicas
Jill, Meagan, Erin e Madeline

NOTA DO AUTOR

Este livro se baseia em sessenta entrevistas realizadas ao longo de mais de três anos, a maioria das quais foi gravada em vídeo e/ou áudio e depois transcrita por terceiros. Os eventos representados são, primariamente, o produto de mútuas recordações e discussões. Centenas de arquivos médicos, documentos oficiais, revistas e relatórios publicados foram utilizados como fonte de pesquisa para reconstruir a história pessoal. Todos os esforços foram realizados para corroborar a memória com fatos; nos casos significativos em que isso não foi possível, esta ausência está indicada no texto. (Cf. o site *nightofthegun.com* para mais informações sobre a metodologia adotada.) O que não quer dizer que cada palavra deste livro seja verdadeira — todas as histórias humanas estão sujeitas a erros de omissão, de fato ou de interpretação, independentemente da vontade —, mas apenas que é tão verdadeira quanto a pude tornar.

É coisa bem comum termos assim nossos ouvidos, ou antes, nossas memórias, incomodados pelo repique do refrão de alguma cantiga popular ou de trechos insossos de uma ópera. Não menos atormentados seremos se a cantiga for boa ou digna de ária de ópera. Dessa forma, afinal, surpreendia-me quase sempre a refletir sobre minha segurança e a repetir, em voz baixa, a frase: "Estou salvo!"

Um dia, enquanto vagueava pelas ruas, contive-me no ato de murmurar, meio alto, aquelas sílabas habituais. Num acesso de audácia, repeti-as desta outra forma:

"Estou salvo... estou salvo, sim, contanto que não faça a tolice de confessá-lo abertamente!"

EDGARD ALLAN POE, "O DEMÔNIO DA PERVERSIDADE"

PARTE UM

1
TIROTEIO

> Tão certeiro como uma arma.
>
> — DOM QUIXOTE

A voz vinha de longe, como uma interferência em um sinal de rádio, crepitante e misteriosa; apenas uma palavra ocasionalmente conseguia atravessar o ruído. Então, como se o alto de uma colina tivesse sido alcançado, o sinal se firmou. A voz subitamente ficou clara.

"Você pode se levantar dessa cadeira, ir fazer um tratamento e conservar seu emprego. Há um leito esperando por você. É só ir", disse o editor, um cara legal, sentado atrás de uma escrivaninha. "Ou você pode recusar-se a fazer isso e ser demitido." Legal, mas firme.

A estática voltou, mas agora aquela voz conquistara a minha atenção. Eu sabia tudo sobre tratamentos em clínicas — havia balbuciado os lemas, comido as gelatinas e usado os chinelos de papel duas vezes. Eu estava no final de meu mês de estágio em uma revista de negócios de Minneapolis: tinha começado com muitas promessas de me recuperar, de aparecer no trabalho como uma pessoa normal, e quase consegui. Mas o dia anterior a essa conversa, 17 de março de 1987, tinha sido Dia de São Patrício. Prevaleceu a obediência à minha herança irlandesa. Cortei pela metade o dia de trabalho para celebrar minha carga genética com cerveja verde e uísque irlandês Jameson. E cocaína. Um montão de cocaína. Lembro de um furgão, dos colegas do escritório, e de chamar alguns amigos, inclusive o Tom, um ator cômico que eu conhecia. Decidimos ir a um pequeno porém vistoso desfile do Dia de São Patrício, em Hopkins, Minnesota, a cidade pequena onde cresci.

Minha mãe fazia a parada acontecer na base da pura força de vontade. Ela apitava, e as pessoas apareciam. Não havia carros alegóricos: só um bando de irlandeses por um dia, bêbados, e seus filhos, que gritavam e agitavam bandeirolas para confiantes vizinhos do bairro, que colocavam cadeiras dobráveis na calçada como se fossem ver uma parada de verdade. Depois de caminharmos pela rua principal da cidadezinha, acompanhados apenas por aquelas pequenas e tristes matracas metálicas, todo mundo acabava no clube Knights of Columbus. Os adultos bebiam de pé, e as crianças se reuniam para brincar. Eu disse à minha mãe que Tom, o ator cômico, tinha algum material para a meninada. Ele imediatamente começou a lançar piadas grosseiras em todas as direções e foi arrancado do palco por alguns adultos que estavam por perto. Lembro-me de ter pedido desculpas à minha mãe quando saímos, mas não me recordo exatamente do que aconteceu depois.

Sei que cheiramos muito "mais". Era assim que nos referíamos à cocaína, porque era uma metáfora eficaz para a droga. Mesmo que fosse a primeira carreira da noite, dizíamos: "Você tem mais?" Porque sempre haveria mais — mais fissura, mais coca, mais carreiras.

Depois do desastre do Knights of Columbus — que foi encarado como um triunfo quando entramos no furgão —, fomos para o centro até o McCready's, um *pub* irlandês só no nome, que era uma espécie de clube da nossa galera. Cheiramos mais cocaína, intercalada com goles de uísque irlandês. E continuávamos a dizer "só mais um golezinho", celebrando a ocasião. Os copos de uísque se empilhavam entre as incursões ao quarto dos fundos, para carreiras e mais carreiras de coca. Depois que o *pub* fechou, fomos para uma festa na casa de alguém. No fim da noite, voltamos para casa, acompanhados pelo gorjeio dos pássaros.

Assim era sempre, de bar em bar, vendendo, mendigando ou dando coca, bebendo como marinheiros e praguejando como piratas. De vez em quando, dava para escapulir e trabalhar como repórter. Talvez fosse necessário cheirar uma carreira ou duas no fundo da gaveta da mesa de trabalho e ganhar forças para a batalha matinal... Mas ora, eu tinha ido trabalhar, não tinha?

No dia em que fui demitido — algum tempo haveria de passar antes que eu voltasse a trabalhar —, já estava nos estertores de uma carreira promissora, para a qual tinha demonstrado aptidões reais. Até mesmo quando andava me complicando com a coca na vida noturna ficava feliz de enfrentar a polícia e as autoridades no meu trabalho diurno. Estar drogado e me fingir de otário pareciam fazer parte das características do meu trabalho, pelo menos do modo como eu o fazia. Os editores aguentavam minhas idiossincrasias — por exemplo, cobrir a reunião da câmara de vereadores com uma camiseta de boliche e óculos de sol com viseira vermelha — porque eu tinha boas fontes de informação no que era essencialmente uma cidade pequena e escrevia muitas matérias. Eu via, sem preocupações, minha existência dividida como o melhor de dois mundos. Mas agora aquela corrida louca parecia haver terminado. Apoiei as mãos nos braços da cadeira, que subitamente dava a impressão de ter sido eletrificada.

Não havia tempo para pânico, mas o pânico veio assim mesmo. *Puta merda! Eles estão em cima de mim.*

O editor cutucou-me gentilmente, querendo uma resposta: tratamento ou realocação profissional? Para um viciado, a escolha entre a sanidade e o caos às vezes se apresenta como um enigma, mas de súbito minha mente ficou epicamente nítida.

"Não estou pronto ainda."

Depois disso, as coisas andaram rápido. Após uma parada na minha mesa para recolher as coisas, desci de elevador e saí para uma manhã brutalmente iluminada. Como por um passe de mágica, encontrei meu amigo Paul, que caminhava pela calçada bem em frente ao edifício do jornal, parecendo devastado, com um casaco de couro e óculos escuros. Pelo jeito, ainda nem tinha dormido. Eu disse a ele que havia sido despedido, o que era verdade, mas não contei a história toda. Cantor *folk* de talento, com muitas canções virulentas sobre o preço de trabalhar para os poderosos, Paul entendeu logo. Ele tinha consigo algumas pílulas de procedência duvidosa — nem eu nem ele entendíamos nada de pílulas. Talvez fossem de relaxante muscular. Tomei todas.

Recém e enfaticamente despedido, fui inundado por uma onda de súbita liberação. Era preciso celebrar. Liguei para o Donald, meu fiel parceiro. Amigo desde os tempos da faculdade, Donald era alto, moreno e complacente, e virava um bom companheiro depois de ingerir um par de pílulas. Encontramo-nos pela primeira vez em uma faculdade estadual de baixa qualidade, no Wisconsin, onde aprontamos várias. Fomos varridos pelas águas montanha abaixo, dentro de uma barraca, nas Smokies (Smoky Mountains), fizemos uma fogueira com quatro mesas de piquenique empilhadas no rio Wolf, às vezes arrancávamos cercas e derrubávamos caixas postais nas voltas que demos por todo o Wisconsin. Nosso gosto comum por matar aula para fazer caminhadas, jogar Frisbee e tomar ácido durante a faculdade foi substituído por novos prazeres, quando ambos nos mudamos para Minneapolis.

Trabalhamos em restaurantes, servindo e engolindo bebidas alcoólicas, gastando o dinheiro tão rápido quanto ele entrava. "Faça algumas chamadas!" virou a frase de preparação para muitas noites de grandiosa loucura. Compartilhávamos amigos, dinheiro e, certa vez, até uma mulher que se chamava Signe, garçonete que, uma noite, viu-se envolvida voluptuosamente com dois caras que viajavam de ácido, na hora de fechar o bar chamado Moby Dick's em que ela trabalhava. "Avisem quando tiverem acabado", disse ela com voz entediada enquanto eu e Donald sorríamos loucamente um para o outro. Nem ligamos. Ele era pintor e fotógrafo, quando não estava bêbado. E num dado momento, eu virei jornalista, quando não estava ingerindo todas as substâncias que caíam nas minhas mãos. Fazíamos uma boa dupla. E agora que eu tinha sido demitido por justa causa, não havia dúvida de que Donald saberia o que dizer.

"Fodam-se!", disse ele quando nos encontramos no McCready's para brindar ao meu primeiro dia de descanso até a próxima oportunidade que aparecesse. As pílulas tinham me deixado um pouco esquisito, mas me livrei daquilo com uma carreira de pó. De cabeça feita, fomos ao Cabooze, um bar de *blues* em Minneapolis. Os detalhes não estão nítidos na memória, mas houve uma espécie de confusão lá dentro e fomos convidados a sair. Donald queixou-se, na saída, de que sempre éramos expulsos por minha causa. Parte da minha resposta foi jogá-lo em cima do enorme capô do seu Ford LTD 1975. Imaginando o que viria depois, ele se mandou, deixando-me a pé com 34 centavos no bolso. Desse detalhe eu me lembro.

Eu estava furioso. Não por ter perdido o emprego. Eles iam se arrepender. Não por ter sido expulso do bar — isso era rotina. Mas o meu melhor amigo tinha me abandonado. Eu estava furioso, e alguém ia pagar por isso. Caminhei os poucos quilômetros de volta ao McCready's para me reabastecer e liguei para a casa do Donald.

"Estou indo para aí." Ouvindo a ameaça tácita no meu tom de voz, ele me aconselhou a não fazer isso. Disse que tinha uma arma em casa.

"Ah, é? Agora mesmo é que vou."

Ele e a irmã, Ann Marie, moravam em um lindo apartamento térreo alugado na Avenida Nicollet, em um bairro do lado sul de Minneapolis, não longe de onde eu vivia. Nem lembro como cheguei lá, mas avancei contra a porta da frente — que era grossa, feita de madeira e vidro. Como ninguém respondeu, tentei entrar chutando a porta. Meu joelho direito começou a doer antes que meu tênis causasse qualquer dano. Ann Marie, cedendo finalmente à comoção, veio até a porta e me perguntou o que eu faria se ela me deixasse entrar.

"Só quero falar com ele."

Donald veio até a porta e, fiel à sua palavra, trazia uma arma no cinto. Com genuína expressão de pesar, disse que ia chamar a polícia. Eu havia estado lá dezenas de vezes e sabia que o telefone ficava no quarto dele. Dei a volta mancando, quebrei a janela com o punho, agarrei o telefone e o segurei com o braço ensanguentado. "Muito bem, chama a polícia agora, seu filho da puta! Chama! Chama os safados dos tiras!" Eu me senti como a porra do Jack Nicholson num dos personagens mais durões que ele interpretou no cinema. Momentaneamente impressionado, Donald recuperou-se o suficiente para agarrar o telefone da minha mão coberta de sangue e fazer exatamente o que disse que ia fazer.

Quando nos encontramos outra vez, diante do vidro da porta da frente, ele ainda tinha a arma, mas sua voz agora estava amigável. "É melhor você ir embora. Eles estão vindo para cá." Olhei pela Avenida Nicollet na direção da Rua Lake e vislumbrei a viatura avançando rapidamente, com as luzes acesas e sem sirene.

Eu já não estava mancando. Eram oito quarteirões até o meu apartamento, tudo subida. Desci as escadas, dei a volta ao redor do edifício e fui pelos becos dos fundos. Várias viaturas cruzavam o bairro. *Que merda o Donald foi dizer a eles?*, pensei, enquanto corria. Mergulhei atrás de um latão de lixo para me esconder de um carro da polícia que apareceu na esquina e rasguei minha calça jeans e a pele do meu outro joelho. Tive que me esconder nos arbustos e ficar bem quieto enquanto os tiras varriam a área com suas lanternas, mas consegui fugir. Subi voando as escadas dos fundos do prédio em que ficava meu apartamento de quatro cômodos na Avenida Garfield. Eu estava sangrando, coberto de suor e, de repente, com muita fome. Decidi requentar algumas costeletas que haviam sobrado, acendi o forno no máximo e deixei a porta dele aberta, para sentir o cheiro das costeletas quando ficassem quentes. Depois desmaiei na cama.

———

Toda ressaca começa com um inventário. Na manhã seguinte, o inventário começou pela minha boca. Eu havia transpirado a noite inteira, e tinha a boca seca como osso de frango velho. Minha cabeça era uma pequena prisão, preenchida por ganidos de dor e de alarme; cada movimento parecia revolver pedaços de vidro quebrado dentro do meu crânio. Meu braço direito apareceu à vista para ser inspecionado, encharcado de sangue, e então pude ver alguns pedaços de vidro ainda encravados nele. Palmas para a metáfora. Ambas as pernas doíam, mas de modo notavelmente diferente.

Um estrago bastante expressivo — deve ter sido uma grande noite, pensei distraidamente. Depois, lembrei que havia lançado meu melhor amigo para fora de um bar. E depois me lembrei de que isso acontecera pouco antes de eu tentar arrebentar a porta da casa dele a pontapés e de quebrar uma das janelas. E depois me veio, apenas por um segundo, o olhar de horror e medo no rosto da irmã dele, uma moça que eu adorava. Na verdade, eu tinha sido tão babaca que o meu melhor amigo precisou apontar uma arma contra mim para me fazer ir embora dali. Só então me veio a recordação de que havia perdido o emprego.

Foi aquela cachoeira de remorsos à luz do dia, bem conhecida de todos os viciados. Não pode ficar pior, mas fica. Quando se chega ao fundo do poço, a objetividade do fato é sempre uma surpresa. Ao longo de 15 anos, fiz uma jornada aparentemente orgânica de maconheiro a *playboy*, de vagabundo a bandido sem amigos. Aos 31 anos, fora expulso da minha profissão, estava moral e fisicamente corrompido, mas ainda ia levar quase um ano naquela vida. Eu ainda não tinha acabado.

No panteão dos "piores dias da minha vida", ser demitido estava bem na frente, mas não me lembro com precisão de quão ruim foi essa experiência. É razoável pensar que eu devia me lembrar muito bem de como é ser posto na rua. Mas isso foi há vinte anos.

Mesmo que eu tivesse uma memória assombrosa — e não tenho —, a verdade é que as lembranças muitas vezes são construídas por nós mesmos. Algumas delas são reflexivas, projetadas para enterrar verdades que não podem ser absorvidas, mas outras "memórias" são apenas mitos de redenção em letras minúsculas. O testemunho pessoal não é apenas abrir uma veia e deixar o sangue fluir na direção de qualquer um que queira olhar. O "eu histórico" é criado para conservar a distância o que destoa e tornar o assunto palatável no presente.

Mas o meu passado não se conecta com o meu presente. Havia "Aquele Cara", um dínamo de hilaridade e depois miséria, e agora há "Esse Cara", o que tem família, casa e um bom emprego como repórter e colunista do *New York Times*. Conectar os dois vai custar muito mais que digitar. A versão em primeira mão da minha história poderia sugerir que eu fiz um pequeno desvio pelos narcóticos, que passei por um aberrante período de comprar, vender, cheirar, fumar e finalmente injetar cocaína e que, quando eu parei com tudo aquilo, bem, tudo ficou bem.

O mote da desonra seguida de salvação é um artifício recorrente na literatura, mas será que é fiel à complexidade de como as coisas realmente aconteceram? A cada um, inclusive a si próprio, é dito tão somente o que é necessário saber. No livro *Notas do subterrâneo*, Fiodor Dostoievski explica que a lembrança — e até a memória — é fungível e frequentemente deixa de fora verdades indizíveis, afirmando que "o Homem é compelido a mentir sobre si mesmo".

Não sou um mentiroso entusiasta ou contumaz. Mesmo assim, será que sou capaz de contar uma história verídica sobre o pior dia da minha vida? Não. Para começar, esse dia está longe de ter sido o pior dia da minha vida. E aqueles que estavam por perto juram que nada aconteceu do jeito que lembro, no dia em questão e em muitos outros. E se não posso contar uma história verídica sobre um dos piores dias da minha vida, o que não há de acontecer com o restante dos dias, dessa vida, dessa história?

———

Quase vinte anos mais tarde, no verão de 2006, encontrei-me com Donald em um chalé de dois quartos em Newport, uma cidade fora dos limites das Twin Cities,* perto dos currais onde ele agora vive e onde trabalha em uma plantação de árvores. Ele ainda era bonito, ainda um bom companheiro. Não nos havíamos visto durante anos, mas o que nos mantinha unidos — uma permanente ligação, nascida de uma glória temerária — estava conosco naquele chalé.

Eu contei a Donald a história de A Noite da Arma. Ele ouviu com atenção e paciência, sorvendo ocasionalmente um gole de uma garrafa de uísque e rindo das partes engraçadas. Depois disse que era tudo verdade, menos a parte do revólver. "Eu nunca tive uma arma", disse ele. "Acho que *você* talvez tivesse uma."

Essa história é sobre quem tinha a arma.

---

*Cidades gêmeas. Neste caso, St. Paul e Minneapolis. [*N. do T.*]

2

POSSESSÃO

Quem pode saber agora onde está o quê? Os mentirosos controlavam as fechaduras.

— NORMAN MAILER, *OS DEGRAUS DO PENTÁGONO*

Não sou um cara que gosta de armas. Isso é fundamental, e inclui comprar, carregar e, mais especialmente, apontar uma arma para alguém. Estive do lado errado delas algumas vezes, contorcendo-me e pedindo às pessoas para manterem a porra da calma. Mas ir à casa do meu melhor amigo com uma arma engatilhada enfiada nas calças? Sem chance. Isso não cabia na minha história, na história do menino branco que fez uma excursão, guiada por ele mesmo, por alguns dos menos gratificantes *hobbies* da vida, antes de se tornar um homem de bem. Ser o cara que brandiu uma arma fazia de mim um vilão, ou pior, um maluco.

No entanto, eu ouvira: "Acho que *você* talvez tivesse uma."

Não estávamos tendo uma discussão, estávamos tentando lembrar. Eu tinha ido à casa dele com uma câmera de vídeo e um gravador em busca do passado. Até então tudo estava em ordem; nenhuma acusação pendente, nenhuma amizade em risco.

Donald não é inclinado a mentir. Ele tem seus defeitos: desperdiçou uma cara linda e um grande talento com uísque e coisas piores, mas é um sujeito direito, e só o vi mentir quando a lei estava envolvida. Ainda assim, sei o que sei — Descartes chamou isso de "a sagrada música interior" — e acredito que eu não era uma pessoa que possuísse ou usasse uma arma.

A Noite da Arma ficou na minha cabeça porque ela sugeria que eu era uma ameaça tal que o meu melhor amigo não só chamou a polícia como também colocou uma arma na minha cara.

Eu não o culpei por isso — Donald não era violento, e talvez eu merecesse. Duvido que ele tivesse atirado em mim, não importa o que eu fizesse. Mas agora aquela lembrança estava ali entre nós. Como aquela arma.

As lembranças são assim. Vivem entre sinapses e entre as pessoas que as têm. Lembranças, mesmo as épicas, são perecíveis desde sua própria formação, mesmo as das pessoas que não encharcam seus cérebros com substâncias químicas que alteram os estados de ânimo. Só há um certo espaço no disco rígido de qualquer pessoa, e lembranças antigas tendem a ser substituídas por lembranças mais novas. Existe até uma fórmula que explica o fenômeno:

$$R = e^{-\frac{t}{s}}$$

Na curva de Ebbinghaus, ou curva do esquecimento, R representa retenção de memória, s é a força relativa da memória e t é o tempo. O poder de uma lembrança pode ser construído pela repetição, mas é da lembrança que nos recordamos quando falamos do assunto, não do evento. E as histórias são trabalhadas por quem as conta, editadas a cada vez que são recordadas, até que se transformem em pouco mais do que quimeras. As pessoas lembram daquilo com que podem conviver mais frequentemente do que de como o viveram. Eu detesto armas e, com algumas exceções, as pessoas que as usam, de modo que não fui alguém que tenha portado uma arma. Talvez, no curso do processo de me transformar de "Aquele Cara" em "Esse Cara", tenha havido um esquecimento de velhos eus que requer um tipo de Alzheimer autoinduzido.

Nesse exemplo, parece que a verdade não é cognoscível. Na melhor das hipóteses, haveria uma anotação em uma folha há muito perdida do livro de ocorrências de alguma delegacia sobre um lunático, na Rua Trinta e Um esquina com a Avenida Nicollet. Quanto à questão da arma, Donald e eu somos ambos testemunhas pouco confiáveis, tendo em vista o passar dos anos e nossos currículos químicos. Mas Ann Marie estava lá. Eu a convoquei em meio à minha tentativa de investigar o que era controverso. Ela disse que se lembrava de mim, que apareci naquela noite em um estado de grande agitação, mas nada sobre uma arma. Depois, ela disse: "Na verdade, não fiquei ali na porta." Talvez o irmão dela ou eu tenhamos tido a decência de não mostrar a arma na presença dela. A mudança de custódia da arma não fazia sentido. É verdade que eu estava totalmente envolvido com drogas naquela época, comprando e vendendo cocaína, mas as armas não faziam parte do meu estilo naquela vida.

Chapado ou não, o peso de um revólver de grande calibre na sua mão não é algo que você possa esquecer. Eu segurei alguns quando era repórter das páginas policiais, e sempre me espantou como uma arma parece densa e formidável quando a temos nas mãos. Enquanto pensava nisso, percebi que eu precisaria ter andado até a casa dele com uma arma metida nas calças. Não tenho obsessão por minhas partes íntimas, mas também não sou capaz de apontar uma pistola para elas.

Donald foi a primeira pessoa que fui procurar quando decidi opor minhas próprias lembranças às dos outros. Em algumas ocasiões, isso se tornou uma espécie de dança jornalística de fantasmas que tentava conjurar espíritos do passado, inclusive o meu. Donald foi minha primeira parada porque ele foi e é muito querido por mim. E para ser honesto, pensei que o vício, que chegou perto de me matar, o teria ofuscado, e eu erraria todos os tiros que desse nele. Donald se mostrava completamente lúcido e alegre enquanto conversávamos, mas a garrafa de uísque estava ganhando aquela corrida, exacerbada pelo hábito de Donald de consumir metadona, que funcionava como um elástico, sempre puxando-o de volta para aquele mesmo lugar terrível. (Por vezes o vício se parece mais com possessão, com um abraço letal de Satã que requer intervenção sobrenatural. A absolvição de uma obsessão química em estágio terminal tende a pôr de joelhos homens até então sem fé.)

Outros mistérios haveriam de acumular-se enquanto eu seguia meu trajeto, mas A Noite da Arma colou em mim. Talvez Donald não soubesse do que estava falando. Talvez sua memória estivesse ainda mais comprometida do que a minha. Aqueles foram dias muito cheios — eu estava em fuga a maior parte do tempo —, mas lembro-me de alguns deles com bastante exatidão.

Naquele mesmo ano, perto do final de 1987, briguei com minha namorada. Da última vez que havíamos brigado, acabei na cadeia porque a agredi, de modo que dessa vez fui esperto o suficiente para pedir ao meu amigo Chris que fosse me buscar. Chris era uma das pessoas mais sãs que conheci, e eu costumava chamá-lo sempre que me metia em alguma encrenca. Aquela noite, pedi que ele viesse, joguei minhas coisas em uns sacos de lixo e fugi pelos fundos do meu apartamento. É o tipo de coisa que você vê na série *Cops* — eu até estava sem camisa, para dar mais verossimilhança. Chris era e é um homem amável, e nunca perdia a paciência comigo. Enquanto eu arquejava na cabine da picape, ele me disse que tudo ia ficar OK, mesmo que ambos soubéssemos que não ia ser assim.

No verão de 2007, um ano depois de eu ter falado com Donald sobre o revólver, fui para Nova Orleans conversar com Chris. Ele agora é professor de criação literária na Loyola University e padrinho de uma das minhas filhas. Sentados no quintal da casa dele, pusemos em dia assuntos de família e aí indaguei sobre aquela noite.

"Eu me lembro de ter ido buscar você", disse ele. "Eu tinha aquela picape GMC. Você colocou os sacos de lixo na caçamba, e isso foi tudo."

Depois ele disse algo mais: "Eu voltei à sua casa depois que você saiu de lá. Você me mandou voltar para pegar um revólver que tinha deixado lá..."

Opa!

"Você estava preocupado, pensando que os tiras podiam ir à sua casa, e me pediu para voltar lá e pegar algumas coisas que estavam escondidas. Você tinha, eu acho, um 38 especial", disse ele calmamente. "Não sei onde você conseguiu aquilo. Foi perto do fim, e você estava começando a agir como..."

Ele não terminou a frase, nem precisava.

"É mesmo, você teve um revólver — não sei por quanto tempo", disse ele. "Em algum lugar do armário, numa prateleira mais alta ou algo assim. Em cima da geladeira você tinha uma parafernália de drogas e quis que eu fosse até lá para limpar tudo que pudesse ser incriminador."

Se o Chris era capaz de descrever onde o revólver estava escondido, no armário daquele meu apartamento que ficava perto da casa de Donald, é provável que tudo tenha acontecido do jeito que Donald lembrava. Começou a soar um distante sino de alarme. Pois é, o meu revólver. Talvez fosse.

Mas, se eu estava errado quanto ao revólver, sobre o que mais eu estaria errado?

3

EM QUEM VOCÊ VAI ACREDITAR, EM MIM OU NOS SEUS OLHOS MENTIROSOS?

> A questão moral de você estar ou não mentindo não se resolve ao estabelecer-se a veracidade ou a falsidade do que você diz. Para resolver tal questão, precisamos saber se você pretendia que sua afirmação induzisse a erro.
>
> — SISSELA BOK, *MORAL CHOICES IN PUBLIC AND PRIVATE LIFE*

Ao que tudo indica, não me encontro mais qualificado a fazer um levantamento do meu próprio passado do que o viciado com *dreads* fedorentos que pede dinheiro às pessoas no metrô, enquanto canta "Stand by me". Perguntem a ele como terminou lançando perdigotos nas pessoas por 25 centavos, cantando fora do tom, e ele pode ter uma resposta, mas não será toda a história. Ele não a sabe, e se soubesse provavelmente não aguentaria saber.

Ser um viciado é como ser uma espécie de acrobata cognitivo. Você espalha versões de si mesmo por aí, dando a cada pessoa a verdade de que ele ou ela precisa — de que você precisa, na realidade — para mantê-los a certa distância. Como, então, recompor essa estrutura de enganos e transformá-la em um passado verídico?

O vício, que Oliver Sacks define como "uma forma de catatonia autoinduzida, uma ação repetitiva que beira a histeria", é muito preocupante. E se o mecanismo acabar prejudicado, o que será da vontade de ser verídico? Estipulemos que eu não possuo uma boa memória, tendo temerariamente fritado meu cérebro em punhados de especiarias farmacêuticas. Em geral eu me dou bem em testes de inteligência, mas, se me pegarem depois de uma exaustiva noite em claro, um simples "O que aconteceu com você?" pode me deixar aturdido.

Aprendi muito cedo que dava certo mentir para os meus pais, mas, depois que caí no mundo, nem tanto. É tolice mentir para a polícia, uma lição que me foi imposta na mais tenra idade. Quando um tira me fazia uma pergunta direta sobre algo que me poderia incriminar, eu sempre respondia a mesma coisa: "Não posso ajudar você com isso, cara."

Mesmo assim, salvo um sociopata, desses que morrem durante o diagnóstico do médico, não pode haver narrador menos confiável do que um viciado. Seja ele reabilitado ou não, você fica nas mãos de alguém que usa a boca e as palavras para criar constantemente mais uma oportunidade de ficar chapado. Porém, vale a pena conhecer minha versão dos eventos, se não por outro motivo, pelo menos porque eu também estava lá.

———

EIS O QUE MEREÇO: Hepatite C, uma pena a ser cumprida em prisão federal, HIV, um frio banco de parque, uma morte prematura e vazia.

EIS O QUE TENHO: Uma bela casa, um bom emprego, três filhas lindas.

EIS O QUE LEMBRO SOBRE COMO "AQUELE CARA" SE TRANSFORMOU "NESSE CARA": Não muito. Viciados não costumam colocar coisas em caixas; eles usam as caixas em suas cabeças, de modo que tudo à sua volta — o céu, o futuro, a casa da rua de trás — está perdido para eles.

Até onde lembro, isto é o que sei: fui o filho do meio de uma família de sete, em um cenário de romance de John Cheever, no limite entre Hopkins e Minnetonka, na borda ocidental de Minneapolis. Naquele idílio suburbano qualquer aberração era escondida no quarto dos fundos de grandes casas de dois andares. Eu procurava encrenca mesmo que tivesse que andar muito para encontrá-la. Minha casa era boa, meus pais eram maravilhosos, ninguém colocava laxante na minha bebida e, se o fizessem, eu agarraria a oportunidade com as duas mãos e pediria mais. Eu bebia e me drogava pela mesma razão que faz uma criança de 4 anos girar em torno de si mesma até ficar tonta: eu gostava de sentir algo diferente. Três dos meus irmãos são alérgicos ao álcool. Meu pai está em reabilitação, e embora minha mãe possa não ter sido alcoólatra, ela sabia se comportar bem em uma festa. Aquela garota sabia das coisas.

Pulemos o secundário, que eu cursei, na sua maior parte, fumando maconha como se fosse Pall Mall todos os dias daqueles quatro anos. Frequentei uma escola só de rapazes que odiava e escondi meus olhos vermelhos atrás de cabelos compridos que tapavam meu rosto. Um dia, após terminarmos o ginásio, meu amigo Greg e eu fomos de carona até um acampamento *hippie* em Spokane, Washington, perto do local da Feira Mundial de 1974. Virei um *hippie* exatamente no momento em que isso perdera a importância cultural. O acampamento era patético — Nixon estava saindo, o recrutamento e a guerra haviam terminado, eram quase todos apenas chapadões que trocavam vales-refeição por maconha e tomavam a sopa de aveia que os Hare Krishnas distribuíam com sorrisos beatíficos. Acabei tomando um ônibus da assim chamada Rainbow Tribe [Tribo do Arco-íris] e, no passeio que se seguiu, eles me presentearam com peiote, com um profundo senso das possibilidades psicodélicas da vida e com uma tenaz infestação de chatos.

Eu voltei e estava trabalhando em uma fábrica de jujubas, a Powell's Candy, onde usávamos capacetes, protetores de barbas e de ouvidos e produzíamos bandejas de açúcar enrolado. Meu capataz me chamava de Arabesco, por causa dos meus longos cabelos anelados, e raramente falava comigo sem pressionar seu dedo indicador em meu peito como um mecanismo de pontuação. Trabalhei depois em uma fábrica de montagem de tubos hidráulicos, onde meu chefe era um anão chamado George, que tinha como seus principais ícones religiosos os seios de Dolly Parton. Aqui e ali eu cavei fossas sanitárias, trabalhei em um campo de golfe e lavei pratos.

Obviamente sob o efeito de um baseado, decidi que ainda não era a época certa de fazer faculdade, mas meu pai pensava diferente. Ele me levou de carro para uma filial da Universidade do Wisconsin, em River Falls, uma pequena cidade de agricultores perto da fronteira de Minnesota, me deixou no meio do *campus* com meu pufe e minha caixa de *bongs* e me deu um cheque de 20 dólares. Não tinha fundos.

Minha realização mais importante veio logo: como calouro na universidade, ganhei o concurso de entornar cerveja, bebendo cinco latas de cerveja de 340 ml em menos de 20 segundos. Meus novos camaradas me deram tapas nas costas enquanto eu vomitava minutos depois. Fiquei lá por dois anos e fui morar com uma moça maravilhosa, Lizbeth, que logo se encheu de mim. Acabei trabalhando em uma casa de saúde local, onde era o único homem do turno da noite, cheio de moças da cidade que não estudavam na universidade. Foi uma boa vida, até a noite em que eu estava lavando roupa no *trailer* de uma delas e o ex-marido chegou, bêbado como um gambá, e apontou uma arma para mim. Deixei a cidade logo depois. (Nunca se misture com moças da cidade que não estudam.)

Depois de alguns meses viajando pelo Oeste, voltei a Minneapolis e me matriculei na Universidade de Minnesota, que tinha um enorme *campus* no meio da cidade. Nessa época, trabalhei de noite em um restaurante chamado Little Prince — eu era um dos dois caras héteros em uma numerosa equipe de gays e mulheres, e assim fui outra vez abençoado pelas probabilidades a meu favor. E durante o dia, eu ficava nas garagens da escola, com amigas, a maioria delas lésbicas e maconheiras. Durante toda a faculdade, tive muitos amigos, muito pouco dinheiro e o que Pavlov chamou de "a força cega do subcórtex". Se tocasse a sineta de ficar chapado, eu era o primeiro a chegar perto.

Eu subsistia com Pop-Tarts e Mountain Dew, além de substâncias menos nutritivas: LSD, peiote, maconha, cogumelos, mescalina, anfetaminas, Quaalude, Valium, ópio, haxixe, bebidas alcoólicas de qualquer tipo e — isso é meio embaraçoso — sementes de ipomeia. (Dizia-se que tinham propriedades psicodélicas, mas não funcionaram.) Na cabeça, eu só tinha lixo.

———

No meu vigésimo primeiro aniversário, saí com Kim, que trabalhava no Little Prince e que haveria de se tornar minha mulher. Também cheirei pó pela primeira vez naquele dia. O relacionamento com a cocaína revelou-se muito mais duradouro que o casamento e definiria a década seguinte da minha vida.

Um traficante que gastava seu dinheiro com Don Pérignon no restaurante me deu uma lata de cigarros Balkan Sobranie quando descobriu que era meu aniversário. E me disse para abrir a lata no banheiro. Vi o pó e soube o que fazer.

Foi um momento mágico; de súbito, eu havia feito a descoberta mais importante da minha vida. Meu Deus, finalmente posso ver! Fusão a frio, bem ali no reservado do banheiro; foi a melhor coisa de todos os tempos. Minhas endorfinas pularam com aquela nova oportunidade, abraçando-a e sentindo todos os seus esplêndidos recantos. *Caramba, isso é o que há de melhor.* Você pode rir o quanto quiser, mas Proust teve uma epifania similar comendo uma *madeleine*: "Um tremor me percorreu, e parei, absorvido pela coisa extraordinária que acontecera comigo. Um prazer delicioso invadiu meus sentidos, algo isolado, distinto, sem nenhuma sugestão sobre sua origem."

Cada viciado é moldado no cadinho da memória desse primeiro barato. Mesmo que as endorfinas disponíveis se atenuem, a memória está *bem ali*. A caça começou. Às vezes durava horas, às vezes dias — no meu caso, durou anos sem fim. Eu já ficava muito louco só pelo fato de ter cocaína no bolso, sabendo que eu contava com uma pequena vantagem com que poucos outros podiam contar. Havia passado a minha vida aterrorizado, pensando que deixaria escapar alguma coisa, e agora não precisava mais ficar assim. Se eu tivesse investigado mais profundamente, também poderia ter visto que a cocaína alimentava algo em mim que era rebelde e ingovernável; mas haveria tempo para investigar aquilo mais tarde.

Na escola e fora dela — eu assistia às aulas quando podia, enquanto trabalhava no Little Prince —, eu dizia às pessoas que era jornalista, tendo como evidência apenas a palavra sussurrada. Depois, peguei uma história real para o *Twin Cities Reader*, um semanário alternativo local, e a febre de continuar com isso. Desenvolvi imediatamente um intenso interesse por essa atividade.

Mas nunca era suficiente trabalhar com as histórias e a atenção que vinha com elas. Escondidos em redutos suburbanos seguros, garotos que tinham vida fácil, como eu, manufaturavam o perigo. Quando não há espaço, fazemos o nosso, tentamos alcançar alguma coisa que se aproxime do clichê de estarmos completamente vivos, porque poderíamos morrer a qualquer momento. Aquela busca por sensações levava ao divórcio entre o ser e o corpo, à maneira de Descartes, e a uma vida de falso perigo. Tudo que me trazia alegria envolvia risco. *Sim, usemos mescalina e, é claro, vamos passear naquela ponte a muitos metros de altura sobre o rio St. Croix. Estou certo de que vamos ouvir o trem se ele vier, não é?* Meus amigos usavam LSD e se maravilhavam ao contemplar suas próprias mãos. Eu pingava o ácido e organizava viagens.

―――

No começo de 1986, experimentei aquela coisa então ultramoderna chamada de *freebase* e, depois, o crack. Outro momento eureca — *Isto é o que há de melhor. Só que ainda melhor e mais rápido*. A fumaça tornou-se um foguete farmacológico em aproximadamente quatro segundos e meio. Logo me transformei em um autodidata, aprendendo a fazer crack. Um pouco de cocaína e bicarbonato de sódio em uma colher sobre o fogo e *voilà*, estávamos viajando.

Durante o dia, eu fazia matérias jornalísticas para o *Twin Cities Reader*. Eu levava para o lado pessoal funcionários públicos recalcitrantes e escorregadios — meu calabouço moral na época está, em retrospectiva, carregado de ironia — e me alinhava com fontes que eu pensava estivessem fazendo o trabalho em favor do povo.

Os romances policiais me atraíram desde cedo — de hábito é pequena a distância entre a polícia e os criminosos. Mas quando eu me metia em uma confusão própria, nunca recorria aos meus contatos dentro do departamento de polícia; sempre tentava ficar em silêncio e de cabeça baixa, e me escondia dos policiais que conhecia enquanto era fichado. Alguns dos truques dos mafiosos que eu aprendia de noite me ajudavam em meu trabalho durante o dia, mas progredi principalmente *apesar* do meu vício.

No outono de 1983, fiz uma matéria sobre um banco de alimentos que desviava fundos. Mais tarde naquele ano, uma matéria sobre o esforço de uma comunidade de um bairro para fechar um enorme projeto de alimentação para os sem-teto. Em 1984, fiz um artigo sobre uma ação coletiva civil na justiça federal que sugeria que os fabricantes do dispositivo intrauterino contraceptivo Dalkon Shield tinham distribuído o produto sabendo que sua própria pesquisa havia mostrado que era perigoso. Naquele ano eu participei muito da cobertura política, inclusive da campanha para presidente do candidato local, Walter Mondale. Também expus nas páginas do jornal um vigarista versátil que havia usado seus encantos para tirar milhões de dólares de outras pessoas.

Meus mundos começaram a colidir um pouco em 1985 e 1986, quando fiz uma reportagem muito detalhada em um grande centro de desintoxicação — mais tarde eu voltaria para lá como paciente — e, junto com outro repórter, publiquei um retrato generoso e empenhado do Bloco E, um quarteirão do centro da cidade, em que consegui criar um nexo entre erudição e patologia urbana. Fiz investigações sobre o importante papel da firma de supercomputadores Control Data Corporation, que fornecia infraestrutura para o governo da África do Sul, e noticiei a ascensão de gangues de rua das grandes cidades no que fora um distrito bastante tranquilo de Midwestern.

Já então havia sinais que indicavam que as coisas desmoronariam, sem um centro. Nessa época, eu estava trabalhando em uma matéria sobre um tira durão que dirigia a unidade de operações sigilosas da polícia de Minneapolis. Um suspeito tinha sido morto a tiros acidentalmente quando estava sendo preso. Outro repórter e eu investigamos e descobrimos que o tal tira que dirigia a unidade havia iniciado, mas não havia terminado, um tratamento de dependência química. As leis do estado de Minnesota exigiam que ele entregasse sua arma por um dado período de tempo. Quando o entrevistei, ele se mostrou educado e sério. Mas alguns dias depois, meu telefone tocou e ouvi a voz dele dizendo — lembro-me disso décadas depois: "Quer saber de uma coisa? Andei perguntando por aí, e a sua vida não é tão limpa assim... É melhor você olhar por onde anda." Semanas depois disso, quando eu dirigia, podia ver pelo meu retrovisor o furgão que a unidade de operações sigilosas usava. Aquilo me assustou e pôs limites ao meu estilo. Mais tarde, tive uma conversa constrangedora com o chefe de polícia, queixando-me de que alguns de seus agentes estavam me seguindo pela cidade. Ele os fez parar.

Mas, na maior parte dos anos 1980, eu controlava bem os meus negócios, todos eles simultaneamente. Em meu pequeno mundo provinciano de Minneapolis, eu me sentia como um rei. Tinha um emprego, cocaína e muitos amigos. No meu trigésimo aniversário, no dia 8 de setembro de

1986, um amigo me deu alguns cogumelos e me levou até o salão dos fundos do McCready's para uma rápida cheirada. A porta se abriu, e eu vi uma banda, serpentinas e mais de cem pessoas — roqueiros, atores, traficantes de drogas, advogados, jornalistas e integrantes da máfia —, todos usando camisetas em que se lia "Sou amigo íntimo de David Carr."

Não diga!

———

Naquela época, muitos de meus amigos foram parar na prisão. Mas eu era apenas um cara com mau comportamento, que passava horas — e, de quando em quando, dias — nas diversas cadeias de condado. Quando as coisas ficavam pretas, minha família — quase sempre meu pai — intervinha. Depois de longas e torturantes discussões familiares sobre todas as oportunidades que eu estava desperdiçando e toda a miséria que eu estava espalhando por aí, me mandavam fazer um tratamento (quatro vezes, no total), e eu prometia mudar de atitude. Mas com ou sem tratamento, continuei a viver pelo credo de Emerson: moderação em todas as coisas, especialmente na moderação.

Com o passar do tempo, porém, combinei uma vida promissora como escritor com noites sombrias povoadas de gângsteres inexperientes e vícios maduros. Tornei-me um fornecedor estável da comunidade criativa de Minneapolis, vendendo cocaína para músicos, atores e garotos da *night*. Eu traficava gramas, quantidades pequenas — ninguém me confiava um quilo por mais de poucos minutos.

Eu não namorava mulheres, fazia reféns. Casei com Kim por todas as razões equivocadas e rapinei nossa conta bancária com um cartão de débito eletrônico. (Eu meio que acreditava, naquela época, que os caixas eletrônicos tinham sido inventados por um cartel de drogas para manter o dinheiro vivo circulando de noite.) Havia noites em que eu chegava e ia para a cama ao lado dela como uma pessoa normal e, quando ela adormecia, eu escapulia da cama e ia para um beco do outro lado da rua encontrar uma mulher que conhecia. Depois que eu e Kim nos divorciamos, entrei em um relacionamento com uma mulher chamada Doolie e lentamente a levei à loucura. Ela era estonteante, graciosa como o inferno e atraía olhares no bar, o que levava a muitos tapas subsequentes. Minha duplicidade em relação às mulheres era altaneira e crônica. Eu trapaceava e manipulava meu caminho até a cama delas e depois as tratava como joias humanas, algo a ser usado por conta da aparência. Certamente aquilo nada tinha a ver com a minha pinta. Longe de ser bonito, tenho um rosto que parece esculpido em purê de batata, e minha ideia de exercício era correr dois metros.

Uma noite, em 1986, eu fui a uma festa em benefício do Phil, uma antiga conexão de cocaína que estava prestes a ir para uma prisão federal. Lá conheci Anna, que tinha cocaína melhor que a de Phil e que logo desenvolveu uma predileção por mim. Éramos uma mistura impressionante, metastaseada pelo ilimitado suprimento de cocaína dela. Eu ensinei a Anna como fumá-la. Mais tarde, em 1987, um dia ela voltou para casa com uma agulha no bolso, e entrei no barato dela. Perdi meu emprego, ela perdeu seu negócio.

Era para tudo ter terminado ali, mas, no dia 15 de abril de 1988, Anna deu à luz gêmeas. Minhas filhas. Nossos amigos remanescentes nos tinham rogado, bastante razoavelmente, para que abortássemos. Estávamos fumando crack no dia em que rompeu a bolsa d'água de Anna, e as meninas nasceram prematuras em dois meses e meio, com menos de um quilo e meio cada uma. Amigos começaram a boicotar nossa casa, porque ela tinha se tornado um cruel e quase científico quadro de progressão do vício.

Afinal, ambos terminamos em tratamento, e nossas filhas foram para lares provisórios. Eu voltei a ficar sóbrio, Anna não conseguiu e fiquei com as gêmeas, Erin e Meagan. Depois disso, vivi apagando incêndios a maior parte das duas últimas décadas, por conta das promessas que a reabilitação traz, com a sorte, a diligência e o destino guiando-me para uma vida além de todas as expectativas.

———

Mas será que tudo se passou realmente assim? Shakespeare diz da memória que ela é como o carcereiro do cérebro, mas também sua cortesã. Todos lembramos das partes do passado que nos permitiram alcançar o futuro. Os protótipos da mentira — branca, grave, prática — se fazem conhecidos quando a memória é chamada a responder. A memória normalmente responde com mentiras. Todos gostam de uma boa história, especialmente quem a conta, e os fatos históricos geralmente são maculados no processo.

Todos os homens desejam o bem, e é claro que a maioria das pessoas que se dispõem a contar a verdade não mente de propósito. Como é, então, que cada banco de bar sustenta um herói, uma estrela de sua própria epopeia, que é a soma de suas impressionantes histórias?

A maioria das minhas histórias não é bonita, seus aspectos heroicos esmaecidos pelo fato de que a mão que me golpeava era a minha própria mão. Os testemunhos pessoais verdadeiramente enobrecedores falam de alguém que vence com a péssima mão de cartas que o destino lhe reservou, e não de alguém como eu, que recebe boas cartas e taca fogo nelas. Posso admitir com facilidade que fiz coisas ruins sem nenhuma boa razão, mas não entrei na competição para me tornar abertamente perverso. Fui um trapalhão que fez pontaria contra si mesmo e pode ter causado danos colaterais ao longo do caminho. O que encontrei vinte anos mais tarde era mais sombrio, mais vistoso, mas, na memória, aquelas histórias tendem a ser banhadas de emoção, encobrindo segmentos do passado com um substancioso visco que as faz escorrerem suavemente. Mesmo que não haja a necessidade de tornar mais picante o passado, existem impedimentos práticos para comunicar a realidade basal do vício, porque quando cada dia é construído em torno de conseguir e consumir uma substância, todos aqueles dias iguais se diluem e não conseguem ganhar destaque na memória.

Também existe uma quase irresistível tendência para a consistência. A memória é tanto retrospectiva quanto lembrança, de modo que meu retrovisor deve incorporar o fato de que eu, afinal, fui redimido de uma vida de drogas, álcool e loucura. Nesse construto, os momentos em que tropecei numa epifania que mudou minha vida são preservados vividamente, ao passo que os aspectos mais corrosivos ficam perdidos por conta de uma espécie de amnésia autopreservadora. Ter pleno conhecimento do naufrágio de nosso passado pode ser paralisante, de modo que nós — ou pelo menos eu — minimizamos esse passado enquanto seguimos adiante. Em nenhum lugar tal imperativo é mais manifesto do que na memória. Em toda literatura que agrada tem que figurar um personagem simpático, alguém por quem se possa torcer.

Se eu dissesse que era um bandido gordo que batia em mulheres e vendia cocaína de má qualidade, vocês iam gostar da minha história? E se eu dissesse que sou um viciado reabilitado, que obteve a custódia de suas duas filhas gêmeas, livrou-se da assistência social e as criou sozinho, mesmo com um pequeno câncer? Isto já é outra conversa! Ambas são igualmente verdadeiras, mas, como membro de uma espécie que interpreta a si mesma, que luta para manter distante a desarmonia, fico inclinado a mencionar meus carinhosos cuidados com minhas crianças, como pai solteiro, antes de chegar ao fato de que batia na mãe delas, quando vivíamos juntos.

E se o revólver fosse mesmo meu? Fazer tumulto bêbado depois de ser demitido tem seus encantos, mas meter uma arma na cara do seu melhor amigo é uma conduta que cria uma grande fenda na narrativa maior de mim mesmo, fazendo de mim um idiota que foi levado, por uma argola no focinho, a meter-se em questões que estavam além do seu alcance. Se a história do revólver for como Donald e Chris se lembram, isso me coloca na extremidade final do *continuum* entre vítima e criminoso.

Dizemos a nós mesmos que mentimos para proteger os outros, mas nós mesmos terminamos nos saindo muito bem no processo. "Histórias devem ficar nos livros", disse-me Phil, meu fornecedor de drogas. Eu estava ali explicando dolorosamente como, apesar de minhas melhores intenções, as coisas tinham dado errado, as pessoas haviam desaparecido, e eu não tinha o dinheiro dele. Ele me colocou na lista de cobranças e mandou seus rapazes baterem um papo comigo. As histórias devem ficar nos livros.

E ficam. Mesmo que você seja um ser civilizado que deixa alguns goles no fundo do segundo copo de vinho, você as conhece de cor. A trajetória do viciado tornou-se tão emotiva e familiar quanto um filme da Hallmark: a infância texturizada, a degradação, a epifania, a recaída, a rendição definitiva. Os viciados mortos não deixam para trás um traço edificante, de modo que as narrativas são feitas geralmente por pessoas que podem ir ao programa da Oprah e fazer o papel de camelôs de sua própria humilhação.

Por convenção, nessa narrativa de reabilitação os leitores vão querer ver além do tique-taque, sondando o passado nojento para que possam garantir sua boa opinião de si mesmos. (Vai uma amostra: "Quando fui me desintoxicar pela que, pensei, ser a última vez, eles olharam meus braços e me puseram em uma banheira com água morna e detergente para pôr de molho minhas escabrosas marcas de injeção cheias de pus. Nem mesmo os bêbados se aproximavam de mim." Viu como funciona?)

Li alguns clássicos do gênero, desmistificados ou não. Depois de ler quatro páginas de um diálogo contínuo, que parecia saído da boca de uma criança de dez anos de idade, magicamente lembrado por alguém que, na época, estava nos espasmos da abstinência de álcool, fiquei pensando em como ele havia conseguido aquilo. Não, não fiquei pensando não. Eu *sabia* que ele tinha inventado tudo. Era fácil e defensável, na verdade, sublimar e omitir o passado a serviço de uma Verdade Emocional maior. Verdade é singular, e mentiras são plurais, mas a história — os dados do que aconteceu — tanto é imutável como, em sua maior parte, incognoscível. Será que eu posso, de alguma forma, lembrar-me o suficiente para datilografar uma recitação sem verniz ou enfeites do que aconteceu comigo? Sem chance.

Hoje em dia, sou uma pessoa genuína e frequentemente agradável. Sou capaz de imitar um ser humano por longos períodos de tempo, de fazer um trabalho sólido para uma organização conhecida e tenho provado, ao longo do tempo, ser um pai e um marido atencioso. Como reconciliar meu passado com minhas circunstâncias atuais? Acho que as drogas não conjuram demônios, elas os acessam. Eu estava fingindo naquela época ou estou fingindo agora? Vocês poderiam perguntar qual dos meus dois egos eu inventei.

Há, porém, um caminho: não para a Verdade, mas para menos mentiras. Quando resolvi escrever um livro de memórias, decidi checar os fatos da minha vida recorrendo às ferramentas prosaicas do jornalismo. Nos últimos trinta anos, menos o tempo perdido como bêbado ou lunático, utilizei aquelas ferramentas com vivacidade. Decidi voltar atrás e fazer perguntas às pessoas que estavam lá: os traficantes para os quais trabalhei, os amigos que tive, as mulheres que namorei, os patrões que prejudiquei. Haveria relatórios policiais, fotos de quando fui preso em minha curta carreira de escroque e alguns registros médicos de meus tratamentos em série.

Deixados por sua própria conta, os viciados — ou as pessoas que estão tentando personificá-los, por razões que nunca compreendi totalmente — vão parar no ramo da realização dos desejos, tornando-se uma combinação produzida por eles próprios para alimentar apetites públicos específicos. Sempre pensei que investigar, apesar de oneroso, era mais fácil do que inventar: existem muitos grandes repórteres e muito poucos romancistas realmente notáveis. Como escritor, prefiro ser guiado pelo meu caderno de notas e pelos fatos nele contidos. Podem não levar a uma trajetória perfeita, sem emendas, mas produzem uma história que é coerente de outro modo, porque é, em sua maior parte, verdadeira. Assim, todos os fatos que eu puder descobrir e sobre os quais vier a me apoiar, tecidos com as lembranças em rede das pessoas que entrevistei, produzirão fantasia suficiente e toda a irrealidade possível. Mas, para investigar uma história tão próxima de mim mesmo, preciso de reforços.

Na primavera de 2006, fui a uma loja da Best Buy no subúrbio de Minneapolis. Pedi ao rapaz que me atendeu um conjunto de aparelhos que me ajudassem a documentar cada centímetro de um livro que eu estava escrevendo. Desta vez, pensei, quero lembrar-me de tudo, ou pelo menos colocar tudo em algum lugar onde possa ser encontrado. Ele me vendeu uma câmera de vídeo, um gravador de som digital e um *drive* externo para armazenar tudo aquilo. Os aparelhos iam dar conta do que eu não podia fazer: lembrar de tudo, codificar tudo em uns e zeros e servir como testemunhas digitais.

Durante mais ou menos dois anos, eu procurei pessoas havia muito perdidas, com as quais marcava um encontro. Chegava com um monte de perguntas, com a câmera de vídeo, com o gravador, e começava com conversa fiada para depois apontar uma enorme cicatriz do passado. "Você se importaria de abrir aquela ferida?" Era um exercício profundamente embaraçoso, mas trouxe consigo muitas epifanias. Eu estava equivocado sobre muitas coisas. Na versão romanceada da minha vida, eu era basicamente um cara legal que enveredou por caminhos errados e terminou na sarjeta. Na versão investigada, eu era alguém que viu os sinais onde se lia "curva perigosa à frente" e os deitou abaixo, negligentemente derrubando todo mundo que aparecia em cada curva.

Algumas das pessoas que entrevistei queriam que eu dissesse que estava arrependido — eu estava e disse. Outras queriam que eu dissesse que me lembrava — eu lembrava e não lembrava. Outras enfim queriam que eu dissesse que tudo tinha sido um erro — foi e não foi. Parecia menos com jornalismo e mais com arqueologia: um trabalho em que usei pás e machados. Abri caminho por corredores escuros e pouco percorridos, encontrei peças de quebra-cabeças que não se encaixavam e descobri que, para começar, estava trabalhando com o mapa errado. Isso se mostrou um empreendimento esclarecedor e repugnante a um só tempo, uma nova fronteira nos anais do meu envolvimento comigo mesmo. Eu aparecia na soleira da porta de pessoas que não via havia duas décadas e lhes pedia que explicassem a mim mesmo quem eu era.

Bem, o que elas me disseram foi isso.

4
OS PÉS ALADOS DO TEMPO

Como trabalhei em casas de saúde e passei muito tempo com pacientes terminais, aprendi muito cedo que o passar do tempo não se acumula, que não se transforma em algo corpóreo sobre o qual podemos descansar, ou que pode nos consolar. Somos prisioneiros do momento — "insetos presos no âmbar", como escreveu Vonnegut —, alguns olhando para a frente, outros olhando para trás.

Tomei conta de um cara chamado Seth em uma casa de repouso de River Falls, onde trabalhei enquanto cursava a faculdade em meados dos anos 1970. Os pés alados do tempo haviam feito seu trabalho com ele, e sua figura parecia uma bola pequena e ondulada, um "C" humano. Mas apesar disso, ele era decididamente alegre, não se queixava de suas carências e desconfortos. Uma noite, eu estava dando a ele uma gelatina verde de limão, que havia sido feita dias antes e que havia criado um exterior borrachudo. Ele começou a engasgar-se com um dos pedaços de gelatina e, pela cor com que ele foi ficando, estava claro que sua traqueia fora totalmente obstruída. Corri para a porta do quarto, gritando pela enfermeira de turno — era um lugar com escassez de pessoal — e ninguém respondeu. Corri de volta para a cama, fiquei por trás de Seth, coloquei meus braços em volta da sua barriga e apliquei-lhe o rápido impulso da assim chamada "manobra de Heimlich". O pedaço de gelatina voou dois metros e bateu na velha televisão em preto e branco, que era de Seth. Perguntei se estava bem.

"Sim, estou bem", disse ele com um nasalado sotaque norueguês. E depois acrescentou, quase como se não fosse importante. "Acho que você quebrou minhas costelas."

E quebrei mesmo. Ainda assim, ele ficou agradecido, porque sabia que, de outro modo, teria morrido; e eu fiquei orgulhoso de, como enfermeiro, ter absorvido por osmose treinamento médico suficiente, para ser útil a outro ser humano. Eu trabalhava de noite, Seth não dormia muito, de modo que eu sempre terminava no quarto dele, conversando e relembrando. Quando jovem, tive afinidade com idosos, demonstrando um interesse pelas coisas antigas que nunca nutri por meus contemporâneos.

Os pormenores da história de Seth — a viagem lá da Noruega com seus pais quando era jovem, uma vida dura de sitiante, a moça que ele conheceu e com quem se casou na igreja, as vacas que ordenhou, a morte dela, que o deixou sozinho pelos últimos vinte anos de sua vida — eram histórias que eu gostava de ouvir. Ele levara uma boa vida: nenhuma grande manchete para os letreiros luminosos da Broadway, apenas os acidentes no sítio e ocasionais batalhas com o criador de porcos do sítio ao lado. Mas, ainda assim, fizera uma boa corrida.

No final de uma dessas noites, seus olhos leitosos olharam para os meus, Seth apontou para mim, como em um romance de Dickens, e disse, mais como observação do que como queixa: "Tudo anda tão rápido; tão, tão rápido. Nunca esqueça que tudo anda muito rápido. Num instante a pessoa está sentada ali, exatamente como você, jovem, grande e forte, e no outro, está deitada aqui, como eu, todo seco e quase morto. Tenho lembranças, mas a maior parte da minha vida já se foi."

———

Naquela noite, depois do trabalho, fui para casa no velho Mustang 1965, com os para-lamas enferrujados. Ziguezagueando pela estrada do Happy Valley, onde eu alugava uma casa de fazenda com minha namorada Lizbeth, lembro-me de que pensei sobre o que Seth dissera. *Tudo anda tão rápido.* Mesmo então, eu vivia com terror de perder qualquer coisa. Eu me perguntava se minha própria velocidade pessoal, o louco ir e vir da minha vida cotidiana, não era uma reação temerosa ao pensamento de que a vida se afastava de mim.

Em algum momento, talvez quando cursei o segundo ano da faculdade, algo mudou dentro de mim. Vagar sozinho por aí, ficar com a minha tribo de adoção, fumar maconha e assistir às aulas já não eram suficientes. Comecei a pensar em outras possibilidades: crescer, ter empregos que não envolvessem crachás e chefes cujas vidas pequenas só ganhavam significado quando eles me davam ordens. Eu queria ser algo mais que um maconheiro que tocava gaita de um jeito notavelmente inepto. Decidi sair de River Falls.

Quando deixava a cidade, em 1976, parei para ver o professor Robert na sala dele. Seus dedos e sua barba estavam tatuados pela nicotina. Seus olhos me olhavam com delicadeza, mas me deixavam nervoso. Ele me ofereceu um cigarro Pall Mall e me apontou os fósforos, perto de um cinzeiro que parecia uma escultura de Paul Manship, quase heroica em sua textura e abundância. Eu estava indo embora, nem tanto para pastagens mais verdes, mas para um lugar onde se pudesse cheirá-las com um pouco menos de sutileza.

Depois de ter me afastado furtivamente do pequeno *campus* de Wisconsin nos primeiros trimestres, matriculei-me no curso de literatura de Robert. As pessoas, interessadas, prestavam atenção quando ele falava, inclusive o chapadão no fundo da sala, com a pinça da bagana sempre presa no bolso do jeans sebento. O professor Robert morreu em 1996, vinte anos depois de nossa conversa, de modo que ela pode ter sido um pouco enfeitada pela passagem do tempo, mas não intencionalmente. Quando fui vê-lo antes de ir embora da cidade, ele me direcionou para o meu futuro, tendo a decência de me dizer a verdade sobre minha negligência com o meu estado geral.

"Da última vez que te vi, você estava andando por aí em um conversível, tarde da noite, sobre as calçadas no meio do *campus*, acenando loucamente como se estivesse em uma parada. Foi, hum, impressionante", disse ele com seu sotaque cadenciado do centro do país. Olhou-me outra vez com seus olhos gentis, que eu evitei. "Você é um rapaz inteligente, David. Muito brilhante na verdade, mas você não *sabe* nada. Você não *leu* nada."

Isso não era exatamente verdadeiro. Depois que uma monja, na quarta série, me tinha dito que meus pais não estariam no céu quando eu chegasse lá, fiquei acordado até tarde da noite durante quase um ano, devorando todas as revistas dos Hardy Boys, de Nancy Drew e do Black Stallion que o porão da casa dos meus pais podia abrigar. Elas encheram minha cabeça com palavras e histórias, que venho cuspindo de volta desde então. Mas sentado ali com o professor Robert, eu não tinha nenhuma ideia a respeito de escritores e menos ainda de que eu fosse um deles. O professor Robert abriu uma gaveta e me entregou uma lista de sessenta autores norte-americanos contemporâneos. "Isto", disse ele, "é apenas uma porção mínima de literatura, mas leia isso, e pelo menos você saberá *alguma coisa*".

Nos anos que se seguiram, li os livros da lista. Faulkner, Mailer, Brautigan, Vonnegut, Wolfe, Hemingway. Eu lia os livros deitado em uma rede, com fones no ouvido e Led Zeppelin estourando. Lia nos horários de descanso, na época em que trabalhei em demolições com uma britadeira de 50 quilos. Lia quando todo mundo tinha ido dormir. Não é que quisesse ser escritor. Só não queria ser ignorante.

A parte do jornalismo, bem... Aquilo era apenas algo que eu dizia às pessoas. Um professor de inglês e de artes do meu curso secundário certa vez me mandou para um "dia do jornalismo" em River Falls, e notei que a consideração das pessoas em relação a mim parecia aumentar quando eu mencionava o assunto. Alguns anos depois que Woodward e Bernstein acertaram o alvo, escrevendo contra o presidente — e assim salvando a porra da República, graças a Deus —, ser repórter ainda era visto como algo a ser admirado.

Não que eu fizesse alguma coisa. Minha única experiência real tinha sido o meu mandato como editor do jornal da oitava série. Passando o bastão a meu sucessor no fim do ano, fui tipicamente modesto — "Estamos orgulhosos de nossas realizações e gostaríamos que elas tivessem continuidade" —, mas depois daquilo não escrevi nada mais além de redações para as aulas. Fiz pequenos estágios, exigidos pela escola, em jornais semanais — "Estudantes de nossa cidade deram uma mordida na Big Apple na semana passada" —, mas eu evitava os jornais da escola e os nerds que trabalhavam neles. Demasiado quadrados. Demasiado certinhos. Demasiado intimidadores. Mas eu estava procurando alguma coisa parecida ao que eles tinham.

"Você estava cheio de entusiasmo e de alegria de viver", contou-me Lizbeth, em uma visita que fez a Nova York em 2007. "Nós éramos estudantes do segundo ano na faculdade. Penso que você tinha tantas esperanças como qualquer um de nós. É assim que eu lembro. Estávamos todos juntos e nos movíamos juntos. Fiquei mais surpresa de você ter acabado no fundo do poço do que ficaria se você tivesse tido sucesso."

Viajei muito depois que saí de River Falls, sempre dentro do país, mas vi pessoas e coisas que não tinham nada a ver com o meu pequeno mundo dos subúrbios de Minneapolis. Imaginei todos os tipos de possibilidades, mas não o meu lugar nelas. Passei muitas noites sozinho, na estrada, viajando pelo Oeste, admirando céus cheios de estrelas e fazendo planos que não continham planos reais.

5
A LENDA DO *MUSKELLUNGE*

> É dotado de tão maravilhoso poder e de tal velocidade de nado que pode desafiar todas as perseguições do homem; este leviatã parece o Caim desterrado e inconquistável de sua raça...
>
> — HERMAN MELVILLE, *MOBY DICK*

Quando você vai àquelas reuniões que têm um café de merda e que estão inundadas até o pescoço em aforismos que mantêm vivos milhões de pessoas, inclusive eu, nunca se fala da parte divertida. Forma errada de agir. Não é utilizada, não se enquadra no espírito da coisa. Mas quando as substâncias químicas e o carma entravam em combustão e se transformavam em êxtase, era divertido, loucamente divertido. Se não fosse por aqueles momentos, por que as pessoas iam passar o resto de suas vidas perseguindo aquela sensação? Os ratos — e os humanos também — continuam a empurrar a barra na jaula de nossa existência, buscando uma recompensa além do limite da razão porque, de vez em quando, alguma coisa inconcebivelmente deliciosa desce pelo tubo.

Fiquem sabendo que eu me diverti muitas vezes com David B. Ele é um amigo, colega de profissão e o cara que ficou ao meu lado quando escrevi meu primeiro conto. David me ensinou muito, inclusive que muito não se escrevia com "n" depois do "i". Ele é uma das muitas pessoas que, ao longo da minha vida, penduraram cartazes de "à direita" ou "à esquerda" muito antes que eu tomasse uma estrada que terminava em uma ponte inacabada e restos humanos retorcidos. Bem-encaminhado, com família e uma carreira de jornalista freelancer, ele concordou em se encontrar comigo, e nos vimos ruminando, não sobre os custos do pecado, mas sobre seus esplendores. Foi uma hora muito divertida.

"Houve uma experiência épica num dia em que nós estávamos na tua casa, acho, ou na casa dos teus pais, em algum lugar no norte do estado", disse ele, lembrando-se certamente de um velho acampamento de pesca que minha família havia comprado. Na realidade, acho que ele se referia à cabana de pesca de meu amigo Joel. Ambos os lugares foram cenário de inúmeras travessuras e, como muitas delas, aquela envolvia barcos, LSD, fogos de artifício e risadas estrondosas. David estava na água com Brownie, um amigo nosso muito querido, sempre disposto para uma boa loucura organizada.

"Todos nós estávamos lá naquele fim de semana do feriado de Quatro de Julho", disse David, provavelmente lembrando-se de uma noite em 1983 ou 1984. "Brownie e eu tínhamos tomado o mesmo LSD. Era muito usado na cidade, e sabíamos que era do bom. Então pegamos uma canoa e fomos até o meio do lago para ver os fogos de artifício que iam soltar por cima da linha de árvores à nossa volta. E estávamos vivendo momentos maravilhosos, viajando com ácido da maneira certa, apenas as cores e tudo aquilo. Percepção hipersensível."

"E de repente, Bum! Você e o Donald, talvez o Eddie também, todos vocês no cais, lançando rojões contra nós, porra", disse ele. "Ali estávamos nós, desfalecendo de êxtase, e a porra daqueles criminosos no cais, tentando nos atingir com foguetes." Eu respondi que fizemos aquilo para que a coisa ficasse melhor ainda para eles.

"E ficou. Tinha tudo a ver e, definitivamente, acrescentou algo. Então eu me virei para o Brownie, lá na canoa — afinal a gente estava viajando de ácido, de modo que, passado o choque, começamos a gostar daquilo —, e disse para ele: 'Sabe de uma coisa, eles estão mais loucos que nós. Alguma coisa vai acontecer.' E aconteceu: quando nós olhamos de novo, o cais estava pegando fogo. Um dos rojões caiu na pilha de fogos de artifício de vocês e incendiou todos. E vocês gritavam e corriam para todos os lados."

"Grande parte das minhas experiências de proximidade da morte vieram de você", me disse o David. "Eu não sei quão perto da morte nós dois estivemos. Eu me lembro de derrapar em estradas secundárias do

Wisconsin e de cair em valas de drenagem com você dirigindo, sem saber como iríamos sobreviver, caralho. Ainda posso me lembrar disso como se tivesse acontecido ontem."

Em outra ocasião, David e eu fomos a Mankato, para cobrir o treinamento do time de futebol americano dos Minnesota Vikings e, numa noite em que o David estava dirigindo, fomos parados pela polícia. Os tiras fizeram uma revista rápida, David passou pelo bafômetro e voltou para o carro. "Nós saímos dali, e tenho certeza de que meu coração batia a cem quilômetros por hora. E você me falou algo como: 'Ainda bem que você passou no teste, porque tem uma colher cheia de cocaína aqui debaixo do banco da frente.'"

Naqueles dias, sempre havia um lance a mais para curtir, não importa quão tolo ou irrefletido. David, que era e ainda é mais sensato do que a maioria de nós naquela época, disse que tentou fumar crack porque queria estar na minha pele por uma noite.

"As pessoas podem não acreditar em mim, mas parte da motivação que eu tinha para fazer aquilo — além da curiosidade natural, é claro — era que eu queria entender o que acontecia com você, porque você estava em um nível totalmente diferente. Não sei descrever como era aquilo. Sempre havia complicações, e era complicado, certo? Estar com você é complicado. Muita diversão, mas muita logística. Alguns altos e baixos emocionais, algumas complicações legais. Mas havia um nível total de ausência, de olhos ocos que olhavam em volta, de absorção, de autoabsorção. Era apenas diferente. E claramente estava além do poder de qualquer um de nós fazer qualquer coisa em relação a isso."

Assim, além de ensinar o David a continuar escrevendo à máquina até que lhe viesse uma ideia, também mostrei a ele como fumar crack. "Eu já tinha usado muita cocaína até aquela época, mas aquilo era... aquilo era surpreendentemente suave, poderoso e bom", disse ele. "A segunda vez que usei foi quando aprendi a diferença entre o gene viciante e o não viciante."

Rapaz esperto. Nunca fumou crack novamente.

David me ajudou de uma maneira incrível quando fiquei limpo. Houve um momento, depois daquilo, em que ficou vaga a editoria do *Twin Cities Reader*, para o qual ambos tínhamos trabalhado. David fez campanha aberta e ruidosa pelo cargo de editor. Sempre me falava do que ele poderia fazer com o jornal. Eu fiquei na moita e enviei, em segredo, uma carta ao editor, dizendo que, se conseguisse o emprego, mudaria a maioria das pessoas que trabalhavam lá. Consegui o emprego.

"Eu como que expus as minhas esperanças, os meus sonhos e os meus planos, e você acenou com a cabeça e disse algumas coisas, não lembro o quê, e a verdade é que você estava pronto para dar o golpe", comentou o David, não zangado, apenas indiferente. "E o que eu pensei foi: Meu Deus, se você estava mesmo querendo aquilo também, deveria ter dito como amigo: 'Ei, cala essa porra dessa boca. Estou tentando conseguir o mesmo emprego!' Mas você não fez isso. E mais tarde, quando eu tive a coragem de enfrentar você — que era o macho alfa na minha vida —, a resposta que recebi foi que eu deveria ter adivinhado. Que a culpa era minha."

Eu não contei nada ao David na época porque não quis alertar as pessoas que tinham dúvidas sobre mim — formavam uma legião, e seu ceticismo era bem fundado — quanto ao fato de que eu andava interessado no emprego.

É claro que seria fácil dizer que a memória de David estava distorcida do ponto de vista do presente, mas quando perguntei à minha mulher, Jill, o que ela achava da versão dele dos eventos, ela respondeu: "Você deveria ter contado a ele."

———

No começo dos anos 1980, armei um fim de semana só de rapazes... O convite para a festa trazia uma foto de um *muskellunge* — grande peixe predador de água doce — e uma do senador Ed Muskie. O texto dizia: "Suas chances de ver qualquer desses *muskies* nesse fim de semana são as mesmas."

A pesca do *muskie* é uma boa metáfora para a maioria dos homens. Pode-se fazer uma média de 12 mil lançamentos com a vara de pesca antes de conseguir pegar um deles. Se Sísifo ainda estivesse por aí, seria um pescador de *muskie*. Em Hayward, no Wisconsin, não era incomum que as pessoas armassem cadeiras de praia e empunhassem seus binóculos quando um *muskie* grande mordia a isca de algum pescador, porque levaria horas para trazê-lo até a margem. Nossa épica pescaria do sábado não deu em porra nenhuma. Os *muskies* eram muito rápidos, lutadores ferozes e haviam sido pescados em quantidades excessivas, até o ponto de se tornarem raros, mas eles adoravam comer. Li um artigo em um jornal de Hayward sobre um *muskie* de 1,25 m que foi pescado e, quando o abriram, havia um peixe de 75 cm dentro dele. E o *muskie* ainda estava comendo, ainda procurava iscas. Isso é que é um peixe!

Jim, um amigo daquela época que aderira ao passeio, era um escritor dotado e divertido, mas não me chamava a atenção como um cara nascido para discutir sobre iscas, vivas ou não. Mesmo assim, antes de partirmos, ele insistia: "Vou pegar uma porra dessas." Tentei explicar, com toda a paciência, que o passeio não era na verdade para pescar *muskies*: "É uma metáfora, seu babaca!" Mas ele continuou falando naquilo.

Tivemos um pequeno problema com o ritmo na sexta-feira à noite. Havia drogas psicodélicas e cocaína, e todos ficamos bêbados como gambás. Fomos para um bar de striptease perto das cabanas, o tipo de lugar que oferece capacetes de mineiros com lâmpadas para aqueles que querem sentar na primeira fila e lançar uma luz no talento das moças. Duas das dançarinas foram para nossa cabana, mas foi puramente social, nada de negócios. Quando elas se vestiram, os rapazes ficaram curiosamente tímidos e educados. Lembro de ter dado a mão a uma das dançarinas no final da noite, dizendo ter tido muito prazer em conhecê-la. Eram três e meia da madrugada. Caímos duros, em cinco cabanas em ruínas, para algumas horas de sono.

Éramos mais que doze e, às sete da manhã, fomos até o Courte Oreilles, uma série de lagos interconectados, para encontrar nosso solitário guia. Era um dia gelado de outono, chovia intermitentemente e "ressaca" não é um termo bastante abrangente para englobar a gestalt coletiva. Antigo piloto de combate, o guia lançou-nos um rápido olhar e perguntou quem era o chefe. Eu dei um passo vacilante à frente.

"Apenas três de vocês no meu barco agora", ele disse tranquilamente. "Quem vomitar no meu barco está fora."

Houve uma boa quantidade de golfadas depois que todos entramos nos vários barcos. Alguns do grupo nunca tinham posto as mãos em um barco a motor e se espalharam na direção de um vasto horizonte de baías, ilhas flutuantes e lagos misteriosos. Não cheguei a entrar no barco do guia, e coube a mim arrebanhar os meninos realmente perdidos no final do dia. Finalmente encontrei o último barco — "Graças a Deus que vocês estão aí, a cerveja quase acabou" — e voltamos em caravana até a costa. Lá estava o Jim, ao lado do guia e de um *muskie* que estavam pesando. Cheguei perto para olhar. Era um caçador, mas parecia cruel. Havia alguma coisa em seus olhos. Perguntei ao guia sobre a luta para trazer aquele gigante até a margem. Ele olhou para o pôr do sol, enquanto me dizia que "o peixe tinha vindo direto até eles".

"Eu peguei um! Eu disse que ia pegar um! E peguei", interrompeu o Jim, esboçando uma dança rápida.

Aquela noite fomos ao clube Ojibwa, um grandioso superclube do Wisconsin, e todos pediram contrafilés de costela do tamanho dos que Fred Flintstone come: passavam do diâmetro dos pratos e pingavam gordura na toalha de mesa. Muitas homenagens foram feitas a mim, sentado na cabeceira da mesa, ao poderoso, ao que havia organizado a esplêndida caçada.

Algumas semanas depois, Donald e eu fomos a um bar. Eu estava chateando alguém, contando pela centésima vez a impressionante pesca do *muskie* que eu havia organizado. Pelo canto do olho, vi o Donald rindo. Eu já conhecia o Donald havia muito tempo, desconfiei e enchi o saco dele até que finalmente me contou que o Jim havia trazido um *muskie* morto, que tinha dado um jeito de comprar. Todos os participantes do passeio sabiam, menos eu. A justa surra verbal que recebi me ensinou que até mesmo as coisas que eu pensava que sabia, que havia visto com meus próprios olhos, podiam ser sujeitas a revisão.

———

Em 2007, o Jim estava em Nova York porque tinha sido indicado para um National Magazine Award, e nos sentamos no Parque Bryant para rememorar a Lenda do Muskie. O Jim tem uma memória impressionante e uma voz de contador de histórias para fazer com que tudo pareça real.

Lembrei que uma das dançarinas de striptease era linda e simpática, especialmente se considerássemos o lugar rústico em que ela trabalhava. Jim lembrava algumas coisas mais.

"Tinha uma que era magrinha e não usava maquiagem", ele disse. "Os peitos davam a impressão que ela tinha amamentado Rômulo e Remo, os que mamaram naquela loba. Mas o rosto era sorridente e bonito."

"Havia um cara grandão, gordo e baboso que estava dando notas de dinheiro a ela. Ele sentado perto do palco. Em certo momento, ele avançou e tocou a perna dela. O rosto da garota passou de anjo a demônio. Ela agarrou o cara pelas orelhas, bateu a cabeça dele na madeira do palco e disse: 'Nunca me toque!' Só lembro que foi um bafafá. Você provavelmente transou com ela, e, depois disso, ela ficou mais boazinha. Eu estava bebendo, mas não fiz parte da turma da cocaína."

Nunca cheguei a saber direito sobre a procedência do peixe. Parece que o Jim foi entrevistar um pintor dedicado à vida selvagem, para uma matéria que estava fazendo sobre fraude postal e que envolvia selos de correio com imagens de pato, tradicionais nos Estados Unidos da América do Norte. Lá, ele notou que o artista usava um *muskie* como modelo.

"Eu sabia que ia àquele programa de pesca do *muskie* e perguntei: 'Você já terminou com o peixe?'"

Foi uma grande bola de neve, que lembro ter admirado na época. Mesmo havendo passado tantos anos, Jim ainda se preocupava porque a bola tinha caído sobre mim. "Você pode pensar que eu fiz aquela coisa do *muskie* para irritar você — para irritar não, para sacanear você. Não foi por isso. Apenas pensei que era uma oportunidade perfeita."

Perguntei a mim mesmo por que ele estava contando a história de forma tão cautelosa, mas ele me lembrou que, na época, nem tudo entre nós era diversão. Eu tive um atrito com ele no escritório do *Reader* em que o questionei em relação a algo que eu tinha ouvido dizer.

"Você ameaçou me matar, eu fiquei bastante abalado, e depois você falou que ia me bater", disse ele. "Tinha gente por perto, e eu procurava uma saída, mas você, na época, era como um zagueiro de futebol. Temi por minha integridade física, e algumas pessoas tentaram acalmar você. Pedi muitas desculpas, e não entendi bem o que havia feito de errado. Depois eu soube que você tinha problemas com cocaína."

Então, fora uma questão de gerenciamento da raiva. E o que sempre lembrei como algo bom, verdadeira diversão, uma brincadeira, parecia mais sombrio e mais insólito para meus colegas de viagem, muitos anos mais tarde. Afinal de contas, eu podia dar uma festa ou não?

Eu era, em retrospectiva, um trunfo complicado como amigo: um cara que trazia muitas coisas boas — quando era divertido, era muito divertido — mas que, ao empurrar as pessoas para além de seus limites, às vezes perdia o controle.

Meu amigo Daniel, que agora é cineasta em Los Angeles, lembra em um e-mail que o fim de semana do *muskie* teve sua parte divertida, mas que houve momentos muito ruins também.

"Você tinha uma pulsão na época: aquela necessidade de encontrar as linhas, depois cruzá-las e, em alguns casos, consumi-las", disse ele. "Também parecia ter a necessidade de empurrar os outros para que cruzassem aqueles limites com ou sem você. Era seu desafio: era constante, implacável, ousado e às vezes até mesmo bonito."

Ah, finalmente alguém me reconhecia como o príncipe coroado de todos os príncipes dos palhaços. Mas aí ele escreveu aquilo:

"Mas também podia dar merda. Porque, pelo sim pelo não, no final do dia, quando você e o restante de nós estávamos exaustos e doentes por causa das drogas, da bebida, ou por qualquer outra confusão em que tivéssemos nos metido, e não nos restava nada mais, você ainda estava botando pressão."

6

O FACILITADOR DO MEU IRMÃO

> Raramente a verdade é pura, e nunca é simples.
>
> — OSCAR WILDE

Resolveu-se que eu iria para a Benilde High School, uma escola secundária católica suburbana só para meninos, na qual meus irmãos mais velhos tinham estudado. Esperava-se que trabalhássemos durante os verões e pagássemos metade das mensalidades. Fui *caddy* de golfe em um country clube judaico, ganhei a minha parte e odiei quase cada segundo daquilo. A Benilde tinha o mesmo triunvirato que qualquer escola secundária da época: atletas, nerds e malucos. Eu me filiei aos malucos.

Em um ambiente totalmente masculino, o valor é representado pela mestria nos esportes e pela capacidade de meter-se nas calcinhas das moças. Fui um atleta decente, porém indiferente, e tinha um bom número de amigas mulheres com as quais não me sentia à vontade para falar sobre as outras com quem tinha dormido. Em vez disso, eu fumava maconha. Ir à escola na ilha dos meninos, onde a idiossincrasia era transformada em patologia, fez com que ficar chapado todos os dias parecesse uma atividade sensata. Escutávamos Queen, tocávamos *air guitar* chapadões e fumávamos quantidades infindáveis de cigarros de maconha mexicana de má qualidade. Greg, Tim, Fred, John e Dan. E alguns outros. De vez em quando, deixávamos o *bong* e nos metíamos em alguma confusão — fui interrogado, mas nunca acusado, pelo roubo de um Maverick amarelo da agência de automóveis em frente à escola, do outro lado da autopista. Não éramos caras estúpidos, apenas fazíamos coisas estúpidas. Em retrospectiva, ficar cronicamente chapados, mesma na escola, era tolice, como dirigir pela vida com o freio de mão puxado.

Fred era muito mais avançado que a maioria de nós. Ele não achava que notas, disciplina ou convenções tivessem algum significado especial. Afinal foi expulso e viajou de carona para a Califórnia. Voltou em uma gloriosa noite de verão, logo depois que o primeiro ano da faculdade terminou.

Fizemos planos para encontrarmo-nos mais tarde. Ele e Greg estavam em uma praia do lago Shady Oak, em Hopkins, engolindo alguns tranquilizantes pesados, e eu estava do outro lado da cidade, bêbado e chapado, sentado no teto da casa dos pais de alguém, que haviam viajado no verão, e observando um céu maravilhoso. Sob aquelas estrelas, eu apaguei. E Fred foi nadar a alguns quilômetros dali.

> As autoridades disseram que [Fred], de dezesseis anos, morreu no Methodist Hospital no sábado, depois de um acidente de natação no lago Shady Oak, em Minnetonka. [Fred] estava em condições críticas desde o ocorrido na quarta-feira.
>
> [Fred] e um amigo tentaram nadar os 50 metros do cais até a margem quando [Fred] afundou, disseram as autoridades. Ele foi tirado da água por um salva-vidas e levado para o hospital.
>
> *MINNEAPOLIS TRIBUNE*, 1º DE JULHO DE 1973

O funeral foi lamentável. Todos aqueles estudantes atletas que eu odiava, que nunca deram bola para o Fred, apareceram trêmulos com a perda.

A família do Fred estava desolada, inclusive seu irmão menor Frank, que tinha 9 anos. Na minha família, fomos ensinados a ajudar. Coisa de católicos que vão à igreja. Eu disse aos pais do Frank que tentaria preencher algumas das lacunas, levando Frank ao zoológico, aos jogos de futebol e brincando de Frisbee com ele. Também namorei a irmã do Fred, que tinha uma risada musical e generosa.

Frank e eu mantivemos o contato ao longo dos anos e, quando terminei a minha viagem pelo Oeste, ele havia concluído o secundário. As coisas haviam mudado para ambos. Frank conheceu um cara do seu bairro que emprestava dinheiro a juros altos. Eu conhecia alguém na Universidade de Minnesota que conhecia traficantes de cocaína com acesso a grandes quantidades. Nenhum de nós tinha ideia do que estava fazendo, mas, tarde da noite, na minha casa em Minneapolis, efetuávamos contas em um bloco de papel, que nos mostravam ficando chapados e ganhando muito dinheiro. Não levamos em consideração a redução autoinduzida, o desconto do cara legal para os amigos, nem a cocaína grátis para as moças dispostas a tudo — sem mencionar aquela vez em que pesamos 7 gramas em um pequeno quarto escuro, no meu porão, decidimos provar primeiro, e quando chegou a hora de pesar, a cocaína havia sumido, perdida na sujeira do porão. Ninguém assumiu ter derrubado o pacote. Éramos idiotas, não sabíamos de nada.

Nosso primeiro grande negócio foi mais série de televisão do que ação criminosa e, como todos os meus negócios com narcóticos do Anexo 1 do Código Penal, acabou dando em merda. A garota que organizou tudo, Julie — baixinha e bonita, com orelhas de inseto, uma menina durona do norte de Minnesota —, levou-nos até um apartamento, na zona sul de Minneapolis, onde estavam uns caras da pesada e ali nos deixou, depois de me beijar na bochecha. Ficamos sentados lá, dois aldeões suburbanos e dois crioulos mais velhos. O maior deles falou sem parar por dez minutos, em gíria das ruas, sobre as várias opções à nossa disposição para comprar 50 gramas: pedra *versus* pó, embalagem, preço, aquele tipo de coisas. Ele bem podia estar falando em mandarim. Frank e eu nos olhamos nervosos quando ele terminou, sem saber o que dizer. O outro cara, Bart, finalmente quebrou o gelo e disse ao sócio: "Esses meninos brancos não têm a menor ideia do que você está falando. Diminua a velocidade e fale inglês." (Bart acabou se tornando meu amigo, e eu o encontrei anos mais tarde. "Olhe para você agora, todo próspero e o caralho. Eu te conheci quando você nem sabia fazer contas. Você se lembra disso." Eu lembrava.)

Mas quando finalmente calculamos o que queríamos — "uma bolsa pura, uma de pó" —, descobrimos que tínhamos que ir a outro lugar. *Aquele negócio de vender droga pelas ruas era cheio de surpresas*. Fomos para o West Bank de Minneapolis, perto da universidade, e subimos uma escada externa de uma casa até um apartamento velho e sórdido. Eles pegaram nosso dinheiro, foram para um outro quarto, e nos olhamos sem saber se voltariam por aquela porta com drogas ou com armas. Afinal eles voltaram com as drogas e saímos, ambos aliviados e felizes de ter conseguido realizar o negócio. Como era eu o cérebro da nossa operação, de certa forma me senti responsável e paternal com Frank, mesmo que tivesse aberto uma porta para a obtenção de quantidades respeitáveis de pó, para uma atividade criminosa e para o tipo de trapaceiros que vinham com ela. Depois que fiquei limpo, tive vergonha por muito tempo de ter transformado o que era um belo gesto — ser um irmão mais velho para um menino que havia perdido o seu — em um relacionamento algo tóxico.

Depois de ficar sem vê-lo por mais de uma década, encontrei-me com Frank em seu sítio, a oeste das Twin Cities. Quando apareci, ele veio resfolegando pela porta, com um pouco de barriga de cerveja, mas, fora isso, o mesmo velho Frankie. Como muitos dos rapazes dos velhos tempos, ele só tinha mesmo uma pergunta: "Por onde você andou?" É uma longa história, eu disse. Conversamos por algum tempo e atualizamos informações. Ele estava casado, tinha filhos legais e trabalhava duro como impressor. Andamos até uma enorme cabana que era na verdade sua sede, um monte de ferramentas, uma geladeira, e um enorme barco de madeira que um dia ele vai consertar.

Quando veio a história da primeira transação de drogas, eu e ele nos vimos rindo de segurar a barriga. Que idiotas éramos! A casa onde vendiam a droga era um lugar aterrorizante e, como lembrou Frank, ficou pior quando abrimos a porta. "Antes mesmo de entrarmos no quarto, havia um cara preto, mais velho, sentado em uma cadeira, balançando-se para a frente e para trás, com uma arma no colo. Lembro que o cano dela era de..."

Interrompi o Frank, dizendo que aquilo era tudo mentira. Um equívoco da memória. Ele mostrou-se firme.

"O negro tinha uma arma no colo com um cano de mais ou menos 45 centímetros de comprimento, que ele ficava alisando com a mão. Eu fui logo dizendo: 'OK — eu sou o cara com os 2 mil no bolso e estou pensando: o que vai acontecer agora?'"

Pelo menos desse sentimento eu lembro. Afinal, eu mal conhecia a tal Julie.

Eles voltaram com a muamba. E mais, recordou Frank: "Eles disseram: 'Isso é tudo que vocês querem? Olhem o que temos!' E abriram um saco de lixo cheio de maconha. Aí o cara abriu um estojo cheio de LSD, e eu disse: 'Hoje nós viemos pela primeira coisa. Acho que só vamos levar aquilo.'"

Meu orgulho de viciado se revoltou enquanto o Frank contava a história. Eu disse ao Frank que a versão dele fazia parecer que tinha dirigido toda a transação — aos quantos? Dezenove anos de idade? É verdade que naquela época eu não sabia a diferença entre o meu rabo e um buraco no chão, mas, definitivamente, eu era o membro sênior do nosso time.

"É, cara, eu estava lá com você", Frank finalmente admitiu.

Assim ficou melhor.

Conversamos um pouco sobre nossa parceria, e ele mencionou que eu sempre ficava afeiçoado demais ao meu próprio produto para conseguir fazer um bom dinheiro, especialmente depois que comecei a fumá-lo. "Acho que fui eu que te deixei *ligado* a primeira vez", disse Frank, com um sorriso em algum lugar entre comer merda e envergonhado.

Então tinha sido ele! "Não fala nada, cara. Você não acha que eu me senti culpado daquilo o resto da minha vida?" Estou secretamente emocionado. Foi como se ficássemos quites, de um modo estranho. A culpa em relação a Frank me havia perseguido durante anos, depois que fiquei limpo. Alguns dos pesos que carregamos incluem alguns contrapesos falsos, talvez para substituir todas as coisas horríveis que de fato fizemos e que esquecemos.

Segundo o relato de Frank, quando descobri que ele sabia como usar o *freebase*, algo de que eu só tinha ouvido falar, insisti para que ele viesse à minha casa naquele mesmo dia. Também convidei Crazy Ken, campeão de xadrez, um cara diferente, que tinha acesso a uma cocaína de raro grau de pureza.

"Aquele cara mostrou à gente um saco de droga — devia haver 125 gramas, sem brincadeira", lembrou Frank. Enquanto Crazy Ken e eu observávamos ansiosamente, Frank passou um tempo trabalhando dois gramas em cima do forno e deu a primeira tragada.

"Muito bem, deixem que eu faça um teste. E acendi o maçarico", disse Frank. "Puta merda, cara! Eu poderia... — meus joelhos estavam ficando moles. 'É isso aí, é muito bom, é ótimo.' Lembro que o Ken perguntou como era, e eu disse a ele que era como cheirar, só que melhor."

Parecia melhor. A não ser que você tivesse o menorzinho dos pequenos genes do medo, ou uma queda pela paranoia. Kenny deu sua primeira tragada de crack. Ficou de pé imediatamente e, antes que eu tivesse a chance de dar a minha, saiu pela porta dos fundos e começou a levantar as tampas das latas de lixo, olhando o interior delas, procurando sei lá o quê, pelos *federales* ou alguma outra coisa. Eu observava com interesse, mas estava mais preocupado com a minha vez. "Ele vai ficar bem", falei, voltando-me para o Frank.

Vinte anos depois, Frank e eu nos sentamos nas trevas daquela cabana, discutindo e lembrando os velhos tempos: da vez em que peguei um espelho do tamanho de uma porta e estiquei uma fileira de cocaína de uma ponta à outra; ou da vez em que os bandidos estavam atrás de nós de verdade, e precisávamos conseguir o dinheiro para pagar o que devíamos a eles, digamos, naquele mesmo instante; ou da vez em que brigamos e eu quebrei as costelas do Frank. Mas da lembrança de que eu o havia corrompido, de que eu o havia levado pelo mau caminho? Nem tanto.

Como se viu, era *eu* que precisava de um irmão mais velho.

"Bem, teve uma vez em que eu te levei para dentro, dizendo que ia te trancar no meu porão e tirar você daquilo", ele disse. "Pode ter sido a vez em que você me quebrou três costelas. Acho que foi isso que aconteceu. Eu disse: 'Não gosto mais do que estou vendo.' E disse a você para abandonar aquela vida. E você não gostou nada. Levar você para casa e trancar você no meu porão até você sair daquilo. Teria sido legal, não é?"

"Acho que você ficou bem fodido. Não vou assumir a responsabilidade por aquilo", disse Frank, com as mãos nos joelhos. "Nós éramos uma espécie de 'olho por olho', eu acho."

7

O MOBY DICK'S

> O vigor necessário para exercer duas profissões ao mesmo tempo não é dado a qualquer um, e foi só ultimamente que encontrei o vigor necessário para exercer uma.
>
> — ANTHONY TROLLOPE, *AUTOBIOGRAFIA*

Eu estava na casa dos meus pais, em 1982, quando meu pai me falou de seu amigo Peter, um cara que dirigia a instituição Catholic Charities. Certa vez, Peter viu dois tiras bem-fornidos que batiam em dois suspeitos negros, já presos. Avançou na direção deles para perguntar por que estavam dando uma surra naqueles caras e ganhou um pouco do mesmo tratamento. Parecia ultrajante.

— Alguém devia fazer uma crônica sobre isso — eu disse ao meu pai.

— Talvez devesse ser você — ele respondeu. Eu telefonei para o editor do *Twin Cities Reader*. Ele pareceu interessado, de um jeito meio entediado. Comprometeu-se apenas a ler o que eu levasse.

Eu fingi que sabia o que estava fazendo — não é a isso que se resume a maior parte da vida? — e investiguei relatórios policiais, registros disciplinares e testemunhas relevantes. Com meu amigo David ao meu lado, escrevi a matéria. Quando chegou a hora de entregá-la, fiquei batendo papo com Brian, o chefe de reportagem; não conseguia largar as páginas.

— Ah, sim, a venda daquela história — disse Brian, sentado na sala da sua casa em 2006, quando fui visitá-lo.

— É isso mesmo — disse eu naquele momento. — Me dê a porra da matéria. Que tal se eu der uma olhada e decidir? — Lembro que era uma espécie de representação teatral da palavra falada.
— Você estava 25 anos à frente de seu tempo — disse Brian, rindo.
A matéria foi aceita e saiu na capa do semanário no dia 4 de fevereiro de 1982.

> Ele era um visitante de outra parte da cidade, e tinha visto o suficiente. Destacou-se da multidão e fez à polícia a pergunta errada. "Por que vocês têm que fazer isso?" Aquela pergunta valeu [a Peter] uma viagem ao centro da cidade, uma breve estada na cadeia para ser fichado e depois algum tempo no hospital, para que a resposta à sua pergunta fosse tratada.

Essa matéria foi seguida de muitas outras. Sendo uma pessoa que odiava perder qualquer coisa, eu tinha achado algo em que descobrir até o último detalhe era considerado uma habilidade. Eu não era um maníaco; era um jornalista, um louco com um portfólio. O tirano maníaco e avarento dentro de mim havia encontrado expressão em uma atividade que me traria reconhecimento, uma noção de recompensa e uma razão para fazer alguma coisa além de viajar da condição de muito louco para a de chapadão.

"Havia um nível de energia muito alto em algum lugar ali, uma compulsão, uma obsessão compulsiva — seja lá o que for, que permitia que você fizesse aquilo e o fizesse bem", disse Brian. "Havia uma coisa de 'força da natureza', que era uma enorme parte do teu encanto — para mim, pelo menos, e penso que para muitas outras pessoas. Você podia entrar em algum lugar, fazer amigos quase imediatamente e sustentar aquilo por muito tempo."

Brian e eu tínhamos cubículos adjacentes, com um processador de texto que era compartilhado na janela que ficava entre nós. "Eram nove e meia da manhã. Nada comum eu já estar lá naquele horário, e estava batendo à máquina", lembrou Brian. "Olho para cima e aí vem o Carr, que parece não ter dormido nada ou, se dormiu, dormiu de roupa e tudo. 'Oi, Dave, como vai?' 'Bem, Lambert, bem.' Ele senta, eu continuo a escrever, barulho de papéis aqui e ali, a gaveta do seu lado da mesa se abre, eu continuo a escrever, e de repente escuto um ruído mais alto seguido de uma expressão de satisfação. São dez da manhã, a equipe de vendas andando por ali, e eu disse: 'Tudo OK, David?' 'Claro, cara, estou bem, bem mesmo.' Não lembro de onde você esteve na noite anterior ou quando a manhã te alcançou, mas aquele foi um momento forte."

Nosso escritório ficava ao lado do desleixado Bloco E, o lar do Moby Dick's, um bar que servia "um drinque do tamanho de uma baleia". Muitas vezes íamos lá tarde da noite, quando as musas pareciam precisar de mais um rápido empurrão.

O Moby's era um dos poucos lugares onde as raças se misturavam em um estado onde até a maior parte da comida era branca: *lutefisk* (peixe sueco), *lefsa* (prato de batata norueguês) e infindáveis mares de leite — desnatado, 2% de gordura, integral. Até a manteiga era branca. A rainha da feira do estado era esculpida em manteiga branca. Branca como a fábrica de tintas do filme *O homem invisível*. Branca como eu.

O Moby Dick's não era branco. A rainha de manteiga não estava pendurada lá. O Clarence trabalhava de porteiro e me deixava entrar, qualquer que fosse o modo como eu estivesse vestido, porque eu sempre procedia com educação e dava gorjetas como ex-barman que era. Havia negócios a serem feitos pelos cantos, mas a droga preferida ali era a bebida. Separadores, kamikazes, um arco-íris de drinques. Dizia-se que as pessoas que tinham ganhado medalhas como prova de sua sobriedade podiam colocar uma delas no balcão e começar de novo por conta da casa. Nunca tentei.

Era o mais próximo de um ambiente de cidade grande a que eu podia chegar; era como *Cheers*, só que com cafetões, prostitutas e vigaristas. Eu amava aquilo. O Moby's era menos favela e mais cachaça, grande diversão, um lugar que não obedecia ao relógio ou ao ciclo do fim de semana das pessoas normais. Sempre bombava.

"Qualquer um que estivesse a fim de arrumar problema uma noite ou outra ia estar lá. E todos conheciam você pelo primeiro nome", disse Brian.

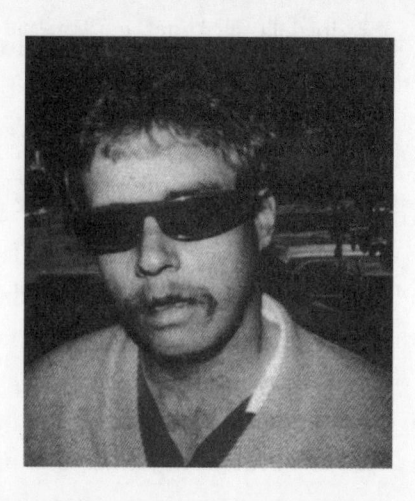

Passei muitas madrugadas pulando do Moby's para o trabalho, do emprego para a Vida, conseguindo informações e descolando substâncias químicas. Meus colegas apreciavam o trabalho que eu fazia no jornal, mas não tinham noção do acidente de trem que vinha rolando pelo trilho junto com tudo aquilo. Um dia eu deixei ali a Mary Ellen, uma colega que sempre cobria as minhas faltas no trabalho, para pegar uma programação de cinema para o jornal, enquanto eu esperava no carro.

"Eu saí, e os tiras tinham encostado você na parede; o banco de trás do teu carro tinha quase 3 mil multas de estacionamento", disse ela.

Para cada maluco como eu que também trabalhava, devia existir uma Mary Ellen, uma amiga para dizer quando meu comportamento estava fora de lugar, ou que o chefe estava até aqui comigo, ou para dar um telefonema e consertar algum rolo que eu tivesse aprontado. Quando fui até a casa dela na zona norte de Minneapolis, no verão de 2006, ela apareceu com a camiseta que dizia "Sou uma amiga íntima de David Carr". De um modo geral, ela merecia usar aquela camiseta, mas lembro que, no dia das multas de estacionamento, ela fingiu que não me conhecia.

"Na verdade eu disse: 'O que está acontecendo com o meu amigo?' Eu disse isso. 'Madame, volte e sente-se no carro', disse o policial. Aquilo me deu tempo de esconder a maconha."

Fui fichado e depois solto. Duas décadas depois de ela ter me visto ser rebocado, visitei Mary Ellen e ela bebeu uísque suficiente por nós dois enquanto conversávamos até tarde da noite, discutindo e rindo o tempo todo. O namorado dela, Michael, era um músico e compositor talentoso e tinha ido àquela festa do meu trigésimo aniversário, e todos lembramos que ele apareceu com uma canção para a ocasião, "You Might Be Surprised" ["Você talvez leve um susto"], que brincava com minha vocação para estragar os planos mais bem elaborados. Ele agarrou um violão e cantou a música nota por nota, com aquela letra que sacava meu *êthos* naquela época:

> Não tenha medo de algo que nunca tentou.
> De medo de achar que fracassou.
> Esse medo é depois orgulho onipotente,
> Então, vá em frente e tente.
> Não desista e não fique acanhado.
> Você pode, no começo, sair derrotado
> Mas talvez leve um susto, quando tentar.

Ou fique horrorizado com você mesmo, ou seja detido pela polícia no caminho, ou acabe ficando fora de casa muito mais tempo do que pretendia.

Os trabalhos daqueles dias, guardados no porão, colaram uns nos outros e são difíceis de ler, mas os perfis de políticos, policiais e de alguns bandidos ainda se leem bem. Mesmo assim, qualquer orgulho pelo trabalho que fica está circunscrito pelo babaca que eu devia ser enquanto organizava aquilo.

Depois que Brian seguiu em frente, dedicando-se a escrever, Mark, o editor, colocou a mulher dele, Deb, no trabalho de redação. Ela não tinha experiência em jornalismo e era muito acanhada para o trabalho, mas exigia muito de si mesma e pôs-se a aprender rapidamente. Deb dava exemplo de conduta correta, e eu era uma ofensa ambulante.

Eu estava trabalhando para Deb em 1984, quando fui me tratar a pedido de minha primeira mulher. Deb apareceu em uma reunião, convocada pelo meu advogado. Ela me mostrou uma matéria de 6.200 palavras que eu havia escrito sobre Noam Chomsky na semana anterior. Parecia essas bolas com brinquedinhos dentro, para estourar em festas de aniversário de crianças: uma coisa delicada que fica esmagada por bastões.

Nós nos sentamos em um banco do Parque Loring, muitos anos mais tarde, rindo da minha capacidade de escrever algo ainda mais empolado do que o próprio Chomsky. Pedi desculpas por tê-la colocado naquele inferno e em dezenas de outros. Ela não quis aceitar.

"Nós estouramos coisas bem graúdas. Você tinha melhor acesso aos aspectos mais interessantes da vida política da cidade que qualquer outro que estivesse escrevendo no jornal. Você cultivava aquelas amizades, e mesmo quando revelava coisas que elas talvez não quisessem que fossem divulgadas, você fazia da maneira certa, não abusava delas. Os telefonemas que eu recebia inevitavelmente falavam que você era uma metralhadora giratória. Não achavam que você fosse muito profissional. Mas aí eu dizia: 'Mostre o que está errado na matéria. O que há de errado com ela?'"

Em sua retrospectiva, ela deixou de lembrar dos restos de cocaína misturados aos saquinhos de sal e de mostarda no fundo da minha gaveta ou do desastre que eu fazia com as notícias da semana.

"Você só me pergunta sobre as coisas negativas, que eu já joguei fora faz tempo", disse ela. "Não são essas as coisas de que me lembro. A não ser de uma maneira vaga, divertida, colorida. Não é dessas coisas que eu me lembro. Eu me lembro do bom trabalho que você fazia."

8

REMOVEDOR DE MANCHAS

Em 2006 e 2007, enquanto eu procurava por evidências documentais do meu passado, tornou-se óbvio que meu sentido do tempo estava defasado em alguns anos. Se eu tivesse começado mais cedo, talvez o advogado que me defendeu não tivesse desaparecido, depois de ser expulso da Ordem dos Advogados, levando meus arquivos com ele. Alguns dos arquivos criminais — coisas de delitos leves, em sua maioria; há apenas uma acusação por narcóticos — ainda existem, mas com lacunas significativas. Prisões, de que eu lembrava como verdadeiramente épicas, duraram apenas um piscar de olhos e, o que é mais curioso, achei um documento que parecia ser sobre a prisão de alguém chamado David Michael Carr, do qual eu nada sabia. Parecia uma coisa forjada.

CHARGES ASSAULT 385.190, DAS 171.24					
PRISONER'S NAME (First-Middle-Last) DAVID MICHAEL CARR		CHECK IF HISPANIC ☐	D.O.B. 9/8/56	AGE 31	JUVENILE
HOME ADDRESS ▆▆ Oliver Ave. No.	HOME PHONE ▆▆	BUSINESS ADDRESS		BUSI. PHONE	
ALIASES/NICKNAMES		OTHER KNOWN ADDRESSES		OTHER PHONE	

Tradução do boletim:

Agressão 385.190. DAS 171.24
David Michael Carr
Avenida Oliver Nº

Era eu.

NARRATIVE Give detailed account of offense and circumstances leading to arrest
Squad was southbound on Hennepin Ave. when officers observed the above defendant remove the complainant a party I.D.'d as William Y. Mikhil from the yellow cab he was driving. Defendant then began punching the complainant for no apparent reason. Officers exited squads subsequently placing the above defendant under arrest for the above charge. Complainant wished to sign a Citizen's Arrest which was later completed. A D.L. check was run on the defendant with officers later being advised that the defendant was DAS. Defendant was advised he was under arrest for the above charges, his vehicle towed to the Police Impound Lot, and he was transported to HCJ and booked.

sdj-3/27/88

Tradução:
A viatura se dirigia ao norte pela Avenida Hennepin quando os agentes observaram o acusado supracitado remover o queixoso, identificado como William Y. Mikhil, do táxi que estava dirigindo. O acusado então começou a dar socos no queixoso sem razão aparente. Os agentes prenderam em seguida o supracitado acusado pela ocorrência acima mencionada. O queixoso quis assinar uma Prisão por Cidadão que mais tarde foi completada. A carteira de motorista do acusado foi checada e os agentes foram notificados de que o acusado não a possuía. O acusado foi notificado de que estava preso pelas acusações acima discriminadas, foi fichado e seu veículo rebocado para o depósito policial de veículos apreendidos.
Sdj -3/27/88

E esse também sou eu.

Não tenho ideia do que aconteceu, nem de como consegui "remover" o cara do táxi dele. O carro ainda estava em movimento? E quem é William Y. Mikhil? Não consegui encontrá-lo, mas Donjack — um repórter que contratei para me secundar, investigando melhor o que eu não pude descobrir por mim mesmo — seguiu o rastro de Mikhil, na verdade Mikhail, até Melbourne, na Austrália, onde termina. Estará ele ainda furioso comigo, ou a prisão de [um] cidadão que realizou trouxe-lhe o sentimento de que a justiça fora feita? Não posso conseguir mais detalhes sobre como ele e eu nos metemos nisso. Mas e aquela parte sobre "sem razão aparente", sem carteira de motorista e, de repente, sem carro? Devo admitir que é a minha cara. Eu estava obviamente fora de mim quando comecei a "bater no queixoso", pelo visto bem na frente de uma viatura da polícia. Não me lembro de nada, exceto de que estou certo de que ele deve ter começado.

9
OS MENINOS PERDIDOS DA AVENIDA ONZE

> Esta é a nossa ilha. É uma boa ilha. Até que os adultos venham nos buscar, vamos nos divertir a valer.
>
> — RALPH, EM *O SENHOR DAS MOSCAS*, DE WILLIAM GOLDING

O começo da maioridade é um processo orgânico que se arrasta. Ninguém acorda um dia e decide: "A partir de hoje abandonarei para sempre as coisas de criança e vou começar a juntar cupões para ir ao Wal-Mart." Mas em seu próprio tempo, a pessoa que só pensava em brincar de entornar cerveja e de viajar com maconha começa a perceber que a vida tem outros aspectos — carreiras, famílias, lares —, questões sérias que precisam de atenção. Mas ser viciado significa que você nunca resolve ser adulto. Você pode, se a situação assim exige, adotar as roupagens de um adulto, dando mostras de responsabilidade e compostura como pode, para se dar bem, mas o resto do tempo você faz o que quer quando quiser.

Ter vergonha na cara em um nível mínimo enquanto você se defende da maturidade requer que as atividades adultas sejam encaradas como o mundo de patetas — gente quadrada cuja ideia de uma noite de arromba é ficar jogando pôquer com outros caras e tomar cerveja importada antes de ir para casa dormir. Mas quando a luz das televisões nos quartos de toda a vizinhança começa a tremular, sinalizando que outro dia está morrendo, o viciado desperta.

Há valor nessa escolha. Depois de muitas noites contemplando Johnny Carson (naquela época), antes que você note estará assistindo ao *The Tonight Show* em um asilo, e, caramba, quem é mesmo aquele tal de Leno?

Em 1977 caí na estrada, rumo ao Oeste. Em Montana encontrei meu amigo Dale, que trabalhava na estrada de ferro; em Denver, uma amiga da faculdade chamada Sue. E fiz alguns novos amigos na Califórnia. Viajei por aí sem propósito nem urgência, pegando carona e mostrando-me pouco específico quando entrava em um carro. Para onde você está indo? Para algum outro lugar, diria eu.

Finalmente, os desafios de dormir sozinho, onde quer que eu estivesse, perderam a graça. Debaixo de uma ponte? Cobras. Na floresta? Aquilo que ouvi foi um pássaro ou um urso? Uma espelunca em Cheyenne? Hum, aquele caubói parece rude e meio duro, mas é bem simpático. Voltei para Minneapolis, mais tarde naquele ano, e me matriculei na Universidade de Minnesota. Menos por um renovado senso de objetivo do que pelo tédio de viver sem nenhum. Para financiar meu regresso à vida civil, terminei indo trabalhar no Little Prince, onde conheci Kim, a primeira mulher com quem me casei.

Kim não quis falar comigo sobre aquela época. "Sou muito feliz de não fazer mais parte de nada daquilo, e não quero nem lembrar." Não é que ela não queira o meu bem. Está casada com um amigo meu da faculdade, e a reação deles aos excessos daqueles dias foi voltarem-se para a igreja e para Deus. Parecem muito felizes. Mas quando peguei o carro para ir vê-la, a uma hora de viagem de Minneapolis, foi tudo extremamente embaraçoso, como se o ladrão tivesse passado em sua casa para perguntar-lhe como se sentia por ter tido parte da vida roubada. Kim não tinha nenhuma intenção de dar uma volta pela alameda da memória. Ela é inteligente, capaz de avaliações frias sobre todas as questões, inclusive sobre o tempo que vivemos juntos. É uma perda significativa para o meu esforço de descobrir a verdade sobre o que fiz e por quê. Mas admirei secretamente sua falta de vontade de comprometer-se outra vez com minhas necessidades, com meu narcisismo.

Ninguém pode realmente explicar por que me casei com ela, nem mesmo eu. Não que não fosse bonita e muito divertida. Mas era o tipo de garota que começou a colecionar aspiradores de pó e tábuas de passar roupa desde muito jovem. A conversa sobre casamento veio logo depois de nos conhecermos. Apesar de toda a minha postura rebelde, fracassei em ser honesto com aquela mulher e comigo mesmo. A minha fotografia de braços dados com meus pais no vestíbulo da igreja no dia do nosso casamento conta toda a história: um retrato de um jovem nervoso que sabe que está cometendo um equívoco muito grave.

Eu era um garoto de 23 anos completamente imaturo que trabalhava duro, mas que estava claramente sob a influência de substâncias químicas que alteravam o ânimo. Minha família sabia que eu nem de longe estava pronto para casar, e a família dela, fazendeiros decentes e cristãos fundamentalistas, não tinha ideia do que pensar sobre mim. E todos resolveram sorrir, vestir-se de bege e esperar pelo melhor.

Ela pensou, como reza o clichê, que eu fosse mudar. E eu? Eu realmente não tinha a mais mínima ideia de nada. Mas ficou claro, quando consegui um emprego, quando compramos uma casa, quando sintonizávamos o show de Carson e nos preparávamos para dormir, que sim, eu tinha cometido um grande equívoco. Você não pode se tornar normal fingindo sê-lo.

———

Quando eu estava casado com a Kim e morava na zona sul de Minneapolis, tinha aquele cara do outro lado da rua, "Ralph", que era pequeno, mas bem-fornido, com uma voz que podia arrancar você do sofá. (Ralph é um pseudônimo.) O cabelo dele era curto, os braços, grandes; quase como pernas, em peso e potência. Ele trabalhava com asfalto, mas era astucioso, tinha a esperteza das ruas — e era brutalmente bonito. Na época em que conheci o Ralph, ele já tinha ido e vindo com a cocaína — transportando grandes quantidades dentro e fora da Flórida, entre outras atividades — e tinha se separado havia pouco tempo e andava meio choroso. Ficávamos acordados noite após noite, falando besteira e cheirando pó.

Ralph era um cara bastante vigoroso em todas as suas atividades, até quando esticava uma fileira de cocaína. Se as pilhas que ele fazia fossem de farinha, poder-se-ia fazer rosquinhas com elas. Ele não perdia tempo com pequenas porções disso ou daquilo. Na casa dele, as coisas estavam mais para *Scarface* do que para Studio 54.

Ralph era um pouco pancada, mas não era um perdedor. Ele sempre ia trabalhar, tivesse ou não dormido na noite anterior, e não largava a cocaína — o que não era pouca coisa —, valendo-se de todos os tipos de estratagemas, alguns dos quais tendiam para o lado da fraude, mas ficavam do lado de cá da lei. Mas podia ficar possesso de repente. Era uma mistura ambulante de raiva contida e atavismo, de modo que tínhamos um par de outras coisas em comum.

Uma noite ou outra, um de nós podia ter resolvido descansar, dar mole. Aí o outro lançava uma réstia de luz na Avenida Onze, na zona sul de Minneapolis. Só uma, dizia eu. Só um teco, ele dizia. E começava tudo outra vez.

Nem tudo, porém, era treva e patologia entre nós. Havia lutas de foguetes feitos com garrafas que atravessavam a rua, muito Frisbee bem sério (se é que isso existe), além de jantares para órfãos no Dia de Ação de Graças e tomar calmantes, como todos os meninos da vizinhança. Tínhamos amigos maravilhosos em comum, fazíamos grandes churrascos e cuidávamos um do outro, como fazem os bons vizinhos.

Aconteceu no início dos anos 1980, e nós dois passamos juntos por aquilo. Certo fim de semana, alguém alugou uma cabana no oeste do Wisconsin, à beira do lago Lower Clam, tocou um apito, e antes de você poder se dar conta, já havia começado. No caminho, fomos detidos em Siren, no Wisconsin, por lançar grandes foguetes do meu conversível, mas o xerife era um cara legal e disse que, se prometêssemos ir direto para nossa cabana alugada, não ia prender ninguém.

Ralph já estava torto havia três dias: tinha consumido pouco a pouco uma pedra de cocaína do tamanho de uma bola de beisebol. Quando chegamos à cabana, ela estava do tamanho de uma bola de golfe — ainda impressionante, mas sujeita a inelutáveis forças entrópicas.

Ralph estava mais que alegre em compartilhar, até que começou a parecer que ele podia acabar ficando sem a droga, e que já estava perto disso. Estávamos todos festejando na varanda, e ele se sentou a um canto com sua bola de golfe, esticando carreiras. Todos trabalhamos nos restos que tínhamos, enchendo o saco dele pedindo mais, porém sem resultado.

Ralph, que havia ingerido pelo menos 2 gramas de cocaína nas últimas duas horas, cochilava tal qual um vulgar viciado em heroína, com um espelho e uma bola de cocaína no colo. É claro que sabíamos o que fazer. Pronunciei o nome dele algumas vezes, cada vez mais alto, e ele não acordou. Agarrei um par de tenazes da cozinha — Ralph tinha antebraços maciços e viscosos, e eu não queria ser estreitado neles se ele acordasse —, inclinei-me com surpreendente destreza e procedi à remoção da tal bola de golfe. Nós a levamos para a cozinha e rimos muito enquanto cinzelávamos por igual em toda a superfície, subtraindo alguns gramas da circunferência, de modo que o que sobrou ainda era uma linda bola de cocaína, só que ligeiramente menor. E eu a coloquei de volta em cima do espelho no colo do Ralph.

Alguém possuía alguns comprimidos de Quaalude. Eu sempre tive problemas de dosagem com pílulas. Aquelas pareciam tão pequenas, tão comestíveis, por que consumir apenas uma? Depois de duas, quatro ou seja lá o que tenha sido, levei Donald e uma moça chamada Jennifer para um passeio ao nascer do sol. Vi o que me pareceu ser uma linda colina para subir e ver o sol raiar, mas era um pântano no qual enterrei meu glorioso conversível Pontiac até os para-lamas.

Estávamos voltando a pé pela estrada, e o mesmo policial da noite anterior apareceu.

"Aquele é o seu carro, lá no pântano?"

É.

"Entrem." Ele nos levou até a cabana onde estávamos hospedados e disse aos outros que me conservassem ali dentro por algum tempo.

E foi assim que eu escapei, não de assassinato, mas de uma boa confusão. E quanto àquela bola de golfe que encolhera, eu também me dei bem.

Sempre me senti um pouco envergonhado daquilo. Acho que o termo legal para o que fiz é, hum, roubar, mas bem que o Ralph também merecia. Mesmo assim, eu me perguntava se ele soube.

Depois de todos aqueles anos, ali estava eu, sentado com Ralph numa mesa de piquenique, em uma pequena cidade do Meio-Oeste, e mesmo que não nos houvéssemos encontrado por muito tempo, ainda tínhamos muitas coisas em comum. Estávamos livres da cocaína, tínhamos uma filha quase da mesma idade e ambos fôramos fisgados por mulheres que afinal terminaram na cadeia. A mulher de Ralph se meteu com cocaína; primeiro só um pouco, mas quase imediatamente depois aquilo passou a ser a única coisa para ela.

Ralph aparentava estar bem, mas sempre foi assim. Levei a conversa até aquela noite no lago Clam.

— Você adormeceu com aquela bola de golfe no colo, e nós, bem, nós demos uma remodelada nela — eu disse finalmente, gaguejando um pouco.

— Vocês fizeram isso? Eu nunca saquei! Vinte anos depois. Remodelaram, e ela ficou uma bola de golfe menor?! — Ele parecia impressionado, o que me deixou aliviado.

Examinando-se o currículo de Ralph e vendo ali uma vida inteira de empurrar asfalto e gente por aí, as múltiplas esposas, o tráfico de grande porte, a voz estrondosa cheia de besteiras, era possível pensar que ele era um cabeça-oca. Mas ele tinha guardado um pouco de grana ao longo do percurso e comprara uma casa em uma linda cidade. E agora, com quase 60 anos, continuava a trabalhar todos os dias; deixava a filha em uma creche antes de o sol nascer e voltava para casa depois de escurecer. Nos invernos, ele descansava e fazia pequenas viagens com a filha. A ex-mulher estava presa outra vez, depois de várias fugas.

Ralph lembrava-se de nossas histórias, e me contou algumas que eu tinha esquecido. Como aquela vez em que ele saiu para jantar com uma mulher no Anchorage, um restaurante de frutos do mar que ficava no hotel onde eu trabalhei durante os anos 1980. Era um lugar lindo. Eu só tinha uma vaga lembrança dessa história, mas ele a contou com muitos detalhes. O encontro que ele tinha era com uma dona de bordel, mas que tinha a aparência de uma mulher bonita normal. Conforme combinado antes, ele sentou-se em uma das minhas mesas, e eu o atendi durante todo o jantar sem deixar transparecer que o conhecia. Tínhamos compartimentos protegidos por cortinas, de modo que eu lhes garanti privacidade e anunciava minha chegada antes de meter a cabeça.

Segundo o relato de Ralph, depois que eles jantaram eu abri as cortinas com uma bandeja de sobremesas: uma torta sem farinha, uma mousse, uma torta de licor e um pequeno prato com uma cúpula prateada. Inclinei-me para dentro do compartimento privativo, expliquei cada prato com os mais vívidos pormenores e, então, com um gesto floreado, tirei a tampa prateada para revelar uma pedra gigante de cocaína junto com uma navalha e um canudo de ouro — um aperitivo que ele tinha posto antes nas minhas mãos para ser apresentado daquela forma.

"A moça olhou para aquilo, depois para mim e para você, e olhou outra vez para aquilo, para mim e para você. Eu disse: 'Isso parece bastante bom; por que não escolhemos isso hoje?' E ela olhou para mim e para você, e disse: 'Oh, sim.' E você representou a cena toda: 'Muito bem, senhor, esta é uma boa seleção e uma boa escolha. Penso que gostarão disso.' E você fechou as cortinas e foi embora."

Para que fique registrado, eu não remodelei *aquela* bola de golfe antes de apresentá-la como sobremesa.

———

À medida que conversamos, o fornecimento de pó — ter muito ou nada — torna-se um tema de lembranças. Durante o começo dos anos 1980, o nosso camarada Orv escolheu Donald, Ralph e eu como padrinhos de seu casamento, que foi celebrado em Grosse Pointe, Michigan, onde moravam os pais da noiva, Patty. Minha mulher, Kim, pressentindo boas possibilidades de tragédia, declinou do convite, e posso lembrar-me de ter pensado, com satisfação, que ela havia entendido tudo errado, que estava perdendo um programa espetacular. Nossa reputação nos precedia, o que significava que ficaríamos sob a supervisão de uma senhora, uma espécie de Emily Post, por todo o fim de semana. O trabalho dela era nos manter dentro dos horários e impedir que avacalhássemos a cerimônia.

Voamos para Chicago, alugamos um Lincoln Town Car e fomos de carro até Detroit. Estávamos bastante cansados quando chegamos lá. Conhecendo a tendência de Ralph a consumir terríveis quantidades de cocaína, escondi um pouco no carro quando ele não estava olhando, de modo que quando ficássemos sem nenhuma — o que ia acontecer logo — eu teria um pouco de reserva.

Orv e Patty estavam apropriadamente felizes e com boa aparência — estão bem casados até hoje — e ficamos nos trilhos a maior parte do tempo. A festa se realizou em um country clube encantador e, quando a banda começou a desacelerar, Ralph apareceu e disse que ia embora.

— Que coincidência, eu também — disse eu, sem mover nenhum músculo da cara.

— Você não tem nada? — perguntou Ralph. Tecnicamente, era quase verdade. O que eu tinha — não era muito realmente; uma quantidade que duraria mais um pouquinho, mas que desapareceria com uma simples fungada da voraz narina esquerda de Ralph — estava lá fora, no carro.

Depois de alguns minutos, ele me pediu as chaves do carro. Eu as entreguei sem me preocupar. O que eu tinha estava enterrado profundamente. Ele não ia encontrar o meu pó.

A festa começou a esvaziar-se. Donald e eu saímos e procuramos o carro, que havia desaparecido. Minutos se passaram, e então vimos Ralph dirigindo o carro para a frente e para trás, com as luzes internas acesas para que eu pudesse ver o sorriso dele. Tinha tomado o carro como refém e estava me sacaneando. Ele chegava perto e depois recuava um pouco.

O radar de drogas de Ralph lhe dissera que eu tinha alguma comigo, de alguma forma, de algum modo, e ele só queria mostrar que sabia disso.

Finalmente ele se cansou da brincadeira e parou com a janela aberta. Eu o agarrei, puxei-o pela janela para fora do carro e, antes que ele entendesse o que havia acontecido, estava de cara no chão, no canteiro de flores em frente ao country clube. Donald e eu subimos no carro e fomos embora.

De volta ao hotel, Donald e eu ainda estávamos rindo um pouco quando alguém bateu na porta. Era Ralph, o peito arfante, o smoking sujo, empunhando uma faca de manteiga. Ele nem estava mais puto da vida com a cocaína ou com a surra. Mas amigos não deixam amigos caídos no jardim de um country clube. (Como o Donald me tinha deixado no Cabooze.) Quando a segurança do hotel chegou, Ralph estava dando uma surra em mim, eu estava de pernas para o ar contra a porta do quarto ao lado. Minha mão estava fraturada, minha cabeça estava pendendo para um lado, e eu estava mancando.

Foi tudo tranquilo dentro do Lincoln, na manhã seguinte, de volta para Chicago, e nos sentamos em lugares separados no voo para Minneapolis. Kim nos apanhou no aeroporto: sua raiva misturada com a satisfação de saber que tinha se dado bem ficando em casa.

Tanto Ralph como eu temos nossos arrependimentos, até mesmo em relação àquela noite.

"Bem, drogas e álcool", disse Ralph, de óculos escuros, com os braços apoiados na mesa de piquenique. "Acho que foi mais o álcool do que as drogas. Todos consumiam cocaína e bebiam, e você sabe, quanto você pode beber? Quanto você pode beber?"

Um montão.

"Naquele incidente específico, tudo é vago para mim — lembro mais ou menos do mesmo jeito que você. Talvez não dos detalhes. Sei lá, você está pedindo a um cara bêbado e chapado que a memória dele bata com a de outro cara bêbado e chapado."

Donald se confunde com os detalhes daquele fim de semana. Ele lembra de ter cortado seu smoking em tiras, em vez de tirá-lo, lembra de que ficamos sem cocaína e de que, no hotel, Ralph me levou para um canto. E, ah sim, ele lembra de que eu merecia aquilo.

Nossa amizade — a do jornalista que despontava e a do encarquilhado cara do asfalto que vagabundeava por aí — foi uma pequena expressão da teoria da vida do *pub*: somos todos feitos de um tecido comum, uma vez que tenhamos um copo de cerveja nas mãos. Ou, por extensão, uma fileira de cocaína entre nós. Mesmo duas décadas depois, nunca entendi como Ralph podia se levantar de manhã e enfrentar aquele caminhão que rugia, o asfalto quente que precisava ser espalhado com uma pá, o capataz que nunca estava satisfeito. Eu tentava conservar as minhas coisas funcionando, mas — pelo amor de Deus! — ele trabalhava. Como resultaram as coisas, era ele que estava preocupado comigo.

"Quando você aparecia de manhã para tomar uma xícara de café, de que você estava mesmo precisando, tinha manchas na sua gravata, na sua camisa — o teu hálito cheirava tanto a vômito, David, que ficava difícil falar com você, mesmo que eu ficasse do outro lado da sala. Muitas vezes eu perguntava: como é que você pode sair assim? E você parecia que não estava nem ali. E eu dizia: 'Pô, David, você não vai se limpar?' E você respondia: 'Não, eu tenho que ir, eu tenho que ir.'"

"E você ia sair mesmo, eu dizia até logo, enchia a tua xícara de café, balançava a cabeça e pensava: Meu Deus, como você conseguia ficar no emprego com aquele aspecto?"

Ralph levou aquela vida por algum tempo, mas ali estávamos os dois, trocando fotos amassadas de nossas filhas que levávamos na carteira, discutindo os méritos da creche, os riscos de ser pai solteiro e de namorar nessa condição. Éramos dois ex-valentões diante da situação de explicar às nossas filhas por que as mães delas não estavam por perto e por que nossas casas não eram como as das outras crianças.

A comédia de como as coisas se deram — a pura e brutal ironia de tudo — permaneceu no ar algum tempo. Éramos dois homens que arruinaram ou quase arruinaram as vidas de todas as mulheres com quem se meteram. E então Ralph explicou algo que eu provavelmente sabia, mas nunca tinha sido capaz de articular.

"Em meus outros casamentos e com meus outros filhos, eu fazia o que fazia porque eles tinham as mães deles", disse ele. "Eu não era um bom pai, mas eles ainda tinham um bom lar, iam à igreja aos domingos e tudo aquilo. Mas de repente, eu era *elas*. Eu tinha uma filha. O que fazer agora? Eu tive que transformar-me nelas."

Ele virou aquela pessoa que corria para buscar a filha na creche, para alimentá-la, para pôr a menina na cama, e que depois ligava a televisão no show do Leno e ficava dormindo antes que o apresentador terminasse o monólogo.

"Te digo uma coisa: depois que vi minha filha, eu me transformei em todos os outros na minha vida", disse Ralph. Eu não podia ver os olhos dele por trás dos óculos escuros, mas sabia que estávamos compartilhando um momento juntos. "Eu me tornei todas as minhas ex-mulheres", disse ele. "Eu as via. E que cara difícil eu devo ter sido, porque é horrível ser casado com um viciado em drogas. Aquilo fez com que eu não quisesse mais ser um viciado. Eu não queria ser o que eu estava vendo que outra pessoa era. Isso faz sentido para você?"

10

O CHOQUE DO FUTURO

No outono de 1978, algumas das pessoas à minha volta ficaram preocupadas porque eu estava deixando de ser apenas um rapaz festeiro para me tornar algo mais patológico. Fui ver um terapeuta descolado, o Peter, o tipo de sujeito capaz de falar do maravilhoso show dos Talking Heads que ambos vimos durante a semana antes de investigar por que eu tinha acabado com a cabeça enfiada em uma privada horas depois do show. Peter conquistou certo renome como um cara que não aceitava totalmente o conceito de vício como doença. Mas, se houvesse tal coisa, ele estava convencido de que eu tinha aquilo.

PETER: Você acredita na patologia do vício?

DAVID: Acredito.

PETER: Bem, na minha opinião, você apresenta todos os indicadores significativos.

DAVID: Já sei disso faz um tempo, mas sempre pensei que podia andar por aí por mais uns dez anos.

PETER: Provavelmente pode.

Comecei o tratamento pela última vez dez anos depois.

Procurei Peter para confirmar essa conversa, mas ele havia perdido a licença para clinicar e desapareceu do mapa. Depois que terminei o livro,

DonJack, o repórter que me ajudou a rastrear as pontas soltas, localizou a filha de Peter em Chicago, e ela prometeu enviar-lhe uma mensagem. Peter me respondeu da Noruega. Ao que parece, houve um problema com um de seus pacientes, e ele deixou o país logo depois disso. Ele se lembrava bastante do meu caso: do fato de que eu era um viciado em cocaína, do fato que eu havia me casado com alguém com quem não deveria ter casado e de que permanecia empregado, e respeitado profissionalmente, apesar de meus "passatempos". Mas não se lembrava com precisão da conversa que ficou tão gravada na minha memória.

"Posso ter dito algo parecido com: se você acredita que é um viciado, então provavelmente o é", disse ele. "Lembro-me de que havia muito alcoolismo na sua família e que você estava com muitos problemas no casamento."

"Veja bem, quem pode saber o que estava acontecendo com você? Você vivia em uma cultura que, na época, via a cocaína como não problemática, mesmo que ela claramente estivesse criando problemas para você. Você era muito jovem, e escrevia algo assim como a metade do jornal, como 3 mil palavras por semana. Você estava estressado e queimando a vela pelas duas pontas."

E a parte dos dez anos?

"Eu não estava tentando ser adivinho nem nada disso. Só imaginei que aos 24 anos, sim, você poderia provavelmente se garantir por algum tempo, até acabar se arrebentando contra um muro. Acho que você fez isso."

11

UM HOMEM PLENO

Se Tony Soprano nunca matou ninguém, se realmente amava Carmela e a tratava com respeito, se tudo o que fez foi beber, rir e tomar alguns comprimidos, ele poderia estar na mesma situação que o Fast Eddie. Existem muitos aposentados dos maus velhos dias e dos velhos maus hábitos que vinham com eles. Fast Eddie e sua namorada Laurie são donos de um restaurante em um velho edifício reformado de uma fria cidadezinha das margens do Mississippi, no Wisconsin. Ele sente saudades dos velhos lugares e dos tolos que trabalhavam neles como a gente sente quando uma pedra sai do sapato — sente a ausência, e isso é bom.

Isso não prova que ele é ou foi um anjinho. Meu antigo vizinho Ralph insiste que Eddie certa vez veio cobrar dinheiro dele com uma espingarda de cano serrado na mão. Eddie desmentiu essa história muitos anos mais tarde. "Ele apenas *pensou* que eu tinha uma. Não havia arma porra nenhuma." (É engraçado como muitas de nossas histórias são assombradas pelo espectro de armas, mas, vinte anos depois, descobri que ninguém jamais possuiu uma.)

Eddie é um bom contador de histórias, mas nem sempre é fiel aos detalhes, defeito que compartilhamos. Mas ele estava por perto a maior parte do tempo, e eu ficava feliz com qualquer desculpa para ir à presença dele. Donald, Eddie e eu tivemos uma espécie de reunião no verão de 2007. Usei um pé de cabra e alguns imperativos para tirar Donald de sua cabana em Newport. "É uma viagem de carro, seu babaca!", eu lati pelo telefone. "Passarei por aí às nove horas." Donald apareceu completamente armado, com varas de pesca e caixas de anzóis, e fomos descendo até o rio, rumo ao hotel do Eddie. Fomos de bote até uma balsa de pesca ancorada no rio, e Donald imediatamente pegou uma perca.

Eu continuei a pescar enquanto Donald e Eddie foram para um canto da balsa para fumar um baseado, só para agregar algo mais ao brilho de um precoce dia de verão. Donald, sempre preocupado com o suprimento, trouxera quase dois litros de uísque Old Grand-Dad. Todos aqueles anos depois, desejei poder ajudá-lo com a garrafa de uísque? Não. Sou o tipo de cara que se preocuparia ainda mais com a quantidade disponível se me reunisse a eles, os três imobilizados no meio do rio, mesmo havendo dois litros. Para mim não, por favor.

Eddie é um homem em tudo o que essa palavra significa. Ele paga suas contas, trabalha muito, joga um golfe decente e não engana nas jogadas, nem nas regras. Também não engana a namorada. Eu o vi em situações bem difíceis, e ele nunca recuou, nunca culpou ninguém sem ter razão. Ele era feliz quando as coisas iam bem, e filosofava quando iam mal. Ter Eddie como amigo — ele é padrinho da minha filha caçula e uma espécie de pai das minhas gêmeas — faz com que toda a loucura daqueles dias quase tenha valido a pena. Se eu não tivesse feito o desvio, se não tivesse ido para a parte mais sombria da cidade, nunca o teria encontrado.

Eddie vem de uma família em que havia alguns criminosos de verdade, pessoas que eram sorridentes e acolhedoras mas que estavam sempre procurando uma boa oportunidade. Terminaram entrando e saindo da cadeia, enquanto Eddie acabou dono de um par de lindos restaurantes. Ele trabalhava atendendo os clientes, enquanto Laurie passava seus dias e noites fazendo acontecer na cozinha.

Sempre foi assim com ele. Enquanto os outros agiam como bandidos e usavam drogas como viciados, Eddie cuidava dos negócios. "Os números sempre funcionaram para mim", ele diz agora. Havia muita maconha — viagens por todo o país em carros cheios até a borda — e, às vezes, bastante cocaína. O restante de nós acabava queimando todo o dinheiro que aparecia pela frente. Só que aparecia mais no caminho dele, e Eddie conseguiu guardar algumas latas de café aqui e ali. Seu único pequeno defeito era a generosidade:

sentia-se nu sem grandes pilhas de dinheiro, e tendia a distribuí-las entre o restante de nós. Ele chamava o dinheiro de "cupões". Eu o vi tirar do bolso um maço de cédulas do tamanho de um sanduíche de presunto no bairro dos frigoríficos de Nova York, em uma estação de esqui no Colorado, em um pequeno bar do Wisconsin e na metade dos bares de Minneapolis. Era sempre a mesma coisa: aquele maço gordo de notas emanava poder como de uma arma, mas de forma mais amigável. As pessoas — até mesmo os estranhos — mostravam respeito por aquele cara com o bolso cheio de dinheiro, o riso simpático e o hábito de beijar os amigos. Sempre estive entre esses. Eddie me ensinou muito. Como contar, como cobrar, como atirar direito com flechas tortas. Eddie me ensinou boas maneiras.

Certa vez, estávamos em um bar de striptease em St. Paul. Eu conhecia uma moça ali, uma drogada meio idiota, mas linda de se ver. Ela se valia de seus dotes físicos para juntar gorjetas de otários na rua do vício. Era fascinada por mim — na realidade, pela cocaína que eu sempre tinha no bolso, mas por que dizê-lo desta forma? Vamos chamá-la de Misty, ou de algum outro nome de dançarina de striptease... digamos, Cherri. Não consigo me lembrar do nome dela, nem do nome real nem do nome artístico, mesmo que disso dependesse acabar com a fome no mundo. Ela encerrava seu número, juntava seus trapos, vinha completamente nua para a nossa mesa e se jogava no meu colo; essa era a única razão pela qual eu estava ali, na verdade — o momento em que eu assumia a custódia das fantasias dos outros homens do salão.

— Querido, você conhece aquele lugar do outro lado da rua, bem aqui em frente? — dizia ela, apontando para a porta. — Aquele lugar que vende uns *tacos* muito gostosos? Eu estou com taaaaaanta fome e tenho que me preparar para o próximo número. Você pode ir até lá e me trazer um par de *tacos* de carne?

— Claro, docinho, sem problema — eu disse, e ela correu para os bastidores para vestir uma roupa diferente, que ia tirar um minuto e meio depois de começar a primeira canção de sua próxima apresentação.

Eddie ficou quieto e depois falou, quase num sussurro:

— Se você pegar *tacos* para essa vaca, nunca mais vou falar com você. — E acrescentou em voz alta: — Nós não pegamos *tacos* para dançarinas de striptease.

Saímos dali. Mais de vinte anos depois, perguntei ao Eddie sobre aquela noite no Green Lantern.

"Bem, o bar na verdade se chamava Lamplighter, de modo que você passou perto", disse ele rindo.

Perto era sempre suficientemente bom para mim e o Eddie. Naquela época, ele mostrou enorme paciência com minhas aptidões pouco definidas, quando se tratava de negócios. "Você se saiu bem. Terminamos zerados", disse ele, tomando um gole da saideira. "O resultado no final foi zero, de modo que deu tudo certo, comparado com outras pessoas. Muitas delas ficaram no negativo."

Nenhum dos dois jamais foi demasiado castigado pela lei. "Pura sorte", diz Eddie hoje, a distância.

Durante boa parte do tempo em que o Eddie e eu estávamos nos arrebentando e correndo, eu namorava a Doolie, uma deslumbrante garçonete-estudante que adorava o Eddie, entre todos os meus amigos. Estávamos os três passando o dia enchendo a cara com outros camaradas no McCready's, nosso pequeno clube do centro da cidade, em 1987. Num dado momento, Doolie fez um cartaz com um papelão e um palito de coquetel que dizia: "É só brincadeira." Alguém dizia alguma coisa obviamente escandalosa, sórdida, e depois levantava o cartaz. Era mais hilário do que parece agora, mas naquele dia estávamos todos bastante chapados. Surgiu a ideia de voar para Chicago e passar a noite lá. Uma coisa leva à outra, e telefonamos para Lenny, o Saltador, um piloto amigo nosso. Eddie o havia conhecido quando tomava aulas de pilotagem. Embora já tivesse realizado voo solo, Eddie não tinha licença para levar outras pessoas e não podia alugar um avião desacompanhado. Mas Lenny, que era habilitado para pilotar sem restrições, mesmo não sendo um grande cérebro, ficou incrivelmente a fim da viagem.

"A ideia foi sua", diz Eddie agora. "Você sempre cheio de ideias." Era uma característica minha que combinava muito bem com o bolso cheio de dinheiro dele.

Fomos para o aeroporto, avisamos a Lenny para que nos encontrasse lá, porque queríamos estar na State Street ao anoitecer. Nossa bagagem consistia de maconha tailandesa, várias garrafas de Don Pérignon, o rolo de cédulas de Eddie, 15 gramas de cocaína madrepérola em um moedor de pó — e um cartaz onde se lia "É só brincadeira." Prontos para a ação.

"Não era Don", corrige Eddie. "Era aquele champanha com flores no rótulo."

Sugeri que éramos seis naquela viagem, mas Eddie corrigiu outra vez. "Era um avião de quatro lugares." (Doolie, depois de pensar bem, lembrou que éramos seis pessoas no voo, inclusive Belinda, a namorada de Eddie na época. Eddie depois concordou em que a Doolie estava certa.)

Voamos em um Cessna, provavelmente um modelo 205, uma espécie de minivan com asas. Estávamos bêbados e chapados durante toda a viagem, o Wisconsin se desenrolando debaixo de nós enquanto o sol se punha. Rimos dos babacas que estavam engarrafados na autoestrada e brindamos à nossa sorte com o champanha. Segundo eu me lembro, nosso piloto não bebeu até que o avião aterrissou.

"Não posso imaginar que Lenny jamais...", disse Eddie com fingida seriedade, e logo exclamou: "É claro que ele bebeu!" Durante todo o voo, Eddie, escola de aviação e tudo, sentou-se na frente e fez preleções sobre as nuances de voar. *Já chega de palestras, Johnny Quest, você pode devolver a porra do moedor, por favor?*

Depois de duas horas no ar, todos precisávamos ir ao banheiro. Eddie urinou em uma das garrafas vazias de champanha e tentou devolver-nos a garrafa, que agora estava morna. Doolie disse: "Isso é ruim para a moral do time, Eddie."

Quando finalmente chegamos ao centro de Chicago estava escuro, e tivemos dificuldades para encontrar o aeroporto Meigs, que sobressaía no negrume do lago Michigan, e fizemos várias passadas. Pousamos justo antes que as luzes do campo de aviação se apagassem e rumamos para a cidade.

Chicago era impressionante para caras de Minneapolis em um ponto facultativo. Nós fixamos nosso rumo com uma enorme fileira de pó no Limelight. ("Entramos, esticamos umas carreiras sentados no chão e fomos embora", disse Eddie.) Depois ficamos bêbados como gambás no Kingston Mines até as quatro da madrugada, enquanto Sugar Blue tocava harpa, e não tínhamos quartos de hotel. ("Não, nós tínhamos reservas no Hotel Marriot; apenas não as usamos", disse Eddie.) Admiramos o nascer do sol no lago Michigan e depois vagamos pela cidade no dia seguinte, com paradas na Billy Goat Tavern e em outros bares menos conhecidos.

Na noite seguinte, Eddie, que já não estava ligado nas glórias da aviação particular, deixou-se cair no banco de trás e foi dormir. Sentei na frente ao lado de Lenny, que também estava chapado. Voamos debaixo do frenético padrão de tráfego aéreo do aeroporto O'Hare, eu enlouquecido em todo o caminho. "Às duas horas, Lenny, parece um dos grandes. Não para aquele lado, tem um maior ainda daquele lado." Quando chegamos aos céus de tinta preta sobre Wisconsin, eu havia desenvolvido alguns ressentimentos.

— Lenny, podemos apagar as luzes aqui dentro?

Ele entendeu imediatamente.

— Posso apagar as luzes externas também. E, se você quiser, posso fazer o motor roncar um pouco. Tudo ficou preto, e o motor começou a falhar quando ele afrouxou o afogador.

— Eddie, acorda! — gritei. — Não temos eletricidade, nem navegação, perdemos o horizonte e o motor não parece estar bem!

Repeti aquelas frases várias vezes enquanto Eddie acordava. Ele levou alguns segundos para compreender a gravidade da situação. Gaguejou alguma coisa enquanto se inclinava para a frente, e então Lenny acendeu as luzes. Eddie olhou fixamente para o cartaz de "É só brincadeira" na minha mão. Uma velha história muito antiga, contada muitas vezes, desta vez com algumas emendas do Eddie sobre os fatos. Mas que termina do mesmo jeito.

— Você me pegou — disse Eddie, batendo as mãos nos joelhos e enchendo o quarto com aquela risada gostosa.

———

Em algum momento em meados de 1987, eu fui longe demais, e o riso de Eddie parou. Não lembro precisamente como nossa duradoura amizade acabou em um beco sem saída, mas Eddie lembra.

Tomando um gole de saideira, ele lembrou que havia desmaiado em meu apartamento na zona sul de Minneapolis, onde acordou de manhã. Eu estava de pé na cozinha com outros perdedores, voltando para a droga mais uma vez. "Vejo você e aqueles dois viciados de olhos ocos cozinhando com uma colher", disse ele. "Não sei que porra havia nela, mas vocês estavam armando alguma merda. Só lembro de três de vocês sobre uma chama azul. Era de manhã cedo, mais ou menos seis horas da manhã, e me lembro de que quando olhei para aquilo, meu estômago ficou revirado. Vocês estavam se preparando para entrar em ação, mas eu não sabia o que era. Fui ao banheiro, saí e me recordo de olhar para você e dizer: 'David, preciso ir para casa.' E saí. Fui para casa. Foi logo depois disso que tivemos aquela conversa."

Aquela conversa?

"Sobre se você ia se matar. Tudo bem, mas que eu não podia mais ficar por perto, não ia testemunhar." A sala daquele velho lugar subitamente ficou quieta. Ele disse que falou comigo na época de homem para homem, sem pensar nos negócios, e me disse que não aguentava ver me transformado em um daqueles imbecis que viviam para chupar uma pica de vidro. E então ele foi embora.

Acabei com uma nova safra de colegas de vício, pessoas que viviam e respiravam a vida da cocaína, com pouco interesse em outras buscas. Um a um, meus camaradas dos velhos dias se afastaram, conferindo de vez em quando como eu estava e, vendo que não havia nada a ser feito — eu não escutava ninguém na época, qualquer coisa que dissessem —, afinal me deixavam com a minha obsessão.

Quando finalmente fiquei limpo, Eddie foi o primeiro da fila para me ajudar a ficar de pé outra vez, comprando-me Cocas Diet com o mesmo prazer que mostrava quando me enchia de uísque. Se ele sentia falta da minha versão maníaca, nunca disse nada, e ficou mais orgulhoso das minhas conquistas profissionais subsequentes do que eu mesmo jamais fiquei. Padrinho do meu casamento, padrinho da minha vida.

12

ANDAR DE MELIANTE

> Só precisa de um pouquinho, mas você quer uma tonelada.
> — THE REPLACEMENTS, "DOSE OF THUNDER"

No papel, mais especificamente no papel de jornal, os meados dos anos 1980 foram muito bons para mim. Eu estava dando furos de reportagem, ganhando alguns prêmios e começando a sentir minha influência e minha força como jornalista. Quando encarava uma história, era como um cachorro com um osso. Havia matérias que denunciavam um banco de alimentos que alimentava melhor seus executivos do que seus clientes, e uma reportagem que recebeu atenção nacional sobre um policial de Minneapolis que usara um programa de vigilância, "Target 8", para perseguir um inimigo pessoal. De acordo com o *Star Tribune* de Minneapolis, eu ganhei cinco prêmios Page One Awards durante aquele período, mas, se é verdade que recebi um monte de bugigangas de acrílico como prêmio pelo meu sucesso, não consigo encontrá-las agora.

Há muito tempo personagens de destaque da vida nas grandes cidades, as gangues de rua estavam chegando a Minneapolis e St. Paul, dominando as esquinas da droga, infiltrando-se nas organizações sem fins lucrativos e ocasionalmente matando gente. Ninguém se preocupou muito até que mataram uma garota branca. Christine Kreitz, uma jovem meio confusa que fazia parte dos Gangster Disciples, foi confundida com uma delatora — o que não era — e executada em um parque perto de onde eu morava. Eu trabalhava então em um semanário alternativo e, sob a influência do assim chamado Novo Jornalismo, eu tendia a fazer minhas reportagens com um lápis vermelho gigante. A matéria começava dessa maneira:

> Christine Kreitz morreu como uma discípula leal. Ela acreditava que os Disciples eram sua família. Ela acreditava que eles falavam a verdade quando diziam que a amavam. Ela acreditava demasiado. Christine deu sua vida à Nação Negra dos Discípulos de Gângsteres. Ela ficou com a boca fechada, fez o que lhe disseram, e em troca os Discípulos a executaram.
>
> *Twin Cities Reader*, 16 de julho de 1986

Fui atacado pelos dois lados quando a matéria apareceu. O chefe de polícia da época sugeriu que eu estava conjurando algum monstro nascente através de uma cobertura exaltada, e me ridicularizou. E as pessoas das organizações negras sentiam que eu havia acusado e classificado como patológica uma enorme faixa da comunidade. Fui convidado para o que pensei seria uma pequena e interessante reunião, patrocinada pela St. Paul Urban League, e apareci sozinho depois de uma longa noite e de pouco descanso, pensando que poderia fingir que estava bem. Havia mais de cem pessoas em um porão muito quente e escuro, e as únicas luzes apontavam para mim. Fui martelado pela multidão durante noventa minutos seguidos, e as pessoas mostravam os dentes enquanto eu estava indo embora, inclusive alguns membros de gangues que eu reconheci. Saí bem devagar, sem querer demonstrar que eles estavam me expulsando, mas cheguei ao meu carro já coberto de suor.

No fundo, eu achava tudo estimulante. Porém, fora o trabalho, nem tudo ia bem. Eu tinha problemas no meu primeiro casamento, por ter esvaziado nossa conta bancária, por ficar dias seguidos "perdido em ação" e por fracassar como marido e como adulto. A pedido de minha mulher, e por exigência da minha família, comecei um tratamento em 1985. Paciente modelo, eu dizia e fazia todas as coisas certas enquanto estive internado, e tinha uma atitude correta com a sobriedade quando saí, mas não tinha um programa de recuperação em andamento e logo escorreguei de novo para o vício. Quando voltei ao tratamento em 1986 — desta vez como paciente externo —, meu casamento praticamente havia acabado. Kim estava mais que cheia de mim — e das longas noites, das contas bancárias saqueadas, das respostas evasivas a perguntas simples. Uma mulher esperta com projetos que costumavam incluir-me, ela queria continuar com sua vida. E eu saí em uma corrida desabalada. Scotty, um cara com quem eu trabalhava, deixou-me ficar na casa dele por uns meses.

Algumas décadas depois, Scotty e eu estamos sentados nos fundos da mesma casa, conversando. Uma de suas adoráveis filhas mora agora no quarto onde eu fazia coisas que só Deus sabe, todas as noites da semana. Ele não disse isso, mas acho que eles queimaram um pouco de incenso no quarto antes de deixá-la mudar-se para lá. Eu tinha certeza de que ele estava arrependido de sua generosidade, muito embora, pelas minhas contas, eu só tenha posto fogo na casa uma vez. Mas, sentado no quintal muitos anos depois, Scotty disse que fora um trato justo.

"Você me proporcionou uma vida social quando se mudou para cá", disse ele. "Você trazia as festas aqui, você trazia as pessoas. Houve muitas situações maravilhosas, frequentemente nas noites durante a semana. Sempre havia uma espécie de desafio."

Scotty gostava da minha companhia, mas meu estilo de vida o corrompeu por osmose. Ele às vezes planejava deitar cedo, ler um livro, e eu aparecia, depois que os bares fechavam, com um bando de arruaceiros e os bolsos cheios de maconha. As melhores intenções frequentemente encontravam seu rival quando eu voltava para casa.

―――

Quando eu morei com o Scotty, no inverno e na primavera de 1986, alguns caras que eu conhecia, e que tinham uma companhia de música comercial — jingles e coisas assim — me contrataram para escrever um folheto para eles. Parecia dinheiro fácil, era só fazer um rascunho. Tomei um comprimido para passar a noite em claro e cumprir o prazo, e fui à casa de um dos caras para entregar o trabalho e obter a aprovação. Naquele dia frio de março, ele sentou-se com o cheque do meu pagamento nas mãos e disse que mais tarde iria para Sun Valley, em Idaho, e que precisava de um pouco de *você sabe o quê* para levar com ele.

— Bem, eu hoje estou no negócio de escrever folhetos, não no negócio de "você sabe o quê". Além disso, preciso ir trabalhar — disse a ele. — Onde você espera que eu consiga alguma coisa às nove e meia da manhã? Acabei de sair de casa.

— Só um grama — pediu ele. — Eu disse aos outros caras que você podia conseguir.

Ele ainda tinha nas mãos o meu cheque, uma quantia significativa.

Um telefonema. Eu disse que ia dar um telefonema.

Liguei para o Phil.

A cocaína do Phil, pelo menos a que ele me vendia, não era das melhores, mas ele estava quase sempre aberto a negócios. Era um cara de cabelo comprido e uma certa propensão por plumas, que podia passar por um índio sioux ou um Hell's Angel, dependendo do dia. Tínhamos conexões familiares muito antigas, e seu irmão Steve era o camarada que dirigia o First Avenue, o palácio do rock no centro da cidade.

Phil vivia naquilo o tempo todo, inclusive tinha uma espécie de escritório e sala de recreação perto do centro, em um hotel infestado de pragas, sempre prestes a ser fechado. Chamado de "Quarto Azul", como na música "Meet me at the Blue Room", pode ter ganhado esse nome tanto pela cor da tinta na parede como pelas coisas que aconteciam ali.

Criado nos subúrbios confortáveis perto do lago Minnetonka, Phil parecia ter nascido em um bloco de celas da penitenciária. Seus companheiros, Monker e Red-eye, não tinham os dois juntos o QI de uma caixa de rosquinhas, mas suas caras marcadas e suas grandes mãos mostravam-se muito articuladas quando chegavam golpeando. (Eles ligaram para a minha casa uma vez, quando eu me atrasei com um pagamento do Phil. Cheguei em casa e Kim me disse: "Um cara chamado Red-eye ligou e disse para você ir se encontrar com ele e com o Monker no bar Sunshine. De que se trata?")

Phil era o cara, embora, depois de três condenações federais, ele estivesse aposentado, oficialmente e extraoficialmente aposentado. Marcamos para tomar um café, e ele apareceu em uma Harley Springer — sem enfeites nem besteiras, só uma motocicleta comum em boas condições.

Muitos anos atrás eu lhe dissera que odiava o apelido Dave, o que foi um erro. Ele ainda me chama "Davey Dave" quando nos encontramos, talvez para duplicar o insulto. Ele pode ser uma companhia um pouco pesada quando está chapado, e leva muito a sério aquela coisa de chefão, mas tem um grande coração e nunca machuca ninguém que não mereça. As moças — as espertas, as bonitas — gostavam dele, talvez porque ele as fizesse se sentir seguras em qualquer lugar do planeta. (A julgar por algumas situações bastante incômodas por que passei no Quarto Azul, ele também as colocava em contato profundo com alguns outros sentimentos.)

Phil podia ser muito divertido quando não estava "administrando", que é como ele denominava o tráfico, repleto de sabedoria das ruas, filosofia e ditos espirituosos. Alguns caras parecem violentos; alguns falam com rudeza; alguns são violentos. Phil perfazia todo o ciclo. Perdi muitas mãos de pôquer para ele, acordei-o muitas vezes por conta das minhas necessidades e me tornei uma espécie de hobby para ele. Sentado ali depois de todos aqueles anos, Phil confessa que pensou, em certo momento, que eu estava desperdiçando, em esforços equivocados, quaisquer talentos que tivesse.

"Você perguntou se era um bom negociante. Não, não acho."

Porém havia algo divertido no meio.

"Sim, socializar, perseguir as mulheres", disse ele. "Você só fazia o que queria, quando queria, como queria. Pode parecer fascinante, mas tem suas consequências. As coisas te alcançam. Você larga as coisas de mão, e elas te alcançam. Eu ficava preocupado com você, David."

Ah, ele está me tratando de David, e não de Davey Dave. Isso me deixou meio engasgado.

Eu disse ao Phil que me lembrava de um roubo no Quarto Azul, em que estavam envolvidos ele, Red-eye e eu, e que parecia mais um sonho — cada pedaço dele era irreal. Ainda tenho problemas para acreditar nisso, mas eu vi todo tipo de coisa naquele quarto — tinha a vibração de um covil de ópio chinês com um torpor de absinto —, e distinguir as datas em que as coisas teriam acontecido não reflete a realidade daquele lugar.

"Você estava lá?", perguntou Phil enquanto tomávamos café. O Red-eye está morto, não teremos a ajuda dele. As histórias tomam um ritmo apócrifo, mesmo quando descrevem episódios específicos, como ser roubado com uma pistola apontada para a sua cara dentro de um ponto de venda de drogas mal iluminado. Algumas partes das histórias eram tão profundamente estranhas que me custou muito acreditar que de fato aconteceram. Eu contei ao Phil exatamente o que lembrava, e depois de algum tempo, ambos decidimos que eu estivera lá.

Foi em 1985, e eu devo ter feito uma parada rápida no Quarto Azul para pegar alguma coisa. Eu estava ali com o Red-eye e o Phil, jogando conversa fora, quando o vidro ondulado da porta que ficava trancada subitamente se rompeu. Podia ter sido a polícia, mas, em vez disso, uma arma curta e grande passou pelo buraco no vidro, seguida de um olhar luzidio.

— Fiquem quietos — disse o cara, enquanto sua outra mão deslizou para dentro e abriu o trinco da porta.

Diante de nós estavam dois dos mais contorcidos viciados em heroína que eu jamais vira. Obviamente estavam nos estertores da doença das drogas. Phil e Red-eye não se afastaram, e, portanto, eu também não.

Os viciados chegaram mais perto e nos disseram que esvaziássemos nossos bolsos. Pegaram uns 7 gramas de cocaína de cima da mesa. Tem mais, eles disseram. Estavam certos. A menos de um metro à minha esquerda, havia um buraco na parede, e eu sabia que na estante acima dele encontravam-se mais de 110 gramas de cocaína.

— Isso é tudo que temos, rapazes — disse Phil, de forma amistosa. Eles discutiram por um tempo, e então disseram que, se aquilo era tudo que havia, eles iam levar o relógio e o colar dele, uma grande e robusta corrente de ouro.

— Não, vocês não vão levar, porque terão que vir até aqui e tirá-los de mim — respondeu Phil calmamente. — E vocês não querem fazer isso.

Olhei para os dois caras, armados, assustados e nervosos, enquanto Phil os ameaçava com sua voz, a única arma de que dispunha no momento.

— Phil, dá pra eles a porra da corrente — eu disse.

— Não, vocês não querem as minhas joias — repetiu Phil. — Algumas centenas de dólares, 7 gramas de cocaína: eu diria que vocês tiveram um dia bastante bom até agora. Tem alguns caras que estão vindo para cá, e eles não vão ficar felizes de ver vocês aqui. É melhor irem embora.

Esse é um resumo do Phil, dirigindo o show enquanto estava sendo roubado à mão armada. Os viciados se lamentaram e discutiram, recuando o tempo todo, e foram embora. Escutei dizer que Red-eye e Phil os encontraram alguns dias depois — Minneapolis é uma cidade bastante pequena — e trataram das mãos deles para que não pudessem apontar armas para mais ninguém por um bom tempo.

———

Phil também tinha um trato bem ajustado com seus clientes. Tinha se cansado de minhas chamadas telefônicas extemporâneas, e quando liguei para ele, naquela manhã de 1986, Phil não gostou nada de ouvir notícias minhas. Relutantemente, ele ouviu a mensagem que lhe mandei sobre o cara que ia para Sun Valley e que queria um pouco de *você sabe*.

"Olha, Davey Dave, estou ocupado agora. Estou no Skyway. Você devia dar um jeito de descansar. São 9h30 da manhã. Vá trabalhar." Enquanto me dava aquele sermão, Phil estava sentado no Skyway Lounge, um bar de topless na Avenida Hennepin, cheio de moças desidratadas e cansadas, que dançavam para uma clientela ainda mais entediada. Phil sempre parecia mais preocupado com o meu trabalho que eu mesmo. Expliquei que não era para mim, que era para um cara com quem eu fazia outros trabalhos, e que aquele negócio estava no meio do caminho entre mim e um grande e legítimo cheque.

"Então, trate de se apressar, não vou ficar aqui o dia inteiro", disse ele.

Recusei um drinque quando cheguei lá. Ficava a dois quarteirões do meu trabalho, e eu tinha que estar no departamento de polícia às 11 horas para entrevistar um tira que sabia coisas sobre gangues de rua. Na meia-luz do bar, Phil me estendeu uma caixinha de filme cheia de cocaína.

"Você sabe quanto é um grama, Davey Dave. Não seja ganancioso", disse ele, palavras que iam ficar soando nos meus ouvidos anos a fio depois daquilo.

Eu tinha levado comigo um envelope de papel dobrado. Fui para o banheiro sujo dos fundos e me tranquei em um reservado. Despejei da caixinha a quantidade certa — eu podia visualizar um grama a três metros de distância — e fechei o papel. Aproveitei a oportunidade para mijar, e naqueles trinta segundos me ocorreu que eu podia precisar de um empurrão para atravessar o dia. Eu tinha ficado acordado a maior parte da noite. A porta do banheiro abriu e fechou, e do reservado eu podia ver os pesados sapatos pretos do cara ao lado, enquanto ele urinava. Desdobrei o papel e deixei cair alguns décimos mais nele. Os sapatos se moveram subitamente.

"Você faz muito barulho para enrolar um baseado, cara!", disse o policial uniformizado enquanto abria a porta com violência. Joguei a caixinha na privada, mas o envelope bateu na borda e caiu do lado de fora. Eu estava tentando pegar o envelope quando o joelho dele me golpeou a bunda com tanta força que vi estrelas.

"Olhem só, estourei um negócio de narcóticos!", gritou ele com alegria. "Hoje é meu dia de sorte."

Eu estava vestindo um casaco de couro da Lakeland com muitos bolsos. Os tiras adoravam examinar aquele casaco, e o cara não foi exceção. Phil apareceu por trás dele, fazendo uma espécie de sinal. *Oh, entendi, você quer que a gente pule em cima de um oficial de polícia armado. Grande ideia, Phil.* Eu devo ter balançado a cabeça. O tira se virou e latiu para que Phil saísse do banheiro.

Tudo isso está gravado na minha memória, mas os policiais tendem a escrever com mais economia que viciados ou jornalistas. Aqui está como o policial Quinn descreveu seu golpe de sorte: "Quando patrulhava a pé, observei o acusado com um papel branco na mão. Quando o enfrentei ele soltou o papel que, quando recuperado, pareceu conter narcóticos. O acusado foi preso e transportado para a delegacia. Os narcóticos foram inventariados."

Ele me algemou, e começamos a andar para fora do bar, pela manhã fria e luminosa. As pessoas, inclusive algumas com quem eu trabalhava, estavam em seu caminho para o trabalho. Dobramos à direita na Avenida Hennepin, em direção ao shopping City Center. Meu pai estava indo, bem naquele instante, abrir a loja de roupas Liemandt's, da qual era gerente. Quando viramos na Sétima Avenida, ao longo do shopping, meu coração começou a girar em todas as direções.

"Fique calmo", ordenou o policial Quinn. "Estacionei lá na Avenida Nicollet. Não sabia que ia ter companhia."

Ele me segurava de lado, de modo que tive que andar como um caranguejo todo o quarteirão da Sétima Avenida no caminho para a Nicollet, percorrendo todo o comprimento do City Center. Nunca fiquei tão alegre de entrar no banco traseiro de um carro da polícia. Fomos para a delegacia e fui fichado, impressões digitais e foto. No caminho para a cela, olhei para o relógio. Onze em ponto. Eu devia estar um andar acima, tomando notas com o tenente Freddy, um detetive da divisão de automóveis, sobre o flagelo criminoso que dominava nossa cidade. Passei o dia em uma cela com três caras que primeiro admiraram e depois cobiçaram meus tênis. Mickey, um advogado criminal que Phil tinha de prontidão, me tirou da cadeia muito tarde aquela mesma noite, assinando por mim, e nos meses seguintes tivemos que continuar voltando ao tribunal, tentando achar o juiz certo, até que pude pleitear um delito menor de violação das leis contra as drogas da cidade. Eu me sentia como — não, na verdade eu era — um idiota, um idiota ganancioso, pego por causa de dois décimos de grama. Fui solto porque era branco, tinha trabalho e Phil me pusera em contato com seu advogado sabe-tudo.

Phil, mais sábio, mais velho, o cara que agora vive para pescar um peixe grande do lago Minnetonka, disse que você não pode se lamentar pelo passado, mas pode aprender com ele. Phil me comunicou um último pensamento sobre a escolha que fiz na manhã do dia 3 de março de 1986. "Você devia ter ido trabalhar aquela manhã, David."

―――

Eu quis falar com Mickey, o advogado que fez tudo desaparecer. Mickey tinha sido acusado em um caso que envolvia fundos de clientes e fora expulso da Ordem dos Advogados. Phil não sabia onde ele estava, e ninguém parecia saber. DonJack, meu colega repórter, afinal achou rastros dele em um subúrbio de Minneapolis. Mickey ficou contente de receber meu telefonema — os arquivos já haviam desaparecido —, e eu, emocionado por ter a oportunidade de agradecer a ele. Por causa desse Mickey, deixei de ser mais um perdedor sem jeito para a vida na cadeia, que recebe olhares apaixonados de seus companheiros de cela, e passei a ser um cidadão de volta às ruas e que respira ar puro. Mais um único dia de prisão teria sido difícil de explicar ao pessoal do jornal. Por que eu não tinha telefonado? Uma coisa era ser conhecido como o repórter festeiro, que sabe-se lá de que modo entregava o trabalho nos prazos, e outra muito diferente era admitir que tinha sido acusado de delitos por um departamento de polícia que eu frequentemente entrevistava. Mickey lembrou-se dos sérios problemas que eu tive.

"Estou me lembrando de quando Phil me telefonou — ele me procurava de vez em quando para ajudar um amigo, um sócio, fosse lá quem fosse, sempre que eram presos: lembro-me de que ele disse: 'Você tem que ir agora para lá; tem que tirá-lo de lá imediatamente.' Sim, eu me lembro disso. Eu já tinha falado pelo telefone com um juiz antes mesmo de ir até a delegacia para ver você."

Tivemos uma conversa agradável, mas, na época em que ele me defendia, parecíamos ter objetivos opostos. Eu me sentia mortificado e aterrorizado por estar na Hennepin County Courthouse — um lugar onde fiz muitas reportagens — na condição de réu. Mas ele sabia que, se eu me apresentasse diante do juiz errado, no dia errado, o acordo cuidadosamente costurado cairia por terra.

"Eu negociei o caso com o promotor para ter a pena reduzida, mas agora precisamos nos preocupar com o que fará o juiz depois que você fizer a sua petição. Você se declarou culpado de um delito e teve a pena reduzida."

Não foi uma jogada combinada, disse Mickey. Eu poderia ter ficado colado ao delito, o que teria mudado quase tudo. "Você poderia ter cumprido uma pena substancial no tribunal do Condado de Hennepin, e eu estava tentando evitar isso. De modo que atrasamos um pouco as coisas, até que me senti confortável com o juiz que tínhamos. Então fomos adiante e entramos com a sua petição."

A parte difícil, explicou ele, foi controlar o cliente.

"Você estava muito constrangido, e não queria continuar tendo que ir ao tribunal. Eu sempre lhe dizia: 'David, é pelo seu próprio bem. Sei que é embaraçoso para você, mas precisamos fazer isso para termos certeza de que você vai conseguir o melhor acordo possível.' Acho que você não se convenceu do que eu dizia até que o caso foi encerrado."

Ele ficou contente porque obtivemos um bom resultado, mas não estava certo, na época, de que eu havia entendido como a minha conduta era equivocada. "Eu vi que você estava indo pela trilha errada, que você tinha de fato muito a oferecer, e que, se continuasse pelo caminho em que estava, ia acabar se metendo em uma situação da qual não seria capaz de sair."

Como qualquer outro bom advogado de defesa criminal, ele me passou alguns sermões naquela época, além de conselhos legais.

"Você concordava com tudo que eu dizia e [depois] fazia o que queria. Você estava cheio de merda, como qualquer outro viciado. Não um bandido, um viciado. Isso era o que eu via. Via as substâncias químicas, e via o que você estava fazendo para chegar a um lugar em que queria estar dentro de sua cabeça, mas não lhe fazia nenhum bem no tocante à sua carreira." Ele disse que me contou que, por mais que eu me preocupasse com ser um bom repórter, em escrever boas matérias, nada disso significava coisa alguma enquanto eu passasse minhas noites agindo como um imbecil.

Mas tudo acabou bem, fora alguns detalhes. Lembro que, na época, eu estava profundamente agradecido e pensava que tudo que eu havia pago a ele tinha valido a pena. Mas como tantas coisas em meu passado, aquilo também mudou quando fiz mais pesquisas.

"Você me deu um calote, mas não se preocupe com isso. Foi há muito tempo. O prazo de prescrição já expirou. Não tenho ideia de quanto você me devia, mas lembro que você sabia por que passei na sua casa uma vez. Era no Excelsior Boulevard, no St. Louis Park, eu acho. Eu bati à sua porta um dia, e você não estava. Como advogado de defesa, levar um calote não era para mim uma experiência muito rara."

13
AS FREIRAS REZARAM POR MIM

Meu pai blasfema com frequência, vai à igreja todos os dias e vive sua fé altaneira. Eu blasfemo frequentemente, vou à igreja todos os domingos e vivo em busca da fé. Ele é um homem que acredita piamente que não estou morto porque as freiras rezaram por mim. Sou um homem que acredita que essa é uma explicação tão boa como qualquer outra.

———

Depois de três meninos, em 1956 meus pais estavam querendo uma menina. Quando minha mãe entrou em trabalho de parto, no dia 8 de setembro, o aniversário de nascimento da Virgem Maria pelo calendário litúrgico, estava decidido que o nome da menina seria Mary. Em vez disso, cheguei eu. Naquele mesmo dia, o carro deles foi roubado do estacionamento da igreja. Planos bem preparados, bem rezados, dão nisso. Mesmo assim, eles me amaram cada instante de minha vida. Sempre. Mesmo mais tarde, quando me meti em complicações, me divorciei, fui demitido, recaí depois do tratamento, minha mãe dizia a mesma coisa: "Você é meu. Nós escolhemos você e nada mais importa."

Quando eu era pequeno, costumava me levantar ao raiar do dia para ir à igreja com meu pai. Ele ficava impressionado com a minha fé florescente, mas a verdade é que eu adorava sentar no banco da igreja com ele. Como um de sete filhos, raramente eu tinha meu pai só para mim. Ele era o meu poder mais alto. (Olho para minhas próprias filhas, quando estamos na igreja, e sinto o corolário. Vou lá para ficar perto delas.)

Em nossa família, tínhamos dinheiro, ou pelo menos parecia que tínhamos. Uma linda casa, bons carros, férias como todo mundo. Então, um dia, eu estava voltando para casa, depois de trabalhar como *caddy*, e vi que um eletricista estava cortando a luz. As coisas ficaram um pouco cabeludas depois disso. Nunca tínhamos desejado coisa nenhuma, mas com sete filhos e a carreira atribulada de meu pai, vivíamos sempre um pouco além de nossas posses. Meu pai sempre dizia: "As coisas não são importantes, as pessoas sim."

Quando já tinha certa idade, ocorreu-me que ele dizia isso porque tinha muitos bons amigos e pouco dinheiro. Quando meu pai e minha mãe ficaram mais velhos, via-se que eles ficariam bem, mas viveriam com limitações em sua aposentadoria. Então, um dos queridos velhos amigos do meu pai tomou a seus cuidados alguns dos nossos problemas financeiros. Nada de mais, mas acabou a pressão. As coisas não importam, as pessoas sim.

Eu não era o único na família que trabalhava por algumas moedas. Meu pai cresceu como o filho do dono de uma loja de roupas muito conhecida em Minneapolis. Em 1961, ele foi para um desses modernos shoppings de subúrbio e inaugurou a Carr's Fashion for Men. Foi na época em que as grandes redes de fabricantes entraram no varejo, e a loja dele faliu. Ele nunca declarou bancarrota e pagou até o último centavo que devia.

Meu pai bebia naquele tempo — pouco depois ele deixou de beber para sempre — e o desastre nos negócios o deixou com algumas pendências. Acabou aos tropeços, ligando-se a grupos que vendiam fundos mútuos. Afinal terminou trabalhando com Deil, um banqueiro da cidade que tinha muito dinheiro, e com um cara chamado Roger, braço direito do primeiro. Meu pai era o belo rapaz católico que eles enviavam para tirar o dinheiro vivo de viúvas ricas. Mas por trás de todos os drinques vespertinos, das conversas sobre grandes contratos que foram a pique, eles bem que o sacanearam. Meu pai ficou sóbrio e voltou ao ramo das roupas, trabalhando como vendedor para a Liemandt's, e acabou dirigindo várias lojas para eles. Meu pai foi e é um sucesso com base em qualquer definição objetiva do que é isso.

O mesmo não se podia dizer de Deil ou de Roger. "Eles realmente eram uns péssimos caras", diz meu pai agora, sentado no deque que dá para a baía St. Alban, no lago Minnetonka. Muito depois de meu pai ter deixado de trabalhar para eles e de eu ter me tornado repórter, Deil se meteu em uma séria confusão. Ele havia alavancado seus bancos para assumir a propriedade do cassino Tropicana de Las Vegas e estava voando alto. Só que ele ofereceu crédito à máfia de Kansas City, o que era uma violação da lei federal, e eles se endividaram em milhões de dólares. Quando disseram que não podiam pagar o que deviam, Deil lhes disse que perderia o cassino. Então a máfia lhe deu a boa nova: eles eram seus novos sócios. A *limpeza* começou imediatamente, e Deil passou a descontar cheques em seus bancos nas Twin Cities para permanecer solvente. Depois que foi acusado, todo mundo pensava que ele ia entrar para a máfia de Kansas City. Antes do julgamento, ele foi para o norte, passar um fim de semana praticando remo. Houve um acidente, e Deil perdeu sua mão direita. Houve muita especulação sobre como aquela mão fora cortada, mas ele não acusou outros em seu julgamento pela justiça federal, que cobri com grande interesse. Roger testemunhou contra Deil, que foi condenado e passou quarenta meses na prisão. Lembro que os promotores ficaram impressionados com a minha compreensão das nuances do caso, mas não lembro de ter-lhes dito como eu sabia o que sabia.

Quando eu estava num mato sem cachorro, meu pai, sóbrio, amoroso e furioso, veio algumas vezes atrás de mim com as redes de segurança, tratando de empurrar-me para o tratamento e arrancando-me do que ele considerava ser desgraça certa. Mas na maior parte das vezes eu evitei esforços dele para me colocar em algum internato cheio de malucos do qual eu pudesse sair fortalecido. Em uma memorável ocasião, ele e meu irmão Jim botaram abaixo a porta do meu apartamento e entraram esbaforidos, apenas para encontrar meu amigo Fast Eddie e um par de moças transando; eu nem estava lá. Ao sentir que as coisas estavam ficando um pouco fora de controle, concordei em encontrar-me com papai em terreno neutro, no restaurante Perkins, na Autopista 100, em Edina. Nessa época, eu estava sem trabalho, sem nenhum meio visível de sobrevivência, e tinha uma nova namorada chamada Anna, que me sustentava com drogas e dinheiro. Não lembro do meu estado mental específico, mas podia ser resumido em: chapado, prestes a ficar chapado ou destruído. Papai estava me esperando em um reservado, ao lado de uma janela. Não perdi tempo e disse logo que não queria nada, que todas as minhas necessidades estavam sendo satisfeitas pela minha nova amiga.

Ele devolveu o favor e foi direto ao ponto.

"Você é uma puta." Em um espírito já mais cristão — afinal, Jesus amou as prostitutas como crianças de Deus —, ele acrescentou que suas orações, as da minha mãe, as dos seus amigos e as das freiras iam me fortalecer. "As freiras estão rezando por você."

(Meu amigo Nimmer lembrou-me de que ele também fizera um pedido às freiras, de modo que eu tinha uma porção de mulheres com conexões divinas preocupadas com o meu bem-estar. E meu pai depois explicou que, embora as freiras possam ter rezado por mim, e ele possa ter me dito aquilo, um grupo enorme de outras pessoas também o fez, inclusive seu grupo laico de comunhão, o Cursilho. "Os pedidos pela sua recuperação eram enfáticos.")

Em nossa grande família, alguém sempre é a criança-problema, a batata quente, aquele de quem os outros falam, com quem se preocupam e de quem reclamam. Eu tive a minha vez, mais que todos os outros. Minha irmã Lisa disse que o rebocador da família — insistente, resmungão e incessante — impediu-me de voar para o abismo de forma irrecuperável.

"Nós fomos criados com valores de família, igreja e aquela coisa toda, mas principalmente família", disse ela, quando compartilhamos um cigarro na mesa da cozinha dela, na primavera de 2007. "Não importa o quão complicado você estivesse e o quanto você tivesse sacaneado a mamãe e o papai, sempre havia alguém chamando você pelo telefone, irmãos ou irmãs, perguntando: 'O que está acontecendo?' Nós sempre tivemos uns aos outros." Ela disse que mesmo em meus piores momentos, quando eu estava cheirando cocaína no banheiro da casa dos meus pais ou desmaiado em um sofá, ninguém desistiu de mim. Orações, sermões, ultimatos, todos eles contribuíram à sua maneira. "Eu acho que você é abençoado", acrescentou ela, sorrindo para mim.

Quer dizer que as freiras rezaram por mim?

"Acho que as freiras rezaram por você."

―――

Em setembro de 1988, meu primo Tommy morreu. Bom garoto, vinha do melhor tipo de família irlandesa, grande e palpitante, com um pai que era líder político em sua comunidade e muitos irmãos cuja característica compartilhada era a decência. Tommy era um pouco mais jovem que eu, casado com uma mulher adorável, um monte de lindos filhos e um caso antigo e infeliz com a cocaína. Finalmente ficou sóbrio por alguns meses e foi trabalhar vendendo carros. Um dia, depois de uma boa venda, foi para um motel vagabundo com um pouco de cocaína e colocou uma cadeira para travar a porta. Morreu ali.

 Eu tentava ficar fora de alcance, mas quando me contaram como tudo terminara para Tommy, soube que tinha que marcar presença no velório, na O'Halloran & Murphy. Na nossa família, não se deixa de ir a velórios. A família dele ficou unida em torno daquela ferida, mas foi um momento miserável, cheio de sorrisos pesarosos e soluços de saudade do Tommy. Eu me endireitei o melhor que pude e apareci para uma rápida visita ao corpo, evitando o olhar da minha família enquanto expressava minhas condolências. Bati de leve no braço do meu pai, a caminho da porta, como uma despedida. Ele inclinou-se e sussurrou: "Olhe à sua volta. É isso que você planeja para nós?"

14

O TEMPO CURA, O TEMPO ESQUECE

> Apesar de todos os fundamentos farmacológicos de suas matérias, o sr. Thompson era um repórter, dedicado à tarefa de descobrir o que outras pessoas sabiam com uma avidez que mereceu o respeito até mesmo daqueles que achavam seus hobbies pessoais repreensíveis.
>
> — TIRADO DE UMA MATÉRIA QUE ESCREVI APÓS
> A MORTE DE HUNTER S. THOMPSON

Para um viciado, faz parte das manhãs despertar em um cômodo onde tudo o compromete. Mesmo que não haja urina ou vômito — oh, abençoadas sejam as pequenas maravilhas —, tem a garrafa caída, o telefone destruído, a radiante luz do meio-dia entrando pelo rasgão da cortina, que diz que mais um dia começou sem você. Bêbados e viciados tendem a construir ninhos com os detritos de suas vidas miseráveis.

É aquele ecossistema, todo ali para ser inventariado nos primeiros vinte segundos depois de acordar, que tende a fazer do vício uma coisa serial. Além do progresso da doença, se você acorda nesse tipo de inferno, pode começar a procurar por alguma coisa para aliviar a situação. Nada como usar "óculos de cerveja" e ver tudo sob o prisma do álcool, ou uma baforada estimulante de alguma coisa para ajudar a reenquadrar sua pequena área de desastre. *Hum, espere um pouco. Um pouco de pelo do cachorro. Bem. Agora está melhor. Tudo está novo outra vez.*

Mas foi bem diferente, aquela manhã no meu apartamento da rua Garfield 3.208, na primavera de 1986. Ao meu lado havia um braço, longo e lânguido. Segui o contorno até umas costas marcadas apenas pelas linhas de bronzeado, o tipo de coisa que você vê na escultura figurativa clássica. Aquela moça estonteante sorria enquanto dormia, cada dente uma saudação à manhã, a mim, à noite passada. Então eu lembrei: Doolie.

Eu a tinha conhecido quando estava a ponto de me casar, e ela era a irmã caçula bochechuda e indefinível da Kat, minha querida amiga de faculdade. Eu mal reparei nela, e ela não me deu nem oportunidade. Alguns anos mais tarde, Donald e eu — agora eu estava a ponto de me divorciar — fomos ao bar onde ela trabalhava no centro, e as coisas tinham mudado. Ela havia regressado recentemente da Europa e parecia requintada, com um jeito de estudiosa e engraçadinha que me impressionou. E o que é mais notável, ela me achou encantador e engraçado. Encontrei com ela outra vez no bar Uptown, celebrando o aniversário de seu amigo Tony, um cozinheiro com quem ela trabalhava. Ele estava saindo para a noite, e Doolie pareceu contente com a minha companhia.

A lua estava cheia. Sugeri uma ida até o Cedar Lake, um dos deslumbrantes lagos que enfeitam a cidade. Cheiramos umas fileiras de cocaína e paramos no apartamento dela, a seu pedido. Doolie apareceu com um cobertor e uma garrafa de vinho. Eu estava acostumado a assediar as mulheres usando todos os tipos de conversa mole, a impressionar tanto como a seduzir. Não desta vez.

Aquela noite, contemplei Doolie clara como o dia, seu sorriso um conjunto de pequenas luas crescentes iluminadas pela luz da lua cheia, acima de nós. O sorriso, o modo como ela fazia com que me sentisse ainda estavam lá pela manhã. Afastei-me dela e do devaneio que ela induzia e passei os olhos pelo relógio — e então me ocorreu que eu deveria estar em outro lugar.

Querida-Mãe-De-Deus! Eram dez e meia. Eu tinha uma reunião no escritório do governador às 11h para uma última entrevista sobre uma matéria referente a discrepâncias nos títulos públicos de St. Paul. Grande matéria. Grande entrevista.

Em pânico, acordei Doolie o mais gentilmente que eu pude, fui até o banheiro, tomei uma chuveirada rápida e dei uma fungada de cocaína mais rápida ainda. Agarrei um casaco esporte que parecia feito de asbesto e uma gravata feiosa. Saímos caminhando juntos, e depois corri sozinho, praguejando e balbuciando para mim mesmo, mas parte de mim ainda estava na praia com todas aquelas pequenas luas.

O governador estava atrasado; me disseram isso quando cheguei. O suor caía da minha testa, do meu cabelo e depois escorria pelo meu pescoço até as minhas costas, pela minha cintura e mais abaixo. Corri para o banheiro e usei punhados de toalhas de papel para secar-me. Comecei a acalmar-me. Aquilo ia dar certo.

O governador Rudy era do Iron Range de Minnesota, e tudo que lhe faltava em fineza ele compensava com pura humanidade e malícia das ruas. Democrata, tanto com *D* maiúsculo como com *d* minúsculo, era um cara legal. Mas quando entrei no seu escritório, ele estava atrás de sua mesa, flanqueado por um par de ternos que eu não conhecia. Caras com pinta de advogados. Antes que eu pudesse fazer duas perguntas, eles disseram que sabiam que eu apenas estava ajudando o auditor estadual republicano e que este certamente havia passado para mim os documentos sobre os títulos.

Caramba, aquilo não estava indo nada bem. O mecanismo de lutar ou fugir entrou em ação, e eu comecei a suar de novo. Principalmente acima do lábio superior.

"Você está bem?", perguntou o governador. Ele parecia realmente preocupado.

Bem, bem, só está um pouco quente aqui, é só isso. Não, ele disse, quero dizer o seu nariz.

Coloquei a mão debaixo do nariz e ela ficou vermelha de sangue. Um dos advogados me deu um lenço de papel, mas não adiantou. Continuei a entrevista com um enorme chumaço metido na narina, com a minha cabeça enchendo-se de sangue enquanto eu lutava para terminar com aquilo. Se estivéssemos brincando de jogo da verdade e se o governador me perguntasse por que o meu nariz estava sangrando, eu responderia que era porque eu havia metido coisas nele durante toda a noite. Isso teria feito o governador Rudy, um cara "do lar", cair da cadeira.

Por que alguém faria algo assim?

Por nenhuma razão especial, acho eu. Apenas a raiva.

———

Logo depois que a Doolie e eu começamos a namorar, sua colega de quarto foi estuprada por um desconhecido que se meteu no apartamento delas. Eu era bom em crises, talvez porque tivesse gerado tantas delas. Cuidei da colega dela após a agressão, oferecendo conselhos práticos e sedativos. Por fim, ela se mudou do apartamento e não voltou. Na época, pareceu uma boa ideia que Doolie passasse algum tempo na minha casa.

Eu não precisava de estímulo. Eu a achava fascinante. Academicamente, estava perdida, e debatia-se em busca de uma razão para estar na faculdade. Mas isso não significava que ela não soubesse muito sobre muitas coisas. Doolie fora criada em uma família de irmãs brilhantes, de pais instruídos e bem-sucedidos, e isso aparecia tanto em suas maneiras como em seus amplos conhecimentos. E não apenas sabedoria de livros; ela havia regressado de Barcelona, na Espanha, onde viveu por um período. Para alguém como eu, que só entrava em aviões para fazer viagens curtas e usar drogas, ou para ir a festas em cidades de merda, aquilo parecia mágico.

Ela era uma dançarina maravilhosa, meus amigos a adoravam e, o mais importante naquela época, ela não via nada estranho no fato de que, entre as atribuições do trabalho, eu me dedicasse a todo tipo de drogas e ao álcool. Ela tinha seus próprios problemas com substâncias químicas, menores, se comparados aos meus, e ficou, por um tempo, encantada com os meus excessos. Fomos ver Bob Dylan, Tom Petty e os Grateful Dead, todos no mesmo programa, no Metrodome. Ainda posso vê-la caminhando pela Quinta Avenida em um vestido de verão e botas de caubói, rindo com antecipação por conta do colossal concerto a que íamos assistir.

Nos meses que se seguiram, houve muitas idas de bar em bar, e ambos desfrutamos do fato de que eu era uma figura conhecida: as pessoas pareciam felizes de me encontrar, e à cocaína que geralmente acompanhava minha chegada. Mas você sabe o que dizem: todos riem e estão ótimos até que alguém fique com um olho roxo. Ou enfie um cachimbo de crack na boca. Logo depois que ficamos juntos, comecei a sumir. Ela se tornou grudenta, reclamava que algo estava errado, que eu estava metido em alguma coisa. Eu lhe disse que ela era psicopata. Ela disse que eu era mentiroso. Na verdade, eu havia conhecido Anna, que tinha grandes quantidades de cocaína e muito tempo para mim. Quanto mais Doolie se mostrava acusadora, menos disponível eu ficava e, estranhamente, mais possessivo. Tivemos brigas épicas. Não há uma boa forma de dizer isso, mas comecei a bater nela.

Sempre me lembrei de que bati nela — minha cara ficava quente cada vez que eu lembrava —, mas eu dizia a mim mesmo que era sempre como reação a alguma provocação física por parte dela. Eu sabia, quando me encontrava com Doolie outra vez, sem nem pensar nisso, que era mentira.

―――

Uma coisa é digitar essas palavras, e outra, bem diferente, é estar sentado com Doolie em um banco de parque, em Chicago, falando sobre o que aconteceu há duas décadas. Eu tinha voado para lá para encontrar-me com ela na metade do verão de 2006. Eu estava incrivelmente nervoso, menos por vê-la do que pela perspectiva de falar das coisas odiosas que haviam acontecido. Se minha conduta alguma vez passou de patologia induzida pela droga para alguma coisa mais obscura, mais maligna — ter prazer com a infelicidade de outra pessoa — foi na minha relação com aquela mulher.

Há algo elétrico entre nós, quando nos encontramos em um café, mas tem muito pouco a ver com romances passados. Estamos retomando uma conversa que terminara de forma abrupta. Certo, tínhamos falado sobre quem fez o que a quem, mas nunca falamos realmente sobre o que *aconteceu*. Quando nos juntamos naquela época, passamos rapidamente pela alegria, pela paixão, pelo conflito, pelo ódio e pelo desgosto em apenas alguns breves anos, e no fim cada um de nós foi para o seu lado. Mais de uma vez, porém, nesses anos, eu me perguntei: o que era aquilo? O que acontecera comigo para fazer aquelas coisas com ela? Sempre que pensava em Doolie, era com carinho e com um profundo arrependimento.

Caminhamos para o parque perto da costa. Ela ainda é bonita, mas se veste de um jeito que não era o dela quando estava comigo. Está casada com um cara esperto e muito bem-sucedido, escreve peças de teatro e cria o filho deles. Ficou imediatamente claro, pelas lembranças de Doolie, que houve vezes em que eu a persegui.

Ela morou por algum tempo na esquina da Trinta e Oito com a rua Cedar, logo depois do Relax-a-Lounge, uma casa de massagem e de prostituição onde eu tinha alguns clientes. Enquanto ela falava, eu me lembrei de ter parado ali para entregar alguma coisa e depois de ter ido à casa dela, e que começamos a discutir. Ela me fez lembrar que terminamos do lado de fora, no quintal, comigo ajoelhado sobre os braços dela e batendo nela.

"Você me bateu e de algum jeito conseguiu me fazer deitar no chão. Você se importa se eu fizer isso?", perguntou ela, enquanto punha as mãos nos meus ombros. "Pode ter sido um pouco patético, mas você me segurava pelos ombros, me batia sem parar, e dizia: 'Vou matar você.'"

A demonstração não teve o propósito de envergonhar-me, apenas de me mostrar de modo realista como foi estar na situação em que ela esteve, presa e esmurrada ao mesmo tempo. A lembrança veio se derramando em mim enquanto ela descrevia aquele dia. Cada palavra era verdadeira. Eu fiz aquelas coisas. Mais de uma vez, naqueles dias, ela saía com um olho roxo, e começou a ficar magra e assustadora por causa das longas noites comigo. Seus pais tentaram levá-la para casa, em Dakota do Norte, mas ela ficou, mesmo depois que soube do meu caso com Anna.

"Uma garota inteligente teria ido embora", disse ela. "Mas não, eu não fui. Fiquei ali e aguentei tudo por mais um ano." Ela sorria quando disse aquilo, sobre a sua falta de amor-próprio. O que facilmente poderia ter se endurecido sob a forma de ódio e acusações, com o passar do tempo tornou-se algo mais complicado. Existia algo mútuo naquela nossa discussão — o que eu fiz, o que ela fez — que eu nem esperava, nem merecia. No decorrer de uma entrevista, as lacunas se preenchem e os mistérios se resolvem sozinhos.

Enquanto caminhávamos, ficou mais claro que ela permitira que eu a tornasse insana com o passar do tempo, voltando e depois indo embora de novo, amando-a e depois batendo nela. Doolie perdeu o rumo. Acabou ficando com o meu apartamento, mas os detalhes aqui não são claros. No dia 18 de janeiro de 1988, Doolie me atacou quando cheguei ao apartamento da rua Garfield. Eu digo que ela tinha uma faca, com a qual ameaçava cortar o fio do telefone e, por inferência, a mim. Ela diz que era um cigarro que apontava para mim. Seja lá o que fosse, era tudo um minueto de miséria — pessoas que em uma época foram decentes e sensíveis, agora tentando ferir e mutilar uma à outra. Eu a torturei mental e verbalmente e, no fim, até mesmo fisicamente.

"Não sem a minha permissão. Tentei queimar você com um cigarro. Eu estava com um cigarro na mão. Acho que eu também tinha rasgos de violência." Não aprofundamos isso, mas estou certo de que existe uma parte de Doolie que ela nunca teria sabido que existia se não tivesse me conhecido.

Era um *reality show* ruim, cheio de vizinhos babacas.

"A vizinha do andar de baixo chamou a polícia. Lembra?", disse Doolie, encontrando espaço para uma risada. "Ela ficava dizendo: 'Eu não consigo fazer a ligação, eu não consigo.' Ela estava ligando para o 411. Aquele foi um momento estranho, hilário."

Isto foi o que os tiras encontraram quando chegaram lá:

> *A patrulha 530 atendeu a um chamado de violência doméstica grave. Ao chegarem os policiais foram recebidos pela vítima, que estava com uma vizinha no apartamento 2. A vítima afirmou que ela e o acusado tiveram uma discussão e que ele bateu nela, com a mão aberta, do lado esquerdo da face. A vítima afirmou que estavam tendo uma discussão sobre a infidelidade dele, quando o acusado ficou furioso e a golpeou. Os policiais foram ao andar de cima, ao apartamento 4 e acarearam o acusado, que afirmou que houvera uma discussão e admitiu ter golpeado a vítima. O acusado foi revistado em busca de armas, algemado e escoltado para a traseira da viatura. Foi transportado para a delegacia e fichado pelo delito acima mencionado.*

Tantos anos depois, tentei compensar como pude, dizendo a Doolie que parte da razão pela qual eu era tão frenético, tão brutal, era porque eu tinha obsessão por ela. Aí, ela me fez uma pergunta calma, lógica, sem nenhuma acusação implícita: "Então por que você ia embora?"

A resposta era a mesma para qualquer outro aspecto da minha existência naquela época: eu escolhia a cocaína antes de tudo. E ali estava uma parte do nosso relacionamento que estava quebrada, sem possibilidade de conserto. Ela observou que, quando finalmente fiquei sóbrio, eu voltei e estava tão gordo que mal podia andar, mas ela me deixou entrar. Ficamos algum tempo viciados na saliva um do outro, permanecendo juntos muito além da razão ou do senso comum.

Ela estava atuando naquela época e, quando terminei o tratamento, eu ia esperá-la na rua depois dos ensaios. "Eu era uma péssima atriz", diz ela agora. Eu pensei que ela tivesse um bom papel de gostosa em uma peça cujo nome agora não recordo. "Eles me punham vestidos justos, muita maquiagem e muitos chapéus, muitas dessas coisas. Eu ficava um pouco arrumada demais."

Quando começamos a nos ver outra vez, depois que fiquei sóbrio, eu tinha companhia: minhas gêmeas, fruto do meu relacionamento com Anna. Fizemos o máximo para descobrir o que nos tinha reunido com tal ferocidade, mas arrastar-se por todas aquelas ruínas era demasiado exaustivo. Nós nos encontramos, como se diz, em nossas respectivas fraquezas. Eu era um sequestrador sem pressa alguma, e Doolie sofreu um longo e brutal cativeiro sob minha custódia. Mas agora, qualquer um que passasse perto daquele banco de parque em Chicago veria dois velhos amigos, rindo e compartilhando histórias, sorrindo um para o outro.

Doolie é uma excelente contadora de histórias, generosa em suas reminiscências — ela doou um rim para o pai, de modo que isso está na sua natureza —, e é imbatível com relação a datas e lembranças, dada a preeminência da lua cheia em todos os gloriosos e sórdidos pontos de inflexão do nosso relacionamento. Ela também sabe algumas coisas sobre mim.

"Você tinha admiração por quem era ruim. Você tinha admiração pelos bandidos", disse ela, puxando os joelhos até o queixo. "Acho que você teria sido um bandido, se não fosse um cara legal. Você queria ser o apanhador no campo de centeio. Quando as pessoas estivessem com problemas, você as apanharia. Ou se não estivessem, você as empurraria."

Ela disse que eu gostava de colecionar histórias e, com mais avidez, as minhas próprias histórias. Ela ouvira dizer que muito depois de eu ter ficado sóbrio, de ter deixado a bebida e a cocaína, eu tentei voltar a beber outra vez. Ela não se surpreendeu.

"Isso também era parte da lenda. Você sabia que, não importava o que acontecesse, nunca ficaria tão ruim outra vez. E então aquilo também seria uma boa matéria. O que eu disse é ofensivo?"

Eu disse a ela que não tinha muita vocação para me sentir ofendido.

"Isso porque você tem uma opinião muito boa de si mesmo, e isso é OK."

Ela me deu adeus como uma velha amiga. Não tem nada de mais, disse ela. "Você não se lembra disso, mas nós saímos daquilo de forma amena."

15

A CASA DE MUITAS PORTAS

> Quem pode saber agora onde está o quê? Os mentirosos controlavam as fechaduras.
>
> — NORMAN MAILER, *OS EXÉRCITOS DA NOITE*

Ninguém que conhecesse qualquer um de nós teria ficado surpreso ao ver Patrick falando comigo no parlatório de uma prisão no verão de 2007. Perito em política que ajudou a inventar a versão de Paul Wellstone de que os votantes estavam querendo fazer seu senador, Patrick sempre esteve ao meu lado. Quando eu era um jovem repórter, ele era uma das minhas melhores fontes de informações, o consultor político hiperligado que me orientava e me ajudava ocasionalmente com alguns furos de reportagem. Ele me deu emprego quando eu estava tropeçando na direção do vício e depois me deu emprego outra vez quando fiquei sóbrio. Mais tarde, quando fiquei doente, ele e sua mulher, Cathy, foram os primeiros a visitar-me, munidos de resmas de informações médicas sobre como eu devia proceder. Mas as pessoas do nosso círculo que observavam nossa improvável amizade nos anos 1980 e 1990 teriam ficado surpresas com o final da visita, quando me levantei e saí para o ar livre, e Patrick voltou para sua cela.

Patrick tem sido um guia moral tão importante para mim que jamais fumei sequer um cigarro na presença dele desde que fiquei sóbrio. Apesar de alguns anos mais jovem que eu, Patrick me ensinou muito sobre como dirigir os negócios na escorregadia interseção da política, da mídia e do dinheiro. Como um repórter e sua fonte, nosso relacionamento sempre foi para cima, e ele tinha grande deferência por minha posição como jornalista. E mais tarde, quando trabalhamos em vários contratos de comunicação, Patrick foi completamente honesto: nunca pediu uma comissão nem aumentou uma conta de gastos. Ele raramente julgava minha relação com substâncias químicas, mas achou que meu envolvimento com narcóticos ilícitos era repreensível e estúpido. Um cara que chegou à maioridade profissional no Iron Range de Minnesota, onde uma tradição de sindicalismo mineiro era frequentemente equiparada à corrupção pública, Patrick era o contraexemplo: um cara que se meteu em política por todas as razões certas e que era uma voz consistente em favor da retidão e da verdade.

Teria ele fingido ser aquele tipo de cara, e estava apenas esperando para dar um golpe? Não penso assim. É uma longa história, mas Patrick decidiu que queria possuir um monte de times de hóquei da segunda divisão. Ele fez alguns acordos ruins para poder começar — os números nunca poderiam dar certo — e, quando fracassou, começou a enganar seus amigos e sócios, por razões que ninguém que o conhecia compreende até hoje. Terminou com milhões no vermelho e ganhou uma longa sentença de prisão quando finalmente foi pego. Patrick tem algumas questões de saúde mental que atenuaram seu relacionamento com a realidade quando estava no meio daqueles problemas, mas isso explica tudo e não justifica nada.

Não importa. Ele era meu amigo naquela época, e é meu amigo agora. Pelo que sei, você tem cerca de doze amigos na vida, e se acontece que um dos meus amigos esteja vestindo um uniforme de presidiário, bem, antes ele do que eu, mas aquilo não desfaz o vínculo. Patrick fez merda, está no meio das consequências e, durante a minha visita, concentramo-nos nas coisas boas. Seus filhos e os meus, sua data de soltura, o trabalho que tem de padeiro. Pedi licença a funcionários da prisão para entrevistar o Patrick, mas depois que eu disse que aquilo não tinha nada a ver com meu trabalho no *The New York Times*, eles não deixaram que eu levasse nem um lápis ao parlatório da prisão. De modo que, depois da visita, mandei-lhe algumas perguntas por e-mail.

Patrick respondeu que aprendera naqueles dias que tirar o que precisava de mim como repórter requeria muitos cuidados.

"Finalmente entendi, a certa altura, que se eu quisesse te dar notícias políticas, precisava fazê-lo entre uma e quatro da tarde", escreveu-me ele no verão de 2007. "Você sempre estava acabado pelas manhãs e demasiado chapado à noite para que eu pudesse falar com você." Uma das vezes em que fui expulso do jornalismo, ele deu um jeito de enfiar-me no esforço de Minnesota para a campanha presidencial de Dukakis, em 1988. Patrick gostava de meu modo de escrever e lembrou-se de que eu andava "desesperado por dinheiro" na época, de modo que ele achou que poderia dar certo. Não foi uma jogada estratégica inteligente para a campanha, escreveu ele. "Passei a primeira semana tentando fazer com que você viesse às reuniões como parte de seu trabalho — o mais cedo que você chegou foi meio-dia e meia. Quando finalmente fiquei pronto para despedi-lo, você deixou de aparecer. Um final perfeito."

Nós finalmente acertamos as coisas e saímos uma noite para ver um jogo dos Twins. Fomos de bar em bar e terminamos no Stand Up Frank's, o tipo de lugar em que um *hi-fi* era um copo cheio de vodca sobre o qual o barman sussurrava as palavras "suco de laranja" antes de servi-lo a você. Ele me disse que, depois que eu tinha empurrado nele dois daqueles drinques notoriamente fortes, ele foi ao banheiro e os arremessou violentamente na privada. Fomos para o B.J.'s, um clube de striptease ali perto. Na resposta, ele escreveu que, depois de estacionar, viu que eu estava "brincando com alguma substância branca em pó, dentro de um papel laminado". Por alguma razão, eu acreditei que o diretor estadual da campanha de Dukakis ficaria mais do que feliz em compartilhar um carro com narcóticos. "Eu te disse para sair da porra do meu carro e te deixei ali."

Mais tarde nos encontramos no aeroporto. "Lembro-me de observar como você parecia paranoico. Vi você algumas semanas mais tarde, e você me contou que naquele dia havia contrabandeado uma tonelada de cocaína presa ao seu corpo com fita adesiva." Hum, pode ser, pode ter acontecido, mas o que posso dizer é que, se aconteceu, aquele era um voo doméstico e eu não falei muito sobre o assunto. Nem na época, nem agora.

Cada vez que coloco uma carta no correio para Patrick, olho duas vezes para seu endereço na prisão federal. Ele era demasiado esperto, demasiado cuidadoso, demasiado bom sujeito para terminar preso por algum tipo de delito. Mas já vi o suficiente para saber que todos nós carregamos uma medida de culpa e de inocência conosco. Se alguém for sugerir que ele está eternamente condenado pelo que fez, esse alguém provavelmente não serei eu. Todos nós contemos multidões.

16
É ASSIM QUE FAZEMOS

Quantos de nós persistimos em um curso precipitado em que, se não fosse por um momento de negligência, nunca teríamos entrado, simplesmente porque odiamos "mudar de ideia".

— WILLIAM JAMES, *PRINCÍPIOS DE PSICOLOGIA*, VOLUME 2.

Há momentos no estilo de vida festeiro em que você sente até os ossos que está no epicentro de algo espetacular; um momento que não pode ser replicado, mesmo que toda diligência e planejamento sejam mobilizados para que isso aconteça.

Entrar em um bar de esqui perto de Breckenridge, no Colorado, com Eddie, Scotty e Dale, enfrentando as suspeitas dos moradores locais, e do barman, com força total: dinheiro e cocaína. Eddie fez uma pirâmide de noventa centímetros de taças de champanha e despejou uma garrafa depois da outra até que as taças ficassem cheias. Saí do bar com uma moça do lugar que conheci ali e encontrei os rapazes nos garimpos de diamantes negros da montanha Copper no dia seguinte.

Assistir à primeira turnê do U2, quando Bono apareceu e jogou um copo de água nos refletores, as gotas virando névoa, e minha irmã Coo e eu misturados à multidão que se concentrava no First Avenue, participando da agitação até nossos sapatos ficarem pretos de tanto serem pisados.

Comprar uma bolsa na Washington Square na companhia de Donald, quando ele estava fazendo um trabalho fotográfico em Nova York. Encher a bolsa de todo tipo de substâncias controladas, inclusive um pouco de ácido realmente fantástico. "Como as drogas de rua podem ser tão boas?", perguntei a Donald, maravilhado, enquanto caminhávamos e íamos de loja em loja a noite toda, comprando latas de cerveja. "Porque estaremos de volta amanhã." E voltamos.

A grande atração da vida sóbria é que você pode planejar, com confiança, o que acontecerá em seguida. E isso também é o que há de ruim nela. Como maníaco diplomado, você tem uma expectativa de que quase qualquer coisa pode acontecer, caso certas forças venham a se alinhar, e algumas vezes elas o fazem. Uma briga, um novo amigo, uma viagem de carro, ou todos os três na mesma noite.

Sentado em um café de Nova Orleans, eu converso com Chris, o cara que tinha ido buscar o revólver que eu pensei que nunca possuíra. Falamos sobre aquele momento em que os ânimos estavam alterados. Ele lembra de uma noite em que fomos ao Stand Up Frank's, provavelmente no verão de 1987.

"Estávamos bebendo uísque, e chapados de cocaína", disse Chris. "Era perto da hora de fechar, e você se convenceu de que um cara no bar olhava você de cara feia. Eu segurei você para não ir até lá e provocá-lo. Você falava alto, e eu tive certeza de que a coisa ia ficar preta."

"Acabamos essa noite na minha caminhonete, rumo aos Detroit Lakes. Era só um capricho: ver Waylon Jennings ou Willie Nelson ou algum festival de música country por lá. Você sabe, hora de fechar do Stand Up Frank's."

Detroit Lakes ficava a cinco horas dali, perto da divisa entre Minnesota e Dakota do Norte. Anna já estava lá, abrigada em uma cabana, ouvindo música e atendendo às necessidades de consumo dos músicos.

"Paramos em algum lugar ao longo do caminho — nem mesmo lembro onde —, paramos em um bar que se encontrava inexplicavelmente aberto", disse ele. "Falamos com algumas garotas e convencemos uma delas a ir conosco. Eu ainda não entendi aquilo. Foi você e não eu."

Por razões que ele não pôde trazer à tona nesse momento, provavelmente por fadiga, Chris me deixou guiar sua gigantesca caminhonete GMC. "De repente, você simplesmente mergulhou no acostamento com ela, pisou no freio, parou na vala, pulou para fora e esticou algumas carreiras no capô da caminhonete. Nós saímos, cheiramos as carreiras no capô, depois pulamos para dentro da caminhonete e voltamos para a estrada."

"E então fomos direto até o festival. Estávamos em uma fila para comer uns cachorros-quentes, e você discutiu com um cara atrás da gente na fila. Alguém tinha derramado mostarda em alguém — não sei se foi você ou ele. Você entrou numa briga com o cara, e fomos expulsos do festival 15 minutos depois de ter comprado as entradas. Fizemos todo o caminho até lá e não vimos nem um pedacinho do show."

17

UMA CONFEDERAÇÃO DE VICIADOS

A moderação é uma lembrança.

— LIZ PHAIR, "JOHNNY FEELGOOD"

O universo vocabular do vício, as palavras que o acompanham — viciado, adicto, bêbado, drogado — tendem a sugerir que todas as pessoas envolvidas nessa vida são iguais. Elas não são. Neil Young estava certo ao dizer que os viciados são como sóis que se põem, inclusive chegando a fins prematuros, mas não inteiramente imprevistos. Falando nisso, poderíamos fazer uma pausa, um minuto de silêncio por aqueles que conheci ou com quem cruzei na vida e que não estão mais entre nós:

TOMMY — meu primo e sósia familiar, que morreu tentando voltar ao vício mais uma vez. A diferença entre a minha posição, acima do solo, e a dele, abaixo, é sorte e nada mais que isso.

AARON — a primeira pessoa que orientei em um programa de recuperação. Um garoto maravilhoso, com predileção pela heroína, pulou da ponte Richard I. Bong Memorial, que conecta Duluth, no Minnesota com Superior, no Wisconsin.

PHIL — não o meu fornecedor de droga, mas um ex-ator pornô e membro de nossa tribo, cuja namorada morreu quando o carro que ele guiava, totalmente sem condições de fazer isso, saiu da estrada. Na noite anterior ao dia em que seria condenado — poderia ter ido para a prisão por um ano ou mais, o que não era nada mais do que o devido —, Phil usou uma enorme seringa hipodérmica para injetar-se uma mistura de cocaína com heroína, deitado numa banheira com a música de fundo "Two out of Three Ain't Bad", do Meat Loaf. Sempre dramático, aquele cara.

FRED — foi dar uma nadada rápida e nunca voltou.

BOB — o guitarrista que não podia parar a música nem a droga.

Mas há muitos que conseguiram. O pessoal da heroína, por exemplo, o que é perfeitamente compreensível. A heroína tem um efeito de conservação. Enfrentando o mundo uma ou no máximo duas vezes por dia, para consegui-la, a turma da heroína passa a maior parte do seu tempo "viajando", vendo novelas e escutando Leonard Cohen. Não corre muito risco, salvo pegar um lote de péssima qualidade.

No caso dos viciados em cocaína, é outra história. Manter aquele ritmo alucinante gera uma espécie de corrosão — falta de sono, muita bebida para diminuir a ansiedade —, o que desgasta as almas mais duras, até ficarem abobadas. É um estilo de vida que deixa marcas: a cicatriz da pancada casual durante alguma briga, as mãos queimadas do usuário que foi dormir com o maçarico aceso, e os olhos que veem demasiado porque não se fecham com suficiente frequência.

A bebida tem um lindo e grosso currículo, que retrocede no passado até os guerreiros que brindavam suas vitórias nos tempos de Heródoto. Beber um pouco, nada demais. Beber muito de vez em quando não é problema. Beba muito o tempo todo, e suas entranhas vão inchar, fazendo você se parecer com uma pera com pernas; e, se a falência de órgãos não o pegar antes, seu esôfago pode sangrar ou você pode ter um treco no cérebro e cair de cara no chão para sempre.

Em um sentido mais amplo, o vício pode ser enormemente simplificador. Enquanto outras pessoas se preocupam com suas aposentadorias, com colocar seus filhos no jardim de infância ou nos colégios certos e com dar seguimento ao seu plano privado de dominar o mundo, um viciado ou um bêbado só precisam se preocupar com a próxima dose. Isso leva a uma vida que é, de certa maneira, notavelmente organizada. O que faremos hoje? *Exatamente o que fizemos ontem, sem tirar nem pôr.*

Um bêbado ou um viciado terminará por encontrar colegas de viagem no transcurso dos acontecimentos. Se você for um bêbado, o cara que cai da banqueta do bar, se levanta, torna a se sentar e pede outro drinque é seu amigo. Ele pode ser um pobretão que faz discursos sobre o time dos Twins ou dos Vickings, ou contra o prefeito, mas ele é, de certo modo, o seu parceiro. Da mesma maneira, um viciado encontrará gente do seu padrão e uma tribo para ir atrás. Como em muitas cidades, da metade para o final dos anos 1980, a cocaína era ubíqua em Minneapolis. Mas, enquanto vastas faixas da população cheiravam uma carreira aqui e ali, havia uma tribo de voluntários que fazia um pouco mais que isso.

Ser um consumidor diário de cocaína é, por definição, ser parte da economia da cocaína. A não ser que você seja um garoto rico, ou seja sortudo o suficiente para se atrelar a um deles, o processo de conseguir e cheirar vem geralmente acompanhado de comprar e vender. Sempre estive mais interessado em escrever sobre bandidos do que em me transformar em um deles, mas comecei a traficar cocaína a serviço do meu vício.

Eu tinha alguma experiência no comércio de mercadorias simples. No final da faculdade, eu vendia maconha, principalmente para Eddie. Era um negócio simples e lucrativo, embora envolvesse muita estiva. Eu aparecia com um saco de lixo de maconha, talvez com 25 quilos, e saía com uma sacola de supermercado de dinheiro, 15 mil ou 20 mil dólares. Era uma atividade sã e civilizada, destinada a clientes comuns.

A cocaína era coisa mais complicada, mesmo em quantidades pequenas. Eu trabalhava principalmente com gramas e frações, misturava com um pouco de pó de lactose e depois vendia para amigos e amigos dos amigos e, em alguns momentos de imprudência, para pessoas que eu nunca tinha visto antes. Tratando-se de quantidades maiores, eu recebia os pedidos e ia apanhá-los, dizendo à minha conexão que voltaria logo, o que normalmente acontecia. Já intermediei um quilo, com lucro de quase 10 mil dólares, apenas andando de um quarto para o quarto ao lado. Claro que a pessoa que tinha o quilo de cocaína não ia querer conhecer a pessoa que comprava aquele quilo, de modo que o risco, juntamente com parte do dinheiro, era meu.

O negócio das drogas, como acontece com todas as mercadorias, corre nos trilhos gêmeos do preço e da qualidade. O truísmo ainda é pertinente:

você consegue o que paga. Qualquer um que vendesse seu produto muito caro, ou o diluísse demasiado, logo ficaria fora do mercado. E, com os narcóticos do Anexo 1, temos o *frisson* adicional de longas penas federais, se as coisas derem errado. Eu fui cuidadoso parte do tempo e tive sorte quando não fui cuidadoso. Quando o delegado do condado de Hennepin estourou alguns dos depósitos de Eddie, que estavam cheios de todo tipo de outras coisas, ele estava fora da cidade, e eu telefonei dando as más notícias, mas isso foi tudo que aconteceu. Quando os federais prenderam Phil, eu fiquei ligando para o bip dele durante uma semana depois que ele já estava preso, mas nunca vieram atrás de mim. Eu estive envolvido em alguns negócios grandes, mas nunca fui mais que um office boy com muito boas conexões.

Todo mundo trabalha para alguém. A puta trabalha para o cafetão ou para o seu filho de dois anos. A dançarina de striptease trabalha para o traficante de drogas ou para o namorado que não presta. E quanto mais fundo mergulhei na economia da droga, descobri que todos, até mesmo a pessoa que controla o dinheiro graúdo e o volume considerável, trabalham para alguém mais. Durante a maior parte desse tempo, todos nós trabalhamos, de uma forma ou de outra, para Pablo Escobar. E ele, provavelmente, também trabalhava para alguém mais.

Eu aprendi *coisas* naqueles dias, e um pouco do que aprendi me ajuda na minha vida atual. Posso fazer uma avaliação das ameaças quando entro em um aposento, sei como um tira atua quando tenta não atuar como um tira e sei que, quanto mais gentil um bandido parece ser, mais ameaçador ele é na realidade. Os caras grandes e estrepitosos, que lançavam ameaças em todas as direções, estavam principalmente analisando a situação, e era com os caras que ficavam na deles que você devia se preocupar. Uma vez, no apartamento de Phil, durante um jogo de pôquer com um pessoal metido em extorsões, eu me desentendi com um desses caras que ficam na deles, mesmo sem pretender ofendê-lo. Ele me arrancou da mesa de pôquer, me levantou no ar sorrindo em silêncio e me disse que ficaria feliz de terminar o trabalho, se eu quisesse ir dar uma volta. Eu não senti a menor vontade de ir dar uma volta.

Em Minneapolis, o negócio da cocaína era bem distribuído ao longo das linhas raciais. Eu passei a maior parte do tempo em que levei aquela vida em cômodos cheios de rapazes brancos, amáveis e bem falantes — sem armas, na maioria das vezes — mas todos tinham um olho na balança e outro nas costas.

Eu corria em volta de um pequeno e ordenado círculo de suprimento que eu podia delinear de olhos fechados. Phil era um gângster que sabia lidar com gente e com transações e era totalmente destemido. Kenny tinha uma base de clientes antiga, algumas conexões sólidas, e a virtude de quase nunca dormir, o que é uma característica adaptativa da seleção natural para um traficante de drogas. Tony "Chapéu" era uma força da natureza, um cara grande e assustador que impunha um monte de regras e que tinha uma queda tanto para a generosidade como para a ferocidade em igual medida.

O resto de nós, bem, éramos mercadores da necessidade. E havia muitas maneiras de continuar na cocaína. Naquela época, 1986 e 1987, havia um círculo completo de pessoas que queriam ser outra coisa: varejistas, caras que vendiam gramas, vapores, aviões, pessoas que conheciam um cara que conhecia um cara. Era um banquete móvel que podia ser acessado em toda a cidade. No bar do McCready's, no banheiro do CC Club, um bar da moda na zona sul de Minneapolis; em quase todos os lugares do First Avenue, o grande clube de rock do centro da cidade. E quando esses lugares fechavam, de noite, havia uma série de casas, não oficialmente casas de drogas, mas sim lugares *ad hoc* para pegar alguma coisa.

Nós, viciados em cocaína, nos encontrávamos nos bares, batíamos palmas e talvez fizéssemos uma incursão ao banheiro juntos, sabendo muito bem que nos veríamos mais tarde naquela mesma noite, quando todos os outros fossem dormir. Era uma tribo que incluía alguns roqueiros e artistas, mas a maioria de nós éramos basicamente seres aptos a medir um grama no olhômetro ou a cozinhar cocaína com nada mais que um antiácido, um pouco de cuspe e uma colher suja. Tentávamos fazer parecer que era algo que fazíamos de vez em quando, mas tornou-se a atividade principal para muitos, muitos de nós.

Sarah era uma colega de viagem que continuou na minha memória muito depois que aqueles dias terminaram. Ela tinha aproximadamente um metro e meio e 15 anos quando a conheci. Seu lindo corpo estava vestido com adornos ao estilo Stevie Nicks, tudo gaze e chapéus estranhos.

Os pais dela eram músicos, e sua teatralidade era evidente — fizera uma pequena participação em *Madame Butterfly* quando contava 5 anos de idade. Aquela menininha podia fazer uma grande entrada e dominar um ambiente. Ela cultivava mistério e fascinação em uma multidão crédula, em sua maioria masculina.

"Ela tinha aquele ritual de dispor suas posses, suas chaves, seus cigarros, todas as coisas que ela tirava da bolsa e colocava em volta dela", disse o Kenny, traficante e amigo de nós dois, que agora vive em Seattle. "Era quase como uma forma de exibir algum tipo de poder. Só pelo modo como Sarah fazia aquilo, já se via que ela sabia o que estava fazendo. Como se ela estivesse, pelo menos inconscientemente, executando algumas manipulações ocultas."

Os traficantes gostavam de ter Sarah por perto quando saíam, porque ela podia segurar a cocaína deles — menor de idade, não seria condenada por nenhum delito. Sarah e eu nos cruzamos de um monte de formas diferentes. Éramos colegas viciados em cocaína, fazíamos negócios juntos e ela ajudou a cuidar das minhas filhas quando elas nasceram. Mais tarde, quando sóbrios — ambos estávamos fora da coisa, lembro-me — ficamos íntimos por um curto período.

Naquela época, ela não se portava como alguém de 15 anos. Mais de uma vez me encontrava eu sentado em um quarto com algum idiota que bancava o importante porque tinha cocaína, falando besteira e passando adiante um pouquinho aqui e ali, quando entrava Sarah. Em minutos, a grande bolsa de cocaína estava diante dela, ela dirigia os procedimentos, e o babaca agora lambia as mãos dela e desejava poder colocar a boca em outros lugares.

Eu nunca disse isso a Sarah, mas eu a conhecia de minha outra vida, como repórter. Nos anos 1980, houve um escândalo na Children's Theatre Company. John Clark Donahue, seu fundador e diretor artístico, foi acusado de abusos sexuais na escola com algumas das crianças mais velhas. E, no decorrer da investigação, eles descobriram que duas meninas no começo da adolescência haviam dormido com o célebre diretor. Sarah era uma delas.

— Eu fui a uma loja SuperAmerica comprar cigarros, e ele estava trabalhando lá como caixa. Eles arruinaram a vida dele; John não merecia isso — disse ela, numa voz entre áspera e embriagada, quando conversamos em um restaurante de um subúrbio de St. Paul, vinte anos mais tarde. — Eu sabia o que estava fazendo; foi decisão minha.

— Mas você tinha mesmo 15 anos?

— Eram 15 anos muito precoces — disse ela. — Eu era uma garota esperta. Sabia o que estava fazendo.

Ambos rimos. Ela sempre circulou com vários machos a tiracolo, e dizia que não era tão complicado.

— Peitos e bunda — disse ela, fazendo um gesto com o cigarro, depois do almoço. — Eu não sabia como eu era boa naquilo. Mas sabia que podia, podia fazer qualquer coisa que escolhesse. Tudo aquilo que eu decidia fazer não me surpreendia. — Apesar dos danos colaterais que sofreu, ela disse: — Havia uma parte bem divertida. Tive grandes momentos. Eu era jovem, conseguia o que queria, fazia o que queria.

Quando estávamos juntos naquela vida, Sarah tinha o hábito de encher os pulmões com crack e depois ficava se debatendo no chão como um peixe capturado no fundo de um barco.

— Convulsões — disse ela, deixando a palavra no ar. — Eu era um monstro.

Há algo dela que ainda carrego comigo. O dedo anular da minha mão direita tem um inchaço anômalo na segunda falange. O dedo quebrou quando ela teve um ataque e eu, em pânico, meti-lhe o dedo na boca. Anos depois, Sarah segurou a minha mão, inspecionando a velha fratura. Pareceu impressionada.

— Você morde com força — eu disse.

— Eu sei — disse ela. — Quando passamos a fumar, tudo começou a desmoronar.

18

CRACK: UM BREVE TUTORIAL

Bebi um segundo trago, no qual não achei nada mais do que no primeiro, depois um terceiro, que me deu bastante menos que o segundo. É hora de parar; a poção está perdendo sua mágica.

— MARCEL PROUST, *EM BUSCA DO TEMPO PERDIDO*

Viciado em crack é um item muito comprometedor para constar de um currículo. Se os consumidores de metanfetaminas não tivessem aparecido e feito um movimento para arrebatar a coroa — a *meth* deixa você louco *e* sem dentes —, os viciados em cocaína estariam na base do organograma dos viciados.

O racismo desempenha um papel, quando se observa pelo prisma do sistema de justiça criminal. Durante a epidemia urbana de crack dos anos 1980, tanto os tribunais estaduais como os federais tornaram patológica a cocaína de crack, muito mais que sua irmã em pó. Os negros usavam crack, os brancos usavam cocaína, de modo que as sentenças se bifurcavam, e os branquelos, inclusive eu, geralmente escapavam.

Para evitar tanto a pena por associação ilícita como as distorções legais, minha gangue sempre comprava cocaína em forma de pó. Não éramos contrários a cheirar: era portátil, fácil de usar e não precisava de mais equipamentos do que uma nota de um dólar enrolada. Nós nos contentávamos com enfiar coisas no nariz para muitas noites de divertimento. Muitas pessoas que conheci, que adoravam cocaína, lançaram um longo e duro olhar ao crack e hesitaram.

Mas eu não. O negócio é o seguinte: se você cheirar muita cocaína, afinal seu nariz fica cheio e suas sinapses ficam entediadas. A cocaína de crack oferece todos os benefícios das drogas injetáveis — um efeito completo e imediato, a possibilidade de chegar perto da overdose sem deixar que ela suceda — sem aquelas complicadas agulhas, marcas nos braços ou exposição a contágios com origem no sangue.

Quando a cocaína fumável entrou em cena pela primeira vez, ela envolvia um procedimento muito complicado para produzir o que era chamado então de cocaína *freebase*. A cocaína em pó era diluída em uma forte solução alcaloide tal como a amônia. Depois o éter, ou algum outro solvente altamente inflamável, era adicionado, para refinar mais a mistura e conjurar uma substância fumável. Ela permitia uma pureza que fazia saltar os olhos, mas tinha suas armadilhas. Perguntem a Richard Pryor.

O crack, por outro lado, requeria apenas quatro elementos: fogo, água, cocaína e bicarbonato de sódio. A mistura é aquecida, e as impurezas da fabricação se perdem na fervura. Os sólidos remanescentes se ligam com o bicarbonato de sódio, ou base, e forma-se uma pedra. Para os sabidos:

$$Coc\text{-}H^+Cl^- + NaHCO_3 \longrightarrow Coc + H_2O + CO_2 + NaCl.$$

Diferentes proporções de bicarbonato de sódio e cocaína produziam resultados diferentes. Eu preferia o muito prosaico 1:1. A maior parte do crack varia entre 75% e 90% de pureza, com base em apreensões feitas pela U.S. Drug Enforcement Administration (DEA). Quando a cocaína é cozinhada com bicarbonato de sódio e água, ela tende a fazer um som de estalo, de fratura, daí o nome crack.

Faça qualquer coisa um número suficiente de vezes, e você se tornará um adicto. Apesar de um isqueiro debaixo de uma colher ser suficiente para a tarefa, eu prefiro o fogo a gás de cozinha. Eu era capaz de, apenas com um pouco de cocaína decente e uma colher comum, avançar até o fogo, verter a cocaína e o bicarbonato de sódio em um pouco de água da torneira, fazer alguns movimentos do tipo *sauté* como um expert, para que o material bom se solidificasse, e depois literalmente lançar a pedra no ar e agarrá-la, tudo em menos de trinta segundos. Agarrá-la no ar proporcionava um lampejo de tensão e drama.

O segundo estágio do consumo também exigia pouco equipamento. Sob condições ideais, um longo cachimbo de vidro, com telas metálicas na ponta, era esquentado por baixo. A pedra se transformava em um vapor que esfriava em seu trajeto, através do cachimbo, para dentro dos pulmões e então, aproximadamente dez segundos mais tarde, para a área tegmental ventral do cérebro. Em uma situação de aperto, uma lata de refrigerante em que se faz alguns buracos, e um pouco de cinza de cigarros para servir como tela, bastavam. A necessidade é uma mãe.

Uma vez em ação, a cocaína toca sua própria melodia frenética, com todos os amplificadores ligados no volume máximo. A droga, especialmente quando fumada, libera dopamina, a língua desimpedida do impulso do prazer. Num perfeito ardil, ela se prende ao transportador da dopamina, e assim a droga permanece solta, em vez de ser reabsorvida, criando uma duradoura sensação de extrema euforia. A dopamina cavalga entre as terminações nervosas durante dez a quinze minutos, levando o usuário através de uma variada gama de sentimentos prazerosos.

Na falta de melhor metáfora, é como marcar o ponto que dá a vitória no jogo final da temporada do campeonato, e então reviver aquele momento de cruzar a linha do gol mais uma vez, e mais outra, até que a sensação diminua. E, mais que a viagem gradual criada pela cocaína em pó, o crack faz isso acontecer imediata e profundamente. Os sentidos ficam mais aguçados, as pupilas dilatam, a pressão sanguínea e a temperatura do corpo sobem, e você se sente como o senhor de todos os seus domínios, mesmo que seja um sofá sujo e uma televisão que não funciona em um ponto de venda de drogas.

E então ela vai embora. Só há uma coisa que atraia depois de uma tragada de crack, e não é um passeio em volta do quarteirão para tomar ar fresco. Não existe usuário social de crack. Muitas pessoas normais têm um vislumbre da lúgubre emboscada e se afastam. Outras dão mais uma tragada. Nesse cenário crônico, o cérebro se opõe àquele festival de dopamina, tornando-se bem menos receptivo. Doses maiores levam a retornos decrescentes e a uma brutal depressão depois da ingestão. O que parecia uma forma de escapar ao campo gravitacional dessa bola de sujeira se torna uma pá, repetidamente usada para cavar um buraco do qual o usuário não pode sair.

Eu não fumo cocaína há duas décadas, mas lembro de cada aspecto daquilo. Um pré-barato já surgia até mesmo quando a droga estava sendo preparada. O coração começava a acelerar, e as pupilas brilhavam em antecipação. Inclinado sobre o fogão com meus parceiros, fazíamos nossa pequena dança alegre. *Começou. Tudo está prestes a acontecer bem aqui, nesse instante.* Uma vez que o embaraço de decidir quem daria o primeiro tapa fosse resolvido, a sua vez chegaria. O crack não faz barulho só quando é feito. Ele faz barulho quando é fumado. Ouve-se um som borbulhante eminentemente satisfatório quando o sólido se torna líquido e, logo, vapor.

A não ser que você esteja nas ruas, tropeçando de pedra em pedra, com os dedos queimados e um cachimbo quebrado — nunca fui esse tipo de cara —, fumar crack é um esporte para dentro de casa. Só existe isso, até que toda a cocaína acabe. Beber, conversar e dançar, que combinam com cheirar pó, na verdade não fazem parte da experiência do crack. Fumar crack é menos uma festa e mais uma cerimônia religiosa, com um grupo de pessoas reunido em torno de um ícone importante — no caso, a diminuta fogueira de acampamento conjurada pelo cachimbo e pela chama. As pessoas sentam-se calmamente, esfregam suas coxas com antecipação, talvez façam uma observação ocasional sobre a robustez de um teco específico ou sobre quão destruído alguém parecia estar. Enquanto a cocaína durava, tudo era silêncio e sorrisos patetas de satisfação. O barato durava de quinze a vinte minutos, e então a sinapse começaria a fazer uma confusão — uma cabeça cheia de pequenos filhotes de pássaro, com seus bicos abertos, gritando por mais.

Quando se trata de apresentar a experiência por escrito, as pessoas tendem a recorrer a metáforas sexuais, mas eu nunca achei que o sexo, mesmo o sexo bom, completasse fielmente o ciclo como o crack. A cocaína fumável inicialmente se parece a uma maravilha infantil, um sentimento de que o parque de diversões chegou à cidade e escolheu seu crânio como lugar para o próximo show. Nada se compara ao primeiro teco da sua vida, ao primeiro teco da noite, ao primeiro teco de uma nova rodada. A busca subsequente, a infinita perseguição daquela primeira vez, instala um enigma que não pode ser resolvido.

Com as terminações nervosas e os níveis de dopamina em estado natural, o vapor de cocaína inalado é a marreta que golpeia a base da máquina de medir força em um parque de diversões e que envia o badalo diretamente lá para cima, para tocar a campainha. Depois disso, o badalo sobe um pouco menos rapidamente a cada vez, e não se eleva tanto. Mas ainda é melhor do que nada. Uma espécie de hipnose grupal se instala, com o fluxo e refluxo da atividade — inspirar/expirar, minha vez/sua vez, cozinhe/fume — tornando-se um fim em si mesmo. Nunca tive nenhum problema para entender as pessoas que conseguem jogar pôquer ou ficar diante de máquinas caça-níqueis dias sem fim, muito depois da anedonia se estabelecer, ganhem ou percam. Parar, recuperar os sentidos, é admitir que tudo acabou, que você jogou e perdeu.

Depois de dois minutos, ou duas horas, ou dois dias, o suprimento de coca diminui e o desespero se instala. A colher é arranhada, e se as pessoas estão suficientemente detonadas, elas se ajoelham e passam as unhas pelo tapete, procurando uma migalha que possa ter sido derramada. Como se fosse possível. A cocaína do crack tem o poder de reverter a polaridade do relacionamento entre o usuário e a droga. Toda a fumaça, em todos aqueles cachimbos, fluía em ambas as direções: o narcótico estava sendo inalado enquanto minha alma era exalada. Antes que eu começasse a fumar cocaína, eu passava tempo demais na estrada para o excesso de William Blake, mas eu me segurava. Mas fumar crack era uma atividade completamente incontrolável desde o princípio, foi o veículo da minha viagem de *playboy* para viciado.

Sentado em sua cabana em Newport, Donald contou-me que todos os meus amigos se deram conta imediatamente. "Nós nos escondíamos de você. Lembro de estar trabalhando no bar do Tam's, e alguém dizer: 'Carr está vindo para cá.' Eu fui embora."

Por quê?

"Você cheirava mal, tinha uma aparência péssima, suava como um porco, você fumava crack."

Ele fez uma pausa.

"Mesmo nós dois sendo tão bons amigos, por mais que eu amasse você, você não era mais você. Eu não estava falando com meu amigo David. Eu falava com um homem selvagem. Você era um monstro. Eu tinha medo."

Não consigo me lembrar se aquilo foi antes ou depois de eu ter ido à casa dele com um revólver. Ele também não lembra.

Donald acabou tendo o seu caso com o crack depois que eu me livrei disso, e um bando de outras pessoas que conheci perdeu anos fumando. Além da fisiologia e da farmacologia, sou uma negação para explicar os dois anos difíceis que passei fumando crack. Mesmo agora, como uma pessoa em recuperação, quando vejo garotos nos clubes de Nova York esgueirando-se para ir dar uma cheirada, não tenho a menor dificuldade para entender a atração que sentem. Um pouco de pó no banheiro, um gole de uísque no bar, sem preocupações. Mas crack? É muita idiotice ficar metido nessa vida e achar que vai continuar funcionando.

Quando voltei para Minneapolis para dar uma olhada, todos os registros de desintoxicação tinham sumido, mas consegui falar com Bob Olander, o cara que dirigiu os programas de desintoxicação do condado de Hennepin naquela época. Eu tinha feito algumas matérias que o envolviam, quando era repórter, e sempre pensei que ele fosse um cara honesto. Ele acabou se metendo no meu caso quando voltei para lá como cliente.

"Levou um tempo para chegar aqui, mas o crack se mudou para Minneapolis. Foi um turbilhão quando chegou, e estávamos soterrados pelo trabalho com a quantidade de pessoas de todos os tipos que eram viciadas em crack", disse ele. "A maioria era de negros, mas o crack pegou a sua quota de caras brancos como você."

Muitas vezes, quando eu fraquejava, ia parar no escritório de Bob: não mais um empregado e não mais empregável. Pelo menos duas vezes ele me conseguiu um tratamento pago pelo Estado. Sempre achei que, pelo menos em parte, a razão pela qual ele tinha tanto interesse pessoal no meu caso era que ele pensava que eu ainda poderia fazer algo de bom ao retornar à sociedade civil. Mas, falando depois com o Bob, ficou claro que ele achava que eu não era uma boa aposta, na época em que o crack acabou comigo.

"Levou mais de uma vez, eu lembro disso. Seu prognóstico não era bom. Nunca me enganei a respeito", disse ele. "Você tinha um conjunto definido de compulsões, um histórico de engajar aquelas compulsões e uma espiral descendente que provava isso." O tempo que passei em uma extremidade do cachimbo conseguiu limpar o sorriso do meu rosto.

"Suas emoções eram as de um vagabundo em idade avançada. Havia uma tristeza em você, um cara que havia voado alto e que agora estava de bunda no chão. Você parecia derrotado. Depois de tê-lo visto algumas vezes, bem, você parecia um tipo bem arrogante, mas gradualmente você entendeu que não ia ser a arrogância que poderia ajudá-lo a abandonar a vida que estava escolhendo."

Ele disse que o fato de eu ser um homem branco dotado de aptidões que me tornavam empregável e de ter uma família que me apoiava me faziam ter alguma chance. Não muita, mas alguma.

"Você era um homem de boas intenções. Você tinha um senso de remorso pelo que tinha feito às pessoas ao seu redor. É pouco nas estatísticas desse negócio, mas você tinha a capacidade de ter esperança. Era uma colina íngreme que você estava subindo de volta — lembro que as chances eram 70% contra você, mas eu pensei: 'Esse cara pode ter uma chance'. Achei que valia a pena mover alguns pauzinhos por você."

Ele teve que mover aqueles pauzinhos mais de uma vez. Eu não era, como eles dizem, um vencedor de primeira no programa de recuperação.

19

QUANDO OS ELEFANTES DANÇAM

Tommy e eu estamos sentados em um hotel no centro de Manhattan. No final do verão de 2007, finalmente nos encontramos depois de várias tentativas frustradas. Ele está na cidade para participar do programa de *Letterman* sem nenhuma razão em particular, só porque Dave gostou dele por ser o fracassado marido de Roseanne. Eu estava lá na noite em que Tommy e Roseanne se conheceram em Minneapolis, uma noite particularmente pervertida, e eu não percebi que eles estavam interessados em trocar algo mais que piadas. Fiz uma matéria ou duas sobre Tommy quando estava iniciando sua carreira como comediante, e ficamos amigos. Ele era a mais estranha versão de bêbado e viciado que eu jamais havia visto.

Isso foi há muito tempo. Desde então Tommy avançou, desempenhou alguns bons papéis no cinema, e fez alguns programas de televisão que não tiveram maior sucesso. Ele já foi excluído da grade de programação tantas vezes que virou uma espécie de piada ambulante, mas ultimamente ele tem feito coisas muito legais, trabalhando com diretores talentosos em filmes independentes.

Apesar de sua reputação de bufão entre as pessoas que não o conhecem, ele desempenhou um papel firme e substancial na minha recuperação. Por ser meio estranho em seu modo de ser — a perna dele se mexe o tempo todo — as pessoas pensam que ele ainda é um viciado em cocaína, mas está recuperado há mais de vinte anos. Larguei as drogas antes dele e o ajudei um pouco. Por sua vez, quando tive minha recaída, ele foi uma presença muito forte. Tenho ido a reuniões na casa dele, que convocou amigos meus que há pouco tempo largaram o vício para ajudá-los na recuperação, e ficou conhecido em Hollywood como uma pessoa a ser visitada por quem precisa de ajuda para se livrar de vícios.

Tommy é um cara leal. Quando foi pela primeira vez a Los Angeles, trouxe com ele uma gangue inteira de simplórios, muitos dos quais ainda trabalham no ramo do entretenimento. Depois que eu consegui a custódia das meninas, ele me deu um roteiro do espetáculo *Roseanne* para que eu o escrevesse. O roteiro foi aprovado, mas nunca produzido, e eu usei o dinheiro para comprar nosso primeiro carro decente. Eu estive nos casamentos de Tommy — dois deles — e continuo a vê-lo agora, quando vou a Los Angeles. A única vez que ele mentiu pra mim foi quando começou a namorar Roseanne, mas na época ele vendia informações ao *National Inquirer* para conseguir dinheiro e consumir cocaína. Afinal, ele acabou se mudando para Los Angeles e terminou em um hospital com uma grave hemorragia nasal. Falei com ele pelo telefone naquele dia, como sempre fazia quando ele saía dos trilhos. Ele sempre perguntava o que deveria fazer. E eu sempre lhe dizia a mesma coisa: se o seu nariz dói, pare de enfiar coisas nele.

Tom ficou sóbrio, e ele e Roseanne sempre ficavam com as gêmeas quando estavam de visita na cidade.

Quando cheguei ao hotel de Tommy, ele estava na sala de ginástica, malhando. Enquanto ele toma uma chuveirada, olho em volta pelo quarto, que parece ter sido detonado por várias bombas. Ternos, roupas de ginástica, revistas e vários telefones, tudo misturado. Gente de Hollywood nunca viaja com pouca bagagem.

Na véspera do dia em que fui demitido em 1987, um dia antes da Noite da Arma, eu e Tommy tínhamos saído juntos para festejar o Dia de São Patrício. Foi aquela farra formidável, sanguinária, como era sempre que eu saía com ele, e terminou mal, como normalmente terminava.

Conversando no quarto dele, Tommy e eu nos esforçamos para lembrar como tudo aconteceu. Tommy era um comediante predatório, reflexivamente agressivo, o tipo de cara nem sempre alegre que precisava da presença de um provocador maduro na plateia. Naquele Dia de São Patrício, havia um falastrão no salão do Knights of Columbus, um cara chamado Sarge, que extra-oficialmente dirigia o lugar. Eu disse a Tommy que o deixasse em paz quando desse início à sua programação de rotina. Pequeno erro tático da minha parte.

"Você me disse 'Não sacaneie o Sarge'", disse ele, a perna saltando enquanto se aquecia para a tarefa. "Eu comecei a sacaneá-lo de cara e durante todo o meu pequeno número. Foi a morte. Para começar, as pessoas no salão do Knights of Columbus não estavam ali para me ver, nem à minha versão de comédia, e a coisa foi ficando cada vez pior. Eu joguei cerveja na cara de alguém, quase feri alguém em uma cadeira de rodas. Eu não sabia que estava em uma cadeira de rodas, e pedi desculpas imediatamente, mas era tarde demais. Acho que as repercussões daquilo atingiram principalmente você."

Isso é o que recordo. Também me lembro de que nos mandamos em cima do lance.

"Bem rapidinho. Era uma situação fora de controle", disse ele.

Tínhamos nos tornado muito competentes na arte de "se mandar rapidinho" ou, se cercados, de brigar para sair. Tommy estava impedido de entrar em muitos de nossos antros costumeiros em Minneapolis, e era raro para ele estar na estrada, fazendo apresentações, e não ser expulso a pontapés do bar onde estivesse trabalhando. Ele se lembra de estar no McDonald's de Rochester, no Minnesota, depois de uma apresentação e de ter sido expulso antes de ter uma chance de ir ao banheiro. Usou o estacionamento. Quando a polícia chegou, perguntaram o que estava fazendo. Tommy disse ao policial que estava fazendo um coquetel para ele. Tudo aquilo teria sido mera rotina, só que Tommy devia apresentar-se no dia seguinte, em Los Angeles, para o primeiro grande especial da HBO de Roseanne. Ligar da prisão teria sido profundamente prejudicial para a sua carreira.

Ele me ligou em pânico, contrito, mas os tiras de Rochester estavam bastante furiosos. Eu chamei o Ron, o maior advogado penal do Estado, que conhecia muita gente: Tommy foi solto, tomou o último voo para Los Angeles, e ninguém ficou sabendo. "Você tirou o meu da reta", lembrou ele.

Tínhamos muito em comum. Ambos éramos caras grandes naquela época, podíamos dominar um grupo ou virá-lo contra nós num piscar de olhos. No verão de 1987, Tommy deu um calote em uma dívida de cocaína da noite anterior — ele nega isso até hoje, mas de algumas coisas eu lembro. Como muitos de nós, Tommy era melhor usando drogas do que pagando por elas. Ele não era um desses caras que roubava a droga e depois fingia que ajudava a procurar, mas fazia o que fosse necessário para continuar chapado.

Admito que posso tê-lo atormentado demais com a história de ter que pagar. E então lembro dele, do nada, tentando remover meu olho esquerdo. Sempre achei que tinha sido mais uma bobagem que deu errado, nada de mais. Brincamos várias vezes sobre o assunto, mas, quando realmente nos dedicamos a reconstruir o que acontecera e falamos longamente sobre aquilo, compreendi que Tommy sentia-se mal de falar daquele episódio do nosso passado.

Ele disse que aconteceu na casa da Anna na Avenida Oliver, com um monte de roqueiros de bandas tais como Replacements, Soul Asylum e os Flaming Oh's. A namorada dele na época, Melanie, era uma deslumbrante cantora de R&B que teve uma parte vocal em *Funkytown*, o disco *single* de 1980 de maior sucesso em Minneapolis.

"Juro por Deus, no começo você foi razoável, mas você continuava vindo para cima de mim, e você estava louco. Eu te disse que não tinha o dinheiro comigo, mas que daria a você depois; podíamos falar disso amanhã, não agora. A Melanie está aqui, os caras da banda estão aqui, estou tentando conseguir um trabalho."

Mas eu continuava com a pressão, assediando-o, minha voz crescendo de um sussurro para um tom mais ameaçador. Eu tinha uma história de brigas em bares e becos, mas meu registro de vitórias e derrotas era cruel, e mesmo que eu fosse tenaz, minhas habilidades pugilísticas não ficariam fora de lugar em um programa de videocassetadas.

"Finalmente, senti que era uma dessas vezes em que você queria levar porrada", disse ele. "Mas eu te avisei: 'OK, é sério, da próxima vez que você fizer isso, eu vou te machucar. Vou machucar mesmo.' Eu só queria que você entendesse a situação."

Ele disse que eu estava deixando-o envergonhado, e passando vergonha na frente da nossa turma.

"Você está fazendo uma putaria, para começar. Todo mundo está sabendo por que você ficou furioso; pensam que eu te devo dinheiro ou alguma outra coisa, que eu não estou pagando minhas dívidas de pó. Você fez um montão de favores a um montão de gente, as pessoas gostam de você, e às vezes elas não gostam de mim. Você continuava a avançar, e era como se, pô, eu tivesse duas escolhas: ou golpear você direto na garganta, ou agarrar você e meter a porra da minha mão no teu olho. Você não era um cara pequeno. Não é fácil quando você está maluco, de modo que senti meus dedos tão fundo na sua órbita que foi... — sei lá."

Eu me lembro do que aconteceu depois, e ele também. Caí no chão, devagar, dando gritinhos e dizendo que ele arrancara fora meu olho.

Mais tarde, na viagem de táxi ao centro da cidade para o jantar, Tommy sentiu-se obrigado a se explicar mais, mesmo que eu não tivesse perdido o meu olho, e eu realmente esperava aquelas desculpas.

"Não iria ser fácil. Eu podia ter te jogado no chão, ou coisa semelhante, mas eu já tinha visto você ser bruto, sabia bem como era, e não queria chegar a esse ponto. Eu disse para as pessoas que você estava querendo apanhar, que eu estava te fazendo um favor", disse ele, sem rir.

É estranho. Doeu na hora, mas a verdade é que eu nunca mais tinha pensado naquilo, realmente, e lá estava ele se explicando para mim. Ele pode agora ser comediante e um ator, mas, naqueles dias, ele tinha acabado de sair do frigorífico onde trabalhava. Hoje em dia ele é muito maior que eu — o câncer e algumas outras coisas me encolheram ao tamanho da vida —, mas naqueles tempos eu provavelmente era o tipo de cara que poderia causar um problema. Mesmo assim poderia ter batido em mim, mas ia ser um longo e doloroso episódio para ambos e para todos os que assistiam. Talvez ele, de fato, me *tenha feito* um favor. Mesmo com esses ocasionais momentos de explosão, passamos uma boa parte do tempo juntos, inclusive nos víamos de noite, quando eu trabalhava em matérias para o jornal.

"Íamos fumar crack juntos ou tomar alguma outra coisa, mas antes você precisava entrevistar algum garoto que vivia nas ruas e escrever uma matéria pungente, dura, mas uma história doce. Logo depois, seu fornecedor aparecia", recordou ele. "Mas você sempre tratava todos da mesma maneira. Sem diferenças."

Ao contrário de quase todos com quem falei sobre os velhos tempos, Tom pensa que a razão pela qual me recuperei tem menos que ver com as gêmeas e mais com uma ambição que tínhamos em comum:

"Acho que a sua carreira significa mais para você do que você quer admitir", disse ele. "Acho que você é como eu. Eu finjo que estaria mais feliz em outro lugar, mas não quero que tudo vá para o caralho para eu ter que começar tudo de novo, da estaca zero."

20

BAM BAM

Nos filmes de gângster de drogas, o chefe sempre é um sujeito com a cara marcada pela varíola que usa dinheiro, mulheres e armas como uma espécie de joia, vestida ou usada para impressionar. São figuras estrondosas e ameaçadoras — sempre ladeadas por gorilas a caminho de um restaurante, que se sentam de costas para a parede e sempre ficam com o maior pedaço do frango.

Mas a pessoa mais séria e bem-sucedida com quem fiz negócios tinha um pouco mais de metro e meio de altura, era linda, a cabeça cheia de cabelos tingidos de louro, boca pequena e uma predileção por maníacos em questões do coração, senão de negócios.

Quando conheci Anna, ele estava em plena ação, movimentando um quilo por mês diretamente de fontes colombianas, por meio de uma cadeia de sócios confiáveis que também eram seus amigos. Ela trabalhava com entregas em pontos de armazenamento, caixas de segurança bancárias e mulas, para manter-se afastada dos aspectos práticos do comércio de drogas. Aquela moça sabia contar — clic, clic, clic passavam as notas, com uma ocasional molhada do polegar nos lábios para manter a tração. E quando as pilhas eram grandes demais para contar à mão, ela tinha uma balança digital que pesava pilhas de notas de vinte dólares. Anna tinha dois filhos em uma linda casa na zona norte de Minneapolis; o negócio de droga era realizado em outro lugar. Nós nos conhecemos em uma despedida do meu bom amigo Phil, que estava indo cumprir uma pena federal, de modo que a oportunidade era inspiradora, ou assim pareceu na época.

Em 1986 eu estava em plena transição profissional do *Twin Cities Reader* para a *Corporate Report Minnesota*, uma excelente revista mensal de comércio que pertencia ao mesmo grupo. A ideia de trabalhar como repórter de negócios nunca me ocorrera, mas representou um passo adiante, com um novo assunto para matérias e mais grana. Doolie tinha ido morar comigo na Avenida Garfield, na zona sul de Minneapolis, e estávamos em nosso ciclo normal de romance intenso misturado com brigas incendiárias. Eu a amava, tanto quanto conseguia me preocupar com qualquer coisa que não fosse eu, mas ela necessitava de assistência e de apoio, para o que eu tinha muito pouco tempo.

Durante o outono de 1986, comecei a frequentar mais e mais a casa de Anna, com a desculpa de fazer negócios, e então ficou claro, para Doolie e para outros, que alguma coisa mais, além de produtos em pó, estava sendo trocada. Como um menino de 4 anos, ávido e consumista, no corpo de um homem adulto, eu queria ter tudo ao mesmo tempo. Eu mentia para Doolie a respeito de Anna e para Anna a respeito de Doollie, mantendo ambas instáveis e a mim no meio delas. A putaria da minha vida estava gravada em tiras de papel nas cestas de lixo, traços de perfume no meu colarinho, roupa de baixo faltante e camisetas recém-compradas. Tudo me incriminava, exceto a minha boca, em um estado de constante explicação.

Anna e eu fomos ficando juntos aos poucos. Nosso primeiro encontro marcado foi em um jogo de hóquei dos Minnesota North Stars, seguido de um jantar. Os dois ainda estávamos apenas cheirando na época, e devastamos a *bola oito* — 3,5 gramas de cocaína vagabunda — que eu tinha. Eu pensava que Anna era apenas uma entusiasta como eu.

Estávamos no quarto dela, em sua casa, e quando a cocaína acabou ela me mandou pegar um pouco mais no cofre debaixo do terceiro degrau da escada. Voltei de mãos vazias, dizendo a ela que ali só havia um grande tijolo branco. "É aquilo mesmo, seu bobo", disse ela. "Quebre uma ponta e traga aqui."

Décadas mais tarde, Anna e eu estamos conversando em frente de um hotel em Tucson e ela ainda não tem dificuldade de recordar as dimensões de um quilo de cocaína prensada.

"Era desse tamanho, grande como um livro", disse ela, mostrando com as mãos. "E tinha uma marca de cobra; vinha direto do cartel de Medellín."

"Eu vendi um quilo por mês por sete anos", disse ela. "Custava 25 dólares o grama. Eram 25 mil dólares o quilo, que tem mil gramas. Eu me virava e vendia aquilo por 100 mil dólares."

Anna era muito esperta em matéria de negócios, e para uma traficante de drogas ela era feminina, com muitos cachos louros e uma boa e profunda risada. Quando a conheci, ela possuía um Nissan Máxima blindado, uma linda família, e um negócio atacadista de cocaína muito bem-sucedido. Anna gostava de mim porque eu tinha um emprego de verdade e não deixava que ela me desse ordens. Todos os homens da vida dela, inclusive o ex-marido, trabalharam para ela. Eu gostei da Anna porque ela era ela mesma, tinha vindo de alguma cidadezinha do interior de Minnesota, não levava desaforo de ninguém e tinha um suprimento ilimitado de cocaína pura.

Chris, meu amigo de Nova Orleans, lembra de Anna como uma "pessoa de bom coração e honesta. Quando a conheci, ela era uma moça esperta e dura trabalhando por conta própria, em um ramo difícil e ilegal, que geralmente é dominado pelos homens. Você não vê muitas mulheres naquele nível dirigindo aquele tipo de negócio. E Anna tinha uma casa, tinha filhos para cuidar".

Para Anna e eu, nenhum momento era completo sem drogas. As substâncias químicas definem uma vasta faixa de relacionamentos íntimos no mundo moderno. O queixoso e indiferente marido, que bebe doze latas de cerveja diante da televisão e faz viagens à garagem para visitar uma garrafa de vodca. A mulher cujas dores de cabeça exigem um substancioso suprimento de Klonopin. A filha do quinto ano do ginásio que está viciada em Adderal. O adolescente que se sustenta com um cachimbo de maconha que guarda no seu quarto. Navios que passam em meio a uma névoa de humores alterados, cada qual vendo os outros pelas lentes da farmacologia.

Por um tempo, nós dois íamos bem. Eu tinha amigos em toda a cidade, e Anna era tratada como realeza sempre que saía, o que não acontecia com muita frequência. Ela tinha sido casada com Steve, um cara legal que dirigia o negócio da cocaína até que se meteu em problemas por consumir o produto. Ele terminou em um buraco fundo, e quando Anna voou para encontrar-se com os colombianos a quem ele devia um dinheiro grande, eles concordaram em fazer um acordo com ela. E ela tornou-se uma das mais respeitáveis fontes de atacado da cidade.

Na versão dela, tudo ia bem até que eu cheguei (o que não deixa de ser verdade) e então eu a convenci a fumar cocaína (também mais ou menos verdade). Na minha versão, eu me arrastei até a vida dela, sucumbi ante abundantes carícias e fiquei aprisionado a uma mania violenta e destrutiva, uma psicose induzida por drogas, o que é uma espécie de verdade, mas nada mais do que isso.

Em todas as cidades, mesmo nas pequenas como Minneapolis, existe alguém como Anna, uma pessoa respeitável fazendo o trabalho vergonhoso de traficar para as elites. Ela tinha advogados, médicos e homens de negócios de peso em sua lista de clientes. Lidando com alguém como Anna, que tinha casa, filhos e verdadeiros amigos, eles podiam evitar que seu sujo segredo parecesse sujo, sem realmente entender que estavam metidos para valer no consumo de narcóticos. Não era como se estivessem comprando em qualquer esquina.

Ela era alguém especialmente útil para se ter à mão quando alguma celebridade do rock estava de visita na cidade. Se alguma figura importante estivesse dando um grande espetáculo, você encontraria Anna nos bastidores, parecendo a todo mundo apenas mais uma fã de rock, mas com uma bolsinha no ombro com cocaína suficiente para derrubar um elefante. As pessoas cuidavam dela, asseguravam-se de que estivesse confortável e feliz, porque ela tinha a "parada", não era um bandido e não parecia um gângster. Quando a conheci, o enfoque de Anna para dirigir seu negócio fez muito sentido para mim. Não importa que fosse, em termos legais, um crime em andamento, ainda assim era uma realização impressionante. Ela se lembra bem de que o respeito profissional foi mútuo.

"Eu tinha muito dinheiro quando conheci você, e achei que você tinha contatos muito bons. Você trabalhava, eu admirava o seu trabalho, o que você fazia para viver", disse ela, acendendo um cigarro. "Eu fiquei impressionada e pensei: bem, talvez juntos possamos chegar a algum lugar."

Anna me apresentou aos amigos como um sócio confiável, mas todos eles sabiam exatamente o que eu representava: o cara que ia foder com uma coisa que funcionava. Como mulher de negócios, ela provavelmente sentiu a mesma coisa, mas ainda assim quis que eu assumisse o controle de vez em quando.

"Com o Steve, meu primeiro marido, foi como se eu o tivesse emasculado. E aprendi uma lição: nunca mais quis fazer aquilo com ninguém", disse ela. "Bem, é verdade que dar a você drogas e dinheiro e fazê-lo trabalhar para mim também não era, de nenhuma maneira, fazer você ficar másculo. Nunca funcionou. Você nunca tinha o dinheiro, nunca tinha a cocaína — de vez em quando podia funcionar, mas raramente. Raramente o pó ou o dinheiro voltavam."

Além da incapacidade para executar o que na verdade eram deveres de garoto de recados, eu desaparecia por longos períodos por outras razões: eu ainda estava muito envolvido com a Doolie.

"Você mentiu para mim durante meses sobre isso", disse ela, apenas mencionando minha duplicidade como um fato, sem uma pontinha sequer de acusação. Eu esqueci como ela descobriu a verdade. "Doolie me ligou e ameaçou me matar", disse Anna. Mais uma vez, de modo totalmente prosaico. Não sei se isso era verdade, mas perguntei se ela levou a ameaça a sério.

"Na verdade, não. É que na época eu estava ganhando. Eu estava planando. As coisas iam bem para mim, eu tinha uma boa casa, duas lindas crianças, e um carro esporte. E pensei: eu queria você, e aquela mulher não ia ter você. Acontecesse o que acontecesse, nós íamos — não brigar fisicamente — mas ela ia ter que brigar pelo que queria."

Como se vê, o sentido de posse, de ter o direito, não era só meu. Ela era uma moça acostumada a conseguir exatamente o que queria.

"Eu ainda não era viciada", disse ela. "Porque eu não gostava tanto assim. Eu gostava mais do dinheiro. Gostava de viajar, de coisas bonitas.

Adorava meus filhos, eu realmente não tinha a menor ideia do que era ser uma viciada. Eu olhava para as pessoas à minha volta e não podia entender o que havia de errado com elas, porque estavam tomando as decisões que tomavam. Só quando me tornei uma viciada é que entendi tudo."

Certamente ela aprendeu por uma boa cartilha, por estar ao meu lado. Como alguém que estava no ramo do fornecimento, ela tinha observado que a diferença entre cheirar e fumar cocaína era enorme. Mas depois de algum tempo, ela decidiu entender de que se tratava. "Discutimos por seis meses sobre aquilo, e aí eu me juntei a você." Ela caiu de boca quase imediatamente. "A pessoa que inventou o crack é tão maligna", afirmou ela. Alguém que passava pela nossa mesa do hotel lançou um segundo olhar quando ouviu aquilo, mas ela continuou: "Você tem que ser realmente autodestrutivo para enfiar uma agulha no braço, fazer todos os preparativos, ao passo que é tão fácil colocar aquele cachimbo na boca, inspirar um pouco de fumaça e, sem se dar conta, você está no inferno."

"Em certa altura eu estava tão apaixonada por você que desejava basicamente entregar a minha alma, sabe? Eu não sei exatamente por quê", disse ela. "Você é engraçado, gregário, pode ser um cara extremamente encantador. Você também foi o primeiro homem que eu senti que queria me proteger — se qualquer um me fizesse ou me dissesse alguma coisa, você fazia com que eles entendessem quem eu era e que você era meu namorado e você dizia: 'Não faça isso, ou vai arrumar problemas.' Você era meu protetor — só *você* podia dizer coisas ruins sobre mim, ninguém mais podia. Eu nunca tive um pai que me defendesse; era a primeira vez que eu tinha um homem que enfrentasse os outros por mim."

Ela lembra que era uma força que às vezes beirava certo tipo de fraqueza.

"Você era tomado por umas paranoias", disse ela, e deixou a afirmação flutuando no ar. "Estávamos em uma festa, uma vez, e alguém tirou uma foto minha. Eu disse que não tinha gostado e você agarrou o homem pelo pescoço, pegou a câmera, esmagou, fez um escândalo colossal; e eu fiquei como que... bem, eu também não queria *aquilo tudo*."

Na altura do outono de 1987, os negócios dela estavam indo muito mal, eu tinha perdido meu emprego e, ah sim, ela estava grávida. Seus amigos imploraram que fizesse um aborto. Nós estávamos viciados em crack, e o ex-marido dela, que apareceu para cuidar dos dois filhos, era a única pessoa na casa capaz de assumir alguma responsabilidade. Anna trancava-se no quarto por horas a fio e ocasionalmente afirmava que Doolie estava perambulando pelas vigas da casa. Eu explicava a ela que isso era impossível de uma perspectiva prática, mas tinha havido tantas mentiras naquela fase que ela não sabia em que acreditar. Ambos vivíamos crônica e psicoticamente chapados, e eu passava todo meu tempo levantando as persianas e observando furtivamente o mundo lá fora, no qual eu tinha cada vez mais medo de me aventurar.

"Posso lembrar que, antes que eu soubesse o que estava acontecendo, você andava sempre espreitando pelas janelas. Eu disse: 'Seu filho da puta, se você não sair dessa janela, vou matar você.' Não acho que eu estava realmente consciente do que ocorria, mas você ficava plantado na frente da minha porta, e não ia embora. Você ficava olhando por aquelas janelinhas, e só fazia aquilo. Você não se movia dali."

E houve um 4 de Julho que foi mesmo ruim em 1988, dia do aniversário dela. Anna estava contratada como fornecedora para um festival de música country em Detroit Lakes, e eu ia direto da minha cabana do Wisconsin para encontrar-me com ela. Na metade do caminho para lá, eu estava dirigindo muito rápido em uma curva e cheguei perto de bater em uma caminhonete cheia de crianças. Ainda posso ver a cara delas no vidro de trás. Saí da estrada para evitar um acidente pior. Terminei na delegacia de Brainerd, Minnesota, e celebrei a independência da nação acendendo fósforos na cela escura. Quando finalmente saí e cheguei a Detroit Lakes, descobri que, como presente de aniversário, os amigos de Anna a tinham presenteado com um rapaz nu pendurado no teto da cabana dela. Eu fiquei lívido.

"Lembro de estar na minha cabana, e você me deixou um olho roxo, quebrou minha costela e me atirou do cais", disse ela. Eu não lembrava dessa última parte, mas assim que ela falou nisso, eu senti que devia ser verdade.

Nunca me mudei para a casa da Anna: mas de repente virei alguém que não ia embora da casa dela. O fato é que algumas verdades desagradáveis e inelutáveis pairam entre nós. Ela tinha o hábito de bater as portas na minha cara — eu a chamava de "Bam Bam" em parte por causa disso — e eu tinha a mania de atravessar aquelas portas e estrangulá-la. Ela estava usando crack quando sua bolsa d'água estourou, sinalizando que as gêmeas haviam chegado dois meses e meio mais cedo. Eu é que tinha trazido aquelas drogas para ela. Eu a tratava como um caixa eletrônico, usando suas drogas e seu dinheiro quando queria, ao passo que Anna parecia mais disposta a manter uma relação comigo. Eu é que consegui me levantar e que criei nossas filhas, mas apesar disso há momentos em que a atitude moral pertenceu a ela. Por um lado, eu batia nela. Por outro, seja o que for que ela tenha feito, fez por uma espécie de amor. Minha presença na vida dela foi muito mais mercenária.

―――

Quando fui me encontrar com Anna, fazia dez anos que não nos víamos. Havia poucas razões para nos encontrar, fora as crianças que compartilhávamos. De todas as minhas viagens em busca do passado, nessa era menos provável que surgisse uma verdade comum. Cada um de nós dois tem uma necessidade de encontrar um lugar onde guardar nosso tempo juntos que não deixe nenhum de nós imobilizado pela vergonha. Trajetórias muito distintas foram construídas no tempo que passamos longe um do outro. (Como Daniel L. Schacter escreveu no livro *The Seven Sins of Memory* [Os sete pecados da memória], "Com frequência editamos ou reescrevemos inteiramente nossas experiências prévias — sem saber ou inconscientemente — à luz do que agora sabemos ou acreditamos.")

Anna vive atualmente em um trailer em Tucson. Uma série de más escolhas envolvendo homens, inclusive eu, algumas questões legais pesadas e problemas de saúde deixaram-na em um estado delicado. A vida dela tornou-se uma longa e punitiva queda, o tipo de coisa que se vê em obscuros filmes independentes. Ela me ligou uma vez e disse que perdera uma audiência do tribunal porque seu dente da frente caiu e o cachorro o comeu. Disse que agora estava recuperada, mas anos de consumo significam que alguns de seus cinco filhos — inclusive as gêmeas que tivemos juntos — tenham sido separados dela. Sua filha mais velha, estonteantemente bonita e congenitamente otimista, ainda andava por lá, cuidando de um bebê que tivera havia pouco tempo e, às vezes, da mãe.

Devíamos odiar um ao outro, e às vezes odiamos, mas não hoje. Eu dei uma conferência no Hotel Biltmore, em Phoenix, em 2006, e dirigi até Tucson para vê-la. A partir de um dado momento, ela seguiu o caminho dela e eu o meu. As gêmeas ficaram comigo. Anna sempre falou sobre o bom trabalho que eu fiz criando as meninas — sem deixar de me recordar, de passagem, que eu as havia roubado dela. Já eu criei o hábito de não falar mal da mãe na presença de suas filhas.

Por algum tempo, eu as enviava para o Arizona ou o México, onde quer que ela estivesse, mas ficou claro que Anna estava envolvida em um estilo de vida que punha em risco as meninas, depois que ela foi agredida, assaltada à mão armada e presa. Eu parei de mandar as meninas. Ficamos em contato esporádico depois disso.

Anna, que nunca teve uma carreira além da vida de drogas, agora estava trabalhando com outras pessoas com problemas de drogas, como ajudante de admissão em um programa de serviço social. Ela tem um carro, uma casa e um salário, mas é viver de mês em mês. Ela engordou e perdeu a postura; restam muito poucas evidências da pequena chefa que eu conhecia. Nós não nos pertencemos, nem então nem agora, mas algo de profundo nos manteve unidos e nos trouxe até o dia de hoje, até esta mesa, esta conversa.

"Eu fui ao médico e havia duas batidas de coração", Anna lembrou de um dia em 1987. "Você ouviu isso pelo telefone. Eu disse: 'Tenho uma coisa para te dizer, quero você em casa para ouvir.' E você disse: 'Não, não, não! Me diz, me diz, me diz!' Como sempre, eu cedi e falei. Creio que isso provavelmente te mandou direto para uma bebedeira de três dias."

Eu lembro disso? Claro que não. A bebedeira eu assumo. Mas o que eu estava pensando? Será que eu realmente tentei processar as implicações de trazer não um, mas dois novos seres sensíveis para o Vale da Morte em que eu perambulava? Será que olhei no espelho e disse: "Você não tem nada mais a fazer do que infligir você mesmo a qualquer pessoa pequena, dependente e indefesa?"

Não fiz nada disso.

Naquele ano, eu acordava de saco cheio dia sim, dia não e deixava de fumar crack. Lançava o cachimbo zunindo no escuro ar da noite, encontrando uma pequena e idiota satisfação no ruído que fazia quando batia no chão. Bem, isso deve bastar. E quando eu estava enchendo o cachimbo com outra dose, quase sempre junto com Anna, a conversa era sempre a mesma: "Precisamos parar com essa merda."

E então veio a gravidez. Juntos, eu e Anna traçamos muitas linhas na areia e depois as cruzamos. Eu normalmente liderando a marcha.

Os amigos que nos restavam não tinham ideia do que dizer. Minhas gêmeas foram gestadas em um ambiente parecido ao de Bagdá, com bombas caseiras explodindo por toda parte. Meus amigos tendiam a culpar a Anna, e os amigos dela tendiam a culpar-me.

Eu procurei LeAnn, que era amiga de Anna na época, para perguntar-lhe como foi ver aquela gravidez avançar. Ela e sua irmã Cheryl haviam conhecido e amado Anna por muitos anos, mas ficaram sem fala ante a perspectiva de ela levar a gravidez a termo, especialmente comigo ali permitindo que ela o fizesse. Como muitas pessoas daquela época que ainda estão por perto, LeAnn está recuperada. Sentamos em um reservado do Archie's Bunker, um bar que eu costumava frequentar.

"Ela rolou morro abaixo bem rápido. Lembro da Cheryl passar pela minha casa uma vez e dizer: 'Eu não sei o que fazer, estou realmente preocupada, não sei o que fazer.' 'Bem, nós podemos pagar alguém para que o machuque', eu disse, falando de você."

"Apenas para ficarmos livres da sua presença", esclareceu ela. "Eu não pretendia matar você."

21

DIAGNÓSTICO: BABACA NARCISISTA

Era minha presunção corrente que, mesmo sem tender a progredir depois do tratamento, tive destaque nos vários programas de que participei. Abençoado com um dom tanto para a adulação como para o jargão psicológico, com frequência eu me sentia como se fosse um consultor *pro bono* quando me internava em alguma instituição. Apesar de haver fracassado em captar alguns dos princípios fundamentais da recuperação, eu acreditava que dava uma contribuição para cada centro de tratamento pelo qual passei. Eu era uma pessoa com alta capacidade de verbalização, que ainda obtinha bons resultados nos testes de inteligência, apesar da minha história de abuso de substâncias químicas. Ficava muito interessado no bem-estar de meus colegas pacientes e estava sempre querendo dar uma ajuda aos conselheiros, quando pareciam embananados. Alguns desses conselheiros eram duros comigo, mas sempre acreditei secretamente que eles eram tocados pela minha intuição e pelos meus conhecimentos médicos informais.

Mas então, no decurso da pesquisa de meus registros médicos, encontrei um referente a um tratamento no St. Mary's Rehabilitation Center, do começo de 1988, o começo do fim. (Eu também descobri que havia entrado e saído de outro tratamento de reabilitação no Hennepin County Medical Center um mês antes, o que perfazia um total de cinco viagens através de tratamentos, quando sempre pensei que eram quatro; mas quem está contando, além de mim?) Anna estava grávida, eu estava sem emprego, de modo que desta vez eu realmente precisava ficar e permanecer "limpo". O registro reflete que eu não tinha uma compreensão real do que estava em jogo.

SUMÁRIO DE AVALIAÇÃO DO CONSELHEIRO

ADMISSÃO:	25/1/88
DISPENSA:	20/2/88
MÉDICO DO PACIENTE:	Dr. Routt
CONSELHEIRO DO PACIENTE:	Cal Scheidegger
ENDEREÇO DO PACIENTE:	3208 Garfield Avenue South, Minneapolis, Minnesota 55408
TELEFONE:	825-9110
ESTATÍSTICAS:	33 anos de idade, solteiro, masculino

PROBLEMAS APRESENTADOS:

O paciente entrou em tratamento precisando de desintoxicação e também sofrendo de gripe. Informou tratamento anterior seguido de recaída. Também admitiu sintomas em número suficiente para apoiar o presente diagnóstico de dependência de substâncias químicas. Especificações: uso diário excedendo um mês, uso compulsivo até a intoxicação, e tolerância aumentada. As áreas da vida do paciente que foram afetadas pelo uso de substâncias químicas incluem a vocacional, a física, a financeira, a emocional/psicológica, a espiritual e a familiar. Opinião: Dependência de substâncias químicas.

CURSO DO TRATAMENTO:

O paciente frequentou a maior parte das atividades da unidade de leitura, grupo e terapias paralelas, inclusive terapia de relaxamento, cuidado espiritual e aconselhamento individual. O paciente se apresentou como consideravelmente passivo/agressivo e um tanto narcisista. Tendia a vitimizar membros do grupo e tentou ser um conselheiro júnior [sic]. Foi questionado repetidas vezes por seu grupo pela conduta envolvendo duas mulheres com quem teve relacionamentos.

O paciente foi instruído na preparação de um inventário pessoal de caráter (AA Quarto Passo). Ele verbalizou tal inventário para um Conselheiro de Cuidado Espiritual (AA Quinto Passo) antes de ter dado baixa. Por ocasião da baixa, o paciente ainda não havia assumido responsabilidade sobre questões de relacionamento. Era visto como manipulador, vitimizador e aparentemente sem vontade de tomar decisões. Verbalizou superficialmente uma compreensão dos processos de recuperação dentro do marco do Programa dos Doze Passos e a necessidade de ingressar em uma unidade de moradia supervisionada depois do tratamento.

PROBLEMAS APRESENTADOS DEPOIS DA BAIXA:

O paciente continua a necessitar trabalhar seu estilo de personalidade passiva/agressiva e seu autocentramento, assim como questões de honestidade e dedicação.

PLANO PÓS-TRATAMENTO:

Não deve haver nenhuma utilização posterior de quaisquer substâncias que afetem o estado mental. Recomenda-se que o paciente ingresse imediatamente no Progress Valley (uma unidade de cuidado intermediário) e complete ali o programa deles de 90 dias. O paciente deve frequentar regularmente os AA [Alcoólicos Anônimos] da comunidade em que vive (duas ou três vezes por semana), assim como os grupos de NA [Narcóticos Anônimos]. Deve ter consultas psiquiátricas de acompanhamento com o dr. Routt. Também foi sugerido que o paciente frequente um grupo de abuso doméstico. A Al-Anon foi recomendada para os membros da família. No caso de recaída, deverá o paciente ingressar em um tratamento de longo prazo em uma comunidade terapêutica (tal como a da Eden House) ou talvez em uma instituição do Estado, tal como Moose Lake, Fergus Falls ou Willmar.
Prognóstico: Pobre.

Pobre? Não fode. Recomecei a usar drogas dois dias depois de sair dali.

22

BONGO, TONY "CHAPÉU" E STEVE

Se a memória é intercambiável, então o tempo é o seu braço direito, dilatando-se e comprimindo-se para conjurar uma história coerente. Em retrospectiva, sempre pensei na minha carreira, tanto a de jornalista como a de viciado, como uma série de rápidas ascensões e declínios. Algo assim:

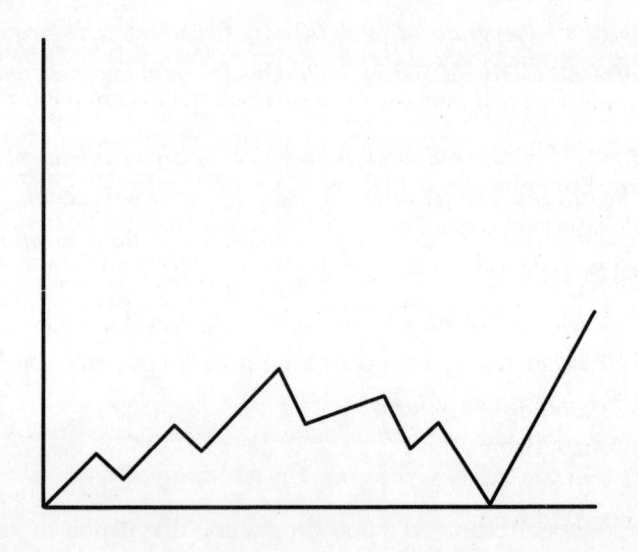

Mas, depois de investigar meu passado durante um ano, ficou claro que eu vinha avançando bastante bem até 1986, e então despenquei da superfície da Terra em 1987, quando comecei a fumar crack. O que eu recordava terem sido quatro anos de luta, na verdade foram cerca de dezoito meses. Documentos, entrevistas e retratos sugerem que eu segurei todas as bolas no ar até que não consegui mais. Algo mais parecido com isto:

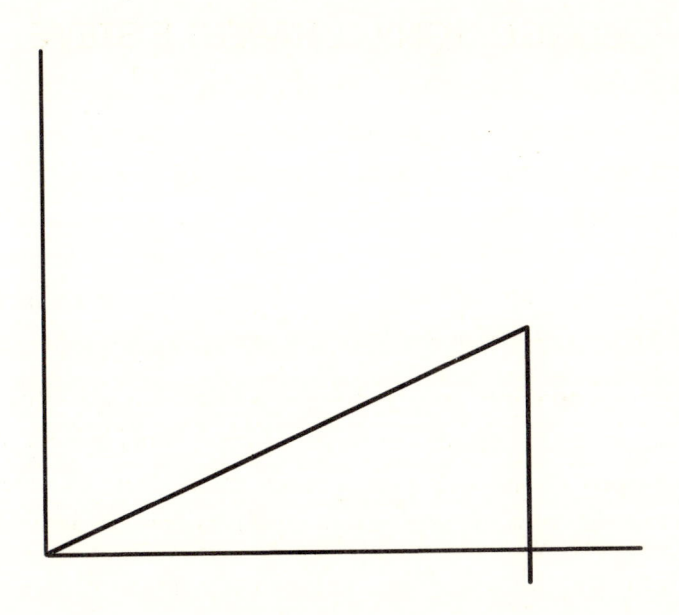

Quem podia saber? Perdi meu emprego em março de 1987 e, no final do ano seguinte, fui preso muitas vezes e estive em tratamento por um longo período na Eden House. Ao lembrar e ao relatar, sempre achei que fiquei fora do jornalismo por muitos anos, mas parece que foi coisa de só um ano, inclusive contando-se o tempo que passei no hospício. E, mesmo lá, escrevi matérias jornalísticas. Com tudo aquilo que me estava acontecendo, raramente parei de escrever. Talvez eu achasse que poderia desaparecer por completo se parasse.

———

No começo de 1987, os pedaços daquela minha vida improvisada começaram a voar em todas as direções. Os prazos de entrega mais longos da revista mensal de comércio me deram mais tempo para as travessuras e para a irresponsabilidade. Tudo que eu fazia era, de alguma forma, transformado em um complemento do meu vício. Nos meses finais do meu emprego na *Corporate Report*, decidiu-se que eu faria uma matéria sobre o Roger, um professor de escola secundária que se tornara apostador profissional e, depois, "consultor de apostas esportivas". Estávamos na mesma situação: éramos dois caras com algum histórico de realização profissional e dois espertinhos que agora estavam dentro de barris que rolavam para as cataratas.

Roger era brilhante, muito mordaz e bastante divertido. Tinha uma relação romântica e intermitente com Rebecca, a principal dona de bordéis da cidade, que gerenciava um monte de casas de massagem. Rebecca era uma fonte de informações e, ao mesmo tempo, já tinha sido tema de várias matérias que eu havia publicado no jornal. Supunha-se que a matéria a respeito de Roger seria sobre um sujeito que havia descoberto um modo de sobreviver através do que fazia de melhor, mesmo que, tecnicamente, não se tratasse de uma atividade legal. Mas logo se tornou uma matéria sobre o vício — os anseios dele, narrados pelo prisma dos meus. Em uma série de conversas, nos locais de trabalho marginais que ele alugava e onde frequentemente dormia, Roger me ensinou o negócio das apostas, sobre o qual eu não sabia muito. Aquelas incursões diurnas de trabalho jornalístico viraram conversas até tarde da noite, com muita bebida e muita cocaína, que continuaram mesmo depois que fui despedido e que a matéria foi publicada.

O perfil que tracei de Roger, que ganhou o título de "Jogar o jogo dentro do jogo", era um amálgama de sua filosofia acadêmica e de sua filosofia de espertalhão. Roger havia sido um professor muito respeitado da St. Paul Academy e tinha uma boa intuição para apostas no futebol americano profissional, e as apostas que ganhou chegaram a quebrar uma banca de apostas, que obrigou Roger a devolver-lhe o dinheiro. Ele acabou se afastando da docência, pegou um par de processos federais e passou algum tempo na cadeia. O serviço de informações sobre esportes que ele criou compreendia uma central telefônica que dava palpites aos assinantes, mas Roger já não mais agenciava apostas, e sua sensibilidade para elas havia azedado. Ele tinha dívidas — na casa dos seis dígitos, talvez mais — e pedira ajuda à sua namorada Rebecca para pagar algumas delas. Enfim, ele dependia cada vez mais de uma cafetina para arrumar dinheiro, ao passo que eu precisava de uma traficante de drogas que me ajudasse a sobreviver. Fazíamos uma bela dupla.

Roger era bom de papo, embora odiasse caras que faziam discursos e fosse extremamente lacônico.

"No mercado de ações, pode levar seis meses para você saber se tomou uma decisão correta. Com as apostas, você se arrisca e sabe que cometeu um erro três horas mais tarde, quando o arremesso de algum jogador de basquete babaca que você nunca vai conhecer rola para fora do aro", disse-me ele em uma entrevista em 1987. Às vezes eu estava lá, sentado ao lado dele na frente da televisão, quando isso acontecia, isto é, quando um mau rebote fazia sumirem dezenas de milhares de dólares, e Roger sempre sorria, rindo do absurdo da sua falta de controle sobre tudo aquilo. Roger — cujos amigos o chamavam de Bongo — dava palpites acima da média para o serviço de informações esportivas, mas aquilo não o impediu de ir morro abaixo como jogador.

"É muito importante entender que analisar as chances e apostar são duas coisas distintas", comenta ele na reportagem. "Apostar é gerenciamento de dinheiro. Eu nunca tive muito jeito para controlar o dinheiro. Tive resultados bastante bons, no começo, para poder ser imprudente. Só que continuei a jogar até me meter em problemas."

Não é o que fazemos todos nós? Parar, abandonar, ir embora é o que não podemos suportar, porque a atividade incessante mantém a contabilidade à distância. A mania do vício, expressa por qualquer coisa — cocaína, bebida, jogo, sexo —, encontra uma tração renovada a cada vez que para, porque, uma vez que o viciado para e vê quão profunda e verdadeiramente sua vida agora é uma merda, só existe uma coisa que o fará sentir-se melhor: mais do mesmo. Na maior parte dos casos, a única coisa que impõe limites a alguém atrelado a suas próprias endorfinas é o dinheiro.

"Eu não me preocupo com dinheiro até que fico sem ele", disse Roger, falando por mim e por muitos, muitos outros. "Então preciso rastejar por aí e suplicar às pessoas que me emprestem um pouco. Aí o dinheiro se transforma em algo muito importante." Roger teve mais de um milhão de dólares quando estava bem. Perguntei-lhe se teria feito alguma diferença se outro zero fosse adicionado àquele primeiro grande patrimônio de vencedor.

"Agora você está começando a entender. Não tinha importância o quanto eu ganhava. Eu teria apostado até perder tudo. E ficaria exatamente na mesma posição que estou agora."

Escutando o que ele me dizia, comecei a notar os paralelos entre nossas experiências. Eu tinha começado com um bom emprego, nenhuma grande carga financeira e cheguei a ter os quilos de droga da Anna mais ou menos à minha disposição. Agora eu estava a caminho do nada. Todos os viciados são apostadores que trabalham com uma péssima mão. A probabilidade de que você consuma uma substância química que já acabou com você antes e que, de alguma forma, possa sair inteiro é tão baixa que simplesmente não se pode medir.

"Parece que estou vivendo um clichê", disse ele finalmente. "Aquele que reza que todos os apostadores morrem falidos. Há muita verdade nesses clichês. Coisas do tipo: se você não escolher as suas paixões, elas o escolhem. Acho que isso é verdade."

Pois ali, preparado para a que seria minha reta final, eu tinha tudo que precisava para saber como iria acabar. Fui demitido antes de a matéria ser publicada, mas, lendo-a duas décadas mais tarde, era um manual que previa tudo o que aconteceu depois. Roger sabia os resultados, ele só não podia fazer a aposta certa. Nem eu.

―――

Depois que Anna descobriu que estava grávida, fez um tratamento no final de 1987. Eu fiquei cuidando dos filhos dela, com a ajuda da família dela. Quando voltou, Anna trouxe alguns novos amigos, que fizera durante o tratamento e começou a sumir de vez em quando. Uma noite, eu a detive na porta da frente e comecei a revistar os bolsos dela, sem estar certo do que estava procurando. Meu dedo indicador saiu do bolso da camisa que ela estava usando com uma agulha espetada nele. Fiquei furioso, preguei sermões, falei dos perigos da overdose, mas provavelmente acabei me sentando na companhia dela e comecei a me injetar cocaína naquele mesmo dia. Era uma atividade perigosa e sangrenta. Sinto uma profunda sensação de vergonha até mesmo ao digitar isso. Ninguém pode realmente descrever o quão perdido você tem que estar para executar a tarefa monótona e árdua de enfiar uma agulha no braço, na perna, no pé ou na mão a cada vinte minutos.

Na primavera de 1988, tanto eu como Anna havíamos passado por tratamento e havíamos recaído, ambos, em um estado intenso de dependência da cocaína. As coisas se tornaram ainda mais imprevisíveis. Eu entrava e saía da casa da Anna, e entrava e saía do emprego em um jornal semanal de futebol americano onde havia aterrissado.

Uma das poucas pessoas presentes naqueles dias era o Steve, o ex-marido de Anna, que viera tomar conta dos dois filhos que ela já tinha com ele. Ele pegava carona quando se tratava de cocaína, mas, muitas vezes, era o único suficientemente sóbrio para funcionar. Estranhamente, Steve e eu sempre nos demos muito bem. Depois de encontrar-me com Anna, eu liguei para ele, no Colorado, onde vive agora com o filho de Anna. Perguntei a ele como foram aqueles meses, antes de as gêmeas nascerem, em parte porque eu não lembrava de quase nada daqueles tempos caóticos e sombrios.

"Você ficava bêbado todos os dias", disse ele. "Podia beber uma garrafa inteira a caminho do trabalho. Foram dias bem difíceis. Tempos muito duros. Você se castigava até a morte. Eu diria que você tem sorte de estar vivo. Você não se importava com nada, mergulhado em uma bebedeira de meses. Os empregos não iam bem. Você tinha à sua disposição todo o pó que podia cheirar ou injetar, todo o álcool que podia beber, e era exatamente o que você fazia."

Ele ocupava uma poltrona na primeira fila do teatro onde encenavam aquele drama, de modo que tive que perguntar: "Eu levei a Anna comigo quando fui parar na sarjeta?"

"Para ela também era inevitável", respondeu Steve. "Você não causou aquilo. Certamente não ajudou, mas também não foi a causa. E, no fim das contas, você acabou perdendo tudo com aquela merda. É muito difícil para qualquer um ficar inteiro."

"As pessoas apareciam, e vocês dois começavam a cozinhar aquela merda. Não se passavam cinco minutos, e alguém perdia ou deixava cair alguma coisa. Uns ficavam engatinhando no chão, procurando. Outros ficavam ali, de pé, com um pedaço de gaze na mão, achando que tinham encontrado. Era tudo tão maluco! Eu fumei aquilo algumas vezes, mas quem, em seu juízo perfeito, ia querer ficar daquele jeito?"

"Vocês estavam completamente fora de órbita. Eu também não estava em grande forma, mas não podia fazer o que vocês faziam. Ninguém poderia ficar daquele jeito por muito tempo."

Anna e eu estávamos tão fora de controle quanto se pode estar. O negócio dela estava desmoronando. Chegou uma remessa de cocaína, e levamos um quilo para um hotel de subúrbio para fracionar. Além da mercadoria recém-chegada, levamos um elaborado cachimbo de vidro, uma caixa cheia de telas novas e um maçarico. Planejamos ficar uma noite para preparar o produto e fazer as entregas na manhã seguinte. Ficamos três dias naquele quarto, fazendo deslizar notas de cem dólares por baixo da porta, quando a arrumadeira aparecia, para pagar mais uma noite.

Em algum momento, eu desmaiei lá dentro, e posso me lembrar de acordar e ver Anna sentada à mesa, o rosto coberto da fuligem do cachimbo, fumando outra vez. O telefone tocava constantemente, a cada vez uma voz insistente dizia que havia um monte de gente esperando por nós. Nada importava. Fizemos o que fizemos. Quando finalmente saímos, chapados e exaustos, chegamos ao carro e nos demos conta de que havíamos deixado milhares de dólares no sofá. Anna me disse para ir buscar o dinheiro, e eu fui, por ordem dela.

———

Quando você está tão longe de tudo que passa todo o seu tempo com pessoas que estão enredadas no estilo de vida das drogas, cabe às únicas pessoas que você vê — os traficantes, os colegas chapados e os bêbados — dizer a você que a sua onda está fora de controle. Tony "Chapéu" ficava no meu pé quase constantemente. Tony era um gângster completo, que tinha o sotaque das cidades mineiras do norte do Minnesota. Ele era, à sua maneira, um cara incrível. Vivia imerso em seu dialeto e em seus costumes tão particulares. Fazer negócio era "disputar"; dar um suadouro completo em alguém era "dar um sarrafo", e ele sempre, sempre me chamava de "Geladeira". Sempre se maravilhava com a minha capacidade de consumir cocaína sem limites e ainda assim continuar sendo gordo. Os homens gostavam de Tony, as moças não, exceto a irmã dele, Dee, que lhe era muito devotada.

Tony era um atleta talentoso e tinha chegado perto de jogar hóquei profissionalmente, mas uma catastrófica contusão no joelho acabou com tudo. Ele teria sido um bom beque. Mesmo com o joelho estourado, patinava com bastante habilidade. Ele e Dee tinham um importante negócio de drogas a varejo na zona sul de Minneapolis. Não dava para levar qualquer um lá — Tony era um cara mal-humorado —, mas se as estrelas estivessem em bom alinhamento, podia ser muito divertido. Certa noite, uma tempestade causou uma inundação-relâmpago no arroio da colina que ficava atrás da casa dele. O resto dos viciados em cocaína ficou olhando pela janela, mas eu e Tony saímos e nadamos nas águas rápidas trazidas pela cheia do arroio. Um carro passou flutuando; Tony pulou em cima dele e me puxou. Nós navegamos sobre o carro por vários quarteirões, gritando como pássaros mergulhões.

Ninguém jamais sentou na cadeira do Tony. Na verdade, era quase um trono, com um isopor para cocaína de um lado e, às vezes, um grande revólver do outro. Ele não exibia o revólver por aí, mas era o tipo de cara que se sentia mais confortável com uma arma. Uma noite, logo antes que meu amigo John viajasse para a América Central, onde trabalhava como repórter, nós paramos na casa do Tony, e ele comprou o carro do John ali mesmo, na hora, à vista.

Eu liguei para o John em Bogotá, no verão de 2007, para perguntar sobre as lembranças que tinha do Tony "Chapéu". "Ele era um cara muito ameaçador, mesmo em comparação com alguns dos chefes do narcotráfico que entrevistei na Colômbia. Ele me ofereceu algo assim como cem dólares pelo fusquinha arrebentado que eu tinha, e me pareceu o tipo de proposta que você não pode recusar."

Todos os que estavam naquela vida gostam de falar que pertencem à velha escola, mas o Tony viveu aquilo. Ele tinha seu próprio código sobre o que significava ser um homem. Uma noite, em 1988, o Minnesota Bureau of Criminal Apprehension chegou — tropa de choque, entrada forçada, gritando "todos no chão, caralho" e "mantenham as mãos onde possamos ver". Por sorte eu não estava lá, mas alguns dos caras que estavam arregaram quando aquilo aconteceu: entraram em pânico e choraram. Tony não. Na verdade, a casa era dele, mas a chefa realmente era a Dee. Não foi isso o que ele disse aos tiras. Tony protegeu a irmã e pegou uma condenação pesada, seguida de liberdade condicional.

Tony tinha algumas outras manias. Ele amava além da conta o cantor e compositor de rock Warren Zevon e odiava o crack e as pessoas que o usavam. Ruim para os negócios, um bando de paranoicos fodidos e contorcidos no porão, misturando a droga, para ele o crack tornava tudo desagradável. Algumas vezes, quando me vendia cocaína, Tony me fazia cheirá-la na frente dele. "Não vá esgueirar-se por aí e fazer bolas de crack com isso, Geladeira", dizia ele.

Eu fingia que não ia fazer, e ele fingia não notar quando eu fazia. Certa noite, antes de ele ser preso, eu telefonei para ele tarde da noite. Pareceu feliz de ter notícias minhas. Quando cheguei lá, os palermas habituais não estavam espalhados pelo porão. Tive a sensação de que Tony os tinha mandado embora. Ele não era o que eu descreveria como um intelectual, mas ele respeitava o fato de que eu fosse um escritor; de que eu fosse algo mais que um cabeça-oca. E ele desconfiou, corretamente, que eu estava no processo de foder com tudo aquilo.

— Geladeira — disse ele, esticando uma carreira —, ouvi coisas sobre você. Coisas ruins.

— Provavelmente, é verdade — respondi. Eu gostava o suficiente do Tony para não mentir, agora que estávamos falando de homem para homem.

As duas mãos agarraram os braços da cadeira, e os nós dos dedos se puseram brancos.

— Você sabe o que eu posso fazer com você? — disse ele. — Não minta para mim, caralho! Você está metido até o pescoço nessa merda de crack. Ouvi falar que está se injetando também.

— Tudo verdade — eu disse.

Ele olhou como se fosse pular da cadeira e acabar com a minha raça. As narinas se dilataram, alisou os longos cabelos de jogador de hóquei e então se acalmou. Olhou para mim e disse:

— Você vê o que aquilo faz, você vê quem usa aquilo, você sabe como acaba. Aquilo não é para você, Geladeira. Está me ouvindo?

É assim que eu me lembro dele e vai ter que ser suficiente. Tony me fez ficar limpo e se tornou treinador de hóquei, mas aquele coração grande e assustador parou de funcionar no ano 2000.

23

ASSALTADO: UMA TRAGÉDIA CÔMICA EM TRÊS ATOS

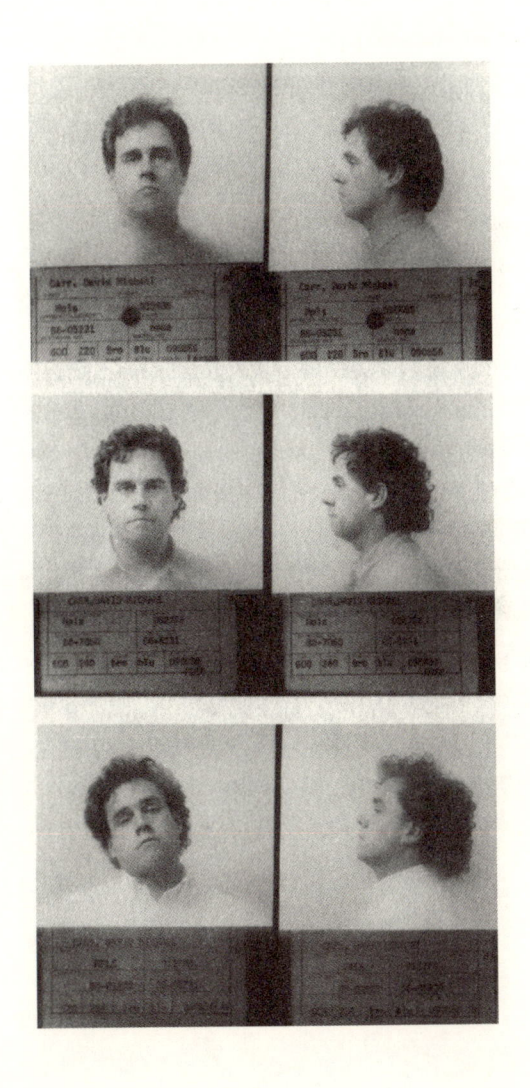

Quando eu era bem pequeno, meu pai me contava histórias sobre "Billy, o cãozinho sortudo". Os colegas caninos do Billy estavam constantemente se metendo em encrencas, entrando até a borda em alguma onda ruim, e Billy sempre, sempre, vinha galopando pela colina. Com não mais que um "au, au", ele avisava que a cavalaria havia chegado — que Billy estava atento e que o desastre mais uma vez tinha sido evitado. Naqueles meses de caos incessante, eu ingressava em curtos momentos de reflexão, e pensava: *Onde, caralho, está aquele cachorro?*

Uma vez que você começa a se meter em encrencas, você desenvolve um halo de moscas. Os tiras sentem o cheiro do medo, ou, mais provavelmente, veem a nódoa do perdedor: farejam as placas vencidas do carro, o farol queimado, a hesitação no seu passo, e resolvem dar uma olhada. Aí encontram os detritos que estão debaixo dos pés de todo viciado: a fiança paga na delegacia dois meses antes, a bolsa de maconha ou o tubo de vidro com resíduos de cocaína. Em dezoito meses, entre 1987 e 1988, fui preso pelo menos nove vezes — sem ter cometido um delito sequer em nenhuma delas —, mas andei muito de camburão para ser fichado. Fiquei impressionado com a quantidade quando finalmente as contei. Eu sabia que havia estado em lugares problemáticos aqui e ali, mas o registro indicava que eu não podia ir até a rua comprar umas cervejas sem arranjar algum tipo de problema. Fiquei sem pessoas a quem recorrer para que me tirassem da cadeia pagando fiança, e os tiras ficaram sem adjetivos para os relatórios. Minha linguagem era "regional" e "obscena", eu era "casado" e "solteiro", meus olhos eram "azuis" e "castanhos", eu era "atarracado" e "obeso", eu vivia na "Garfield", não, na "Oliver", não, eu era um "sem-teto." Na época, eu ficava surpreso com os tiras e os carcereiros serem tão indiferentes, tão entediados. "Deixe-me adivinhar, vagando com intenção de assaltar, certo?", dizia um dos tiras que me fichava, reconhecendo um *passageiro habitual* quando me via. Tornei-me apenas mais um organismo da massa humana que trafega pela enferrujada maquinaria do sistema de justiça penal.

24

A CHEGADA

Se a um quarto cintilante os bebês chegaram,
Desenhados com rigor por sonhos de um voo incipiente,
Foi porque a noite no seu seio os protegeu.

— WALLACE STEVENS

"Cara, são bebês pequenos, onde você os conseguiu?"
O menino, que devia ter uns 8 anos, me viu saindo do hospital da Universidade de Minnesota com uma gêmea em cada braço, em maio de 1988; Anna caminhava atrás de mim. Fiquei sem palavras. Como podia um menino tão pequeno, sabendo tão pouco da vida, entender, com um rápido olhar, que aquelas crianças tinham aterrissado em mim vindas de muito longe?

Elas haviam ficado internadas na NICU, a Neonatal Intensive Care Unit durante um mês. Pesando 1,22 kg uma e 1,32 kg a outra, e medindo as duas pouco mais de 38 centímetros, Erin e Meagan nasceram prematuras, com seis meses e meio. Tinham pouco mais de um quilo, uma palavra de peso em nosso contexto da época. Eram infinitamente mais valiosas, é claro, e muito menos comercializáveis. Ambas tiveram que ser entubadas imediatamente, porque não podiam respirar por conta própria. De acordo com os registros médicos, Erin "chorou espontaneamente, mas a cada vez que seu choro se interrompia, seus batimentos cardíacos decresciam e o esforço respiratório tornava-se pobre. Foi entubada já na sala de partos..." Em Meagan "foram colocados cateteres umbilicais, arteriais e venosos, em 16 de abril de 1988, para o monitoramento da pressão sanguínea, do sangue e do gás arteriais e para que pudesse receber medicações de emergência". Quando a icterícia causada pelo nascimento precoce diminuiu, elas eram manchas rosas rodeadas de tubos e aparelhos. Meagan era um pouquinho maior que a irmã. Elas eram a parte orgânica daquele aparato, mas todo ele parecia palpitar com vida.

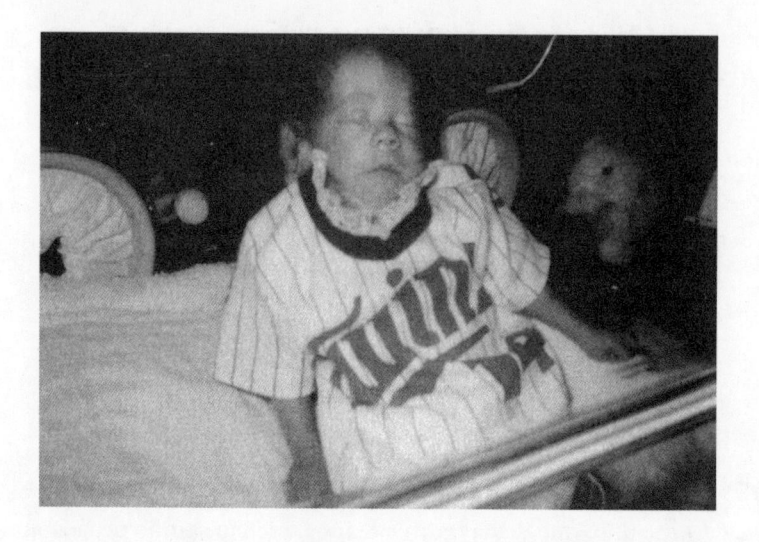

Essa é a Meagan. Agora, eu a conheço muito bem.

Mas na época, nada disso — nem seu nascimento precoce, nem minha participação nele, nem a existência delas — era real para mim, até que deixamos o hospital, rebocando os monitores respiratórios e cardíacos. Elas eram tão, tão diminutas. Minha cabeça ficava imaginando a hora do banho, algo que eu tinha ouvido que se faz com os bebês. O que usaríamos, uma xícara de chá?

———

Quando a bolsa d'água da Anna arrebentou na sala do seu apartamento da Avenida Oliver, eu tinha acabado de passar para ela um cachimbo de crack. Olhamos um para o outro, cada um de nós fazendo contas de cabeça. Ela tinha acabado de entrar no terceiro trimestre. Era difícil dizer se estávamos no ato de dar à luz ou participando de um tipo de homicídio neonatal. A água debaixo dela tornou-se um charco de insinuações. *Olha só o que fizemos.*

Quando chegamos ao hospital, fomos honestos sobre o que estivéramos fazendo antes de nossa chegada, de modo que as gêmeas contaram com o benefício de um tratamento médico bem informado e excepcional. Também significou que nos transformamos em "aquelas pessoas", as que toda a equipe conhecia. E mesmo que não tivéssemos confessado, eles teriam suspeitado do que precisavam saber. Eu era um desastre total cada vez que ia ver Anna ou as meninas.

Sentada na lanchonete do meu hotel em Tucson, dezenove anos depois das gêmeas terem nascido, Anna sugeriu que eu tinha fumado crack no seu quarto do hospital. Não tenho lembrança disso, mas não vejo motivo para duvidar dela. Anna havia feito esforços significativos para ficar longe da droga de sua predileção enquanto esteve grávida. Mas, de vez em quando — ou talvez com mais frequência; quem pode se lembrar no meio de toda aquela vergonha? —, ela tinha suas recaídas. Não dei nenhum apoio, salvo o de não me unir ao coro das pessoas que tentavam convencê-la a abortar. Fora isso, eu entrava e saía da vida dela, ficava por algum tempo e depois desaparecia. Depois que as gêmeas nasceram, passei a ficar por perto com mais frequência, embora não adiantasse muito.

Logo que levamos as crianças para casa, aqueles monitores respiratórios e cardíacos pareciam especificamente projetados para nos aterrorizar. Uma das meninas mudava de posição ou cuspia um pouco, e os alarmes disparavam. *Merda! Caralho!* Era menos a quebra do silêncio do que o pânico de que fosse algo sério, de que, depois de terem sobrevivido a um ambiente pré-natal hostil, algo terrível ia ocorrer agora que elas estavam no mundo.

Na minha memória, na minha alma, lembro disso como um período muito curto. Um par de meses no máximo. Sempre achei que recobraria os sentidos bem rapidamente e que faria mudanças para garantir que minhas filhas ficassem longe do perigo.

Anna e eu continuávamos pensando que as coisas ficariam melhores. Apesar de nossa patologia compartilhada, tínhamos as ligações biológicas que todos os novos pais desenvolvem. As gêmeas eram amadas, embora não de uma forma que significasse alguma coisa.

Meus pais souberam das novas e vieram ao hospital, deram o melhor de si para serem polidos e para não revelarem toda a dimensão de sua repulsa. Porém, uma vez que levamos as meninas para casa, não foram mais convidados a nos visitar. Os amigos que se preocupavam conosco passavam por lá para ver as crianças, mas raramente voltavam. Outros ficaram por perto e fizeram o que puderam. "Nunca ficamos sem nos ver por tanto tempo, acho eu, primeiro por causa das gêmeas: eu ficava por perto, e foi então que passei algum tempo com Anna", lembrou meu amigo Chris, quando fui vê-lo em Nova Orleans. "Uma noite de inverno você me chamou bem tarde e disse: 'Não temos fraldas, ficamos sem fraldas', e você achava que alguém estava vigiando a casa. Vocês estavam *chapados* e paranoicos. Você disse: 'Acho que os tiras estão vigiando a casa, não posso sair', e assim eu fui até uma loja de conveniência, comprei fraldas e fui até lá com as fraldas e com leite, ou alguma outra coisa."

"As meninas estavam lá, em seus berços, e cuidamos delas — trocamos suas fraldas e as pusemos para dormir — e então nos sentamos ao redor da mesa da sala de jantar. Havia literalmente uma pilha de cocaína no meio da mesa. Nunca me conformei com isso."

Fast Eddie lembra de ter sido convidado para jantar, mas que o jantar nunca chegou.

"Havia amigos de Anna lá, e as meninas eram passadas de um para o outro, e todos as punham no colo, e era meio assustador", disse ele. "Vocês estavam pegando pesado com a droga — 20h, 21h, 22h e nada. Não havíamos comido ainda. Muita vodca. Ficamos muito bêbados, 23h, meia-noite, e saímos sem ter comido nada."

"Nós saímos da casa de vocês, dirigimos para casa — estávamos demasiado bêbados para dirigir, nunca deveríamos ter pegado o volante — mas chegamos em casa e dissemos: 'Aquilo é a coisa mais assustadora do mundo. Você pode acreditar que aqueles bebês estejam sobrevivendo naquele ambiente?'"

"E o que fazer? Como responder àquilo? Você era meu amigo. O que eu ia fazer, acionar o serviço de proteção infantil contra você?"

Na verdade, eles já estavam cuidando disso.

25

BEM-VINDOS À FAMÍLIA DO HOMEM

WELCOME TO THE FAMILY OF MAN

UNIVERSITY OF MINNESOTA
TWIN CITIES

The University of Minnesota Hospital and Clinic
Harvard Street at East River Road
Minneapolis, Minnesota 55455

April 22, 1988

1600564-9

Hennepin County Child Protection Intake
300 South 6th Street
Minneapolis, MN 55487

Re: Carr, Meagan
 UH# 16005706
 Carr, Erin
 UH# 16005649

Dear Child Protection Intake:

This letter is meant as a follow-up to our phone referral on 4/20/88 concerning the parents of newborn twins, Meagan and Erin Carr. These babies were born prematurely on 4/15/88 at 30 weeks gestation and are now on the Neonatal Intensive Care Unit at University of Minnesota Hospital and Clinic. The parents are Anna ▮▮▮ and David Carr; they reside at ▮▮ Oliver Ave. No., Minneapolis. Phone number is ▮▮▮. ▮▮▮ children, ▮▮▮, age 5, and ▮▮▮, age 2, also live in the home.

On 4/13/88, the day of admission, the mother stated she smoked ½ gram of "crack" on the evening before. (Mother was admitted for premature rupture of membranes.) Upon further questioning, mother stated that she had smoked cocaine "12 times" during the pregnancy and also used marijuana daily. It is our understanding that father also abuses alcohol and has recently been treated for chemical dependency. The mother's urine screen was positive for cocaine and nicotine. She was discharged from the hospital on 4/21/88.

The babies each suffered from respiratory distress syndrome, a common disorder of premature babies. Otherwise, they appeared healthy with appropriate weights for their gestational age with no morphologic or metabolic sequelae of maternal substance abuse. Analysis of the babies' urine demonstrated no cocaine or other drugs in their systems. The anticipated length of hospital stay for the infants is 6-7 weeks based on their degree of prematurity. We have informed the parents that we are making a referral to you based on the drug use during pregnancy. They have given every indication that they will cooperate with you, as they have with us. A chemical dependency consult was done on the mother here with a recommendation that she attend chemical dependency treatment. She states that she cannot afford to pay for treatment.

- The parents have appeared to be open about their drug use. They have stated their intention to attend AA meetings and provide a chemically free environment for their children. This may be difficult without intervention considering the long reported history of drug use.

Hennepin County Child Protection Intake
Re: Carr, Meagan
    UH# 16005706
    Carr, Erin
    UH# 16005649

In order to make a safe and effective discharge plan for the twins (about June 1), we would appreciate information from you regarding your assessment and planning for this family.

Please feel free to contact us with any further questions.

Sincerely,

Dr. Michael Georgieff, M.D.
NICU - 626-3032

Stephanie Koehler, ACSW
NICU Social Worker - 626-3366

Harold Williamson, MSW
OB Social Worker - 626-3366

rp

Tradução da carta:

Bem-vindos à família do homem
Universidade de Minnesota

Hospital e Clínica da Universidade de Minnesota
Harvard Street, East River Road
Minneapolis, Minnesota 55455

22 de abril de 1988
Hennepin County Child Protection Intake
300 South, 6th Street
Minneapolis, MN 55487

Ref.: Carr, Meagan
16005706
Carr, Erin
16005649
Prezado
Child Protection Intake:

Esta carta dá seguimento ao nosso encaminhamento telefônico de 20 de abril de 1988, sobre os pais das gêmeas recém-nascidas Meagan e Erin Carr. Esses bebês nasceram prematuramente, no dia 15 de abril de 1988, com 30 semanas de gestação e estão agora na Unidade de Terapia Intensiva Neonatal do Hospital e Clínica da Universidade de Minnesota. Os pais são Anna XXXXXX e David Carr; eles moram no número XXXXXX da Avenida Oliver, Minneapolis. O número de telefone é XXXXX. XXXXX crianças, XXXXXXX, com 5 anos de idade, e XXXXX, com 2 anos de idade, também vivem na casa.

No dia 13 de abril de 1988, o dia da admissão, a mãe declarou que fumara meio grama de crack na noite anterior. (A mãe foi admitida por ruptura prematura das membranas.) Depois de mais perguntas, a mãe declarou que havia fumado cocaína "12 vezes" durante a gravidez e também havia usado maconha todos os dias. É de nosso conhecimento que o pai também abusa do álcool e que foi recentemente tratado por dependência química. O exame de urina da mãe deu positivo para cocaína e nicotina. Ela recebeu alta do hospital em 21 de abril de 1988.

Os dois bebês sofriam de síndrome de doença respiratória, uma enfermidade comum em bebês prematuros. Fora isso, pareciam saudáveis, com pesos apropriados para sua idade de gestação, sem sequelas morfológicas ou metabólicas dos abusos de substâncias químicas cometidos pela mãe. A análise da urina dos bebês não mostrou indícios de cocaína nem de outras drogas nos sistemas deles. A duração prevista da estada no hospital para as crianças é de seis a sete semanas, baseada em seu grau de prematuridade. Informamos aos pais que faríamos um encaminhamento a vocês, por conta do uso de drogas durante a gravidez. Eles deram todas as indicações de que vão cooperar com vocês, assim como fizeram conosco. Uma consulta sobre dependência química foi dada à mãe aqui no hospital, com a recomendação de que ela frequente um tratamento para dependência de drogas. Ela declarou que não pode pagar pelo tratamento.

Os pais parecem ser francos sobre seu uso de drogas. Manifestaram sua intenção de frequentar reuniões dos AA e de proporcionar um ambiente livre de substâncias químicas a seus filhos. Isso pode ser difícil sem intervenção, considerando o longo histórico reportado de uso de drogas.

Hennepin County Child Protection Intake
Ref.: Carr, Meagan
16005706
Carr, Erin
16005649

Para fazer um plano de alta seguro e efetivo para as gêmeas (aproximadamente a partir de 1º de junho), apreciaríamos receber informação de vocês sobre sua avaliação e planejamento para a família em questão.

Por favor, sintam-se livres para nos contatar por motivo de quaisquer questões suplementares.

Atenciosamente,

Dr. Michael Georgieff, médico,
NICU — 626-3032

Stephanie Koehler, assistente social
NICU 626-3366

Harold Williamson,

OB assistente social — 626-3366

26

AVE MARIA

> O esgoto só corria de noite. Os dias eram os mesmos, como sempre tinham sido.
>
> — WILLIAM FAULKNER, *LUZ EM AGOSTO*

No verão de 2006, fiz minha primeira viagem de volta a Minnesota, para começar a marcar entrevistas e reunir registros públicos e pessoais. Fiquei arrependido de imediato por ter iniciado o empreendimento. Uma coisa é falar do narcisista e do perdedor abusivo que você era no passado; outra coisa é aparecer, duas décadas mais tarde, aparentemente com o corpo e a mente em bom estado, e começar um relato sobre sua própria vida, uma tarefa de certo modo arrogante e extremamente presunçosa. Quando as pessoas lavaram as mãos em relação a mim, faria bastante sentido se também tivessem apagado a memória enquanto secavam as mãos. Quem diria que elas voltariam a pensar em mim mais uma vez e, mais ainda, que quisessem compartilhar algum desses pensamentos comigo?

No entanto, ali estava eu, decidido a entrar de novo nas vidas dessas pessoas. Para muitas delas, o fato de que eu tivesse conseguido avançar até alcançar coisas boas era menos importante do que o fato de eu ter ido embora. Fazer uma reportagem já pode ser desagradável, independentemente de quem pergunte, ou do que seja perguntado, mas tudo era pior porque o repórter queria fazer perguntas profundas e sondagens sobre si mesmo. Mesmo para mim, era um novo nível de solipsismo. Checar os fatos de que eu me lembrava podia ser na teoria uma boa ideia, mas na prática fez com que eu me sentisse como um *golem* da minha própria degradação. Os conceitos de processamento do livro — todas as entrevistas gravadas com som e imagem — fizeram com que eu parecesse mais consciencioso e mais frívolo ao mesmo tempo. Depois de filmar algumas entrevistas, observei alguns dos entrevistados olhando para a câmera e depois para mim, imaginando o que exatamente eu estava tramando.

O jornalismo foi pensado por mim como um disfarce, como um artifício para que eu não tivesse que enfrentar o fato de estar acrescentando coisas a uma crescente pilha de lembranças de um viciado. Mas agora que eu pousava em Minneapolis com uma lista de reportagens a serem feitas, algumas delas bastante tóxicas, desejei fervorosamente ter ficado em meu escritório naquele porão de Nova Jersey e ter colocado o processo em marcha a partir daquela base de ação. As pessoas poderiam amá-lo, odiá-lo ou mesmo ignorá-lo, poderiam dizer que eu mentia com grande facilidade ou que tinha mostrado uma coragem tremenda, que eu era uma inspiração ou era um bandido arrogante e impiedoso, só que eu não estaria presente quando o fizessem. O processo que eu havia escolhido conseguia parecer sufocante e temerário ao mesmo tempo.

Enquanto caminhava para a esteira de bagagens do aeroporto, imaginei como seria materializar-me na frente de mulheres que havia namorado, de amigos que havia posto em perigo, de chefes que tinha sacaneado no trabalho. Não tive que imaginar por muito tempo. Enquanto esperava pelas malas, saí para fumar um cigarro. Um cara abriu a porta para mim.

Todd. O último cara para quem eu trabalhei, quando já era um viciado contumaz. Ali estava um homem que, indiscutivelmente, eu havia feito passar por uma temporada no inferno. Simpático, esperto e doce Todd, o tipo de gerente que não precisa de pompons, entusiasta como uma líder de torcida. Assumi como um sinal o fato de ter sido ele a primeira pessoa com quem dei de cara. Se era para ser desse jeito ou não, tarde demais, já tinha começado. Geneticamente gentil, Todd concordou em encontrar-se comigo mais tarde, ainda naquela semana.

Quando conversamos, ele se lembrou de ter ouvido, no fim do verão de 1988, que eu estava desempregado. E me convidou para almoçar e falar de um jornal semanal sobre os Minnesota Vickings, que ele estava editando com Tommy, o *quarterback* do time. Nós tínhamos trabalhado juntos no

Reader, e sempre admirei o otimismo puro de Todd. Acabei por destruir a fé que ele tinha em mim, criando um enorme caos no pequeno escritório que ele havia montado. Todd logo descobriu que eu estava desempregado porque não era empregável.

Sempre pensei que, naquela época, no outono de 1988 — quando eu já estava desempregado havia meses — eu o tinha convencido a me dar um emprego, decerto assegurando-lhe que todos os problemas haviam ficado para trás. Minha lembrança, minha memória, não passou nem perto.

"Não, na verdade você disse: 'Acho que nem deveríamos ir almoçar juntos; acho que não sou a pessoa que você quer'. Eu insisti porque você estava 'desaparecido em combate'", lembra Todd, sentado em seu escritório do centro da cidade. "Você tinha mostrado um grande talento e muita energia na atividade editorial, e eu pensei: aqui está um trabalho semanal em que você pode ser o editor e controlar o que acontece com a publicação; podia ser uma maneira interessante de você voltar ao ramo. Fui vender aquilo para você, e você aceitou ir almoçar comigo com certa relutância. No almoço você chegou a dizer: 'Eu preciso voltar a trabalhar, e posso fazer isso. Obrigado por me tirar da minha concha; vamos fazer isso.'"

Em retrospectiva, poder-se-ia dizer que Todd recebeu o que merecia, mas não foi bem assim. As pessoas normais não podem ser culpadas por esperarem que alguém, mesmo alguém com um histórico de abuso de substâncias químicas, decida eventualmente atuar em seu próprio interesse. Uma pessoa racional olharia para mim, para o meu histórico profissional, e imaginaria que eu quisesse voltar ao jogo. Mas Todd teve o infortúnio de estender uma mão amiga precisamente no momento em que eu estava destinado a quebrar todos os ossos dela. Nada pessoal — quando nos encontramos, eu lhe disse que estava arrependido, profundamente arrependido — mas na época, eu estava em todas as posições do vício: clinicamente alcoólatra, consumidor de cocaína volátil que havia se diplomado em uso intravenoso, com duas gêmeas recém-nascidas e duas mulheres que eu tentava manter ao mesmo tempo. Eu era como um Elvis Presley gordo, sem nada do seu talento ou do seu legado.

O *Vicking Update* era um jornal semanal para torcedores, feito para aqueles que passavam a pré-temporada revendo a última e planejando a próxima. Durante a temporada, o jornal proporcionava profundas análises dos jogos e muito contato com os jogadores. Por necessidade, a publicação tinha uma dinâmica muito veloz. O jornal definitivo era editado poucas horas depois do jogo e enviado rapidamente para os integrantes da torcida. Nunca tive medo de escrever com prazo de entrega — minha primeira ideia quase sempre é a melhor que tenho — de modo que, em teoria, havia ali uma oportunidade.

Na prática, eu bebia desde que me levantava e me injetava toda a cocaína que podia encontrar. Tomar um drinque comigo já podia ser um drama, quanto mais trabalhar comigo. Posso lembrar, como se fosse hoje, um dia em que me sentia bastante destroçado. Desencavei uma camisa branca bem passada, uma raridade para mim. Mas, depois de vesti-la, me dei conta de que havia uma mancha carmesim de sangue na altura do cotovelo do braço esquerdo.

"Você ia para a sua mesa, eu ia trabalhar e, quando eu voltava, você podia estar dormindo em cima do teclado", lembra Todd. "Tínhamos que terminar, imprimir e colocar na rua o jornal na manhã de segunda-feira. Então a gente mexia nele, fazia nossa parte e, de repente, você dizia: 'OK, está pronto.' O texto ficava ótimo. Talvez não pelos teus padrões atuais, mas era lúcido e tinha energia, e nós dizíamos 'ufa!'."

"Você estava perdido para nós — exceto nos momentos de destaque em que você dava o pontapé para que pudéssemos fazer o jornal; depois você se perdia outra vez. Isso se resolveu. Parte de mim fica imaginando — outra vez tentando vê-lo com bons olhos — se só depois que eu o coloquei de volta no jogo você pôde descobrir que estava metido em um grande problema."

Bem, houve um pouco disso. Disso e de cem outras coisas, grandes e pequenas. Os Vikings acabaram por ir para as partidas finais da divisão da NFC daquela temporada, mas na época eu estava no hospício, assistindo pela televisão. Todd acabou conseguindo um bom editor, o meu amigo David, e o pequeno semanário se tornou mais um sucesso em uma carreira que possui vários. Todd estava certo sobre uma coisa: teria sido para mim uma maneira perfeita de voltar ao jogo. Em vez disso, tornou-se mais uma péssima jogada.

27
DEUS VÊ TUDO, INCLUSIVE OS CEGOS

Como passa o tempo de um viciado? Eu sei *como* ele passa: por avanços de 15 minutos, como um Tarzan de olhos saltados, pulando de galho em galho. Ao longo de meses sem fim, em 1988, fiquei sentado na casa de Anna, usando a cocaína dela e ouvindo "Fast Car", de Tracy Chapman, sem parar. "Qualquer lugar é melhor. Começando de zero, não tenho nada a perder", cantava ela. Eu cantava junto. E me injetava uma boa dose de cocaína, ou fumava um pouco de crack, começava a me retorcer e depois ia até a janela da frente e empurrava um canto da persiana para vigiar os carros da polícia que eu sempre achava que iam chegar. O dia inteiro. A noite inteira. Um tipo frenético de tédio. Depois de certo tempo, notei que as persianas do andar de cima do dúplex da esquina oposta à casa de Anna faziam o mesmo movimento. A luz passava por um canto e desaparecia. Comecei a pensar na ascensão e queda das persianas como um tipo de código Morse, enviado de um lado para outro da rua, em incrementos piscantes que sempre diziam a mesma coisa:

N-ó-s t-a-m-b-é-m e-s-t-a-m-o-s c-h-a-p-a-d-o-s.

Os moradores daquela casa raramente saíam, eu também; assim, nunca os conheci, para poder conversar com eles sobre o nosso passatempo compartilhado. O vício no estágio final se resume, principalmente, a esperar pela polícia, ou por alguém, que venha e nos precipite em nossa vergonha.

Certa noite eu estava lá com todas as crianças, e a Anna estava fora, em algum lugar. Eu trabalhava em uma fornada de cocaína particularmente notável. Tinha um cachimbo novo, telas limpas e um novo maçarico, e as crianças dormiam. Éramos somente eu e Barley, uma cadela mistura de Corgi, que me acompanhava desde a faculdade. Quando estava sozinho com Barley, eu lhe fazia perguntas aleatórias. Ela não respondia *per se*, mas eu via as respostas ao contemplar seus grandes olhos castanhos.

Sou um lunático? *Sim*. Quando vou parar com essa merda? *Aparentemente nunca*. Deus pode me ver agora? *Sim. Deus vê tudo*.

Comecei a pensar na polícia como emissários de Deus, que chegavam não à procura de vingança, mas de um cessar-fogo, de uma trégua que me poria contra a parede e suas bem merecidas consequências. E que poria os não combatentes, as crianças, fora de perigo. Naquela noite — era perto do fim — eu estava em alerta máximo, meu subcórtex tocava o alarme.

A poderosa dose que aspirei para aquietar minhas sinapses vibráteis teve, em vez disso, o efeito de colocar um megafone nelas. Se os tiras estão vindo — a-qualquer-instante-agora —, pensei, eu deveria estar sentado lá fora, em frente à casa. Dessa forma, eu poderia dizer-lhes que sim, que havia drogas na casa e parafernália suficiente para começar um centro de reciclagem, mas que não havia armas. E que havia crianças. Quatro crianças indefesas e inocentes. Eles podiam algemar-me, e eu os guiaria solenemente até as drogas, as agulhas, os cachimbos, até o que sobrara do dinheiro, enquanto algumas matronas de rosto suave apareceriam magicamente para pegar as crianças e levá-las para aquele lugar seguro e feliz. Eu tinha tudo planejado.

Barley e eu saímos e nos sentamos nos degraus. Meus olhos, meu coração, as veias da minha testa pulsavam ante a calma da noite. E então eles vieram. Seis carros sem identificação, em formação e com as luzes apagadas, sem sirenes, do jeito que eu pensei. Começou. Uma mistura de uniformizados e civis saiu dos carros e, à fraca luz dos postes de iluminação da rua, eu podia ver armas longas empunhadas em um ângulo de 45 graus. Eu estava orgulhoso de mim mesmo. Eu tinha feito a coisa certa, depois de inúmeras jogadas erradas.

Aí eles se viraram e dirigiram-se à casa de esquina em frente. Muitos gritos: "Cara no chão! Deitado na porra do tapete! Nenhum movimento brusco!" Um cara pulou da janela do segundo andar, vestido apenas com um calção de ginástica, mas eles o estavam esperando. Mais gritos e depois silêncio. Eu voltei para dentro de casa e observei o resto daquilo acontecer lá do canto da persiana. Com seu trabalho feito, os policiais colocaram várias pessoas algemadas em um furgão que havia sido requisitado. Eu me afastei da persiana e voltei aos negócios. Não era a minha vez.

De todas as minhas lembranças, aquela parecia ser a mais fantástica. Eu esperei pela polícia e ela veio, mas não atrás de mim. Não encontrei, porém, registros para confirmar aquela lembrança. A polícia de Minneapolis só começou a indexar por domicílio os crimes a partir dos anos 1990, e não encontrei no banco de dados os nomes das pessoas que poderiam ter morado do outro lado da rua. DonJack, o repórter que contratei para essas pesquisas, trabalhou com as cópias dos documentos comunitários que cobriam a área, mas sem sorte. Pudemos estabelecer que a casa tinha sido uma propriedade problemática por muito tempo, com um histórico de venda de drogas, mas não há um incidente específico que comprove minha lembrança.

Fiquei sentado no carro em frente daquela casa num dia quente do verão de 2006, observando por muito tempo para tentar entender o que tinha acontecido, ou não. A vizinhança tinha mudado, agora havia mais negros, mas era bastante parecida. Lindos gramados, muitas crianças, nenhuma evidência da devastação que ocorrera dentro das casas. Sentado ali, em um carro alugado, de terno, as crianças pequenas de então agora a caminho da faculdade, dava quase para pensar que eu tinha inventado tudo. Mas não acho que inventei nada. Enquanto eu estava sentado ali olhando, alguém levantou o canto da persiana da janela da sala. Era hora de ir embora.

28

CASACOS DE NEVE

[...] o horror do Inferno, de Fúrias dez ostenta a feridade,
Pronto para o brandir um dardo empunha, e na altura maior, que inculca fronte,
De coroa real cingido se afigura.
Eis o monstro, que vê Satã já perto.

— JOHN MILTON, *PARAÍSO PERDIDO*

Lembro de dirigir até um lugar escuro entre os postes de luz, na esquina arredondada da Rua Trinta e Dois com a Avenida Garfield. Bem aqui, pensei. Aqui está ótimo.

O Chevrolet Nova, aquele calhambeque mal pintado que meu irmão comprou para mim por pena, estremeceu ao parar, e olhei pelo retrovisor. Vi duas crianças dormindo: a borda de seus capuzes emergia como uma silhueta contra o banco de trás enquanto meus olhos se ajustavam à luz. Pequenas, pequenininhas, diminutas, as gêmeas estavam engolidas pelos seus casacos de neve. Não deveríamos estar ali. A mãe delas estava fora, em algum lugar, e eu havia estado em casa, cuidando delas. Mas eu estava seco, sem drogas. Não tinha nada. Liguei para o Kenny, mas ele estava muito ocupado para fazer entregas. "Venha para cá", disse ele. "Eu te consigo alguma coisa." Naquele momento de necessidade, eu decidi fazer a viagem da zona norte de Minneapolis para a parte sul, da casa da Anna até a dele.

Não pude suportar deixá-las sozinhas em casa, mas também era igualmente incapaz de ficar lá, com elas, de fazer a coisa certa. De modo que ali estávamos, uma grande e alegre família, estacionados do lado de fora do ponto de drogas. Era tarde, passava da meia-noite.

Então veio a matemática do viciado: um cálculo moral podre, tecido pela carência crescente. Se eu entrasse na casa, poderia obter o que precisava, ou o que queria muito. Ia demorar cinco minutos, dez minutos no máximo. Elas ficariam dormindo, sonhando seus pequenos sonhos de bebê, nos quais o pai delas é um homem bom, e o passeio de carro acaba em um parquinho.

As pessoas lá dentro iam estar ocupadas, trabalhando principalmente aos pares. Injetar cocaína na veia é algo que se faz melhor a dois. O objetivo é ir até o limite da overdose, ficar tão *louco* quanto seja humanamente possível, sem morrer. A técnica é empurrar o êmbolo com lentidão, mas continuamente. Um dos dois empurra, observando, enquanto o outro escuta o som do sangue e dos nervos que estão fervendo. Empurrar o êmbolo até que os ouvidos comecem a badalar e então recuar. Você está bem? *Sim. Não... Só, hum... Ah... tá ótimo.*

Do jeito que os lugares em que se toma pico de cocaína são, hoje em dia, aquela casa até era recomendável. Kenny, o cara que dirigia o lugar, dera um toque de professor aloprado ao seu negócio de cocaína a varejo. Com olhos míopes por trás de lentes grossas, ele se injetava direto, e sempre parecia estar de bom humor, mesmo que um tanto agitado. Ele e eu negociávamos a crédito, dependendo de qual de nós estivesse bem ou necessitado. A mistura de cocaína de Kenny era de lamber os beiços, era mais ornamental e, de alguma maneira, mais satisfatória, do que a da maioria dos perdedores com quem eu negociava. A visão de mundo dele era tudo "helicópteros negros" e "ruído ao fundo", maconha e cocaína — os sussurrantes e invisíveis outros que um dia viriam nos buscar. Isso me punha de sobreaviso.

Nos tempos em que o negócio era bom, Kenny remodelou o estúdio de som do lugar, que era a velha casa de um músico, agora decorado com várias guitarras desafinadas e uma bateria esculhambada. Dessa maneira, as pessoas que iam e vinham, a maioria delas garotos branquelos viciados em crack e garotas que viviam por uma injeção, podiam fingir que estavam ali para uma sessão de jazz ou para ouvir os músicos de verdade, que eram parte da clientela. Mas a razão pela qual todos nós íamos ali era clara como o punhado de cocaína na balança.

Quando Kenny estava de bode, o que era frequente, ele insistia em que estávamos sendo monitorados por pequenas câmeras de vídeo instaladas nos buracos das placas acústicas que cobriam as paredes, naquele estúdio em que apenas as carências eram amplificadas. Uma noite, Kenny estava especialmente frenético com as questões de segurança e, num gesto de solidariedade entre viciados, cada um de nós escolheu um painel e todos nós procuramos microcâmeras em centenas de buracos. Irônica, mas diligentemente, marcamos os que já havíamos examinado com um lápis. Kenny apreciou nossos esforços e derramou mais cocaína para nos ajudar a concluir a tarefa. Ficamos sem cocaína antes de ficarmos sem buracos.

Mas esta noite eu estava acompanhado. Certamente não podia levar as gêmeas lá para dentro. Entrar pelas portas da casa das drogas levando um bebê em cada mão não era coisa que se fizesse. As crianças não combinavam com uma casa cheia de pessoas desagradáveis, sentadas pelos cantos, com sondas cheias de sangue e cocaína penduradas nos braços. Não era bonito de ver. Não era coisa que se fizesse.

Sentado ali na escuridão do banco da frente, o carro fazendo ruídos ao esfriar, a matemática ainda trabalhava. Carência. Perigo. Uma queda súbita? Não. Nada disso, realmente. Naquele poço de escuridão, decidi que minhas diminutas meninas gêmeas estariam a salvo. Estava frio, mas não *muito* frio. Certamente Deus cuidaria delas enquanto eu não o fazia.

Saí, tranquei o carro e me afastei, empurrado por trás, puxado pelo que estava dentro da casa. Claramente lembro de ter resolvido a matemática lá no carro, mas não o resto. Apenas um pouco de "estímulo" enquanto estou aqui, eu provavelmente disse, olhando de relance para a porta enquanto falava. É claro que eu não disse a ninguém daquele círculo sem esperanças, lá no estúdio, que eu tinha, hum, amigos me esperando no carro. Não havia janelas, e o lá fora provavelmente havia desaparecido em uma agitação de consumo. Minhas filhas poderiam ou não estar a salvo, mas, lá dentro, uma transformação — quase um sequestro — estava acontecendo. O pai culpado foi substituído por um viciado igual aos outros que estavam sentados ali. O tempo passou, uma coisa levou à outra, a máquina se apressou, os apitos soaram, a fumaça saiu, e afinal fui jogado para fora.

Sair, eu lembro de ter saído. Pela porta de metal, depois pela porta de entrada com suas três fechaduras, a varanda de entrada e o som oco de minhas botas no chão de madeira. Uma pausa. Quanto tempo tinha passado, realmente? Dez minutos no máximo. Dez vezes dez minutos, provavelmente, senão mais. Horas e não minutos. Caminhei até o carro no escuro com drogas no meu bolso e um medo gelado por todos os cantos do meu ser.

Abri a porta da frente, estiquei o corpo, destranquei a porta de trás e me inclinei para dentro.

Eu podia ver a respiração delas.

Deus tinha cuidado das gêmeas, e por procuração de mim também, mas entendi, naquele momento, que tinha cometido um erro que Ele não ia perdoar facilmente. Tomei uma decisão, naquele instante, de nunca mais voltar a ser aquele homem outra vez.

———

Fui ver o Kenny. Ele estava fora daquela vida e vivia perto de Seattle. Dirigimos um bom trecho até a casa dele, jogamos conversa fora, falamos das pessoas que ambos conhecíamos, e só então abordei o tema daquela noite, que foi um importante ponto de inflexão para mim, mas uma noite igual a qualquer outra para ele. Eu tinha passado pela casa dele, pego algumas drogas, talvez parado para injetar algo, e depois já estava pronto para outra. Ele nunca soube que as gêmeas estavam no carro estacionado lá fora naquela noite. Era um criminoso, mas também um homem de bom coração à sua maneira. Ele teria me mandado embora se tivesse sabido. Não teria me dado um sermão sobre aquilo, mas teria me lançado porta afora.

Todos com quem falei — da Anna à Sara, ao Donald — estavam cheios de remorsos quando falavam sobre os velhos tempos, sempre os velhos maus tempos. Mas Kenny, não. Agora com um bom emprego, exercendo uma profissão, ele não se lamenta de nada. Como traficante, ele convivia com comediantes, estrelas do rock e mulheres estonteantes; e, mesmo que tenha ido parar na prisão algumas vezes, ele disse que não mudaria nada. Hoje Kenny sente muita saudade daqueles dias — em termos clínicos, isso seria chamado de "recordação eufórica".

Falamos sobre aquele cômodo da casa dele onde rolava toda a ação.

"Totalmente à prova de som. Tinha uma porta grande e bem trancada, ar-condicionado central, o chão tinha muitos níveis, com painéis amarelos por todos os lados."

Confere.

Falamos sobre o que acontecia ali.

"Havia muita gente interessante, talentosa, mulheres lindas. E, claro, o pessoal ali era dado a excessos, definitivamente."

Confere.

Falamos sobre trocar todas as nossas bolas de gude por cocaína.

"Quando Freud usou cocaína, escreveu sobre como, quando se alcança um nível de intoxicação com a droga, ela põe à mostra as paranoias mais ocultas, de modo que isso não é uma coisa nova. Depois de ter usado muito a droga, chega-se a um ponto em que você tem que parar porque ela só traz à luz a negatividade."

Confere.

Eu lhe contei o que aconteceu aquela noite.

"É, esse é o lado ruim disso — você pode tender a perder suas responsabilidades e sua sensibilidade. Às vezes eu leio sobre esse tipo de coisa no jornal. As pessoas fazem isso: deixam os filhos no carro. É, isso te domina."

Confere.

Falamos sobre ter filhos enquanto ainda estávamos naquele estilo de vida.

"Aquela situação na tua casa, as coisas realmente estavam desmoronando. A casa parecia o inferno. A gente se preocupava com as meninas, o bem-estar delas."

Confere.

De modo que eu e os meus éramos alvo da piedade e da preocupação de um dos mais ativos traficantes de cocaína da cidade. Mesmo levando em conta com quem eu estava falando, minha cara ficou vermelha de vergonha.

Dezenove anos depois, em Minneapolis, parei no mesmo lugar, em frente à casa do Kenny, onde havia estacionado naquela noite. O carro era um Chevy Nova, de acordo com meu irmão Jim, também conhecido como O Selvagem. Ele me mandou os dados: "Um Chevy Nova modelo 79, com 144.750 quilômetros de uso, número da placa NHS 091", lembrando-me que, mais tarde, eu literalmente perdi aquele carro nas ruas de Minneapolis, e nunca mais o encontrei. Lembro-me de ter chegado no carro, lembro de ter olhado para o banco traseiro. Lembro-me da matemática. E lembro dos casacos de neve.

Mas é nesse ponto que a trama se complica e os fatos colidem. Erin e Meagan nasceram no dia 15 de abril de 1988. Sempre que me senti obrigado a me explicar e a explicar os fatos frios de nossa história, aquela noite em frente à casa do Kenny foi o momento necessário, o fundo da queda trágica, em termos aristotélicos.

Na história que tem sido contada através dos anos, aquela noite horrível ocorreu logo depois que elas tinham nascido. Eu acho que ingressei logo no tratamento porque, mesmo tendo sido um empregado pouco confiável, um amigo conivente, um marido dúbio, nada em minha criação me permitia proceder como um mau pai. As gêmeas foram enviadas para lares temporários logo depois que nasceram. Depois disso, tudo se torna um monomito de Joseph Campbell, no qual nosso herói abraça seu caminho de provações, começa a atingir novos objetivos e apressa sua volta ao mundo normal. Nesse paradigma, minha recuperação não era apenas um ato de autoindulgência seguido pela autorrealização, mas uma espécie de *mitzvah* [dever] para com o mundo.

Linda história se fosse possível tê-la vivido. Ou provar que aconteceu. Para começar, os casacos de neve não fazem sentido.

Se as meninas nasceram em abril, e se comecei o tratamento alguns meses depois, como sempre disse, de onde vieram os casacos de neve? Minnesota é frio, mas não *tão* frio assim.

Talvez ao reconhecer minha conduta em toda sua abjeta glória, eu precisasse que minha escolha fosse ainda pior do que fora. Aparentemente não bastava que as gêmeas fossem deixadas sozinhas dentro de um carro em um bairro perigoso enquanto eu estava em uma casa consumindo drogas. Como um genuíno contador de histórias, talvez eu soubesse que a ameaça do frio acrescentaria drama e horror à narrativa que eu fazia para mim mesmo e para poucos mais. Ainda assim, eu lembro dos casacos de neve mais do que de todo o resto. Quando comecei a fazer contatos para escrever o livro e perguntei, em voz alta, por que os detalhes mais vívidos da história soavam falsos, o passado mudou. Em minhas recordações, eu era um pai recente, viciado em drogas, que rapidamente reconheceu o erro de sua conduta e foi se tratar. Mas quando estava falando com meu irmão sobre detalhes do carro e mencionei os casacos de neve, ele disse: "Isso é mole. Você não foi se tratar até pouco antes de dezembro, quase oito meses depois que elas nasceram."

Ele estava quase certo. Só entrei na Eden House de Minneapolis, em um programa de tratamento de seis meses de internação, no dia 25 de novembro de 1988. De modo que a presença de casacos de neve, em uma fria noite de novembro, era sem dúvida uma coisa real. Já aquela parte em que eu me recuperava logo depois que elas nasceram não passava de fantasia. Mentira total, um mito, mas não do tipo de mito que Joseph Campbell tinha em mente.

29
A ÚLTIMA PIOR NOITE

> Sim, mas, fora isso, como posso responder apenas sim ou não à pergunta: quero parar com a cocaína? Se penso que quero? Claro que sim. Eu penso que quero. Não tenho mais septo. Meu septo foi dissolvido pela cocaína. Está vendo? Você vê alguma coisa parecida com um septo quando eu levanto assim o meu nariz? Eu pensei que sim, que com certeza, que com todo o meu coração, eu queria parar e assim por diante. Até por causa do septo. Mas então, se estou querendo parar esse tempo todo, por que não pude parar? Você entende o que estou dizendo? Não se trata apenas de querer e assim por diante? Como é possível que eu more aqui, vá a reuniões e tudo isso, faça qualquer coisa exceto fazer com que eu queira parar? Mas eu acho que já queria parar. Como eu estaria aqui, se não quisesse parar? Estar aqui não é uma prova de que quero parar? Mas, então, como pode acontecer que eu não possa parar, se quero parar: essa é a pergunta.
>
> DAVID FOSTER WALLACE, *INFINITE JEST*

Logo depois daquela noite na casa do Kenny — podem ter sido dias ou semanas — fiquei convencido de que algo brutal e indescritível estava a ponto de desabar sobre todos nós, inclusive as crianças. As gêmeas estavam sendo negligenciadas, tais como os outros filhos de Anna, e os clientes dela a estavam abandonando em massa, porque éramos confiavelmente inseguros.

Eu tinha sido despedido do jornal de futebol americano e nem estava fingindo que trabalhava em vários projetos como freelancer. Na comunidade jornalística, dizia-se "fique longe, bem longe dele", e até mesmo alguns de meus colegas menos caretas não queriam nada comigo. Minha família, que por muito tempo trabalhou para arrancar-me da beira do abismo, havia praticamente desistido. A situação da Anna não era melhor. Seu amigo colombiano cancelou-lhe o crédito por falta de pagamento, e sem a impressionante conexão e sem as vendas, nós nos tornamos apenas um casal de viciados do dia a dia. E nós dois tínhamos passado de fumar crack a injetar cocaína.

Quanto aos hobbies, o pior deles é injetar cocaína. Com a heroína, pelo menos as pessoas passam horas desmaiadas. Com o uso de cocaína intravenosa, o viciado tem que renovar a carga a cada vinte minutos, descobrir um novo lugar para se injetar. Isso representa muito equipamento, muito sangue, muitas lesões físicas. Depois de algum tempo, eram agulhas, sangue, bebês e pilhas de roupa suja. Chapado ou não, era um inferno suportar aquilo. Eu só queria um momento de paz, um descanso, ao despertar — bêbado ou sóbrio, drogado ou não — daquele pensamento já crônico de que eu talvez fosse o pior filho da puta que jamais existiu. Um par de dias de desintoxicação com macarrão com queijo de micro-ondas, cigarros vagabundos e sono — sono fugidio e abençoado — parecia com ir à praia em St. Barts.

Logo antes do Dia de Ação de Graças de 1988 — em 18 de novembro de 1988, como descobri depois — chamei meus pais e lhes disse que as gêmeas não estavam a salvo e que eu precisava levá-las para eles. "Você nos disse que não havia adultos na casa, que era um lugar perigoso para as crianças ficarem", lembra meu pai, que disse que eu prometi entrar para o programa de desintoxicação logo depois.

Guiei o carro da Anna até Hopkins e levei as meninas pelas estreitas escadas da casa dos meus pais — primeiro a Meagan e em seguida Erin. (É engraçado as coisas de que a gente lembra. A Meagan não conseguia suportar ser deixada sozinha nem por um momento, de modo que sempre era a primeira no rumo da porta.) As gêmeas ficaram arrulhando em suas cadeirinhas, fazendo ruídos e caras amigáveis para a avó, e para o meu pai, que estava por trás. Todos nós olhamos para elas. A inocência das meninas quanto à matéria em questão era um conforto para todos.

Ninguém sabia o que dizer. Meus pais não tinham palavras, em parte porque era difícil dizer o que se disse depois: um admirável mundo novo abria-se para eles por efeito da minha degradação. Pairando no momento de decidir entre chegar a um novo tipo de fundo de poço ou, talvez, ingressar em um processo de desintoxicação, eu era um feixe ambulante de pedaços soltos.

Será que eu disse até logo para as meninas? Não posso lembrar, nem meu pai. Mamãe, que deveria estar controlando o espetáculo, já não está mais entre nós, de modo que não contamos com a ajuda dela. Será que eu disse a elas que voltaria um dia? Provavelmente sim. E então eu fui embora.

Tendo marcado um novo recorde de humilhação, eu precisava de gasolina e de um estímulo, de modo que parei no posto que ficava na rua da casa deles. O frentista notou que eu estava *ocupado* no carro e chamou a polícia, mas eu fui mais esperto. Dirigi pelo Excelsior Boulevard e virei à esquerda na direção norte, pela Autopista 169, com um policial me perseguindo todo o caminho. As drogas, a bebida, a vergonha, tudo isso me dominou: eu acelerei até 130 quilômetros e derrapei na rodovia. O policial já tinha visto o suficiente, acendeu as luzes e ligou a sirene. Eu estava a ponto de ser algemado. Encostei tão rápido que o policial saiu do acostamento, caindo em uma vala. Estava zangado quando caminhou na minha direção, ofegante. Eu sabia que tinha um problema, de modo que saí em defesa própria e falei:

— Eu estou com a carteira vencida, seu guarda. Esta — eu disse, apontando a vodca no painel — é uma garrafa aberta. Sei que vou para a prisão, e não quero causar problemas.

O rosto dele relaxou. Ele quase se desculpou enquanto me algemava e disse que deixaria as algemas frouxas no curto trajeto até a delegacia. Colocou-me na parte de trás da viatura e foi remexer nas garrafas, nos restos de maconha e nos outros detritos espalhados pelo carro.

Quando chegamos na delegacia, ele me examinou sob uma luz forte e ficou olhando o mapa de marcas de agulha em meus braços. Imediatamente me perguntou onde estavam as drogas. Eu não disse nada. Ele foi até a viatura e voltou com a cara vermelha. Apontou para um pacote, que exibia na palma da mão e que continha o que aparentavam ser vários gramas de cocaína.

— Encontrei debaixo do banco traseiro da viatura policial — disse ele. — Você colocou isso ali.

— Não posso ajudá-lo com isso, oficial — eu disse da forma mais educada que consegui.

Ele me pôs em uma cela e me disse para pensar naquilo, que eu refletisse sobre o fato de que não ia sair dali antes de esclarecer a situação daquele pacote de cocaína. Três tiras entraram na minha cela: o bom, o mau e o médio. Disse a todos eles que estava contente de cooperar, mas que não podia ajudá-los com a questão do pacote. Na medida em que a noite avançava, aquela última injeção no carro perdeu o efeito, e justamente quando minha determinação vacilava e pensei em fazer alguma coisa estúpida, eles me mandaram embora.

Aquela conjunção das consequências, da falta de objetivos, da má sorte que eu mesmo criei, seguida de coisas piores, tudo parecia demasiado patético para ser verdade. Tinha sido eu tão inconsequente a ponto de desistir das minhas filhas e ser jogado na cadeia no espaço de uma hora? Passei muito tempo procurando provas em apoio de minhas lembranças, mas a polícia de Hopkins não mantinha registros tão antigos e não havia nada nos arquivos dos tribunais além de algumas acusações muito simples. Comecei a pensar que a última pior noite era uma ficção das minhas imaginações mais sombrias. Mas ao cavar mais fundo entendi que, quando finalmente ingressei no tratamento, aquelas acusações devem ter sido suprimidas. Alguém deve ter me ajudado a arquivar aquele caso. Eu tinha uma vaga lembrança de que meu primo Steve, que era advogado, me ajudou em algum momento. No outono de 2007, eu liguei para ele e perguntei se me havia representado legalmente em alguma circunstância. "Claro que sim", disse ele. "Ainda tenho os arquivos."

```
DEPT                OFFENSE/INCIDENT                    CONTINUATION    SUP APR
0900                ATL Warrants, Open Bottle, DAR      REPORT
                    VICTIM Def                                          PAGE 2 OF 4
                    Carr, David Michael

32 year old male is arrested for warrants, open bottle and driving after revocation after
he is stopped for erratic driving.

HPD received a complainant of a possible drunk driver eastbound on Co Rd 3 from 11th Av.
Vehicle was described as a dark Nissan or Datsun Maxima lic#NPH 128. Suspect had been in
the Amoco service station and the attendant felt he was intoxicated because he was having
a hard time with his balance. I caught up to the vehicle as it was making a left turn
onto NB Hwy. 169 from EB Co Rd 3. I followed as the vehicle pulled onto Hwy 169 without
using a signal. The vehicle then began to swerve abruptly back and forth. It swerved to
the left and crossed over the lane deviding line and then drove half over that line. I
activated my red lights to iniciate a stopp The vehicle "slammed" on the brakes and came
to a quick skidding stop. I approached the driver on foot and opened the drivers door.
I asked for his drivers license and he told me that it was suspended because of a prior
DWI. He admitted that he knew that his license was not valid, but he was driving anyways.
I verbally identified the defendant as David Michael Carr, DOB/9-8-56. The defendant
did have a slight smell of an alcoholic beverage but did pass a PBT test. When I had
approached the vehicle I noticed a glass in the middle console area of front seat. The
glass contained a liquid that smelled of an alcoholic beverage. The defendant admitted
that it was alcohol and thta he had taken a few sips of it. The glass and contents was
confiscated and marked and placed in property room A binC-5.
A routine check with the MN Department of Public Saftey showed that the defendant's
license was REVOKED. It had been revoked because of a prior DWI and Driving after
Withdrawl. A routine warrant check showed a active Misdemeanor warrant out of Crow Wing
County for DWI. The defendant was placed under arrest and transported to the station for
booking. Officer Stumpf impounded the vehicle to Dick's Towing.
```

Tradução:

Crime/Incidente:
Averiguações, Garrafa aberta
Vítima:
Acusado, Carr, David Michael

32 anos, sexo masculino, preso para averiguações, garrafa aberta e dirigir com carteira vencida, depois de parado por guiar de forma errática.

O Departamento de Polícia de Hopkins recebeu uma denúncia de motorista possivelmente bêbado dirigindo-se para o leste pela estrada do condado 3, partindo da 11ª Avenida. O veículo foi descrito como um Nissan ou Dastsun Máxima escuro, placa NPH 128. O suspeito havia estado no posto de gasolina Amoco e o frentista achou que o motorista estava intoxicado, porque tinha problemas de equilíbrio. Alcancei o veículo quando fazia uma curva à esquerda para a Autopista 169. Continuei quando o veículo entrou na Autopista 169 sem fazer sinal. O veículo começou a se mover abruptamente para frente e para trás. Desviou-se para a esquerda, passou por cima da linha que divide as faixas e começou a dirigir sobre a linha. Ativei as luzes vermelhas para iniciar uma detenção. O veículo "cravou" os freios e parou rapidamente. Aproximei-me do carro a pé e abri a porta do motorista. Pedi sua carteira de habilitação e ele me disse que a carteira estava suspensa por um delito anterior. Admitiu que sabia que sua carteira não era válida, mas que estava dirigindo assim mesmo. Identifiquei o acusado verbalmente como David Michael Carr, data de nascimento 8 de setembro de 1956. O acusado tinha um leve cheiro de bebida alcoólica, mas passou por um exame de Respiração Preliminar de Teste. Quando me aproximei do veículo, notei uma garrafa no console do banco dianteiro. A garrafa continha um líquido que tinha cheiro de bebida alcoólica. O acusado admitiu que era uma bebida alcoólica e que havia tomado alguns goles dela. A garrafa e seu conteúdo foram confiscados, marcados e colocados na sala de provas A, armário 5. Uma verificação de rotina junto ao Departamento de Segurança Pública mostrou que a carteira de direção do acusado estava REVOGADA. Tinha sido revogada por dirigir intoxicado e por dirigir sem carteira. Uma verificação de rotina dos pedidos de prisão mostrou um pedido de prisão por delito menor, do Condado de Crow Wing, por dirigir embriagado. O acusado foi colocado sob custódia e transportado para a delegacia para ser fichado. O policial Stumpf enviou o veículo para a Dick's Towing.

O policial Wilentz continua, dizendo que eu tinha pedidos de captura por um incidente no Condado de Crow Wing e que fui entregue a um amigo — provavelmente Anna — por conta de uma fiança no valor de 613 dólares. Ele não mencionou as idas e vindas com respeito ao pacote de cocaína, mas não o fez porque isso foi deixado sem solução.

Steve foi mais um parente com o qual acabei em falta, que se dispusera a me ajudar provavelmente através do meu pai. Ele disse que eu estava me inserindo em um padrão de conduta que, mesmo que fossem delitos menores, o tribunal não veria com bons olhos.

"Você dirigiu depois de ter a carteira suspensa, com alguns incidentes relacionados ao álcool. Acho que havia dois ou três deles, de modo que você estava a caminho de ter a carteira de habilitação revogada. Você era um inimigo da segurança pública sujeito a ter a carteira cancelada para sempre."

Steve também me mandou outra acusação em que ele dera um jeito, derivada de um incidente ocorrido no dia 2 de março de 1988, às 2h20 da manhã. Foi uma leitura interessante, porque eu não lembrava nada a respeito dos eventos descritos. De acordo com o relatório da polícia de Minneapolis que Steve me enviou, eu estava estacionado no Máxima com dois outros homens, nos fundos de uma casa na Terceira Avenida, número 1.801. Os tiras piscaram as luzes. Eles disseram que quando eu saí do carro eles notaram "que o equilíbrio do acusado estava muito instável [*sic*], seu hálito tinha cheiro de bebida alcoólica, e seus olhos estavam aquosos e injetados de sangue". Não passei nos testes de sobriedade, tive a carteira suspensa e fui colocado no carro da polícia. Mas não fui acusado de dirigir embriagado, apenas de direção descuidada e de dirigir sem carteira. Dados os fatos descritos, não fazia sentido, mas, ao aprofundar a pesquisa nos arquivos, encontrei uma carta que eu tinha escrito para o Steve:

"Anexo envio o que você pediu. Note que não fui acusado de dirigir embriagado, ainda que exista mais do que um pequeno indício de que tal acusação teria sido apropriada." O tratamento leve se deveu ao fato de que o guarda que me parou era alguém que eu conhecia dos meus tempos de repórter.

Foi uma surpresa com muitas facetas. Eu me deparei com mais uma confusão da qual não me lembrava, e da qual me saíra bem, em parte porque conhecia o guarda. Sempre sustentei com firmeza que observei uma linha clara entre meu trabalho como repórter e minha carreira de drogado, mas aqui estava uma evidência de que eu havia suavizado pelo menos uma situação porque, depois de muitas interações noturnas com a polícia de Minneapolis, eu finalmente cruzara com um policial que conhecia. Eu me pergunto o que terei dito quando estava no banco traseiro do carro da polícia.

Foi um gesto simpático da parte do guarda, de modo que deixo seu nome fora disso, mesmo que não me faça lembrar de nada. Mas se a intenção dele foi me dar um susto e me ajudar a voltar aos trilhos, não funcionou. Passei os nove meses seguintes com e sem algemas, com entradas e saídas da cadeia, até que tudo acabou na Autopista 169, perto de Hopkins, em novembro. Saí da cadeia e fui me desintoxicar três dias depois em uma instituição perto da casa dos meus pais.

―――

Logo depois que fui admitido, me levaram até uma mesa, no meio de uma sala. Centros de desintoxicação são, na verdade, aquários humanos, um lugar onde humanos grandes, cheios de Librium, tentam ficar a prumo aqui e ali, vigiados por uma equipe através de vidros grossos, para o caso de algum deles começar a cair pesadamente pelos cantos. Meu primeiro trabalho foi mergulhar meus braços até os bíceps em uma grande banheira com detergente, um simpático método de baixa tecnologia para desinfetar minhas marcas de agulha sem envolver um monte de pessoas da equipe. Eu me havia transformado em um lixo branco intocável, exalando pus e contagioso. Eles jogavam comprimidos na minha boca de uma distância segura, pelo menos alguns centímetros, enquanto eu esperava como um bebê de pinguim, com a boca aberta na expectativa do arremesso.

Vivi alguma epifania naquele aquário suburbano? Não. Mas tive um momento com o macarrão com queijo. Há tempos que eu não comia. E eu fazia o que me diziam para fazer. Comi o macarrão com queijo. Comi os comprimidos.

Alguns dias mais tarde, meus pais fizeram um jantar de Ação de Graças, e eu vim direto da desintoxicação. Minhas filhas estavam lá. Bebi o suco de uva sem álcool e compartilhei o ritual familiar de dizer pelo que se estava agradecido. Não tenho ideia do que eu disse.

Depois do jantar, meus pais me levaram a um canto e conversaram comigo tranquilamente. Eles estavam demasiado velhos para criar as gêmeas, e havia um monte de outras coisas ocorrendo na vida deles. Eles tinham falado com meu irmão mais velho, John, um cara que trabalhava em treinamento de liderança para a Igreja Católica. Ele havia conseguido lares provisórios através da instituição Catholic Charities: Erin e Meagan seriam colocadas em uma casa de família, segura e cálida, enquanto eu ia "tratar das coisas". Estava decidido que eu iria para a Eden House na manhã seguinte.

Então era isso. Só que não foi. Quando estive em Nova Orleans, falando com Chris sobre aquela época, ele me lembrou de que, na noite anterior ao meu retorno para a Eden House, eu tive que voltar às drogas mais uma vez.

"Você me chamou e queria que eu pegasse algumas pedras 'porque você ia para lá no dia seguinte e queria ficar chapado mais uma vez. E eu fui pegar. Acho que foi a única vez que fui à casa dos teus pais, mas estávamos no porão ou no térreo, no quarto que tinha lá. Tive que abrir a porta do carro para você porque suas mãos estavam inchadas, seus braços feridos de..."

Hum, injetar cocaína?

"É, acho que foi um momento muito difícil", disse ele.

Para mim também. Um novo dia começava, e mais um golpe para ficar chapado. O último degrau estava à vista, e a totalidade da minha privação estava à mão. Eu era um fracasso no tratamento que ia para uma nova tentativa, a mãe das gêmeas ia para uma instituição diferente, e minhas filhas choravam em suas cadeirinhas, no andar de cima, enquanto eu estava no porão da casa dos meus pais — a última parada de todos os perdedores — ficando muito louco.

Trabalho? Perdido. Namorada? História. Dignidade? Por favor. Dinheiro? Como se houvesse. Crianças? Órfãs.

A matemática tinha sido resolvida. Eu estava em zero vezes zero.

INTERVALO

Vou me levantar
Transformando os erros em ouro

— EDDIE VEDDER, "RISE"

"Você deveria escrever um livro sobre tudo isso."

Ouvi muito essa frase quando minha história desajeitada vinha à tona. E sempre disse que era má ideia. Por que voltar ao inferno se você de alguma forma conseguiu sair de lá por uma porta lateral? E, além da sujeira que deve se acumular em uma viagem pelas sarjetas de nosso passado, qual é o valor de uma lembrança mais, para mim ou para qualquer pessoa?

Digamos, só para argumentar, que um cara se atire debaixo de um ônibus e viva para contar a história. Você gostaria de ler o livro que ele escreveu? No entanto, a literatura pop está viva com a versão química dessa mesma escolha. Mesmo nos marcos do entendimento do vício como doença, há espaço para a escolha. Independentemente das predisposições, ninguém pôs uma espingarda na cabeça de ninguém quando o cachimbo ou a injeção apareceram.

Afinal de contas, as histórias de recuperação obedecem a um roteiro muito conhecido de todo mundo:

Tomei uma cerveja com uns amigos.

Depois injetei droga no meu pescoço.

Eu me meti num problemão.

Vi *o erro da minha conduta*.

Descobri Jesus ou os doze passos ou a ioga Bhakti.

Agora tudo é novo outra vez.

Participei de grupos em que todos tinham esse tipo de cabeça. Contei e ouvi essas histórias com muito bons resultados: estou limpo há anos. Mas compatibilizar aquele ser com meu ser que escreve é uma questão muito mais complicada. Eu me conservei vivo contando minha história nesses grupos. Eu cresci profissionalmente contando histórias de outras pessoas.

Mesmo que eu seja eternamente grato — e, por sinal, sou — ao fato de que a guerra dentro de mim tenha se aquietado e de que agora eu tenha um lugar onde viver, por que não calar a boca sobre tudo isso e desfrutar meu agradável perfil suburbano na Avenida Cooper, onde moro? Eu até me encaixo bem, salvo alguns detalhes. Perguntem aos meus vizinhos. *Carr? Ele mora logo ali. Dirige um Ford Explorer último tipo, família agradável, sai para trabalhar como todo mundo. Seu gramado parece que tem problemas — lagartas, eu acho — mas em tudo o mais ele parece OK.*

Certamente existe apropriação no relato, mas há outros imperativos, menos nobres, comerciais. Como a maior parte das reportagens foi feita em Minnesota, as pessoas foram infalivelmente educadas, mas eu quase podia ouvir as conversas por trás de mim, quando eu ia embora: "O que foi tudo isso?"

No preciso instante em que eu estava decidindo viajar pelos velhos maus tempos, Erin e Meagan escreveram redações para a faculdade que se centravam no passado delas, e pude ver que eram muito diferentes da história que eu pensava que tínhamos vivido juntos. Elas tinham sua própria visão, que não comportava diretamente minha alegoria de mortificação, seguida de um triunfo culminante.

De repente, escrever sobre a ideia de remodelagem da vida, de sair com uma história que permita que você construa seu caminho no presente, começou a parecer uma meritória busca intelectual. Ao mesmo tempo, uma das mais bem-sucedidas produções do gênero — *A Million Little Pieces*, de James Frey — estava se decompondo a olhos vistos, uma matéria que escrevi. Comecei a achar que talvez houvesse espaço para outra biografia de uma alma perdida e achada, um trabalho de memória baseado em reportagens e apuração de fatos.

Ainda assim, não gosto de falar com estranhos sobre aspectos íntimos da minha vida. É embaraçoso, e não é provável que muitos paguem na mesma moeda. E se o fizerem... bem, será que eu realmente desejo saber de tudo aquilo? A maior parte das histórias sobre o passado de alguém poderia ser contada justa e adequadamente em uma única frase, e curta: todos fizeram o melhor que puderam.

Sempre achei que as pessoas que passam infindáveis quantidades de tempo cavando em busca da sua história pessoal, procurando significado ou causalidade, foram fundamentalmente infelizes em suas vidas. Eu não fui. Conheço êxtases à minha própria maneira, sombria e mórbida, sempre animado por ter chegado do outro lado, e não tenho muito orgulho ou soberba pelas coisas que fiz. Afinal, não resolvi que era a minha vez. Apenas cedi à ideia de fazer uma reportagem sobre uma história que eu achava que conhecia.

Mas quando fui ao porão e comecei a remexer nos arquivos, uma das primeiras coisas que encontrei foi isto:

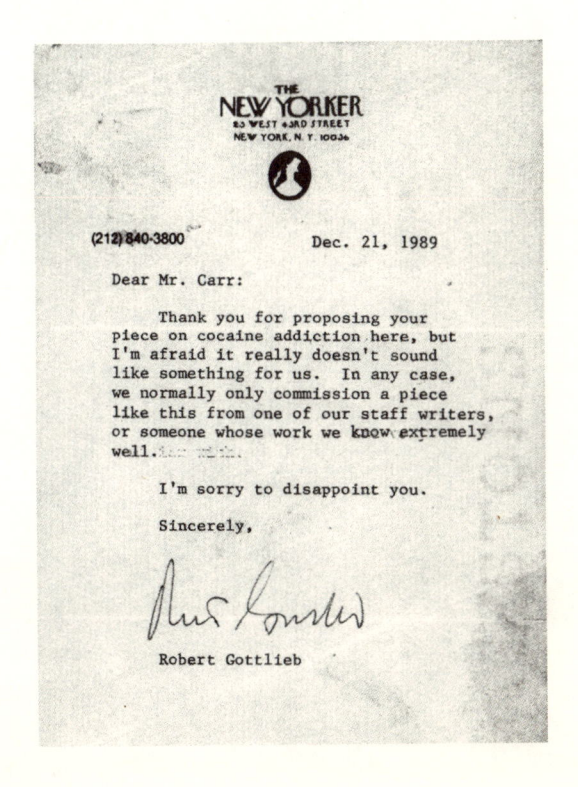

> **THE NEW YORKER**
> 83 WEST 43RD STREET
> NEW YORK, N.Y. 10036
>
> (212) 840-3800   Dec. 21, 1989
>
> Dear Mr. Carr:
>
> Thank you for proposing your piece on cocaine addiction here, but I'm afraid it really doesn't sound like something for us. In any case, we normally only commission a piece like this from one of our staff writers, or someone whose work we know extremely well.
>
> I'm sorry to disappoint you.
>
> Sincerely,
>
> Robert Gottlieb

Tradução da carta:

The New Yorker
21 de dezembro de 1989

Prezado Sr. Carr:
Obrigado por apresentar-nos sua proposta de matéria sobre o vício da cocaína, mas temo que realmente não seja algo para nós. Em todo caso, normalmente só encomendamos tex-

tos como esses a redatores de nossa equipe, ou a alguém cuja obra conheçamos muito bem. Lamento desapontá-lo.

Sinceramente,

Robert Gottlieb

Ali estava eu, limpo havia menos de um ano naquela época, tentando lançar minha lenda de angústia. Na época, eu estava desempregado e tinha um par de crianças para alimentar, mas minha crença de que eu sempre havia estado acima desse tipo de exercício crasso entrou em colapso no minuto em que comecei a considerá-lo. E houve mais. *Esquire*:

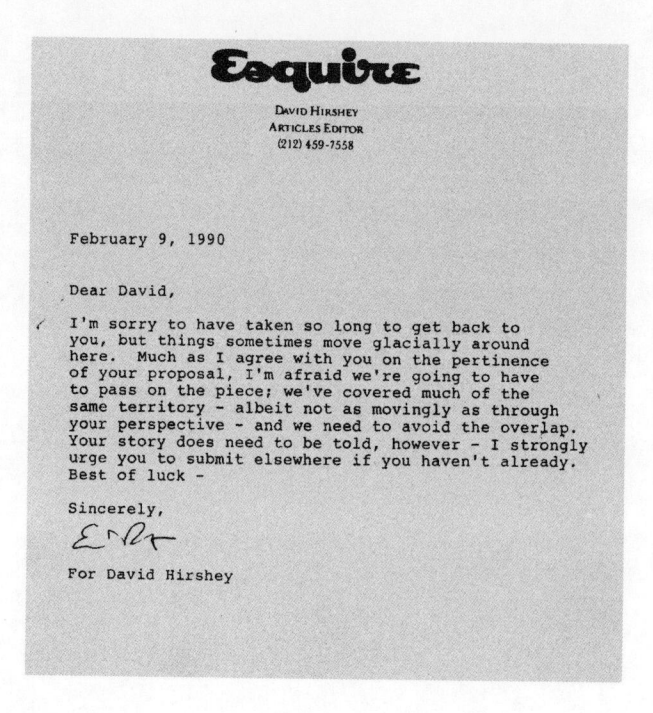

> **Esquire**
>
> David Hirshey
> Articles Editor
> (212) 459-7558
>
> February 9, 1990
>
> Dear David,
>
> I'm sorry to have taken so long to get back to you, but things sometimes move glacially around here. Much as I agree with you on the pertinence of your proposal, I'm afraid we're going to have to pass on the piece; we've covered much of the same territory - albeit not as movingly as through your perspective - and we need to avoid the overlap. Your story does need to be told, however - I strongly urge you to submit elsewhere if you haven't already. Best of luck -
>
> Sincerely,
>
> For David Hirshey

Tradução da carta:

Esquire
9 de fevereiro de 1990

Querido David,
Lamento ter tardado tanto a responder, mas as coisas às vezes se movem glacialmente por aqui. Apesar de concordar com você sobre a pertinência de sua proposta, temo que tenhamos que deixar passar a oportunidade; já cobrimos bastante o mesmo território

— apesar de não com tanta carga emotiva quanto na sua perspectiva — e precisamos evitar a superposição. No entanto, sua história precisa ser contada. Insto-o enfaticamente a apresentá-la a outras publicações, se é que você ainda não o fez. Desejo-lhe boa sorte.

Sinceramente,

David Hirshey

A *Playboy* era importante na época, de modo que realmente valia a pena tentar:

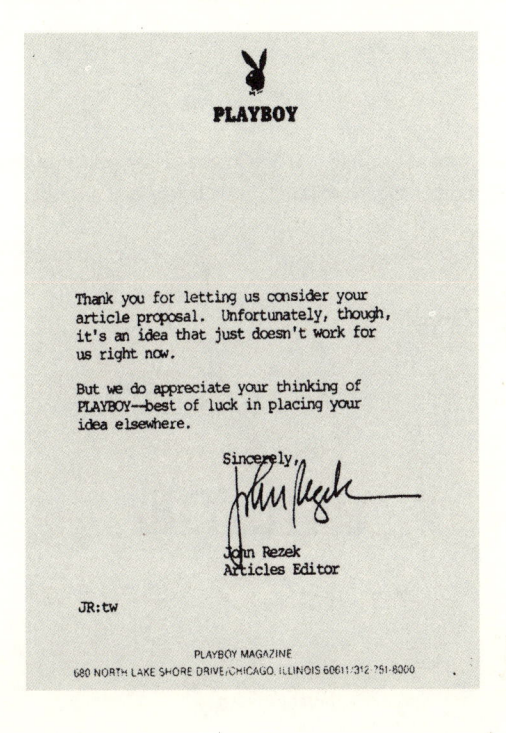

> **PLAYBOY**
>
> Thank you for letting us consider your article proposal. Unfortunately, though, it's an idea that just doesn't work for us right now.
>
> But we do appreciate your thinking of PLAYBOY—best of luck in placing your idea elsewhere.
>
> Sincerely,
>
> John Rezek
> Articles Editor
>
> JR:tw
>
> PLAYBOY MAGAZINE
> 680 NORTH LAKE SHORE DRIVE/CHICAGO, ILLINOIS 60611/312 751-8000

Tradução da carta:

Playboy

Obrigado por nos deixar considerar sua proposta de artigo. Infelizmente, é uma ideia que não funciona para nós nesse momento.
Mas apreciamos que tenha pensado na *Playboy*. Boa sorte na tentativa de publicar sua ideia em outro veículo.

Sinceramente,

John Rezek

O *Washington Post*:

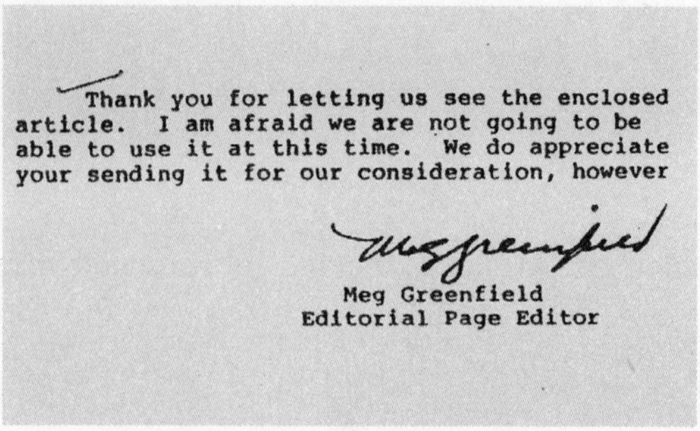

> Thank you for letting us see the enclosed article. I am afraid we are not going to be able to use it at this time. We do appreciate your sending it for our consideration, however
>
> Meg Greenfield
> Editorial Page Editor

Tradução da carta:
Obrigado por deixar-nos examinar o artigo anexo. Temo que não tenhamos condição de publicá-lo nesse momento. No entanto, apreciamos que o tenha enviado para nossa consideração.

Meg Greenfield
Editora da Página Editorial

Parade:

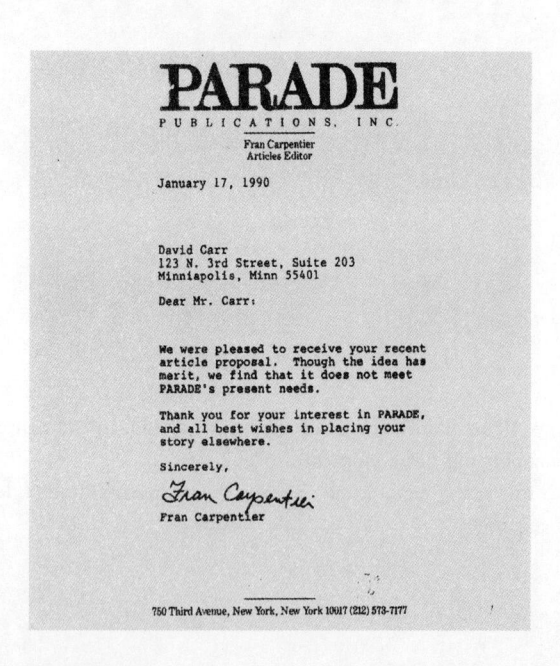

PARADE
PUBLICATIONS, INC.
Fran Carpentier
Articles Editor

January 17, 1990

David Carr
123 N. 3rd Street, Suite 203
Minneapolis, Minn 55401

Dear Mr. Carr:

We were pleased to receive your recent article proposal. Though the idea has merit, we find that it does not meet PARADE's present needs.

Thank you for your interest in PARADE, and all best wishes in placing your story elsewhere.

Sincerely,

Fran Carpentier

750 Third Avenue, New York, New York 10017 (212) 573-7177

Tradução da carta:
Parade Publications, Inc.

17 de janeiro de 1990.
David Carr
123 N. 3rd Street, suíte 203
Minneapolis, Minn 55401

Prezado Sr. Carr:
Estamos contentes por receber sua recente proposta de artigo. Apesar de a ideia ter mérito, achamos que não se ajusta às necessidades atuais da *Parade*.
Obrigado por seu interesse na *Parade*. Esperamos que tenha êxito em colocar sua matéria em outra publicação.

Sinceramente,

Fran Carpentier

E um ano mais tarde, eu ainda insistia com o *Detroit Monthly*, por razões que ainda não consigo lembrar:

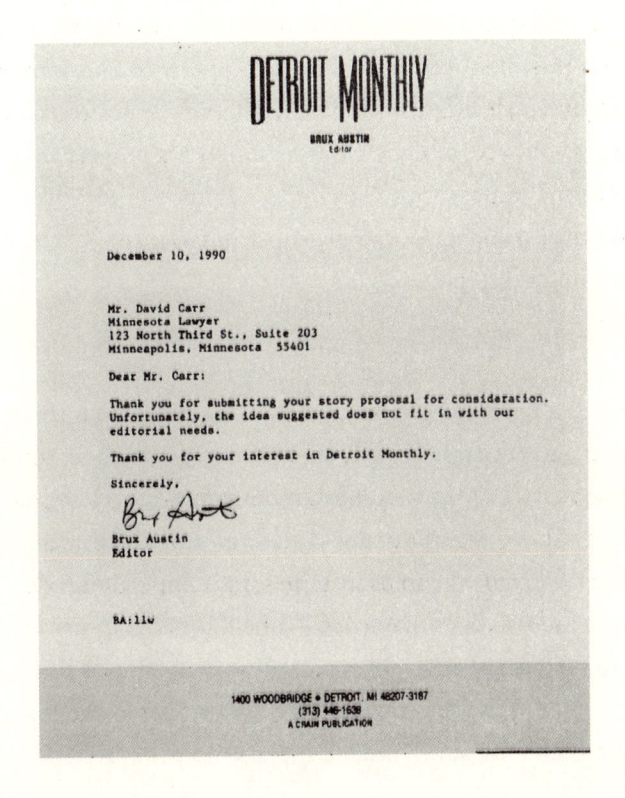

> **DETROIT MONTHLY**
> BRUX AUSTIN
> Editor
>
> December 10, 1990
>
> Mr. David Carr
> Minnesota Lawyer
> 123 North Third St., Suite 203
> Minneapolis, Minnesota 55401
>
> Dear Mr. Carr:
>
> Thank you for submitting your story proposal for consideration. Unfortunately, the idea suggested does not fit in with our editorial needs.
>
> Thank you for your interest in Detroit Monthly.
>
> Sincerely,
>
> Brux Austin
> Editor
>
> BA:llw
>
> 1400 WOODBRIDGE • DETROIT, MI 48207-3187
> (313) 446-1638
> A CRAIN PUBLICATION

Tradução da carta:

Detroit Monthly

10 de dezembro de 1990

Sr. David Carr
Minnesota Lawyer
123 North Third St., suíte 203
Minneapolis, Minnesota 55401

Prezado Sr. Carr:
Obrigado por submeter sua proposta de matéria à nossa consideração. Infelizmente, a ideia sugerida não é apropriada às nossas necessidades editoriais.
Obrigado por seu interesse no *Detroit Monthly*.

Sinceramente,

Brux Austin
Editor

E assim, mesmo que eu tenha ficado limpo e supostamente nunca tenha olhado para trás, bem cedo em minha recuperação eu só andava por aí com uma tabuleta de homem-sanduíche, dizendo às pessoas que se aproximassem para conhecer o homem que arruinou sua própria vida. Viciado e bêbado; e agora, muitos anos mais tarde, adulto, escritor careta, eu estava a ponto de viver o clichê. Como disse um amigo meu: "Claro, tudo já foi dito, mas não foi dito por *você*."

———

A memória é a parte do cérebro que parece capaz de algemar o tempo, fazê-lo parar para ser examinado e, em muitos casos, para ser reconfigurado e adaptar-se às necessidades do novo momento. Muito antes do gravador de vídeo digital, os seres humanos já tinham uma tendência a selecionar, editar e fazer avançar rápido os instantes mais importantes de suas vidas. Mesmo com todas as boas intenções, é difícil, se não impossível, transmitir o conteúdo emocional de eventos passados, por conta de sua inefabilidade. Mesmo em um modelo astucioso do tipo eu-como-me-foi-contado, o passado retrocede, inexoravelmente suplantado pelo presente.

A memória permanece um ato de percepção, embora de percepção embotada pelo tempo. Trata-se também de fazer um curta-metragem. Lembrar-se é um ato afirmativo — rememorar aqueles episódios que fizeram de você *você* é dizer quem você é. Eu não sou este livro, mas este livro sou eu.

A memória episódica e a semântica estão em níveis diversos, mas cada qual é eventualmente utilizada com a função de completar uma narrativa. Narrativas são as explicações de nós mesmos que damos aos outros com a dura verdade impiedosa sempre presente nas entrelinhas do que se conta. Dessa forma, a memória se torna não uma faculdade, mas um conspirador, um cúmplice, uma ferramenta para construir o ser que mostramos ao mundo.

No livro *Midnight's Children*, Salman Rushdie escreve sobre o "tipo especial" de verdade que a memória conjura. "Ela seleciona, elimina, altera, exagera, minimiza, glorifica e também avilta. Mas, afinal, cria sua própria realidade, sua própria versão dos eventos, heterogênea, mas geralmente coerente, e nenhum ser humano são confia mais na versão de outra pessoa do que na sua própria."

Eu entendo no essencial o que Rushdie escreve, mas não estou seguro de que eu dê mais credibilidade às minhas lembranças do que às recordações de outros.

Quando me decidi a escrever uma autobiografia em forma de reportagem sobre o meu passado, procedi baseado em algumas suposições:

1. As narrativas de qualquer pessoa têm valor, inclusive a minha.

2. Minha vida é a única coisa do mundo na qual eu sou o maior especialista.

3. Se eu for verídico, nenhum dano real pode abater-se sobre mim.

4. Guardar cuidadosamente os registros de vídeo e áudio de todos com quem eu for falar há de conferir à biografia uma verossimilhança nascida da transparência.

5. Eu sou um homem bom que fez coisas ruins, mas agora sou melhor.

Eu não tinha compreensão da ousadia fundamental que há em escrever uma autobiografia. Agora tenho. Isso presume um nível de interesse pela minha própria vida que eu não tinha demonstrado em toda a minha história, e também traz uma promessa embutida de que alguma coisa hei de aprender.

Mesmo com o artifício da reportagem, minha narrativa sobre vício chega a algumas lições muito comuns. Demasiada quantidade de uma coisa ruim é ruim. Todos riem e se divertem até que param de fazê-lo. Se você deixar de dormir e de comer, mas em vez disso beber e se drogar, você perderá empregos, mulheres e dignidade.

E as lições proporcionadas pela narrativa da recuperação são importantes, mas ainda mais prosaicas. Nos capítulos seguintes, você não ficará surpreso de saber que, desde que eu parei com os narcóticos e com o álcool, as coisas melhoraram. Consegui empregos, casei de novo, tive um filho e, é claro, aprendi a me amar.

Os viciados e os bêbados frequentemente acabam alardeando em um megafone suas próprias patifarias porque precisam acreditar que todo o tempo que passaram com seus lábios em volta de vidro, seja uma garrafa de vodca ou um cachimbo de crack, na verdade significou alguma coisa. Esse impulso sugere que eu não me arrependo do passado — ele me trouxe aqui, a este momento agradável e feliz —, mas eu também queria espremer algo mais dele.

Mesmo que a concepção da memória seja venal ou comercial, ou falha, existe um valor intrínseco em fazer uma reportagem. Por exemplo, a despeito do que eu acreditava, era provavelmente eu, e não Donald, quem tinha o revólver. Não posso dizer com certeza, mas aquele quadro começa a ganhar coerência depois de algumas reportagens. Eu liguei para Joseph, professor da New York University, que sabe muito sobre os mecanismos da memória humana, para lhe perguntar como eu pude entender um evento tão significativo na minha vida de forma tão completamente equivocada.

"Bem, o estado de drogado em que você estava alterou a maneira pela qual você formou suas memórias", sugeriu ele. "Você provavelmente pode ter feito uma atribuição errônea. Você tem muitos pedaços que estão gravados e colados por aquela experiência. Talvez naquela situação o mecanismo de colagem não estivesse funcionando bem, e assim todos os pedaços estavam ali, mas não estavam postos juntos de forma adequada."

"Especialmente sob as condições em que você estava, você podia ter mecanismos defeituosos de vários tipos. Como aqueles pequenos pedaços estão ali, quando você recupera a memória você os coloca juntos outra vez e, por alguma razão, o revólver acaba na mão dele. Você pode buscar uma abordagem freudiana de tudo isso, ou não." Joseph acrescentou que a chamada memória de lâmpada-relâmpago, do tipo que eu tive, pode ser incrivelmente vívida e, mesmo assim, estar muito equivocada. "Outra coisa que pode ser relevante é algo chamado de aprendizagem dependente do estado, em que certas memórias são processadas apenas quando você volta ao estado no qual elas foram formadas."

Eu faria quase qualquer coisa para lembrar do que ocorreu na Noite da Arma ou na noite dos casacos de neve, mas aquele é um estado ao qual não planejo regressar em nenhum momento próximo.

Cada vez que eu regressava de uma viagem de reportagem, eu repetia um ritual. As anotações feitas *in loco* eram transcritas, as entrevistas registradas, e depois eu esvaziava o áudio e o vídeo digitais no meu computador. Para estar seguro de que os dados acumulados da minha vida não prejudicassem meu computador, eu transferia os grandes arquivos de áudio e vídeo para um disco rígido externo. Os dados foram se acumulando, e a certa altura comecei a pensar naquele disco rígido como um sabe-tudo, um oráculo digital que sabia mais sobre a minha vida do que eu mesmo, um aparelho que dizia a verdade porque só continha a verdade.

Mesmo assim, meu passado é um limbo fantasmal: sinto sua presença, mas não o posso tocar. John Updike chamou isso de parte de nossos "seres mortos, irrecuperáveis". Quando o passado é levado ao momento presente, ele é infectado por uma propensão à consistência que requer que todas as coisas se encaixem, quer elas o façam ou não. Examine a história e o folclore de sua própria família se você não acredita neles. Quantas dessas narrativas são literal e exatamente verdadeiras?

A autobiografia é uma forma muito pessoal de mito da criação. Seja sob a forma de livro, ou de algo contado na intimidade de luz de velas de um primeiro encontro, a narrativa do este-sou-eu, este-é-quem-eu-sou é um mito no sentido clássico, uma fábula com deuses pessoais e pedras de toque que revelam a pureza. Ela se torna mais e mais sagrada à medida que é contada. E talvez menos e menos verdadeira.

Voltar atrás em minha história tem sido como engatinhar sobre vidros quebrados na escuridão. Eu bati em mulheres, assustei crianças, ataquei estranhos, menti e apostei cronicamente para poder ficar chapado. Li sobre Aquele Cara com a mesma sensação de desgosto que qualquer outro teria. Que-filho-da-puta! Aqui, a salvo em um reduto no Adirondack, onde estou juntando os pedaços da história Daquele Cara, muitas vezes sinto que tenho bem pouco em comum com ele. E essa distância me manterá digitando até que ele se transforme neste cara.

PARTE DOIS

30

DICAS PARA CHAPADOS

Lista de verificação de sobriedade (rasgue e use quando necessário, mas não como descanso de copo de bebida):

1. É mais fácil ter um colapso em Minnesota. Além de toda a alegoria de "Terra dos 10 mil centros de tratamento", Minnesota é um estado que ainda possui um sistema de saúde que funciona, mesmo para um cara que fracassou em quatro ou cinco tratamentos.

2. Aceite a dádiva do tempo. Um bêbado no fundo do poço (ou um viciado) pode levar meses só para se lembrar de quem é.

3. Interne-se em um centro de tratamento, de preferência em um para o qual você nunca queira voltar. Evite centros que tenham lagos com patos, boa comida ou que se vangloriem de ter entre seus pacientes a Britney Spears ou a Lindsay Lohan.

4. Faça alianças com os enfermos e estropiados. Una-se a outros que tenham destruído suas vidas e que estão humildemente procurando pelos próprios pedaços.

5. Não namore pessoas em recuperação. Cada transação assumirá um ritmo terapêutico: "Isso não foi o que eu ouvi você dizer..."

"É mesmo? Eu disse o que queria, você torce as coisas. *Eu disse isso agora em voz alta, querida?*" Namore pessoas comuns. Não espere que elas "entendam" você. Espere que elas amem você.

6. Assuma novas responsabilidades: fazer o café nas reuniões a que você vai, ajudar outras pessoas que são novatas na recuperação ou obter a custódia única de filhas gêmeas bem pequenininhas. Se você está pensando em velejar na direção do abismo, provavelmente levará em consideração outros que cairão do penhasco com você. Fazer aos outros é fazer a si mesmo.

7. Respeite o poder das substâncias químicas que alteram o ânimo, mas permita que haja esperança. Quando o pirata interno em seu subcórtex está pedindo permissão para subir a bordo, considere que, se você conseguir atravessar aquele dia, poderá haver muitos outros. Confie em Deus, não no pirata.

8. Desenvolva novas obsessões. Literatura do século XIX. Bonsai. Pingue-pongue. Tortas sem farinha. Saltos radicais.

9. Evite escrever ou ler biografias de viciados. A linha divisória entre lascívia e erro humilhante é fina como uma navalha. Nada a fazer aqui, nada além de gatilhos, continue andando.

10. Divirta-se nas festas, mas não cheire. Um bêbado sozinho está em péssima companhia. Retome a vida na sociedade civil e saia, mas sempre planeje sua própria rota de fuga caso um copo de uísque comece a murmurar o seu nome.

11. O problema da sua vida é conduta, não revelação. O vício chama os segredos de preliminares. Se você quiser viver uma vida sobre a qual possa ser honesto, viva uma vida que valha a pena. A resposta à vida é aprender a viver.

12. Não beba. Vá às reuniões.

31

UMA DEUSA TERRÍVEL

Todos os anjos inspiram terror.
— RAINER MARIA RILKE

Cerca de um mês depois de ser admitido na Eden House, fiquei surpreso de ver John — que era colunista do *St. Paul Pioneer Press*, e ganhador do Prêmio Pulitzer — caminhando por lá com um membro da equipe. Ele estava dando uma volta porque queria ver, ele próprio, onde algumas das vítimas da epidemia de crack estavam se purificando.

Eu o parei e disse "Olá". Obviamente surpreso de ver outro jornalista, ele perguntou:

— O que você está fazendo aqui?

— Eu sou um dos panacas, John — disse eu. — Eu vivo aqui.

— Ahhhh, disfarçado, né? Boa jogada — disse ele.

Não exatamente. No último mês de 1988, e durante os primeiros cinco meses de 1989, aquele foi o meu lugar e aquela foi a minha gente. E apesar de ser difícil você se encontrar em um ambiente cheio de lunáticos, viciados em crack e caras com carreiras fracassadas, coisa bem diferente é constatar que você se encaixa bem ali.

Quando liguei para John, no outono de 2007 — ele agora é um famoso escritor de ficção científica —, ele se lembrou de que nós havíamos nos encontrado.

"Foi um pouco estranho ver você ali daquele jeito", refletiu ele. "Você era um jornalista conhecido, e de repente me aparece naquele lugar. Foi muito útil para mim, porque eu tinha falado com muitas pessoas que eram bastante bobas, até um pouco estúpidas e sem noção das coisas. Eram almas perdidas. Mas quando falei com você, sua mente estava clara, e obviamente você era esperto. Você tinha uma avaliação realmente séria do seu problema e de tudo que você tinha perdido. E ainda assim você não estava seguro de que poderia livrar-se da cocaína. Era óbvio que aquilo estava rasgando você por dentro, mas você não podia apenas dar as costas ao problema e ir embora. Você disse que não era tão simples. Aquilo foi muito útil para mim, porque me deu uma compreensão da complexidade do problema."

Esse lugar em que dei a John um curso sobre os custos do crack era havia muito conhecido como fim da linha. A Eden House, no número 1.025 da Portland Avenue, na zona sul de Minneapolis, era uma comunidade terapêutica porque os malucos dirigiam o hospício. O outro termo técnico seria um lugar de merda. Não era sujo, na verdade não era perigoso, mas havia caras desprezíveis em número suficiente para fazê-lo parecer, alguns dias, com uma cela de contenção. Brigas sem importância aconteciam e ocasionalmente chegavam à agressão física, havia ratos na cozinha e a equipe de aconselhamento — a maior parte dela composta por pessoas que haviam tido sua quota de maus momentos — não era afetada pelas lamentações e carências da clientela. Era um lugar de verdades cheio até o teto de mentirosos. Dan, que dirigia o lugar, sabia de cor todos os truques do livro e ele mesmo havia praticado alguns. Sua visão clínica sugeria que a população interna não precisava de reabilitação, mas sim de habilitação. A Eden House estava cheia de slogans. O principal era este: "A resposta à vida é aprender a viver." Nós dizíamos isso, em voz alta e com muita emoção, no final de cada reunião de grupo.

Chegamos ao ponto em que o autor do livro, conhecedor do assunto e cheio de ironia, ri junto com seus leitores sobre o tempo que passou entre os aforismos e conta como, em certa época, foi tão crédulo e carente que bebeu avidamente esse fraco refresco de frutas. Mas esse é um outro livro. Os slogans salvaram a minha vida. Todos eles — os bobos, os enfadonhos, os imperativos, os clichês, os obrigatórios, os pretensiosos, os piedosos, os sem-vergonha, os imbecis.

Eu cantava com entusiasmo alguns daqueles slogans e vivia graças a outros deles. Não há nada de irônico quanto a ser um viciado em crack ou um bêbado, ou quanto a recuperar-se dessas coisas. O vício em seu nível mais baixo é uma paródia de si mesmo, um teatro do absurdo que não precisa de anotações sarcásticas. A não ser que se queira ser terminante e freneticamente honesto, toda esperança está perdida.

"É o que é": um slogan que nos acostumamos a usar na Eden House. A maior parte dos pacientes era encaminhada pela justiça penal, caras que tinham sido libertados havia pouco ou que evitavam cumprir penas ao concordarem em ir para lá. Eu fui internado com datas marcadas para julgamentos por um montão de ofensas menores que pendiam sobre a minha cabeça, as quais somadas poderiam me trazer algum tempo de prisão. Mas caí na Eden House sobretudo porque foi o único lugar que o condado concordou em financiar para mim. Quando alguns internos se queixavam de que estavam presos por vadiagem, de que alguém os havia acusado por algo que não haviam feito, um dos conselheiros, Jerry, dizia: "OK, tá certo. Digamos que isso seja verdade. E digamos então que vocês estão aqui por todas as outras coisas que fizeram e pelas quais não foram acusados."

O lugar tinha alguns orientadores talentosos, intuitivos, e tinha liderança, mas sua notável eficácia em tratar o intratável tinha mais relação com a passagem do tempo. A Eden House proporcionava um programa de tratamento de internação de seis meses, o que poderia parecer uma extravagância, mas, para a maior parte de nós, era o mínimo necessário. Um ano antes, eu tinha passado por um programa de 28 dias na clínica St. Mary's, por ocasião da minha quarta recaída, e o conselheiro de lá previra que eu acabaria na Eden House ou em um manicômio estadual.

Na época, eu rejeitava as instituições do estado como inaceitáveis. Como repórter, eu tinha entrado e saído desses lugares para fazer matérias, e fugia correndo a cada vez. As pessoas de lá tinham olhares selvagens, ferozes, ou estavam tão pesadamente medicadas que precisavam de babadores. E a Eden House? Estava situada em um bairro que eu conhecia bem, por todas as razões equivocadas. Antes de mudar-me para lá, eu via os clientes indo e vindo, parecendo nada mais que um bando de garotos da turma da esquina, à espera de uma oportunidade. Eu tinha ido a reuniões de recuperação na cidade o número suficiente de vezes para vê-los chegar sempre em grupo e saírem da mesma forma. Parecia que viviam amarrados uns aos outros com uma corda. Quero dizer, bom para eles e tudo o mais, só que David Carr não funciona assim.

Mas ali estava eu — e por não menos que seis meses. Eu até que era capaz de ficar 28 dias de cabeça para baixo, brincando e sorrindo, mas aquilo era 28 vezes seis e alguma coisa. Posso lembrar de estar sentado em um colchão pequeno e estreito nas primeiras noites, de desenhar um calendário e de ficar contemplando a remota data prevista para a minha alta. Uma vez que me adaptei ao lugar, porém, o tempo acelerou. Parecia que eu já terminava de recuperar meu juízo e já estava na hora de voltar para a rua e usá-lo.

Naquela época, não aceitei Jesus Cristo como meu senhor e salvador. Não tive um momento de iluminação. Não tive um avanço terapêutico. Em vez disso, lentamente, em um dado momento ali dentro, lembrei-me de quem eu costumava ser. Na totalidade do tempo, eu tinha me afastado progressivamente da vida de uma pessoa normal — em pequenos avanços, no começo, e depois em um ritmo alucinante —, e levou um longo tempo até que eu pudesse conjurar um mapa e ingressar no meu caminho de volta. Cada dia daqueles seis meses foi importante para mim. Levou um mês inteiro para que a psicose residual, induzida pelas drogas, desaparecesse gradualmente. Eu havia entrado lá tão destruído que nem sequer podia receber alguma informação nova, qualquer que fosse. Como o programa exigia, eu fazia a minha cama, comparecia às reuniões e evitava ficar com dinheiro nas mãos.

E eu comia. Jesus, como eu comia. No final do dia, a Eden House mandava uma caminhonete a várias padarias para pegar o que não tinha sido vendido. Rosquinhas, bolinhos de chuva e de café; todas as noites, o butim era exposto nas mesas da cozinha. Depois de anos metendo coisas na boca — cigarros, garrafas de bebidas alcoólicas, partes do corpo de outras pessoas e cachimbos de crack — eu tinha, de certa forma, uma fixação oral. Meu vício encontrou um sucedâneo na farinha branca e no açúcar. Acabei dirigindo a cozinha enquanto estive lá, o que foi menos uma expressão da minha experiência e mais uma manifestação da minha preocupação com todos os cinco grupos alimentares e qualquer de seus primos que pudesse ser engolido com um copo de suco roxo açucarado.

Eu tinha sido um pouco *gourmet* durante meus anos no ramo de restaurantes, mas rapidamente baixei minhas pretensões para um leque bem mais católico de interesses comestíveis. Embora o purê de batatas instantâneo possa não ser uma comida intrinsecamente interessante, descobri que é um meio altamente efetivo para transportar montes de manteiga suplementar garganta abaixo. Pelos meus cálculos, ganhei 45 quilos, mais ou menos, o que quer dizer que, a cada dia dos 180 que passei ali, eu aumentei 250 gramas. Isso soa um pouco exagerado, então sejamos mais judiciosos e digamos que tenha engordado 30 quilos. (Não pude achar registros médicos relevantes sobre aquele período.) Ainda assim, é um sexto de quilo por dia. Impressionante. As fotos sugerem que eu estava perto dos 150 quilos quando me deram alta, e isso é corroborado por Doolie, que começou a me namorar depois que eu saí. "Você estava tããão gordo", lembra ela, "que mal podia caminhar."

Hum, caramba, aquilo parecia ruim. Ainda mais porque era clinicamente exato. Quando estive na Eden House, fui um homem preocupado com a alimentação.

———

A Eden House era um lugar das assim chamadas "viagens", que nada tinham a ver com ácido e tudo a ver com consequências. Quem escapasse sorrateiramente na calada da noite e voltasse de joelhos na manhã seguinte teria que ficar sentado em um banco no saguão, dias a fio — era chamado de O Banco —, e implorar pela readmissão.

Manter contato físico com outro interno podia obrigar você a escovar as escadas do primeiro ao terceiro andar com uma escova de dentes. Minhas viagens eram causadas pela minha tendência a meter o bico onde não devia. Por uma semana, eu usei uma enorme colher de cozinha metálica em volta do pescoço, um ícone da minha propensão a alimentar outros internos com a colher. Também tive que carregar por uns dias uma pasta de vinil toda arrebentada, símbolo da minha inclinação a advogar em prol de outros internos.

Todas as qualidades que eu possuía — capacidade de verbalizar, de intelectualizar e de piratear — não tinham acolhida na Eden House. Durante outros tratamentos, pelo menos, eu era frequentemente visto como o menino Jesus, o animal de estimação de um conselheiro, um discípulo que conhecia todo o jargão e sabia que botões apertar — ou pelo menos assim achava eu. Na Eden House, eu era visto como um tolo, e bastante frouxo nesse papel. Logo no início, tive um entrevero com um cara chamado Tad — alguma besteira relativa à televisão — e fui obrigado a mostrar os dentes e a suportar uma surra para abrir um lugar para mim. Não era Abu Ghraib, mas também não era o centro de tratamento com as máquinas de ginástica e um nutricionista na equipe.

A Eden House era um lugar complicado. Algumas das pessoas que estavam lá achavam que era uma cadeia. Nenhum pensamento de recuperação, apenas tentavam cumprir seu tempo de prisão da forma mais rápida e mais fácil. Rick, um dos meus amigos de lá, não tinha problemas sérios com substâncias químicas. Era apenas um gângster. Ótimo cozinheiro, sempre com uma história engraçada, mas um cara que realizava, em certas ocasiões, trabalhos bem planejados — negócios elaborados, com "campanas" e roubos de caixas eletrônicos. Fiquei perto dele porque era um homem de palavra em quase todos os aspectos, e apesar de não ter muito mais de 1,65 m, pesava 125 quilos, muitos deles de músculos mal encarados que podiam ser utilizados em qualquer tipo de situação.

Muitos dos caras dali eram os chamados duplo diagnóstico, MI-DSQ (mentalmente incompetentes — dependentes de substâncias químicas). Lembro de ter uma conversa certa noite com um menino chamado Brett, sobre os anjos que estavam ao nosso redor, até mesmo enquanto estávamos ali conversando, e como eles cuidariam de nós dois no futuro, se disséssemos uma oração de vez em quando. Eu sussurrei uma prece junto com ele.

Uma das pessoas que agarraram a recuperação com ambas as mãos dormia poucas portas depois da minha. Dave estava em sua segunda estada na Eden House. Era um cara esperto que havia feito coisas brabas e tinha um longo currículo de bêbado e viciado. Ele contava treze acusações de dirigir embriagado, entre outras credenciais. Mas havia tomado a firme decisão de acabar com aquilo. David era um homem gigantesco, com uma voz estentórica e um genuíno senso de justiça. Falava de todas as coisas que ia fazer quando saísse dali: ele saiu e fez todas elas. Mas, na época, nós dois estávamos muito atrasados em relação à nossa própria história, não tínhamos nada. Meu hábito de comer rosquinhas me havia reduzido a usar as roupas de ginástica da pilha de roupas doadas e, próximo ao final de nossa temporada na Eden House, fomos designados para ir ao mundo lá fora para procurar trabalho e frequentar grupos de recuperação. O Dave tinha um único par de calças azul-marinho que ainda cabiam nele, apesar de ter engordado um pouco, mas eu tinha direitos de empréstimo. Ainda lembro de chegar até a porta do quarto dele e perguntar: "Você vai usar as calças hoje?" Estou certo de que alguns dos caras que escutavam aquilo achavam que nós tínhamos algo mais, entre nós, do que uma forte amizade com fundamento no projeto de recuperação.

Lá não havia grades que batiam, mas era um lugar barulhento, com um sistema de alto-falantes que convocava constantemente os internos. Com muitos deles de pé pelos cantos e nas celas, ninguém falava em tom mais baixo que gritos, a não ser que estivesse planejando uma travessura. E havia muitos desses. No começo da minha estada, Craig, conhecido como "ancião-chefe", não só escapou uma noite e conseguiu heroína e uísque, como trouxe tudo para o seu quarto e foi pego no andar de cima, com um bando de outros caras, no meio de uma festa. O lugar tinha de tudo: drama, riscos e conflito.

As coisas na verdade estavam indo bem para mim até que tive meu primeiro passe para o Natal, depois de um mês de tratamento. Anna conseguira pegar emprestadas as bebês do lar provisório onde estavam, e me permitiram pegá-las e levá-las à casa dos meus pais. Só que, quando eu estava no quarto dos fundos da casa da Anna, preparando as meninas para o passeio, vi, escondida em um canto, uma lata de suco cheia de cinzas que obviamente tinha sido usada para fumar crack, com um isqueiro ao lado. Não tomei nenhuma decisão consciente: acendi o isqueiro debaixo da lata, em uma espécie de reflexo do tipo ver e fumar, construído ao longo dos anos de uso. Não havia nada ali, nem mesmo um restinho; soltei a lata e voltei ao que estava fazendo. Foi um momento de possessão temporária, que passou.

Quando voltei para a Eden House no dia seguinte, havia uma reunião de todos os internos. Era o tipo de reunião aberta a todos, onde as mágoas podiam ser expressas e onde qualquer um que tivesse algo retido no peito era encorajado a se abrir. Eu compartilhei o que tinha acontecido na casa da Anna, pensando que todos ficariam impressionados de que eu não tivesse dado "o terrível passo seguinte".

Minha confissão teve exatamente o efeito oposto. Ninguém acreditou que eu tivesse feito uma tentativa fracassada de usar drogas e depois tivesse deixado as coisas como estavam. Os internos que estavam atuando como liderança da reunião disseram que minha história não era plausível. Lata vazia, sei, claro, diziam eles. Nate, um negro gigantesco que cheguei a amar, fazia mímica de fumar uma lata vazia quando eu passava perto dele. (Eu o vi nas ruas um ano depois, magro como o diabo, e ele ainda me fez a saudação da lata vazia.)

Deixando de lado a zombaria, assumi aquele dia de Natal como minha nova data inaugural de ficar limpo, que se manteria por quase 14 anos. Em algum momento daqueles dias desenvolvi a crença de que, se conseguisse atravessar um dia estando limpo, outros dias viriam depois daquele. Esperança, em outras palavras. A cronicidade do vício, na verdade, é uma espécie de fatalismo em grande escala. Se um viciado sabe, no seu foro íntimo, que vai voltar a usar drogas algum dia, por que não hoje? Mas, se aparece uma tênue linha vermelha de esperança, a possibilidade de que nem sempre será assim, as coisas mudam. Você vive outro dia, se levanta e faz acontecer outra vez. A esperança é o oxigênio para alguém que está sufocado no desespero.

As implicações de um passo em falso aumentavam em cada fim de semana. Meus pais apareciam com as gêmeas, depois de pegá-las com a família provisória. Zelda e Patrick, o casal de meia-idade que recebeu as meninas através da Catholic Charities, eram incrivelmente simpáticos, de trato fácil, e claramente adoravam as gêmeas. Eu as adorava também, mas não estou totalmente seguro de que elas sabiam quem eu era, enquanto engatinhavam rumo ao seu primeiro aniversário. Erin e Meagan respondiam bem a mim, mas elas se davam bem com qualquer um. No período de tempo entre as vezes que eu as via nos fins de semana, tanto no lar provisório como com Anna, elas aprenderam a andar e a falar. Deixaram a condição de noção abstrata de responsabilidade potencial e/ou vergonha e se transformaram em pequenas pessoas, que soltávamos no meio da sala de visitas da Eden House e contemplávamos maravilhados enquanto elas giravam e se chocavam uma com a outra.

Posso lembrar que uma das conselheiras — Beth, talvez — chegou e ficou encantada com Erin e Meagan; ela perguntou a quem pertenciam, sem se dirigir a ninguém em particular. Eu levei um segundo para ter consciência da resposta.

"A mim."

Ela pareceu surpresa e, bem no fundo, eu também.

———

Enquanto estava na Eden House, escrevi para o *St. Paul Pioneer Press* um horrível relato, em primeira pessoa, de como era estar lá. John, aquele colunista que me havia visto ali, falou com Deborah, a editora. O texto teve um valor prático, pois fez com que todos os editores da cidade compreendessem por que eu constantemente ferrava tudo para eles. O lado ruim foi que todas as pessoas a quem eu devia dinheiro ficaram sabendo onde me encontrar. Eu estava suficientemente podre para pensar que havia valor em uma montanha de papo furado por escrito. Basta dizer que não incluí esse texto em meus arquivos de grandes sucessos, com sua estranha combinação de frescura e beatice:

> Não existe uma pessoa em recuperação mais agradecida do que alguém que escapa de anos de abuso de cocaína. A carga emocional e financeira de manter o vício é tão corrosiva que, no começo, já é um prazer só o fato de não ter que lutar para viver. Viciados em cocaína que estão se recuperando vivenciam um particularmente poderoso período de tratamento, um senso de bem-estar e um desejo de compartilhá-lo com qualquer um. Infelizmente, para o usuário e para a sociedade como um todo, esse estado de êxtase e esse comprometimento com o bem-estar se evaporam quando o usuário é exposto à cocaína.

Na verdade, eu estava menos agradecido e mais aterrorizado pelo meu último salto para o fundo, e só estava tratando de conter a hemorragia que bombeava a vida para fora de mim. A sabedoria convencional sugere que a recuperação começa quando nos submetemos a um poder mais alto. Sempre tive problemas para entender isso — menos por um déficit espiritual e mais por conta da minha tendência a intelectualizar demais as coisas —, mas encontrei um substituto bem à mão em Marion.

Marion não era uma garota. Marion era/é um homem, um homem de uma bondade assustadora. Eu o odiei no instante em que o conheci, sempre de óculos escuros, o sorriso do Gato de Cheshire sem nenhum sinal de amizade, uma pessoa com uma queda pela extravagância que tratava seus clientes como brinquedos. Era um homem negro com os antebraços de Hércules e a agressividade tática de Maquiavel, que cultivava o mistério de uma forma que eu considerava absurda. Ele nada dizia por longos períodos durante as sessões de grupo, e eu avançava e fazia uma análise sintética e brilhante do que estava sendo dito. Marion sorria e dizia: "Quando você se cansar de falar pelos seus alto-falantes, talvez você queira dar uma olhada em sua própria merda."

Bem, sempre havia essa possibilidade. Como ele era inescrutável como Buda, e muito menos falante, os internos começaram a atribuir-lhe superpoderes, ajudados em grande medida por aqueles inevitáveis óculos espelhados. Marion podia estar reunido com um grupo, e pensando em coisas como se devia fritar frangos ou hambúrgueres aquela noite; mas, por trás dos espelhos, tudo parecia muito profundo e portentoso. E os rumores sobre o passado sombrio de Marion ajudavam. Não, ele *quase* o matou. Não, ele ameaçou matar um interno, e este se matou. Decidi que era tudo mentira, apenas uma questão de roupagem comercial e imagem cultivada. Só que ele parecia mesmo ter poderes místicos, quando se tratava de mim.

Grande parte da rotina na Eden House envolvia as artes domésticas. Nossas camas tinham que ser feitas ao estilo do exército e nossos quartos conservados de forma impecável. Marion era o conselheiro responsável, em um dado fim de semana, pelas inspeções e se interessou pela pilha de livros que eu tinha na minha mesa. Com uma espécie de delicadeza que ainda posso recordar, ele chegou perto da pilha e puxou duas páginas de uma revista de mulheres nuas que eu havia recortado e colocado dentro de um livro. Em outra ocasião, houve um evento público no térreo, com alto-falantes e internos que se diplomavam. Uma das mulheres do atendimento era bonita e muito dada. Eu roubei olhares quando pude. No dia seguinte, Marion me chamou para uma entrevista individual, o que nunca era uma circunstância feliz. Ele foi direto ao ponto.

"Minha *mulher* disse que você demonstrou muito interesse nela no evento de ontem."

Caramba.

Mas Marion fez a maior pressão na semana em que minha irmã Lisa ia se casar. Eu estava na Eden House havia aproximadamente três meses, tinha saído com licenças antes e sempre voltei a tempo. Tinha todas as permissões em ordem, e minha família estava planejando vir me buscar na manhã do sábado. Seria o primeiro casamento da família ao qual eu compareceria sóbrio. Na sexta-feira anterior ao casamento, Marion me fez comparecer ao seu escritório.

"Você não vai ao casamento de sua irmã", disse ele secamente.

Eu fiquei fora de mim, choramingando que estava tudo combinado, que eu tinha a permissão, que minha família me esperava, que eu ia levar minhas filhas gêmeas, que estava tudo preparado. "Blá, blá, blá", disse Marion, como frequentemente fazia. "Estou lhe dizendo que não. Você pode ir, mas não pense que poderá voltar para cá. Se você sair, saiu."

Por quê?

"Porque você precisa ouvir esta palavra: não. Chame isso de um não terapêutico."

Fiz uma ligação telefônica para a minha família, e eles concordaram que eu devia deixar aquele lugar; que aquela tinha sido uma decisão totalmente injusta e inapropriada. Até mesmo alguns dos conselheiros concordaram que a decisão parecia precipitada e caprichosa. Lembro que fui ver o Marion no final do dia, para dizer-lhe que eu estava indo embora e para deixá-lo saber que era um pomposo filho da puta. E planejei acrescentar que eu não tinha caído em nenhuma de suas teorias de merda sobre o jiu-jítsu do Buda silencioso.

―――

Marion parou a motocicleta diante de um café da zona sul de Minneapolis em julho de 2006; ainda parecia bastante assustador depois de todos aqueles anos. Os óculos espelhados estavam lá, e ele ainda continuava em forma. Pareceu contente de me ver. Eu tinha relido algumas coisas antes de ir encontrá-lo, inclusive uma matéria que fiz sobre ele depois que fiquei limpo. "Trabalho para ajudar as pessoas a tomarem uma decisão consciente, e depois para que comecem a acreditar naquela decisão", assim foi citado Marion na matéria, caracteristicamente conciso.

Conversamos bastante nos anos seguintes para que algo dessa mística viesse a se dissipar — ficava um pouco mais fácil quando ele não era o Senhor Deus da minha vida que começava. Perguntei a Marion sobre o personagem que levava para o trabalho todos os dias.

"Aquilo não era a sua entrega 'rotineira' no que se referia ao tratamento, mas parecia funcionar muito melhor do que sentar-se e dizer: 'Dia feliz, bons sentimentos' e assim por diante."

Então parte daquilo era tática? Tomando um gole de café, ele respondeu que era uma questão de modelar o enfoque para a audiência. Pensei em um retrato que tinha do nosso chamado grupo primário. Aquele ali sou eu, logo ao lado do ombro de Marion.

"Havia internos barras-pesadas", disse ele. "Vinham das ruas, das penitenciárias, das alas psiquiátricas. E estavam aprisionados em suas maneiras de ser. Especialmente comigo, eu tinha aquela coisa: 'Não os deixe me ver suando e não recue.' E eu não tentava me apresentar como um cara durão, era apenas: 'Bem, façam o que fizerem, eu não vou afrouxar.' E muitas vezes eu caminhava por lá por algum tempo mantendo uma aura particular que flutuava livremente. Havia alguns atores ruins que apareciam por lá regularmente."

Ouvir Marion, que na verdade *era* um cara durão, admitir que, do seu ponto de vista, aquele lugar era barra-pesada fez com que eu me sentisse melhor. Eu me lembrava, com alguma vergonha, de como a Eden House e alguns de seus internos me apavoravam. A vibração das ruas que havia naquele lugar me fazia sentir como o rapaz branco e bem-educado que eu realmente era.

Reunido comigo ali, muitos anos depois, Marion me contou pura e simplesmente que a razão pela qual não me deixara ir ao casamento de minha irmã era que casamentos eram festas onde se podia escorregar; em sua visão clínica, eu não estava pronto, e ele decidiu apenas dizer não e ver o que eu faria. Estava longe de ser uma decisão caprichosa, mas era obviamente injusta. Bem, o fato é que havia um cartaz, na sala principal da Eden House, que promulgava três verdades: "Nada é justo, nada é justo, nada é justo."

Enquanto permanecia sentado no café, ao lado de uma câmera de vídeo que gravava tudo, eu disse a Marion que me lembrava de ter ido ao escritório dele para enfiar aquele "não" terapêutico no rabo dele. Mas eu saí do seu escritório, continuei no programa e não fui ao casamento. O que foi que ele tinha dito? Marion lembrava do que eu tinha esquecido.

"Você estava no limite, e eu disse: 'Bem, por que você não faz essas duas meninas ficarem chapadas também?' Você quase pirou, porque aquelas meninas eram os amores da sua vida, e você ficou aterrorizado só de pensar na possibilidade."

32

ILHA DO MENINO

> Naquela noite, as forças principais da ilha estavam dispostas da seguinte maneira. Os meninos perdidos estavam procurando Peter, os piratas estavam procurando os meninos perdidos, os peles-vermelhas estavam procurando os piratas, e as feras estavam procurando os peles-vermelhas. Eles davam voltas e voltas à ilha, mas não se encontraram porque todos caminhavam na mesma velocidade.
>
> — J. M. BARRIE, *PETER PAN*

O suprimento é a única questão do momento para um viciado. Funcionar mal, viajar alto, todas as coisas ao alcance de um viciado estão sujeitas à entropia — dinheiro, honra, benevolência — mas o inventário das substâncias químicas que alteram o ânimo serve como mastro de todas as manhãs.

Pode ser útil pensar sobre os viciados como se possuíssem mentes com um interesse comum, como pessoas que tricotam ou dançam sapateado. A atividade é apenas parte disso; existe também a ruminação incessante sobre cada recanto da obsessão. Mesmo lá na Eden House, onde muitos de nós já estávamos fora das ruas havia meses, amávamos nossas histórias de guerra. E eram de hábito histórias de incontável abundância. A noite em que você ficou trancado no bar repleto de bebidas, o fim de semana em que a cocaína era medida por punhados, aquela extensão mágica onde um não era demasiado e onde mil parecia um número muito plausível. Quantidade demais de uma coisa ruim é sempre bom quando você é um autodidata farmacêutico.

O interesse sobre o que está à mão ganha maior importância ainda quando os punhados ficam menores. Os viciados frequentemente se juntam, se não por outra razão, para enfrentar em grupo a humilhação de tudo aquilo. E a dinâmica do grupo ajudará os indivíduos a eliminarem conversas inúteis. É uma espécie de certeza numérica de que alguém de um organismo maior terá drogas uma hora ou outra e de que, se ele for um bom membro do grupo, vai compartilhar. Até que o suprimento fica curto. Então o pequeno círculo em que se compartilha rompe-se, e todos começam a inclinar-se sobre o punhado, agora subitamente diminuto. Os cientistas poderiam ter economizado tempo para descobrir como dividir o átomo se tivessem pensado em um bando de viciados. Quando as coisas escasseiam, o interesse de um viciado não apenas caberá na cabeça de um alfinete, mas ele lhe dirá qual das metades da cabeça do alfinete parece maior.

Se quisessem inventar um hipotético inferno na terra para um viciado, era só pensar em uma ilha, povoá-la de viciados e então introduzir no meio deles uma certa quantidade, mas não o suficiente, de algumas poucas e valiosas substâncias químicas.

———

Fowl Lake, na área de canoagem de Boundary Waters, tem um acesso bem mais fácil pelo lado canadense, mas a viagem anual de pesca da Eden House englobava criminosos demais para envolver o cruzamento de fronteiras. Quando chegássemos lá, haveria uma viagem diária que ligava os três lagos e os dois rios, de modo que podíamos chegar pelo lado do Minnesota.

Entre os 23 internos que foram — eu estava entre os felizardos —, haviam dois assassinos, um estuprador, um bando de assaltantes à mão armada e alguns perdedores ordinários como eu. Dave, meu colega, agora era o decano-chefe. Muitos de nós não tínhamos saído do asfalto durante anos e, para alguns, era a primeira vez na floresta. Uma multidão muito rude, notavelmente urbana, foi transportada em furgões para a longa viagem a partir de Minneapolis, juntamente com machados, facas de pesca e serras de mão. "O que podia dar errado?", disse Tak, um dos internos que organizaram o passeio, enquanto controlava todo o equipamento letal. Pessoas cujas aptidões se resumiam a enganar gente no jogo de adivinhar qual das três cartas é a dama, e a tentar vender tabletes de sabão Ivory como se fossem crack, encontravam-se de repente com um remo de canoa nas mãos.

Era o final de maio de 1989, e eu me aproximava do final da minha estada na Eden House. Além de estar tão obeso que ameaçava afundar uma canoa só de pisar nela, eu tinha adquirido uma espécie de estase, uma paralisação, uma trégua com o mundo real que sugeria que talvez fosse possível não ter que passar o resto de minhas horas de vigília assegurando-me de que contava com quantidades suficientes de drogas e de álcool para enfrentar o dia. Minhas filhas tinham florescido no lar provisório e foram entregues de volta para Anna, que havia concluído satisfatoriamente um programa de tratamento com internação. A esperança flutua, às vezes, em uma canoa.

Nunca fui muito habilidoso na floresta, mas depois de meses limitado aos confins barulhentos e herméticos da Eden House, um céu cheio de estrelas e um horizonte emoldurado de lagos parecia glorioso. Mas alguns dos caras que foram ao passeio não eram pessoas cuja companhia eu escolheria para tomar umas cervejas ao ar livre, e menos ainda compartilhar espaço em uma ilha cheia de utensílios afiados, por mais de uma semana. Scott era um chorão com um histórico criminal muito ruim em relação às mulheres. Brett era um garoto cuja tênue compreensão da realidade não parecia precisar de muita ajuda de drogas recreativas. Vinny, que Deus o abençoe, era um completo babaca que usava sua barba de diabo com muito orgulho. Eu estava tomando antidepressivos pela primeira vez na minha vida, mas muitos dos caras que foram ao passeio — havia duas mulheres também — comiam antipsicóticos como se fossem Sucrilhos.

Os conselheiros que dirigiam o show — Jerry e Marion — estavam acostumados a juntar todo mundo e tocar para a frente. Assim, o que parecia o roteiro de um filme B de horror apresentava, na verdade, um aspecto de coisa organizada. David e Tak trabalharam duro, como os internos "dirigentes" do passeio, para assegurar que contaríamos com tudo para passar bem mesmo que não agarrássemos nenhum peixe. Havia bastante café, grandes quantidades de cigarros, e os conselheiros levavam os remédios de todo mundo divididos em doses diárias. Estávamos prontos para ir.

E aí apareceu o último rio da rota de entrada. Aquela havia sido uma primavera muito chuvosa, e o riacho corria nas curvas e avançava formando pequenas cachoeiras. Tudo virou um caos, pelo menos quatro das doze canoas viraram e havia vagabundos das ruas, que não sabiam nadar, flutuando para todo lado. Ninguém morreu, de modo que demos boas risadas com o acontecido — até que descobrimos que grande parte da nossa carga preciosamente guardada tinha sumido com as canoas. O suprimento de cigarros subitamente ficou duvidoso, e os remédios... bem, alguns dos residentes ficariam ainda mais limpos e sóbrios que o usual.

Ao chegarmos ao acampamento, éramos um bando enlameado. Quando alguém mencionou que precisávamos de um gole de café, descobrimos que a cafeteira para trinta xícaras não conseguira sobreviver. Tínhamos outra guardada, pequena, que podia fazer algumas xícaras de cada vez. "Temos vinte quilos dessa porra de leite em pó e não podemos fazer café?!", perguntou alguém. Houve breves tentativas para secar os cigarros e alguns esforços equivocados para fazer café de caubói, mas sabíamos que, basicamente, estávamos fodidos.

Vinny, sem os seus antipsicóticos, começou a fazer patrulhas ao luar e balbuciava palavras enquanto se debatia nas partes pantanosas da ilha. Ele voltava para a luz da fogueira, ao entardecer, com os olhos em chamas. Certa noite seu sorriso estava particularmente épico, e alguém perguntou se o gato tinha comido a língua dele. Ele abriu a boca com muita cerimônia para revelar uma pequena tartaruga. Ela se debatia contra a língua, tentando escapar.

Ele teve alguns problemas para aprender a pescar, mas no meio da semana pegou um grande peixe, um lúcio, e começou a passear com ele em volta do acampamento, apresentando-o como um velho amigo. Se aquilo fosse um episódio da série *Lost*, ele seria um dos "Outros". "Deus respondeu às minhas orações na hora. Eu me inclinei sobre as águas e disse: 'Senhor, dê-me um lúcio', e minha vara de pescar começou a se curvar."

À maior parte dos detalhes do passeio é fácil ter acesso porque, para fazer com que algum dinheiro continuasse entrando, enquanto passava minha temporada na Eden House, eu tinha enviado matéria sobre a viagem para o *Pioneer Press*. Houve bastante discussão, entre os líderes da Eden House, sobre se o meu bloco de notas me afastaria da comunidade terapêutica, mas no fim eles decidiram que eu precisava formar-me na instituição com algum grau de *momentum* profissional.

Fazendo ou não a reportagem, eu fiquei completamente seduzido pela situação. Para muitos de nós, a ideia de poder entrar em uma canoa, sem cerveja, e efetivamente passar algum tempo pescando era uma epifania que rivalizava com o sobressalto de que Arquimedes foi tomado quando calculou a massa dos objetos. Jerry, um dos conselheiros, construiu uma tenda para fazer sauna perto do lago com uma lona plástica e uns galhos de pinheiro. Além de abrir nossos poros e deixar sair algo da sujeira quando pulávamos na água gelada, aquilo conferiu a uma parcela do tempo que passamos ali um ar cerimonial. E fizemos coisas de homens sem uísque nem narcóticos no meio.

Ainda assim, à medida que o fogo se apagava nos últimos cigarros e o café continuava a chegar em pequenas porções, as pessoas começaram a ficar ansiosas, especialmente os caras que estavam sem seus remédios. O *Pioneer Press* indicou um fotógrafo para tirar fotos que ilustrassem a matéria, e quando eu remei para o lado canadense para buscá-lo, fiz três perguntas:

"Você tem uma cafeteira?" ("Não. Eu estava certo de que vocês teriam uma.")

"Como você está de cigarros?" ("Eu não fumo.")

"E suponho que um pouco de Thorazine, nem pensar?" (Longo e inquisitivo olhar.)

Expliquei que a ilha estava um pouco inquieta, mais para *Senhor das moscas* do que para comunidade terapêutica, porém Chris, o fotógrafo, contou que tinha trabalhado em várias zonas de guerra e que aquilo para ele não seria grande coisa. Mas ele foi embora um dia antes. As fotos ficaram espetaculares.

Conforme se esperava de nosso plano, aquilo de viver na floresta tirou de nós um pouco das ruas. Os endurecidos viciados em drogas viraram caras que, de repente, tinham medo do escuro, daquela escuridão das florestas profundas, que a maior parte deles nunca tinha visto em toda a vida.

No contexto do grupo em que estava, eu parecia um descendente direto de Daniel Boone, mais habilidoso e experiente do que imaginei. Indo agora para cinco meses totalmente limpo, comecei a ver que a falta de esperança, que se abatera sobre todas as minhas horas como viciado, havia sido substituída por um reflexo bem mais normal de encontrar o divertimento onde quer que pintasse. Outros não tiveram tanta sorte. Brett tentou fumar seu lítio na viagem de volta, o que não foi uma jogada de profissional, tanto faz quem estivesse anotando os pontos. Scott se apavorou com alguma contravenção boba e foi expulso da Eden House. Viny, bem, esse era uma alma perdida que não estava reservada ao descanso. Alguns dos caras que foram àquele passeio, mesmo os que se divertiram, voltaram para a vida das drogas e não conseguiram sair mais.

Na metade da nossa viagem, falou-se com temor de alguns caras do lago, que usavam barcos com motores fora de borda e tinham latas de cerveja Bud: bêbados do Canadá. Alguém disse que eles gritaram coisas para as mulheres do nosso grupo. Coube a Marion recontextualizar a situação:

"Nós somos 23 caras. Já fomos cortados, já atiraram na gente, já nos bateram com correntes. Alguns de nós injetamos drogas nos globos oculares porque as melhores veias estavam ali. Ninguém em seu juízo perfeito vai mexer conosco."

———

Tak foi um dos internos que organizaram o passeio. Tantos anos depois daquilo, eu liguei para ele na Eden House, onde se tornara conselheiro. Eu podia ouvir aquele desagradável barulho do alto-falante durante a ligação telefônica. Tudo voltou à minha memória: como todos nós entramos lá e éramos apelidados de Candidatos, nossos nomes anunciados pelos alto-falantes por isso ou por aquilo. "David C. para a enfermaria." Depois de servir como Candidatos, evoluíamos por uma série de níveis que envolviam privilégios, todos nós fazendo parte do que, então, era chamado de "família primária". Realmente uma coisa de patetas, mas funcionou para alguns, inclusive para mim.

Quando Tak chegou, no Dia dos Namorados de 1989, a casa tinha estado "interditada", ou trancada, durante semanas. Isso significava nada de televisão, de rádio, de jogos de tabuleiro, de passes para sair, enfim, nada de nada.

Agora tinha acesso a uma planilha de internos da época em que estivemos lá. Havia 54 homens e 11 mulheres. Rapidamente passamos os nomes em revista. Morto, preso, de volta às ruas, no hospício, e assim por diante. Mais ou menos uma dúzia de nós conseguira. Depois de anos de observar as pessoas entrarem e saírem, ele tinha concluído algumas coisas.

"Antes de entrarmos na Eden House, você e eu tivemos empregos, famílias, tivemos passatempos e coisas como essas antes de irmos até o fundo do poço. Muitas das pessoas que encontramos aqui nunca conheceram nenhuma dessas coisas. Passou um cara pelo meu escritório outro dia que tinha 40 anos e nunca teve um emprego. Ele não estava orgulhoso disso, apenas o enunciou como um fato. Como é que ele vai fazer quando sair daqui?"

Ainda assim, cada um de nós chegou com nossas grandes e velhas latas de estanho tilintando atrás de nós. Tak era pesadamente viciado em heroína, e eu já trazia quatro tratamentos nas costas. Tínhamos feito coisas terríveis. Perguntei a Tak se achava que estávamos atados àquilo de alguma maneira fundamental, ou se as drogas apenas criavam um tipo de mania temporária, que agora tinha ficado para trás.

"Fizemos o que fizemos, e cada um de nós acha outra coisa quando nos envolvemos com substâncias químicas. Algumas dessas coisas não eram muito agradáveis", disse ele.

Então, aqueles demônios internos das drogas ainda estavam à espreita, acompanhando nossa vida atual?

"Claro", disse ele. "Por isso você precisa estar seguro de que não vai procurar Aquele Cara outra vez."

Tak disse que o tempo que passara, depois que chegou, com internos mais antigos demonstrou-lhe que não estamos necessariamente condenados a foder de forma sistemática com o resto de nossas vidas. "Você podia ver os caras que se dedicavam a alguma coisa, que recolhiam as guimbas de cigarro do chão e faziam questão de que o lugar parecesse o melhor possível. Havia uma espécie de orgulho de estar ali, e uma vontade de mostrar aos outros o caminho."

Desta vez, no tratamento, por causa das apostas em jogo, da duração, ou talvez por conta do cansaço de me entregar àquele estilo de vida, eu estava menos interessado em ser algum tipo de orientador júnior do que em ingressar de verdade no tratamento e fazer o trabalho duro da recuperação. Eu me tornei, com o correr do tempo, um homem preocupado com a minha questão: ficar limpo um dia de cada vez, sem que mais nada importasse.

"Na época em que cheguei aqui, você me deu um sentido de realidade, uma atitude realista, sem besteiras, que foi direto ao núcleo do que estávamos tentando fazer", Tak lembrou. "Eu não ficava constrangido de ser quem eu era perto de você."

Muitos de nós trazíamos um melindroso orgulho das ruas, tirado de nada. Uma das táticas para quebrar aquela frágil fachada era a determinação da Eden House de que todos os internos se inscrevessem na assistência pública. Isso significava que parte da nossa comida e do nosso alojamento eram pagos, e tínhamos um cheque de 46 dólares todos os meses, dinheiro tirado do que restava. "Para caras como você e eu, que sempre conseguiram abrir seu próprio caminho, que nunca precisaram se apoiar no Estado para viver, aquilo trazia um pouco de humildade."

"Você me levou para a fila onde se conseguia a assistência pública", disse ele. Com três meses de casa, eu me tornara um "nível 2" e tinha licença para levar outros internos para acompanhar seus processos e requerimentos. "Lembro de estar na fila para preencher todos aqueles formulários e falar com você sobre como era estranho se beneficiar da assistência pública. E você disse: 'Espere até subirmos para o primeiro andar, onde vão tirar sua fotografia e entregar seu cartão de dependente do bem-estar social.'"

33
A MÃE HENNEPIN CUIDA DE UM DOS SEUS FILHOS

O que teria acontecido se eu não tivesse nascido em Minnesota, a terra dos lagos abundantes, dos centros de tratamento abrangentes e do perdão infindável? O que teria acontecido se eu vivesse em um estado ou em um país ou em uma época — como agora, por exemplo — onde, depois do segundo ou terceiro tratamento, eles dizem: "Caramba, sr. Carr, o senhor parece ter dificuldades de entender. Será esse realmente um bom uso do dinheiro de impostos duramente conseguido dos cidadãos do nosso estado?" O estado de Minnesota, junto com a União, pagou pelo menos três tratamentos, proporcionou assistência pública enquanto eu estava internado e, quando consegui a custódia das minhas filhas, deu-me cupões de comida para que eu pudesse alimentá-las. Alguns anos depois, tive um câncer, e eles pagaram todo o tratamento também. Deus abençoe o estado do bem-estar, Deus abençoe Minnesota, Deus abençoe os homens de boa vontade.

Não foi um mau investimento, visto em retrospectiva. Não apenas o Estado não teve que suportar a carga de colocar as gêmeas permanentemente em lares provisórios, mas eu tinha sido um sério candidato a terminar em uma penitenciária, o que é uma proposta muito cara. Como cidadão outra vez nos trilhos, eu provavelmente já devolvi mais de 300 mil dólares em impostos federais e estaduais. Espero que gastem um pouco desse dinheiro com outro perdedor como eu. As companhias de seguro agora tratam a reabilitação como mais um exame, financiando no máximo um par de semanas. Mas algumas pessoas são mais doentes que outras. A redenção chega em um cronograma conhecido apenas por Deus e, como um povo civilizado, provavelmente será melhor gastar dinheiro à toa, e esperar que o raio eventualmente caia. Estou certo, ou isso só vale para mim?

34

TRÊS QUARTOS DO CAMINHO

Peça a proteção de Deus, mas reme para longe das rochas.
— HUNTER S. THOMPSON

A recuperação em uma comunidade terapêutica séria fortalecerá nossa determinação, que se cristalizará como um grande picolé de laranja, com superfícies brilhantes e reluzentes e bordas firmes e agradáveis. Mas eis que chega a hora de levar o picolé para dar uma volta pelas ruas quentes e palpitantes. E, na maior parte das vezes, o picolé derrete e deixa para trás uma sujeira pegajosa. Eu conhecia a síndrome e não estava preocupado com o que aquela sujeira pegajosa pudesse fazer à minha família — não à minha família de origem, que eu havia torturado por décadas, mas a essa nova família que eu havia feito acidentalmente.

De modo que ali estava eu, em junho de 1989, com atestado de seis meses limpo no meu bolso de trás, pendurado na previdência social, sem perspectiva de emprego e muito gordo. Ao longo do meu tratamento, eu observei meu amigo Dave. Dave era viciado e bêbado da velha escola e foi totalmente velha-escola em sua recuperação. Preste contas a si mesmo, faça seu próprio caminho, mas faça algo pelos outros. Ele tinha uma voz possante de desenho animado, e uma disposição de perpétua surpresa. "É meeeesmo!!!!???", exclamava em resposta à menor das coisas, as espessas sobrancelhas dançando o hula-hula enquanto ele falava. Dave fazia tudo parecer algum tipo de travessura grandiosa, e sua referência favorita em questões humanas era quando algo era "sebento." Ele tinha uma sensibilidade finamente sintonizada quando se tratava de oleosidade, e via muita gordura metida no meu grandioso programa de recuperação. Decidi ficar perto dele.

Dave havia criado uma casa do tipo "três quartos do caminho" na Avenida Oakland, na zona sul de Minneapolis. Três quartos (em oposição à casa do tipo "metade do caminho") significava que não havia horários a observar, nenhum inspetor, nenhum ritual de oração matutina. Apenas um bando de viciados que se encontraram na fraqueza e formaram uma tribo. Use drogas e você sai. Atrase o aluguel, você está fora. Coisas simples como essas.

Se você fosse escolher um lugar no qual submergir na economia do vício, a Avenida Oakland seria uma escolha muito boa. Um simples passo na direção de nosso pequeno pátio e um grito de "Tô querendo!" produziriam resultado sem que você nem precisasse tirar o roupão de banho. Putas do crack faziam o circuito, e havia lojas de bebidas perto da Rua Lake. Certas manhãs, quando saía cedo para procurar emprego, eu podia ver alguns de meus antigos colegas indo para casa totalmente fora de si.

O que nos traz a um recanto estranho e pouco conhecido do cânone do viciado. Quando meu nome surgia em volta do cachimbo, minhas antigas coortes podem ter falado mal de mim, dito que eu acabaria no hospício, ou provavelmente sugeriram que eu lhes devia dinheiro. Mas quando a versão limpa de mim os encontrava lá fora, no mundo, eles guardavam uma graciosa e respeitosa distância. Não, eles não queriam reunir-se a mim em algum círculo de solidariedade limpa, mas também não eram como caranguejos na panela, que ficam puxando o fugitivo em potencial de volta à lama fervente. Eram felizes de não serem eu, mas também ficavam felizes porque *eu* não era eu, ao menos o eu que eles conheciam. Agora, se você avançasse na direção deles e dissesse que queria voltar ao jogo, estava tudo certo. Na verdade, não seria grande surpresa — mas uma pequena e calorosa minoria deles teria ficado triste.

Eu tive meus momentos em que vacilei. Mas então eu encenava tudo na minha cabeça: "Só mais essa vez" se tornaria "só uma mais" e depois "só um pouco mais" e depois estaria tudo perdido, provavelmente no espaço de poucas horas. Eu não fazia ideia de como Anna estava indo, mas sentia que, se eu caísse de boca uma vez mais, minhas filhas, que estavam temporariamente afastadas, seriam perdidas para sempre.

Eu as amava? Sim, eu as amava como alguém ama filhotes. Eram lindas, inofensivas e pequenas, eram exemplos primorosos da mão de Deus e da natureza ao formar criaturas perfeitas. Mas elas eram minhas? Realmente minhas?

Na maior parte da minha vida, as crianças eram pequenos bonecos cor-de-rosa aos quais outras pessoas atribuíam um significado imenso. Eu não vejo a mim mesmo quando vejo minhas crianças — na verdade, vejo o oposto. Como poderia minha aparência ter algo a ver com a aparência delas? Mas aprendi a amá-las, mesmo que elas se parecessem mais com criaturas notáveis que me foram emprestadas do que com a minha progênie.

Toda essa coisa de fruto do meu próprio ventre nunca me impressionou. Nunca amei minhas filhas porque eram minhas. Eu seria o pai adotivo perfeito, pondo ou tirando um conjunto de defeitos de caráter de um quilômetro de comprimento. Eu amo pessoas pequenas, penso que são infinitamente fascinantes, e acho as questões de proveniência e genealogia fundamentalmente desinteressantes. Minhas crianças se tornaram minhas através de uma série de atos abertos, e quando minha paternidade biológica foi posta em questão, mais tarde, não me interessei nem um pouco. Não importava nada que os testes dissessem. Eu sabia que elas eram minhas porque elas se tornaram minhas graças a passos minúsculos através da minha alma.

Quando eu ainda estava na Eden House, as meninas foram entregues a Anna pelo lar provisório. Ela tinha feito tratamento e estava trabalhando duro para se manter longe de problemas. Quando saí de lá e comecei a viver na casa de "três quartos do caminho" da Avenida Oakland, eu as levava até lá para passarem a noite. Todos os clichês de seriados de televisão ganhavam vida quando elas apareciam. Ali estavam aquelas criaturas notáveis, em uma casa cheia de viciados, sendo passadas de um para o outro por mãos que traziam marcas de injeções, lutas de faca e miríades de brigas de bar. Essas eram mãos que tinham golpeado e atacado pessoas, que se haviam metido nos bolsos delas e que dali saíram com um ganho roubado, nojento.

E, no entanto, eles estavam todos ali, observando Erin e Meagan tentando avançar em um cobertor que tinha sido estendido sobre a história desconhecida do tapete. Dave era pai, e me ensinou muito não só sobre ser pai, mas sobre ser homem. Se alguma das meninas produzia uma quantidade improvável de matéria fecal, o tipo de coisa que mereceria óculos de proteção, suas mãos enormes e carnudas — com frequência penso nele quando vejo *Shrek* — a levantavam, e tudo se resolvia.

Não havia um plano. Aquela coisa toda de um dia depois do outro se estendia a todos os meus esforços. Quando saí pela primeira vez, vivia ocupado apenas com tentar fazer a próxima coisa certa. Nunca disse, nem para mim nem para ninguém, que ia reconstruir minha vida e afinal ganhar a custódia das gêmeas. Qualquer um que me conhecesse, bêbado ou sóbrio, teria achado a ideia disparatada. Era tudo simples. Saia para o armazém, compre alguns alimentos, depois volte para cozinhar e comer. Vá às reuniões de recuperação e seja prestativo. Esvazie os cinzeiros, empilhe as cadeiras, faça café.

Do ponto de vista profissional, eu era extremamente insignificante, e deixei as coisas assim. Consiga com alguém um trabalho de escrever, trabalhe e entregue o texto a tempo. Todos com quem eu tinha trabalhado sabiam como eu funcionava: eu era bom até deixar de sê-lo. Editores conseguiam pequenos trabalhos para mim e depois ficavam de olho no que ia acontecer. Boas coisas, na maior parte das vezes.

Com o passar do tempo, a vida começou a se infiltrar. O grande plano de Dave, de abrir uma empresa de tintas, revelou-se um empreendimento viável. Minhas matérias começavam a ganhar peso e seriedade. Nós relaxamos um pouco. Jogamos pôquer. Fomos esquiar. Levamos as meninas para encontros de brincadeira.

Dave nunca me abandonou. Mesmo quando consegui minha própria casa e as meninas começaram a crescer, ele vinha todo domingo à noite para que eu pudesse ir a uma reunião — pagar uma babá estava fora de questão. Ele nunca fez disso uma grande coisa, mesmo depois que as meninas aprenderam a lição e começavam a protestar a plenos pulmões, porque entenderam que, todas as vezes que aquele gigante aparecia lá em casa, eu ia sair. "Vá à sua reunião, nós ficaremos bem", dizia ele, afastando Meagan da minha perna. Quando me mudei para uma linda casa na Avenida Pillsbury, em uma vizinhança decrépita, ele comprou a propriedade e se mudou para o andar de cima, com sua namorada Nancy. Com aquela voz estentórea e suas ruidosas passadas, era como ter Deus como vizinho de cima.

Enquanto eu voltava ao jornalismo, pouco a pouco, Dave ficou na luta, trabalhando em um gigantesco abrigo para mendigos no centro da cidade, abrindo casas de recuperação para viciados e empregando quantidades infindáveis de bêbados e lunáticos em seu negócio de tintas. Ele se casou com Nancy, uma moça esperta que sabia no que estava se metendo e adorava a maior parte daquilo. Seus filhos acabaram voltando para ele, e a companhia de tintas que ele criou com Tom, outro graduado da Eden House, prosperou.

E depois de uma longa e boa corrida, ele começou a ficar doente. Seu corpo refletia os anos de vida dura antes que tivesse ficado limpo. Havia outras questões médicas, e elas começaram a se acumular. Tom me chamou e disse que provavelmente era tempo de ir ver o Dave. Ele estava em uma cama de hospital, morando em uma casa à beira do lago que ele havia comprado com Nancy. Não mais o vozeirão, não mais apontar o dedo para condutas impróprias, não mais travessuras. Ele estava inchado e morrendo. Nancy me deixou ficar com ele por alguns minutos. Eu segurei sua mão, falei sobre os velhos dias, sobre o par de calças que compartilhamos na Eden House, sobre a casa da Avenida Oakland. Apertei a mão dele e desci para uma reunião que um grupo de recuperados estava fazendo no porão. Mas voltei depois e me inclinei para dizer-lhe: "Eu te devo cada puta coisa deste mundo. Você já fez o bastante. Agora vá para casa são e salvo."

35

À VONTADE NO JOGO

O passado é ao mesmo tempo perpétuo e efêmero.
— JONAH LEHRER, "PROUST ERA UM NEUROCIENTISTA"

Scotty é ou foi um viciado comum que tinha potencial para ser uma estrela, para dizer o mínimo. Ele sempre acreditou que estava *muito perto* de alcançar os amigos que fizeram grandes coisas: roqueiros, escritores, humoristas. "É assim que eu penso: apenas pela mera repetição, pela perseverança em fazer várias vezes, depois de algum tempo todo mundo tem um bom filme dentro de si, um bom livro, uma boa canção. É sério. Meu pai falava isso", afirmava Scotty. "Todos temos algo pronto dentro de nós."

Eu concordo. O destino e as circunstâncias, junto com uma vontade de atuar, é, com frequência, o que separa os sortudos dos sem sorte. Quando me encontrei com ele, Scotty estava pronto para falar. Enquanto outros pensavam que a ideia de fazer uma reportagem sobre o próprio passado era odiosa e sem sentido, ele achava que tinha muito sentido. Todos deviam ter no íntimo um livro sobre si mesmos, não é? Nós nos encontramos em um café da zona sul de Minneapolis, sua área. Ele usava uma dessas boinas que são, dependendo da cabeça sobre as quais estão postas, ou muito na onda ou completamente idiotas. Fora precisar de algum tratamento dentário, ele parecia bem.

Sentamos em uma mesinha na parte externa do café, e Scotty parecia conhecer todo mundo que passava por ali. A câmera que eu havia instalado para filmar a entrevista incrementava a teatralidade do momento. Eu me senti como se estivesse entrevistando uma estrela veterana do rock como Iggy Pop. A cada meandro da conversa, ele deixava claro que, naqueles antigos tempos, havia um jogo que se dava em um nível completamente diferente, do qual eu pouco sabia.

Da maneira como ele lembra, nós nos encontramos no CC Club, na zona sul de Minneapolis, um lugar de conexão entre roqueiros, viciados e os figurantes de sempre. Tomamos alguns drinques e depois atravessamos a rua e fomos até a casa onde Tom, o comediante, vivia com um bando de outros malucos. Por razões que não posso recordar precisamente, caixas de cuecas e de pizza estavam afixadas na parede com grandes pregos. Havia uma mesa de jogo rodeada de caras sem camisa, que provavelmente deveriam ter ficado vestidos com elas. Havia muito suor por ali, disse Scotty.

"Havia mais ou menos 60 gramas de crack sobre a mesa, eu e você estávamos bêbados e achamos aquilo muito engraçado, acho eu, naquela época."

Na minha versão dos fatos, ele era um vendedor de pouco peso como eu, que ocasionalmente se metia em algum negócio maior, mas ele deixou claro que estava no jogo. Eu pensei que tinha intermediado o negócio entre ele e Anna, trabalhando a distância por dinheiro e um pouco de droga.

"Entre mim e você? Não, entre mim e Anna mais do que entre mim e você. Você tentou intermediar as coisas entre nós, mas eu já a conhecia através de Kenny", esclareceu ele.

O negócio da droga, como todos os empreendimentos comerciais, é construído com base em relacionamentos pessoais, e essas alianças são agenciadas, mercantilizadas e disputadas. Ter alguém entre você e a fonte não era apenas um incômodo, era caro. As linhas mais diretas são as mais baratas. A palavra do ramo para nossa fonte é "meu contato". A propósito, existem muitas definições para ela. Os caras da máfia sempre descrevem uns aos outros como "contatos", mas se você avançar um pouco na metáfora, o contato de um viciado era uma rota para a própria vida. Aquele relacionamento primário era alimentado; junto com a conta das drogas de ontem, um imposto era pago.

Desde então, fiz coberturas jornalísticas tanto da vida política como de Hollywood, culturas onde a lealdade abjeta é refinada até se transformar em uma arte complexa. Mas você nunca viu uma puxada de saco em regra se não entrou em um quarto cheio de viciados rodeando alguém que tenha uma sacola de cocaína. Uma piada sem graça de alguém que tem nas mãos uma sacola dessas se transforma em ocasião para que todos se mijem de rir, segurando seus estômagos como se tivessem ouvido a coisa mais engraçada do mundo. Já fui os dois: o que tem na sua frente a puta da cocaína fazendo todo o tipo de dança do ventre do seu repertório e o que fica todo abatido ou animado de acordo com cada frase do cara que tem a droga. É repugnante pensar nisso, mesmo agora.

Como muitos drogados veteranos, Scotty sabia como circular e captar as boas graças de forma oportunista.

"Você me apresentou a todo um conjunto de pessoas com quem eu nunca teria contato se não tivesse conhecido você, e provavelmente eu tinha alguns amigos que você não teria conhecido se não fosse por mim", disse ele. "Não era como se todos nós ficássemos amigos ou qualquer coisa assim. Você sabe muito bem, quando se é um viciado, se está fora de si. É triste, mas é essa a verdade. Quando olhamos para trás, para o nosso relacionamento com todas aquelas pessoas: o fato é que as drogas tinham prioridade."

Scotty entendia e formulava a transação fundamental entre pessoas que compartilham uma aflição comum. Ele mencionou como ambos usamos o Dave, o fanfarrão do Uptown, como um monte de músculos a ser convocado quando era necessário. Um cara grande e assustador, ferozmente leal e corajoso, alguém que você podia soltar da mala do carro se a necessidade surgisse.

Tínhamos uma aliança de conveniência, mas como lembrou Scotty, houve alguns tropeços ao longo do caminho.

"Nós estávamos no CC Club. No terceiro reservado da parte de trás, a dos reservados vermelhos. Nós estávamos no bar. Foi um daqueles momentos em que não sei de onde partiu a coisa. Eu não fiz nada a você; você era como um irmão para mim. Eu não entendi nada. Você dizia: 'Se você me sacanear alguma vez, eu mato você.' E você estava com aquele olhar de maluco. Você não estava me atacando; apenas colocou as mãos em volta do meu pescoço, olhou-me nos olhos e disse: 'Se você me sacanear alguma vez, eu mato você.' E eu só dizia: 'Cara, o que foi que eu fiz?' Eu estava perplexo. E imaginei que fosse psicose. Você acabou ficando psicótico, e me assustando. Seu vício para mim era assustador."

Scotty, que dizia ter começado com as drogas aos 8 anos de idade, afirmou que a maior parte do abuso que eu distribuía aterrissava bem no quintal da minha casa. Ele deixou claro que sempre me faltavam algumas batatas fritas para um MacLanche Feliz, que eu era uma pessoa que tinha o hábito de se punir.

— Batendo em você mesmo; tudo em você girava em torno da autoflagelação.

— Que nada! — disse eu.

— Sem essa de "que nada" — disse ele, me fazendo calar. — Você abusava de si mesmo. Você gostava dessa parte; uma espécie de sadismo. É o que é, entende?

Provavelmente ele queria dizer masoquismo, mas entendi o sentido da coisa. Sua preocupação comigo, então e agora, era genuína, mas depois ele disse:

— Essa coisa da droga realmente fodeu com a minha vida, fodeu com muitos relacionamentos, como com Anna. Nós não nos falamos desde 1986 ou 87. Para ser franco com você, Anna e eu, a certa altura, chegamos a planejar matar você.

Bem.

— Você tinha a cabeça a prêmio por ter levado as gêmeas — ele continuou. — Ela queria que eu fizesse aquilo, e eu dizia: "Eu odeio esse filho da puta o suficiente. Não seria nenhum sacrifício se eu pudesse aparecer e dar um fim nele, mas eu não sou assassino, entendeu?" Anna estava muito zangada, cara. Aquilo tinha acontecido comigo também. Eu perdi a custódia da minha filha quando a garota tinha 11 meses de idade.

Anna estava furiosa a ponto de falar em me matar?

— Ela estava desabafando. Você vai ter que perguntar isso a ela.

36

UM GRANDE MÍSSIL DESCONTROLADO

Pelo que recordo, quando as gêmeas foram para um lar provisório, eu as entreguei a algum burocrata do condado, cordial e impessoal. Não posso me lembrar daquele momento com precisão, mas ele devia estar carregado de uma tremenda tristeza: cercado por forças ocultas interiores, o pai, com um gentil encorajamento de seus pais, admite que não vale nada e que estranhos devem intrometer-se, arrancar as crianças de seus braços e levá-las para um lugar seguro e feliz.

Isso nunca aconteceu, pelo menos não dessa maneira.

Há pouco tempo passei por Edina, um subúrbio de Minneapolis, para ver Zelda, que, junto com seu marido Pat, foram os pais adotivos provisórios das gêmeas. Com seus próprios filhos quase adultos, Zelda procurava algo mais. Ela viu um programa do *Phil Donahue Show* sobre a necessidade de pais provisórios em Nova York, imaginou que houvesse a mesma necessidade nas Twin Cities e ligou para a Catholic Charities. Erin e Meagan foram duas das seis crianças de que eles cuidaram. Quando parei lá para visitar Zelda, ficamos tão ocupados falando das gêmeas, de como estão agora, que nunca falamos sobre aqueles meses.

Em retrospectiva, as gêmeas e eu tivemos uma sorte incrível. As meninas foram entregues de forma aleatória, porém fortuita, a dois pais provisórios incrivelmente preparados e dedicados.

Liguei para eles outra vez quando estava na metade do livro, porque fiquei confuso sobre como a entrega tinha sido feita: queria detalhes sobre quem lhes havia levado minhas filhas. Como as gêmeas foram devolvidas a Anna e a mim, a Catholic Charities não tem nenhum dos registros importantes. Zelda atendeu a ligação telefônica e fez Pat pegar o outro aparelho, para que pudéssemos nos lembrar juntos. Enquanto eles falavam, uma lembrança que eu havia perdido voltou à minha cabeça.

Eles me lembraram de que dois dias antes do Dia de Ação de Graças de 1988, eu cheguei na casa deles com Erin e Meagan, de 7 meses de idade, com a minha mãe e todas as roupas e coisas que podíamos carregar. Eu estava no período entre a desintoxicação e a Eden House, ainda viciado, mas prestes a fechar a porta ao vício. Eles amaram as meninas no instante em que as viram. O pai delas? Nem tanto.

> ZELDA: Você se encontrava muito sério, muito sombrio, e achei que até um pouco beligerante, como se não estivesse realmente interessado, como se não quisesse falar muito conosco, que éramos um mal necessário. Aquele era um bom lugar para deixar as meninas. Você estava daquele jeito e...

Pat interrompeu. "E você estava chapado."

> ZELDA: Você estava um pouco desgrenhado.
>
> DAVID: Então, desgrenhado e chapado.
>
> ZELDA: Sim.
>
> PAT: E você caiu no chão.
>
> DAVID: Quê?
>
> PAT: Você parecia ter perdido o equilíbrio e caiu no chão. Lembro de ter pensado que, se um dos bebês estivesse nos seus braços, teria se machucado bastante.
>
> ZELDA: Você queria que tomassem conta delas com perfeição. Você foi muito brusco. Duro, brusco e direto. Não lembro o que

você disse, mas você estava suficientemente alerta e consciente para querer apenas o melhor para aquelas crianças, e nós passamos no teste. Você nos fez perguntas diretas.

Pat: Lembro de ter pensado: isso nunca vai funcionar.

Zelda: Por quê?

Pat: Acho que talvez porque sua mãe nos tivesse dito que você estivera em tratamento antes, ou algo assim. Olhando para você, eu o vi muito longe daquilo. Pensei que era apenas um modo de sair de cena, de abandonar a responsabilidade pelas suas filhas. Eu li tudo errado.

Quando eu saí da Eden House, fomos todos jantar em uma churrascaria. Erin e Meagan mostraram vestígios da capacidade do pai de ingerir comida e também alguma elegância gestual com os ossos de costela.

Zelda: A vez seguinte em que o vi, você era um homem diferente. Era muito bom com as meninas. E não era o tipo de pai que fala como criança com elas. Você falava com elas como se fossem duas pessoas pequenas, como se estivessem no mesmo nível que você, e os três estavam indo muito bem.

Pat: Eu fiquei realmente impressionado com você como pai. Como disse Zelda, você tratava aquelas crianças como se fossem adultas. Você conversava com elas como se estivessem no mesmo nível que você.

Eles foram me buscar em nossa casa na Rua Dupont que, verdade seja dita, não era lá essas coisas.

Zelda: Seu carro parecia que não ia andar. Você não tinha uma empregada para a limpeza e podia-se dizer que o lugar estava um pouco desmazelado — mas lá havia tudo de que elas precisavam. Casacos de neve, por exemplo, e você vestia aquelas meninas com os casacos de neve muito rápido e fechava os zíperes sem perder tempo. Foi legal constatar que você era tão capaz, tão competente e tão eficiente. Eficiente, capaz. "Vamos lá, garotas", e elas já estavam com as roupas e fora de casa, descendo os degraus. Você se encarregava de tudo.

Provavelmente eram os mesmos casacos de neve, ou talvez outros. Mas era um cara diferente que estava fechando os zíperes.

37

TESTEMUNHA MATERIAL

Durante anos contemplei minhas filhas com um sentimento de culpa. Não apenas pelo que fiz quando elas estavam no útero e quando eram muito pequenas — minha recompensa está nas escolhas que fiz desde então —, mas também porque eu sentia um quinhão de remorso pela maneira como acabei ficando com controle exclusivo sobre as vidas delas. Anna sempre sustentou que eu as roubara em um momento de fraqueza da vida dela. E sem jamais admiti-lo em voz alta, especialmente para ela, eu pensava que isso de fato podia ter acontecido. Era eu um resoluto pai solteiro ou um sequestrador com um bom advogado?

Enquanto estive na Eden House, Anna se internou para tratamento e saiu disposta a ser mãe não apenas de nossas filhas, mas também dos outros dois filhos dela. As gêmeas passaram três meses e meio em um lar provisório e depois, com a aprovação do condado, foram devolvidas aos cuidados da mãe. Anna estava fazendo uma tentativa honesta de permanecer limpa e estava criando um ambiente seguro e feliz para seus filhos.

Era claro que, sem as algemas do vício, Anna e eu não íamos ficar juntos. Enquanto eu estava na Eden House, ela começou a encontrar-se com outros homens, e eu comecei a escapulir para ver Doolie, minha antiga namorada. Quando Anna veio me visitar, brigamos, e eu lhe dei o que lembro ter sido uma mordida no lábio a caminho da saída. Ela lembra disso de forma mais vívida, e provavelmente mais correta, como mais uma vez — a última — em que a ataquei. Só que dessa vez eu não estava chapado.

Quando sóbria, Anna podia ser uma pessoa incrivelmente competente. Mas ela nunca teve um emprego verdadeiro, pelo menos não por muito tempo, e assim o dinheiro que vinha com o estilo de vida das drogas era muito importante para ela. Mesmo nesses primeiros poucos meses depois de conseguir a custódia dos filhos, ela sentiu necessidade de travar contato com o ambiente das drogas, para manter rolando o dinheiro e os contatos.

Eu também queria voltar para os negócios, mas o meu negócio era escrever. Cortei relações com todos os meus companheiros de droga, exceto com aqueles a quem eu devia dinheiro. (Na Eden House nos diziam que fôssemos honestos com todo mundo lá fora, mesmo com os traficantes a quem devíamos dinheiro. A não ser, é claro, que conservar o contato pusesse nossa "limpeza" ou nossas vidas em risco. Quando me encontrei com um cara a quem eu devia dinheiro, eu lhe disse que tinha terminado com aquilo, mas que ia pagar o que devia. Posso lembrar do olhar aturdido dele quando lhe entreguei algumas centenas de dólares em notas de vinte.)

Mas Anna não tinha realmente outra escolha a não ser a previdência social. É verdade que tinha bons amigos, mas, em termos profissionais, ela era uma comerciante de mercadorias que eram um gancho para voltar às coisas passadas. Eu aparecia nos fins de semana, no começo do verão de 1989, para pegar as meninas, e mesmo que tentasse manter os olhos longe daquilo, eu sabia que ela estava traficando e provavelmente usando, simplesmente pela razão de que não dispunha de nenhum outro meio visível para se manter.

Mas quem era eu, na verdade, para julgar? Eu estava ficando limpo com pequenos avanços, algumas vezes medidos em horas, engatinhando em poças de sangue e esperando conseguir atravessar o dia. Se ela estava usando drogas, minha resposta era simples: "antes ela do que eu". As crianças pareciam OK, seu ex-marido, o Steve, estava por perto para ajudar, havia comida na casa, e eu estava vivendo em uma casa de "três quartos do caminho" onde não havia lugar para ninguém mais em caráter permanente. As visitas de fim de semana eram boas, até divertidas, e as meninas se aconchegavam tranquilamente em seus berços para passar a noite. Na maior parte das vezes, porém, eu as levava para a casa dos meus pais e ficava lá com elas porque eles tinham berços no porão. Era uma existência muito apertada, mas estava funcionando.

Por outro lado, à medida que o verão avançava, as coisas começavam a ficar feias na casa da Anna. Eu chegava, ela não estava à vista e o Steve não dizia nada, mas revirava os olhos e apontava com a cabeça para o andar de cima. Eu sabia, por experiência própria, o que estava acontecendo lá, e sabia que o meu papel era ficar embaixo.

Outras vezes, quando eu chegava, o Steve não estava, e Anna andava cambaleando pela casa. Ela tinha um jeito muito próprio de se mover e de falar quando estava muito louca; fazia-o quase delicadamente, com muita deliberação. As roupas começaram a se empilhar, e algumas vezes Erin e Meagan estavam com sede e com as fraldas molhadas. Os outros dois filhos de Anna ficavam soltos, correndo por ali. Eu abria a geladeira e via muito pouco lá dentro. Convertidas em moeda do reino, como eram dois bebês, as fraldas se tornaram minha responsabilidade. Eu trazia fraldas, junto com uns trocados, sempre que pegava as meninas. Mas a casa parecia estar voltando ao tipo de confusão que um pacote de Pampers não resolve.

Uma pessoa normal teria chamado alguém, qualquer um, mas eu me ressentia de uma lealdade e de uma falta de capacidade crítica em relação a Anna que é difícil de explicar agora. A ideia de que alguém como eu, com a minha história, pudesse apontar para outra pessoa com um dedo em riste parecia absurda. Eu escrevia minhas pequenas matérias, cumpria meus prazos, ia a reuniões de recuperação e entrava e saía rapidamente da casa na Avenida Oliver.

Lendo outra vez registros daquela época — os recém-recuperados tendem a fixar *tudo* na memória —, eu claramente estava tateando meu caminho em um mundo novo, que ainda não entendia completamente. Eu sabia como ser O Problema, aquele que deve ser orientado, mas ser escalado como um adulto — nada menos que como pai — era um salto que eu mal podia imaginar. Quando falei com Anna, depois de todos esses anos, ela contou que acreditava que eu tinha um plano para tirar-lhe as crianças, mas, naqueles primeiros meses, nunca pensei que teria que cuidar das gêmeas por muito tempo.

Ao fazer essa reportagem, entendi que você não pode roubar o que alguém lhe dá. Não porque Anna não amasse as gêmeas — ela as amava e ainda as ama —, mas porque estava tão enterrada em um vórtice de disfunções que não tinha escolha. Diários, registros legais e entrevistas com gente que andou por lá demonstram um padrão de tentativas de acomodação e de reconciliação, da minha parte, que eram seguidas pelo desapontamento e por acordos rompidos.

Certamente as gêmeas não eram o problema. Todas aquelas histórias de pesadelo sobre bebês do crack podem ter tocado as cordas do coração, mas não sei quanta verdade elas realmente encerravam. Posso dizer, com certeza, que aqueles bebês nascidos de pais viciados 75 dias antes da data prevista estavam prosperando. Os registros médicos indicavam que os problemas de respiração e cardíacos solucionaram-se quando elas passaram a um ambiente pós-natal que, de alguma maneira, era mais saudável que o pré-natal. Meagan era inquieta e carente, ao passo que Erin era reflexivamente feliz. Eu chamava a Meagan de "Noodles". Não sei a razão disso. Pode ter sido por causa da preferência dela por massas, e um pouco em homenagem a um gângster de desenho animado que passava pela televisão e que tinha esse apelido. Erin foi apelidada de "Beefaroni" porque ela amava salgadinhos, e essa paixão refletia-se em suas bochechas.

Se eu sequestrei aquelas crianças, foi pouco a pouco. Eu não tinha ideia do que estava fazendo, mas os filhos nos ensinam como cuidar deles. Saia de casa sem uma fralda extra, e eles produzirão um evento avassalador e malcheiroso em um McDonald's. Permita que eles comprem com lisonjas o caminho até a sua cama e, para que consiga descansar um pouco, você lutará com eles, todas e cada uma das noites de suas jovens vidas. Gradual e lentamente, nós três desenvolvemos uma rotina na hora de ir para a cama quando elas ficavam em minha casa para dormir, com banhos, orações e histórias — coisas com as quais fui criado ou que tinha visto na televisão.

À medida que passávamos mais tempo juntos, elas começavam a me conhecer e eu cheguei a adorá-las — louca, profunda e verdadeiramente. Desenvolvemos outros rituais. Quando chegava a hora de apagar a luz, eu cantava uma canção que eu mesmo compus:

[*Com a melodia de nada em particular, mas muito acelerada*]:
   Ah, eu tenho as meninas mais bonitas da cidade,
   Eu tenho as meninas mais bonitas da cidade.
   Elas são tão bonitas, elas são tão doces,
   Eu as amo em dobro, e elas não podem ser derrotadas.

[*E então, um final realmente forte do tipo Broadway, com cada nota muito bem mantida (com desculpas a Ethel Merman)*]:
   Ah-Eu-Tenho-As-Mais-Bonitas-Meniiiiiiiiiiiiiiiiiiinas
   Daaaaaaaaaaaaaaaaaaaaaaa
   Cidaaaaaaaaaaaaaaaaaaaaaaaaaade!!!

Se isso parece um programa especial para o horário depois da escola, com o pai gordo e ex-viciado cantando para suas filhas ilegítimas, bem, é isso aí mesmo.

———

Enquanto o verão de 1989 prosseguia em seu curso, o que vinha sendo fins de semana de total responsabilidade paterna foram se aprofundando. Anna começou a perder as consultas médicas das gêmeas, de modo que eu as assumi. E pelo menos três vezes ela não apareceu quando era hora de pegar as meninas, dando início a uma corrida louca para encontrá-la, ou para encontrar um lugar onde deixar as crianças enquanto eu trabalhava em uma revista jurídica. Com duas reportagens especiais por mês, pude alugar o apartamento que pertencia ao editor do *Minnesota Lawyer*, e eu fazia todos os trabalhos de freelancer que me caíam nas mãos.

A falta de controle do vício não começa e termina no viciado. Todos ao redor dele passam a girar em volta e a reagir à patologia no ambiente. Depois de algum tempo, cheguei a compreender apenas um pouco do caos que eu próprio infligi aos circundantes. Em outubro de 1989, encontrei na porta da Anna um bilhete do xerife, dizendo que a hipoteca da casa estava sendo executada. Ela estava dentro da casa, rodeada por um monte de lixo, resmungando e dizendo que tudo daria certo, que algum dinheiro ia chegar para ela. No dia 20 de outubro, fui lá buscar as meninas. Elas pareciam bastante alteradas. Anna falou distraidamente sobre haver poucas fraldas outra vez e que o Steve tinha dito que ia trazer comida, mas nunca chegava. Na verdade, ele se havia retirado um par de semanas antes, pois não era mais capaz de lidar com o que estava acontecendo.

Eu balbuciei algo sobre trazê-las de volta cedo, e fomos para uma loja de conveniências próxima, a 7-Eleven, na esquina das avenidas Penn e Dowling, na zona norte de Minneapolis. As gêmeas estavam frenéticas, chorando muito, de modo que não pude levá-las para dentro da loja. Mais do que a maioria dos pais, eu estava aterrorizado com a ideia de deixá-las no carro, uma lembrança quase física me mordia quando eu me afastava delas até mesmo por um segundo. Esperei até que a vaga bem em frente à porta da loja ficasse livre, entrei e comprei rapidamente fraldas, leite, mamadeiras novas e algumas bananas.

Enquanto eu trocava suas fraldas, cada uma delas esvaziou uma mamadeira de leite. E depois outra. Comeram as bananas com uma voracidade animal, e eu fiquei ali parado, ao lado do carro, olhando para elas. Decidi não levá-las de volta para Anna sem saber realmente o que isso significava, além do fato de que eu ia precisar de mais roupas e mais dinheiro.

Em uma viagem de volta a Minneapolis em 2007, fiquei sentado no carro, do lado de fora daquela loja de conveniências, que havia mudado de nome e de dono várias vezes. Fiquei no estacionamento nevado, com a versão de 19 anos das gêmeas, que me acompanharam na viagem, e tentei lembrar se realmente eu pensara no que estava por fazer. Será que intuí que aquilo que parecia uma tragédia iminente era, na verdade, o início de uma aventura espetacular? Não foi bem assim, mas alguma coisa no fato de estar ali, agora, naquele desamparado pedaço de asfalto do estacionamento, me deu arrepios.

38

UMA VERSÃO DA NORMALIDADE

> Em minhas respostas, tentei consolá-lo indicando como é difícil para os seres humanos pensar além de sua situação imediata. É uma questão de sentimento e não de razão: inclinados a considerar o presente como seu destino permanente, os seres humanos são incapazes, por assim dizer, de ver além da esquina — e isso provavelmente se aplica mais às situações ruins do que às boas.
>
> — THOMAS MANN, *DOUTOR FAUSTO*

De onde vêm as vítimas? São conjuradas pelo destino, manufaturadas pela circunstância punitiva, ou a mão que aparentemente as golpeia do nada na verdade é a sua própria, disfarçada?

A vida de Anna tem sido uma litania de aflição. Ela superou uma criação difícil porque era esperta o bastante para ver uma oportunidade e agarrá-la. Mesmo assim, muito do resto de sua vida tem sido como um filme independente de má qualidade: um quadro de *trailers*, fiascos de saúde, homens maus e sonhos destroçados, além de um ocasional par de algemas. O irlandês dentro de mim quis que minhas filhas fossem leais a ela — ela era família —, mas fiquei sem poder explicar por que as coisas sempre davam tão errado com ela. Eu já tinha ouvido até demais a versão dela, frequentemente em um volume muito alto, pelo telefone, para saber que sou considerado um astuto narcisista que a derrubou, tomou o que queria e seguiu adiante. Mas eu já estava fora de sua vida havia anos, e mesmo estipulando o dano que eu lhe havia causado, as coisas não tinham melhorado muito para o lado dela.

Quando a hipoteca de sua casa foi executada em novembro de 1989, Anna ainda tinha muitas pendências. As gêmeas estavam comigo, seus outros dois filhos continuavam com ela, mas algo estava a ponto de se romper. Eles também quiseram vir comigo quando eu saí de lá, não porque eu tivesse sido bom com eles — eu sofri um acidente de carro com o filho dela, quando estava bêbado, e comportei-me como um monstro na maior parte do tempo em que convivi com eles —, mas porque mesmo na tenra idade de 5 e 2 anos, eles podiam sacar o clima. Na segunda semana de novembro, eu chamei a família dela, que a mandou para um tratamento de desintoxicação. Quando ela saiu, começou com as drogas novamente. Os filhos de Anna estavam agora divididos entre a família dela e a minha casa. Anna vivia em uma casa cheia de detritos do seu passado. Um fio passado por cima do muro por um vizinho caridoso fornecia um pouco de eletricidade. Os aparelhos domésticos tinham sido vendidos. Lembro que era o lugar mais triste do mundo. Meu pai, que sempre gostou de Anna e que compreendia as recaídas do vício, foi comigo tentar ajudá-la. Ela se recusou a voltar ao tratamento e disse que iria para a casa dos seus pais, no Texas, para juntar os pedaços. Levou uma semana para embalar o que podia levar. Foi difícil acompanhar aquilo, mesmo para alguém como eu, que conheceu cada centímetro do fundo do poço. Quando Anna foi embora, eu lhe disse que mandaria as meninas seis meses depois que ela se estabelecesse. Eu falei sério? Não tenho ideia. Eu não sabia o que ela ia fazer no dia seguinte, e eu também não tinha muitos planos.

Na terceira semana de novembro de 1989, ela e seus dois filhos fizeram uma viagem de ônibus longa e penosa até o Texas. Muitos anos depois, sentada comigo na mesa do bar de um hotel no Arizona, ela não lembra das coisas melhor que eu.

"Comecei a usar drogas novamente; sabia que precisava de ajuda", disse ela. "Eu achava que tinha tomado conta das crianças todo esse tempo, eu achava que você podia me ajudar. Nunca, em meus sonhos mais selvagens, pensei que você poderia tirá-las de mim e nunca mais devolvê-las."

Nem eu, na realidade. Sentado ali, com uma câmera focalizada na mãe das minhas filhas, eu me sentia como um *voyeur*, menos O. J. Simpson e mais Kato Kaelin, um espectador de eventos terríveis. Anna é bem-falante, direta em seu discurso, mas ela supôs corretamente que falar sobre a minha vida significaria falar sobre a vida dela. O presente é feio, não de propósito, mas é um momento definido por coisas íntimas e selvagens entre nós, há muito enterradas. Nos dez anos desde que nos vimos pela última vez, o passado apareceu somente em explosões, uma súbita e gritante competição, quando a pátina de civilidade entre nós desmoronou. Nós éramos duas pessoas terrivelmente desapontadas com nossos seres anteriores e terrivelmente desapontadas uma com a outra. Ela falou sobre sua mudança de Minneapolis naquela época.

"Eu sabia que precisava de uma mudança, sabia que tinha que acontecer alguma coisa. Ir para a casa dos meus pais não era o que eu precisava. Leva cerca de seis meses para que seu cérebro comece a funcionar outra vez. É um contrato de seis meses. Não se consegue em duas semanas, nem em um mês, nem mesmo em três meses; só se consegue em seis meses, no mínimo. De modo que tentei e, é claro, não consegui. Acho que fiquei com minha mãe um mês ou dois, fui intimada judicialmente por ter abandonado as crianças, e me senti como um animal ferido."

Na verdade, isso aconteceu seis meses depois. Nesse tempo, Anna voltou para Minneapolis no começo de dezembro, por alguns dias, e viu as meninas duas vezes, durante mais ou menos duas horas. Ela ficava nos bares, bebendo, o que era uma inclinação nova e indesejável. Nós a deixamos na rodoviária, e ela ligou uma semana depois, do Texas, dizendo que tinha sido assaltada em um encontro. Em fevereiro de 1990, ela fez outra chamada telefônica e disse que não tinha dinheiro para voltar a Minneapolis e ficar com as crianças. Eu enviei um pouco de dinheiro, mas ela ligou uma semana depois, dizendo que seus planos haviam mudado. De acordo com um diário que eu escrevia naquela época, ela ligou nos dias 2 de março, 16 de março, 7 de abril, 15 de abril — o segundo aniversário das meninas — e 23 de abril, sempre dizendo que estava voltando para Minnesota. Ficou claro que ela não voltaria tão cedo.

Nós fomos levando, e uma nova normalidade se estabeleceu. Minha família começou a acreditar que eu estava realmente disposto a fazer alguma coisa, que eu finalmente havia assumido um compromisso que poderia cumprir. Minha mãe foi a vendas de garagem nos subúrbios mais elegantes, voltando com roupas quase novas que ainda estavam na moda. Ela não só deixou essas roupas em nossa casa, mas passou a voltar toda semana para pegar a roupa suja e deixar a roupa limpa, organizada por cores e dobrada em pilhas para uso diário, temendo que, se a decisão ficasse em minhas mãos, eu escolhesse mal que roupas as meninas iriam usar. Minha irmã Lisa começou a cuidar das gêmeas durante o dia, por uma tarifa insanamente baixa, enquanto eu trabalhava mais e mais. Todo dia, quando eu voltava para pegar as meninas, elas estavam um pouco mais preparadas para se tornarem jovens senhoritas. Amigos passavam pela minha casa sem avisar, sabendo que quase sempre estávamos lá, e as gêmeas sempre tinham algum novo truque nas mangas para exibir.

Comecei a fazer consultas regulares com um advogado, porque, a certa altura, ficou claro que o que havia começado como um remendo temporário estava se firmando como algo mais permanente. No dia 11 de maio de 1990, fiz uma petição ao tribunal para a custódia temporária exclusiva das crianças.

```
                                                    St. Paul

                                                May 22, 1990


Anna ███████████████
Harlingen, TX  78550

Dear ██████████:

I am enclosing and serving upon you the Ex Parte Order signed by
Judge Larson on May 11, 1990 granting temporary care, custody and
control of Erin Lee Carr and Meagan Marie Carr to Petitioner, David
M. Carr.  The order further restrains and enjoins you from removing
or causing the removal of the minor children from the jurisdiction of
the Minnesota court.  I am also enclosing the motion and affidavit
filed with the court in support of Mr. Carr's ex parte motion.

Mr. Carr tells me that you have retained an attorney in Minnesota,
however, neither Mr. Carr nor I have heard from your attorney yet.
Please identify your attorney so that our future correspondence can
be with your attorney.

                              Very truly yours,

                              O'NEILL, BURKE, O'NEILL, LEONARD
                              AND O'BRIEN, LTD.


                              By
                                    Barbara Saunders Lutter

BSL/bm1
Encs.
```

Tradução da carta:
Cópia de arquivo

St. Paul
22 de maio de 1990

Anna XXXXXXXXXXXX
XXXXXXXXXXXXXXX
Harlingen, Texas 78550

Prezada XXXXXXXX:
Envio em anexo e apresento-lhe a Ordem *Ex Parte* assinada pelo juiz Larson no dia 11 de maio de 1990, concedendo o cuidado, a custódia e o controle temporários de Erin Lee Carr e Meagan Marie Carr ao requerente, David M. Carr. A ordem a constrange e intima a não remover nem causar a remoção das menores da jurisdição do tribunal de Minnesota. Também incluo a moção e a declaração jurada arquivadas nesse tribunal em apoio à moção *ex parte* do Sr. Carr.
O sr. Carr me diz que a senhora constituiu advogado em Minnesota. No entanto, nem o sr. Carr nem eu tivemos notícias do seu advogado até agora. Por favor, identifique seu advogado para que nossa futura correspondência se faça através dele.

Sinceramente,

Em nome de
O'NEILL, BURKE, O'NEILL, LEONARD & O'BRIEN, LTD.
Barbara Saunders Lutter.

Aos olhos de Anna, eu era um ladrão, algo que nunca pensei de mim mesmo. Ao longo dos anos, ela chegou a acreditar que eu roubei suas drogas, seu dinheiro, seu coração e finalmente suas filhas. Se não fosse por mim e pela angústia que lhe causei, acreditava ela, tudo teria dado certo. Ela não é muito boa quando se trata de detalhes do que aconteceu no turbilhão que criamos, exceto ao assinalar que qualquer narrativa que sugira que eu era um homem sério e bom é uma falsa lembrança.

39

MAL MENOR

Diz William James que os mitos pessoais são próprios de uma natureza caída, são uma forma de ajudar a evitar verdades indizíveis. Eu tinha os meus, Anna tinha os dela, e muitos deles não podiam reconciliar-se.

Eu lembro de ter me mostrado extremamente confiante em que não só ganharia a custódia definitiva das gêmeas como seria um pai competente e talvez talentoso. No que se referia ao meu currículo, contudo, eu não tinha demonstrado ser capaz sequer de cuidar das plantas de um amigo por uma semana, quanto mais de desempenhar o papel singular de nutrir e criar dois bebês, duas gêmeas. Talvez porque a história acabou chegando a bom termo, sempre acreditei que o caso legal tinha sido aberto e concluído.

Dessa maneira, quando comecei a lutar pela custódia definitiva das crianças, eu era uma versão bem mais corpulenta da Madre Teresa de Calcutá, todo abnegação e calma, e Anna era um sórdido caso perdido. Dezoito anos depois de a questão legal ter sido decidida, fui me encontrar com Barbara, a advogada que me ajudou a obter a custódia das minhas filhas. Na época, ela era uma sócia júnior do escritório de advocacia do meu tio Joe em St. Paul. Meu tio ainda estava, naquela fase de sua vida, tentando resolver internamente a morte do filho Tommy, e creio que tirou algum consolo de ver que estava ajudando a mim e aos meus a encontrarmos nosso caminho. Barbara nunca havia advogado em um caso de direito de família, e eu manifestamente não podia pagar pelo seu trabalho, de modo que éramos feitos um para o outro.

Hoje em dia, por ironia, Barbara é uma notavelmente bem-sucedida advogada de direito de família atuante nos subúrbios das Twin Cities. Na verdade, fui visitá-la sobretudo para agradecer. Eu havia passado tempo suficiente avaliando a história da nossa pequena família para me dar conta de que Barbara tinha encarado uma dose impressionante de trabalho legal em favor do nosso futuro e recebera exatamente nada em troca, salvo a consciência de que representara meus interesses com muita responsabilidade. Como eu estava convicto de ter sido escolhido para criar Erin e Meagan por mérito próprio, ir até o escritório dela era uma visita de cortesia. Eu nem pensara em usar esse encontro na elaboração deste livro.

Ela não estava muito diferente de como era quando apareci no escritório dela em 1989. Rapidamente repassei diante dela as minhas notas sobre o caso, com especial ênfase em como a minha recuperação, mesmo tão recente como era então, tinha me deixado qualificado para assumir o controle do destino das meninas. Depois de todos aqueles anos, Barbara hesitou quando li essa parte, e depois me contou uma história diferente. Começou com o momento em que entrei pela primeira vez no seu escritório.

"Você era tosco... você não parecia bem", disse ela. "Em primeiro lugar, você pesava... eu aposto que pesava quase 150 quilos. Era inverno, você usava um casacão pesado, que obviamente não lhe caía bem, e estava esfarrapado. Se eu tivesse visto você na rua, pensaria que era um sem-teto, porque você tinha uma aparência que deixava a desejar. Sua higiene evidentemente não era boa, seus olhos estavam remelentos."

Mas, mesmo assim, eu tinha domínio de mim mesmo, certo?

"Eu queria ajudar você, mas nunca tinha visto alguém tão tosco; nunca tinha visto um cliente daquele jeito", disse ela, olhando para mim para ver como eu estava processando toda essa nova informação. "Eu não estava acostumada a ter clientes que se parecessem com você. Eu não fazia direito penal, eu representava bancos e empresas de hipotecas. Ver você entrar no meu escritório e querer a custódia de dois bebês me fez duvidar de que essa fosse uma meta realista a considerar. Eu não sabia se você estava em situação física, emocional ou financeira que permitisse criar as gêmeas. Eu não sabia se você tinha a menor ideia do que significava ser pai e criar filhos, e não era trabalho meu ter essa discussão com você. Eu não podia dizer se você estava acompanhando a conversa com a devida clareza para compreender o impacto que isso ia ter na sua vida."

A lembrança de Barbara trouxe algumas significativas discordâncias em relação ao que eu pensava que fossem memórias indeléveis do tempo, mas foi ela que fez as anotações. Todas as nossas conversas tinham sido gravadas, com cuidado e competência, em um arquivo que ela me passou.

"Eu não tinha ideia do tipo de droga que você estava usando", disse ela, admitindo que preferia não saber. "Até hoje, não acho que alguma vez eu tenha sabido." Eu lhe disse que minha última parada, antes de ficar limpo, tinha sido injetar cocaína. "Ah, meu Deus, David."

De modo que, apesar de estar carcomido por um hábito inconfessável, de ser um pouco fedorento e de ter chegado a um nível de obesidade chocante, eu estava pronto. Pronto para estrelar um desses comerciais de automóveis em que as crianças se comportam bem no banco traseiro enquanto o papai diz algo sábio e inteligente para o espelho retrovisor. Só que eu não tinha carro. E as crianças não me pertenciam. Eu nunca tinha casado com a mãe delas, nem estabelecido minha paternidade. Eu não tinha seguro e não pagava impostos havia muitos anos.

Barbara era e é uma advogada brilhante. Instintivamente, ela se tornou minha treinadora e trabalhou para me ajudar a construir uma vida, tanto como para construir um caso judicial, mesmo que ela mal soubesse de onde partir. Ela começou com a saúde das gêmeas e depois se meteu com a questão de criá-las.

"As meninas eram bebês do crack; lembro-me de que era uma preocupação nossa que você entendesse muito bem o impacto disso, se teria algum efeito no desenvolvimento delas, e assim tentamos checar tudo", disse ela. "E falamos sobre como você tomava conta de bebês. Então, quando as gêmeas finalmente ficaram sob a sua custódia, você passou a escrever para mim extensas anotações sobre o que fazia com elas, porque eu estava realmente preocupada. Se um juiz o visse daquele jeito, a primeira impressão dele seria igual à minha, e não teríamos chance. E de nada importava a impressão que a Anna causasse."

Barbara era uma advogada que detinha um péssimo conjunto de fatos e que conseguiu fazer seu trabalho com o que tinha em mãos.

"Eu me lembro de lhe ter pedido para anotar quando você as alimentava, como fazia as mamadeiras, quantas vezes trocava as fraldas, com que cuidados lavava a roupa, como as fazia dormir e para preocupar-se com observar uma rotina para o seu dia, de modo que houvesse algo previsível com que você pudesse contar, bem como para criar uma rotina para as crianças. Eu pedi para você fazer diários, você se lembra disso?"

Revendo a questão com Barbara, mencionei o fato de como conseguimos convencer a Anna a fazer um exame para avaliar seu consumo de drogas, quando ela finalmente regressou do Texas. Exigimos que as visitas fossem condicionadas a um resultado que revelasse que Anna estava limpa, e só assim ela concordou em fazer o teste. O resultado foi positivo para cocaína e maconha, um escorregão que nós exploramos. Lembrei-me daquilo como sendo uma pedra angular bastante eficiente da nossa estratégia legal, e Barbara me fez recordar que Anna sempre teve resultados comprometedores naqueles exames todas as outras vezes que os fez, que Anna foi viver com um traficante quando chegou na cidade, que depois foi morar com outro; que ela faltava a encontros para ver as meninas, que perdia convocações do tribunal, que trocava de advogados e, finalmente, que ela simplesmente acabou desistindo.

Eu não roubei aquelas crianças. Apenas certo dia não as entreguei de volta. Nós nos mudamos por algum tempo para a casa dos meus pais e depois consegui uma casa nova. Mas não as levei comigo; elas me foram dadas. Barbara me passou uma pasta de 10 centímetros de espessura que estava cheia das boas intenções de Anna, das promessas quebradas e das recaídas que não pôde evitar.

Às vezes eu deixava as gêmeas com Anna e Meagan cortava seu próprio cabelo com uma tesoura, ou terminava no pronto-socorro porque havia posto delineador no olho, ou voltava com cortes na perna por ter usado uma lâmina de barbear no banheiro. Anna ficava limpa e razoável por algum tempo, então acontecia alguma coisa, e ela caía outra vez.

Em seu depoimento diante do juiz naquela época, Anna descreve tudo isso de um modo diverso. Como eu tinha sido uma máquina de demolição na vida dela, Anna sentia que eu não tinha direito de levar aos tribunais toda aquela impostura de "mais santo que você" e argumentava que ela merecia a custódia, não obstante sua condição física naqueles tempos. Em seu pedido ao tribunal, ela dizia que:

1. Eu tinha arruinado a vida dela. É verdade, mas foi uma espécie de olho por olho.

2. Eu havia abusado dela física e psicologicamente quando vivíamos juntos. Verdade estrondosa.

3. Eu a havia abandonado quando ficou grávida. Falso.

4. Havia sido obrigada a ir para o Texas, pelo meu comportamento abusivo. Falso. Eu já tinha deixado de aterrorizá-la havia muito tempo; ela estava fazendo um bom trabalho por si só.

5. Eu ignorara o fato de que ela tinha ficado limpa e conservado o emprego, desde que se mudara para o Texas. Verdade até certo ponto, pelo menos quanto à parte do "ignorara", porque era tudo mentira.

6. Eu não cumpria o acordo para mandar as crianças para lá, com pensão alimentícia, depois de seis meses. Verdade, mas eu tive minhas razões.

7. Eu desconsiderei o fato de que ela telefonava constantemente quando estava no Texas. Quase nunca e, se o fez, estava drogada ou bêbada.

8. Eu me valera de sua ausência para tentar conseguir a custódia. Verdade, até certo ponto. Eu tinha comigo as crianças, mas nenhuma documentação para apoiar esse fato. E ela continuava a dizer que voltaria, mas nunca houve evidência de que ia conseguir fazê-lo.

Embutida no sistema legal, existe uma tendência a dar preferência às mães em questões de custódia. E quando a situação o exigiu, Anna afirmou que talvez eu não fosse o pai biológico das gêmeas. Afinal de contas, aqueles eram tempos confusos, disse ela. Francamente, não me preocupei nem um pouco com isso — já havia decidido que era o pai delas —, embora pudessem advir graves consequências legais se descobrissem que as crianças que eu criava não compartilhavam os meus genes. No dia 6 de junho de 1991, chegou uma carta que dizia o seguinte: "Com base no exame dos sistemas genéticos que constam do protocolo anexo, homens falsamente acusados podem ser excluídos de 96% a 99% dos casos. Os resultados obtidos neste caso *não* excluem David Carr." A seca retórica científica não disfarçava o fato de que a maior parte dos homens que faziam o exame de DNA desejavam ser excluídos, e eu buscava precisamente o resultado oposto.

Enquanto viajava de volta ao passado, através das anotações do diário que Barbara me dera para ler, vi que havia sido indicado na época para alguma coisa chamada National Victory Award [Prêmio Nacional da Vitória]. Cada estado faz uma indicação de alguém que tenha vencido alguma dificuldade, realiza-se uma cerimônia no Kennedy Center, em Washington, e serve-se um café na Casa Branca. Embora eu geralmente adore ser o alvo das atenções, essa modalidade pareceu-me agudamente embaraçosa, o que pode ser a razão pela qual nunca mencionei o tal prêmio a ninguém depois que isso passou. Um dos indicados para o Victory Award tinha sido baleado e perdera a visão. Mesmo cego, havia atravessado o oceano Atlântico sozinho, ou alguma coisa realmente extraordinária como essa. Logo depois vinha eu. As pessoas presentes aos vários eventos do prêmio me perguntavam, polidamente, por que eu tinha sido selecionado para representar Minnesota, e nunca consegui pensar na resposta certa. "Hum, eu costumava enfiar coisas no meu nariz, e agora não faço mais isso, e, hum, estou criando as filhas que pus neste mundo." Ficamos hospedados no Hotel Watergate, e eu relatei a viagem no meu diário:

```
[...] campos. O pessoal da limpeza terminou por trazer as
camas, mas levou uma eternidade conseguir que as meninas
se acalmassem depois da viagem.

Saímos para Cheverly de manhã, depois do café e de um
passeio pelo rio Potomac. Foi legal ficar observando
Linda e as crianças. Ficamos juntos enquanto mamãe e o
John foram a uma recepção. Linda e eu levamos as meninas
para um passeio de metrô no meio do dia e nos cansamos
muito. Chegamos tarde ao hotel, e as meninas dormiram
feito pedras.
```

Domingo de manhã fomos todos a um *brunch* em Maryland e ali assistimos a um jogo de futebol do Timmy, em Bowie. Voltamos para o hotel, e mamãe cuidou das crianças enquanto eu cobria o debate entre Wellstone e Boschwitz. John foi comigo e passamos momentos agradáveis. Fiquei acordado a maior parte da noite e escrevi a matéria. Dormi um pouco, mas duas horas e meia depois já estava mandando a matéria pelo modem para o *Twin Cities*. Mamãe e eu levamos as crianças à pastelaria mais gordurosa que já vi na minha vida. O cara coreano dizia: "Que qui vocês quê?"

Voltei para casa e tentei tirar uma soneca. A vovó levou as duas meninas com ela, porque eu não tinha dormido nada. Uma hora depois, ela trouxe de volta a Meagan, que chorava sem parar e declarou que eu ia ter que me encarregar dela. Cansados como estávamos, desistimos de dormir e pusemos *A pequena sereia* no aparelho de vídeo. Sempre me lembrarei de como Meagan estava adorável, emoldurada por aquela cama enorme, aquele sorriso de satisfação no rosto. Uma hora mais tarde, a mesma menina corria pela Casa Branca, quase fazendo uma cena [...] ela ficou correndo de um lado para o outro, por toda a sala, rindo sem parar, na hora de tirar uma fotografia com a sra. Bush.

> Fomos embora cedo, deixamos as crianças em Cheverly, e John nos levou para jantar no Dominique's. Depois partimos para receber os prêmios Victory, seguidos por uma agradável festa.
>
> Pegamos as crianças em Cheverly, na manhã seguinte, e passamos a tarde indo para Cleveland, para nossa casa. Meagan estava fora de si.
>
> Os poucos parágrafos acima não conseguem mostrar como a viagem foi maravilhosa, mas ainda estou muito cansado para descrever melhor.

Foi uma época gostosa. Minha mãe e eu voamos com as gêmeas, e ambos tínhamos suítes no Hotel Watergate. Eu estava muito animado com a viagem — fui à loja Brooks Brothers e comprei uma desventurada camisa social rosa, que ainda tenho. O arquivo de Barbara registrava que, no dia anterior à viagem, Anna tentou fazer com que um juiz me impedisse de tirar as crianças do estado. Lindo.

Como minha advogada, Barbara tinha um cliente duvidoso, não pagante, e muitos outros pontos de interrogação. "Acho que sou muito competitiva, eu queria ganhar", disse ela. "Especialmente porque Anna não teve advogado boa parte do tempo, e eu pensei: 'Se eu não puder ganhar sem um advogado que defenda o outro lado, que tipo de advogada eu sou?'"

No entanto, não gostavam muito do meu caso no escritório central. "Na firma, começaram a fazer perguntas", lembra Barbara. "'Por que você está gastando todo esse tempo com David Carr? Ele não nos paga, é um caso *pro bono*. Olha só a aparência dele. É um viciado em drogas, Barbara, trata-se de um caso perdido.'"

"O diário que eu pedi para você fazer começou como um conjunto de ideias aleatórias sem conexão umas com as outras. Não havia nenhuma organização, nenhuma racionalidade", disse ela. "E, com o passar do tempo, você foi se tornando um escritor outra vez. O diário começou a fazer sentido, contava uma história — tinha começo, meio e fim. As ideias aleatórias eram pouquíssimas no final. Eu diria que aquilo era uma espécie de metáfora do que estava acontecendo em sua vida naquele período, porque você também estava reconstruindo sua vida."

24 de novembro

As duas garotas estão com dor de ouvido, é o dia seguinte ao de Ação de Graças, de modo que tivemos que ir ao pronto-socorro da universidade para conseguir uma garrafa daquela coisa rosa. Elas estão mesmo doentes, e há planos grandiosos para amanhã. Espero que um milagre aconteça, e elas melhorem rápido [...]

Meagan ficou sentada ao meu lado enquanto eu trabalhei até tarde, ontem à noite [...] ela chupou picolés, leu livros e concordou imediatamente com tudo que eu disse. Provavelmente essa concordância tenha alguma coisa a ver com a possibilidade de vir a ser posta de volta na cama a qualquer momento. Foi um momento de qualidade. Eu digitava e ela conversava comigo, mesmo doente.

O Dia de Ação de Graças foi de grande elevação espiritual. Dois anos antes, nessa mesma época, eu estava fazendo um tratamento de desintoxicação, mergulhado até as axilas em uma banheira de desinfetante para empapar todas as pústulas que eu tinha provocado com as agulhas das seringas. Dois anos atrás, minhas crianças estavam a caminho de lares provisórios, e eu estava a caminho do tratamento. Agradeço a Deus e a todos porque a guerra acabou [...]. Agora, há um pouco de dinheiro no banco, os lobos estão longe da nossa porta e a vida é boa. Esse planeta em que vivemos é milagroso, e eu me sinto como se fosse a primeira prova disso [...] para não mencionar que sou o pai da segunda e da terceira prova.

Tchau por agora.

Falando de provas, depois de muitas voltas e negociações, o tribunal do condado de Hennepin afinal decidiu que eu era uma "pessoa adequada e apropriada para ter o cuidado, a custódia e o controle permanente das supracitadas menores".

A história sugere que as coisas chegaram a seu termo como deviam, mas a sugestão de Anna, de que eu não era a escolha óbvia para ser o responsável encarregado da custódia das gêmeas, encontrou força significativa quando voltei a ler com atenção os registros do tribunal. Eu tinha ganhado da Anna um concurso de que anão era mais alto, nada mais.

Cada um de nós tinha uma história de contumácia, e a minha era bem mais extensa que a dela. A mentira que contei a mim mesmo — de que tinha me tornado inteiramente outro pela minha decisão de abandonar as drogas — manteve a dúvida a uma distância segura. Se eu houvesse realmente avaliado minhas possibilidades em todas as suas dimensões, eu teria ficado paralisado. Eu estava limpo, Anna não, e, portanto, eu não só era elegível para assumir a custódia de almas humanas, como estava qualificado. Isso se tornou um conto de fadas, que me conservou vivo e que me permitiu transformá-lo em realidade. Tudo de bom e verdadeiro na minha vida começou no dia em que as gêmeas passaram a ser minhas.

40

CHAMADA EM ESPERA

MARÇO DE 1990

ANNA: Por que você não pôde gastar um pouco de dinheiro para mandá-las para mim? Eu estou pedindo, implorando, que você mande algum dinheiro para que elas possam vir para cá e ficar um pouco comigo.

DAVID: Não.

ANNA: Não posso acreditar nisso! Você tirou esses bebês de mim, roubou meu dinheiro, roubou minhas drogas, e não tem sequer a decência de mandá-las para a mãe delas!

JULHO DE 2007

ANNA: Não fico com essas crianças há dez anos. Dez anos! Eu estou pedindo, implorando, que você mande algum dinheiro para que elas possam passar algum tempo comigo.

DAVID: Não.

ANNA: Você roubou meu dinheiro, arruinou meu negócio, arruinou minha vida! Será que você não pode encontrar porra nenhuma no seu coração e gastar um pouco de dinheiro para mandar as minhas filhas para mim?

41
EU É QUE AGRADEÇO, MENINO JESUS

Como muitas pessoas novatas no processo de recuperação, eu não era de ficar calado, mesmo que não entendesse do que estava falando. Eu vociferava sobre minha nova aquisição na vida para quase qualquer um que topasse me ouvir. Com o passar do tempo, comecei a falar a serviço de outros. Falei em centros de detenção de jovens, falei para presos e guardas, para pacientes de desintoxicação e, numa ocasião memorável em 1990, para um comitê de bispos católicos. Meu irmão John trabalhava com eles e conseguiu que os bispos ouvissem seu irmão caçula, uma das crianças desobedientes a Deus.

Quando nos reunimos para falar disso, em um café de Minneapolis, em 2006 — meu irmão estava de visita, vindo de Washington —, John lembrou que, quando eu usava drogas, deixei minha mãe à beira da loucura. "Ela dizia: 'Não quero que ele morra, mas quero que se machuque o bastante para parar.'"

Depois que finalmente consegui parar, John me levou para falar aos bispos. Ele achou que eu passei a mensagem muito bem, que consegui causar um certo impacto nos participantes, mas não deixou de assinalar que em alguns momentos eu exagerei. "Estávamos almoçando, você se virou para o cardeal Hickey e disse: 'O que é que a gente sente quando nos chamam de Vossa Eminência?'"

Quando John chegou em casa, enviou-me uma cópia das observações que fiz naquele dia diante dos bispos.

As pessoas que conseguem ficar limpas por um mês ainda estão muito doentes, muito vulneráveis. Nesse sentido, os braços incondicionalmente abertos e amorosos da Igreja podem significar a diferença entre alguém que vai viver ou que vai morrer. É difícil negar o efeito de uma dimensão espiritual na minha própria recuperação. Eu despertava para um milagre a cada dia que permanecia limpo e me arrastava para a cama, agradecido, todas as noites.

Parte do programa que estou vivendo todos os dias exige que eu faça um destemido inventário moral de mim mesmo e que o compartilhe com outra pessoa. Um padre escutou impassivelmente enquanto eu descrevia como deixei minhas filhas sozinhas dentro de um carro estacionado na frente de uma casa onde se traficava crack, numa gélida noite de inverno. Não reagiu quando contei como as deixei com fome enquanto me injetava mais uma vez. Quando terminei, eu estava chorando. Perguntei como poderia eu algum dia ser perdoado. Cada vez que você respira estando sóbrio é um ato de graça, disse esse padre. Você está fazendo compensações a cada dia que não usa drogas. E eu encontrei conforto suficiente no que ele dizia para perdoar a mim mesmo...

Não acredito na "guerra contra as drogas". Não há guerra, e não há lados. Existe somente o vício e as consequências sociais e humanas que o acompanham. A Igreja pode fazer mais do que mitigar o mais grave desses problemas. Na minha opinião, ao demonstrar empenho em proporcionar ajuda aos que estão afligidos por essa doença, a Igreja se torna melhor... A Igreja conta com a proximidade e com o pessoal capaz para obter um diferencial no que parece ser um problema insolúvel.

Por toda parte, hoje em dia, os viciados em drogas se transformaram quase que em leprosos. Trata-se de um campo inteiramente apropriado para que a Igreja preste bons serviços. Ajudar as pessoas a reconstruírem suas vidas, para mim, é um trabalho nobre.

42

TRIO PODEROSO

Quando uma mulher, qualquer mulher, tem problemas com substâncias químicas, ou tem filhos fora do matrimônio e termina na luta na condição de mãe solteira, ela é identificada por muitos nomes — cadela, perdida, desviada — e vista como uma carga para a sociedade. Tome essas mesmas circunstâncias, coloque um homem vivendo nelas, e ele se transforma em príncipe. Veja o macho branco solitário fazendo o papel de papai e, num piscar de olhos, o papel da mamãe também! (Eu descobri mais tarde que, independentemente dessa presunção, eu não era a mamãe da Erin e da Meagan. A mamãe delas foi a mãe delas.) Por que a mesma série de atos notórios se transforma em algo enobrecido pelo gênero?

Não estou dizendo que criar filhos, particularmente sozinho, seja uma viagem ao Caribe, mas pais e mães solteiros é coisa tão antiga como a reprodução. As famílias se apresentam em todos os tipos de versões, e acontece que a nossa ficou sendo duas adoráveis criancinhas grampeadas a mais de cem quilos de um macho branco e grande. Ainda assim, gente que conhecia nossas circunstâncias maravilhava-se com sua idiossincrasia. E pessoas que me conheceram antes das gêmeas maravilhavam-se ainda mais. Minha mãe, que me conhecia melhor, nunca duvidou das minhas intenções, apenas da minha constância.

Eu sabia como trocar uma fralda. Tendo trabalhado em lares de idosos, eu tinha limpado mulheres idosas, crianças com retardo mental e velhos surpreendentemente fortes, que não gostavam que algum estranho tirasse suas calças. E tenho mãos boas e rápidas, dos meus tempos de garçom. Mas e o meu coração? Será que os anos que passei em busca de mim mesmo deixaram o meu coração atrofiado, incapaz de responder ao ruído surdo dos passos de pés pequenos? Não foi assim, como veremos.

Ter filhos tem um efeito enormemente simplificador sobre a vida. Divagações profundas, induzidas pelas drogas, sobre a falta de sentido da vida, tal como definida por Sísifo por um lado e por Kierkegaard por outro, foram substituídas por uma questão mais prosaica e, em última instância, mais engajada: agora que produzi filhos, como vou caçar e matar alimento suficiente para mantê-los vivos? (Outras questões também se manifestam: *milho congelado é um vegetal?* É, quando sou eu que estou cozinhando. *Esses horríveis cachorros-quentes de carne rosa contêm proteínas?* Pegue dois. *Quantas vezes por semana você pode servir macarrão genérico com queijo sem que isso seja ilícito?* Eu diria que cinco vezes.)

Como a maioria dos pais solteiros, eu ficava constantemente em dúvida entre fazer dinheiro para suprir as necessidades físicas de minhas filhas e estar presente para suprir suas necessidades emocionais. Não havia trabalho que eu não fizesse. Escrevia sobre política de drogas para um boletim de notícias financiado pelo Estado, fazia *releases* de bandas de rock. Escrevia uma coluna política para o *Reader*. Escrevia apresentações para o programa de beisebol dos Minnesota Twins. Fiz um perfil coletivo dos piores advogados de divórcio da cidade para a revista local. O editor da revista, Claude, achou que o primeiro texto estava chato. Por sinal, tinha razão, eu estava incrivelmente ocupado e enviei o texto sem rever. Ele me telefonou para dizer que eu poderia ficar com a remuneração de texto rejeitado ou tentar reescrevê-lo; que não fazia diferença para ele. As apostas eram altas, com 700 dólares a mais na balança. Seria o mesmo se fossem 10 mil dólares. Escrevi de novo, dando tudo de mim. Claude ligou de novo e disse: "Gostei do texto agora. Tem gente, tem ânimo, é divertido e está bem escrito." Desliguei o telefone, caí de joelhos e chorei, murmurando uma oração de agradecimento e alívio.

A coisa de Deus era esquisita. Todo o debate teológico parecia estar a distância, e um poder mais alto estava entre nós, simplesmente porque precisávamos que houvesse um ali. Isso resolve algumas questões práticas — eu não tinha tempo para construir minha própria versão de um mito de criação, de modo que o Deus todo-poderoso dos domínios católicos em que fui criado foi muito útil. Em julho de 1989, fomos à igreja de St. Stephen's, no centro de Minneapolis, para batizar aquelas gêmeas brancas e mimadas em uma comunidade de fé. À grande ocasião compareceram a minha família, os novos padrinhos de Erin e Meagan — meu irmão John, minhas irmãs Missy e Coo, e meu amigo Chris — e as pessoas do resto da minha vida.

Depois fizemos um piquenique no Parque Powderhorn. Posso me lembrar de estar de pé no alto da colina que dá para o parque, observando enquanto Erin e Meagan eram passadas de mão em mão como um tesouro. Eu me senti na glória, como se não estivesse fingindo nada; senti que era de fato um pai e que minhas filhas pertenciam a algum lugar. O livro de convidados daquele dia está cheio de divagações sobre o comportamento e o corte de cabelo das gêmeas, inclusive sobre as pequenas fitas que minha mãe prendeu nas suas cabeças quase totalmente carecas.

"Uma pintura encantadora", escreveu meu amigo Nick. "E também há o pai."

———

Se Anna entrava e saía da vida das meninas, Doolie entrava e saía da minha. As coisas que nos haviam unido ainda estavam lá — a intimidade e a atração mútuas, um senso de humor compartilhado —, mas agora tinham que viajar através de muitos detritos do passado. Doolie ficava contente por eu estar me exercitando como pai, mas sabia de onde vinham aqueles bebês, e que bastardo violento e hipócrita eu tinha sido. Foi perdoando aos poucos, mas não podia esquecer, pois Erin e Meagan estavam o tempo todo enroladas em nossas pernas quando estávamos juntos. Houve um pouco de drama, nada como no passado, e gradualmente começamos a trilhar caminhos diferentes.

Eu me uni a um grupo de pais e mães solteiros em que era o único homem na sala e comecei a desenvolver relacionamentos em vários programas de recuperação. As gêmeas não eram uma carga quando se tratava de encontros. Precisamente o contrário. Entre as ferramentas de trabalho que inventei, havia uma coluna chamada "Porque eu disse...", no jornal familiar de minha amiga Marci. A foto que aparecia na coluna transmitia inocência e decência, que não são propriamente características minhas.

BECAUSE I SAID SO...
Musings of a Single Father

BY DAVID CARR

Tradução:

Porque eu disse...
Reflexões de um pai solteiro
Por David Carr

Os leitores viam a fotografia e o texto enjoativo que a acompanhava e saíam com uma agradável primeira impressão. *Ah, que engraçadinho ele ali, sentado com dois lindos bebês. Não parece que ele precisa de um pouco de ajuda?* Não funcionava como aquela coisa do filme Mr. Mom, mas também eu não o negava. Por um lado, quem marcasse um encontro comigo tinha que saber que, se houvesse algum tipo de desdobramento, ia ter que ser na minha casa. Era importante parar o taxímetro da *baby-sitter* o mais rápido possível. O que eu contava na coluna fazia com que o nosso pequeno apartamento dúplex, geralmente um caos, parecesse uma espécie de país das maravilhas.

> Durma — se puder. Ainda não consigo imaginar como qualquer pessoa que fique em casa tantas noites como eu tenha tão pouco repouso. Recentemente, nosso pequeno trio lutou corpo a corpo por duas semanas com aquele vírus de gripe alienígena que anda por aí. Acho que uma vez consegui dormir mais de quatro horas. Quando finalmente fiquei doente, as meninas já se sentiam bastante bem para desfechar um ataque às 4:30 da madrugada. Acordei uma noite com o ruído surdo de passos de pés pequenos, abri um pouco os olhos e me deparei com um de seus bichinhos de pelúcia olhando para mim bem de perto. Olhei para a minha cama e havia mais oito animais alinhados. As gêmeas entraram no quarto como se fosse meio-dia.
> "Vocês podem me dizer o que está acontecendo aqui?", resmunguei para o travesseiro.
> "Nós estamos fazendo um show para você", disseram elas alegremente.

Homens que pensam que são sedutores com frequência conseguem um cachorro bonito e brincalhão, um acessório de sangue quente que os preceda na calçada, balançando o rabo e fazendo bonito. Bem, eu nunca fui muito sedutor, mas posso dizer que meninas gêmeas — comunicativas, doces, adoráveis — fazem qualquer cachorrinho parecer um *pit bull*, em comparação. Quando eu saía com elas, as gêmeas davam muitas dicas sobre mim: que eu já estava envolvido com alguém e, portanto, não era uma ameaça. Que eu estava em contato com meu espírito andrógino-homem-mulher. Que eu era suficientemente responsável para me deixarem sair de casa com duas estonteantes garotinhas ainda pequenas. Só a última parte era verdade, e apenas porque não havia a quem pedir licença.

A primeira casa em que morei com as meninas ficava na Avenida Dupont 2.612. Era um apartamento dúplex um pouco caído e frequentado por camundongos. Mas era nosso, um espaço para preservar que não era o porão dos meus pais. Não tínhamos um carro que funcionasse e acabamos andando de ônibus em muitos dias de inverno brutalmente frios. (Até hoje, morando nos subúrbios de Nova Jersey, onde tomar um ônibus para Nova York é um modo de vida, eu detesto fazê-lo, em parte porque me leva de volta a uma época em que eu não tinha escolha.) Tivemos um par de calhambeques, até que finalmente comprei uma caminhonete Volvo muito usada, que as gêmeas chamavam de "Beleza", não porque fosse linda, mas porque andava rápido. Meu amigo Billy consertou as partes amassadas, vendeu-a barato para nós e depois garantiu, com consertos eventuais, que ela continuasse andando, um dos muitos atos de gentileza não-tão-aleatórios que nos ajudaram a conquistar a normalidade.

Fui pai solteiro desde que minhas filhas tinham 1 ano até completarem 6. Sempre que o assunto vem à baila, todo mundo se pergunta "como consegui". Eu não consegui. Muita gente nos ajudou, em parte pela novidade, em parte pelo que estava em jogo.

Nancy, uma amiga por quem eu tinha uma queda desde quando trabalhava com ela no Little Prince, preparou um lar para nós, valendo-se de suas raras habilidades como especialista em compras econômicas e pistolas de cola. Quando nos mudamos para outro lugar na Avenida Pillsbury, ela arrumou tapetes gigantes, luzes legais, caixas de brinquedo, sofás e mais e mais.

Minha mãe vestia as gêmeas e me dava lições regulares sobre a importância da boa higiene — se não para mim, pelo menos para elas. Ela sabia que, se fossem deixadas por minha conta, elas iam andar vestidas com sacos de juta, provavelmente sujos.

Todos os domingos eu comparecia a uma reunião à qual precisava ir, graças ao meu amigo Dave, que aparecia sempre, com chuva ou com sol, para ficar com as crianças. Embora eu a tivesse abandonado e tido aquelas meninas com outra mulher, Doolie ficava mais do que feliz em passar em casa e tirá-las das minhas mãos por algumas horas. Meu amigo Rick, da Eden House, agora de volta à sua antiga vida de quase gângster, sempre arranjava tempo para levar-nos de carro aonde precisássemos ir. Chris, o padrinho delas, fazia a mesma coisa.

Fast Eddie era o meu ás na manga. Certa manhã cruelmente fria de novembro de 1991, meu infortunado Grand Prix fundiu uma biela no Excelsior Boulevard, perto do lago Calhoun. Ele chegou lá em dez minutos e levou as crianças em seu carro, que era aquecido.

Parte do interesse por nós não era tão compassivo: uma senhora, caixa da loja Rainbow Foods, viu Meagan chorar por causa de um pacote de chiclete e murmurou algo como "papai está com alguma dificuldade de ser babá". Tendo ouvido aquilo mais de uma vez, virei-me para ela e disse: "Chama-se educar, sua idiota." Quando uma das meninas se machucava em algum lugar público, arranhando o joelho, por exemplo, alguma mulher sempre aparecia do nada, e mais de uma vez tive que afastar alguém com uma cotovelada e uma expressão de desaprovação. Até onde sei, cuidar das minhas filhas não requereu ovários.

Sentir a confiança e a dependência de pequenos seres é uma coisa terrível e maravilhosa. Não é precisamente enobrecedora, mas faz com que qualquer um, até mesmo eu, acesse sua melhor natureza. Certa noite eu estava trabalhando duro, com um prazo de entrega brutalmente curto. Por volta das três da madrugada, decidi que precisava me deitar por um momento. Fui para a cama no quarto ao lado e me deitei, mas deixei os pés no chão, para não dormir a noite toda. Cochilando naquela posição, escutei um ruído no escritório: o barulho do meu aparelho de ar-condicionado sendo colocado no chão. Eu me levantei, e, quando fui ver, havia um viciado em crack, com cara de chapadão, na metade do caminho para a janela. Com as gêmeas dormindo atrás de mim a alguns quartos de distância, era questão de lutar ou fugir. Bater a porta e chamar a polícia? Nada disso. Lutar.

Eu gostaria muito de dizer que avancei e chutei a cara dele com tanta força que ele ficou com a boca cheia de chicletes sangrentos. Mas foi mais um empurrão com meu pé do que um chute. Ele foi embora.

―

Mas, em alguma hora, todos iam embora. E só ficávamos nós. "Só nós", eu dizia. "Só nós", diziam as gêmeas.

Podia ser a glória, mas também podia ser o próprio inferno. Algumas noites, eu me descobria parado em frente à porta do nosso apartamento dizendo uma oração que, na verdade, era uma mistura de praguejar e balbuciar. *Querido Deus, por favor saiba que essas garotinhas estão fazendo com que eu viva sem dormir.*

A Meagan não dormia muito, o que significa que ela despertava a Erin e que eu ficava desperto, algumas vezes noite após noite, com uma ou com a outra. Sem álcool ou cocaína para proporcionar estamina artificial, comecei a desmoronar. Wendy, uma dramaturga que vivia no andar abaixo do nosso na Avenida Dupont e que amava as meninas, uma noite chamou a polícia porque estava absolutamente certa de que ninguém que ainda estivesse vivo conseguiria dormir com o barulho do choro da Meagan. Mas ali estava eu, em um coma resultante da exaustão.

Meus diários daquela época estão cheios de anotações desesperadas, que soam como se tivessem sido escritas em uma trincheira. Como muitos pais novatos, escrevi saudosos sonetos sobre o sono e muitas vezes desejei que houvesse alguém, qualquer pessoa, que assumisse aquela carga. As mulheres muitas vezes se casam com homens na crença de que eles crescerão e se transformarão em algo mais. Isso nunca funcionou para mim, bêbado ou sóbrio, mas aquelas duas pequenas mulheres despencaram na minha vida com efeitos profundos.

Meu amigo Dave, o homem de negócios, um cara muito bem-sucedido que me adotou na recuperação, parecia saber quando era necessária a cavalaria. Nosso primeiro Natal em casa estava com pinta de caído. Ele passou lá em casa, espiou para ter certeza de que as meninas estavam na cama e depois entrou com sacolas e mais sacolas de presentes. Ele e eu rastejamos em volta da casa, escondendo guloseimas para as meninas procurarem.

Muitos anos depois, contei a Dave que, dada a quantidade de ajuda que recebemos, não foi tão difícil como alguns amigos e a família pensavam. Ele discordou. "Você vivia na merda", disse ele, enquanto dava uma dentada num hambúrguer em uma lanchonete de Edina. Disse que eu "não tinha dinheiro", que eu era "gordo, que fumava, que comia todas as merdas que não devia comer. Você era uma bomba-relógio. Eu pensei: esse cara vive em compasso de espera; ele está aí só esperando. Você raramente sorria, nem ria — essa é uma das coisas de que mais me lembro. A não ser que você estivesse com suas filhas".

"Mas você não falava sobre como era difícil para você ficar limpo. Você sempre soube que estava a apenas um passo da recaída, mas sabia que suas filhas dependiam de você, e estava muito disposto e determinado a ficar limpo."

43

DIGITANDO RUMO A BELÉM

Nesses anos, desde que retornei ao jornalismo, sempre estive convencido de que dera a volta por cima graças à gentileza de outros. É verdade até certo ponto, mas só até certo ponto. Depois de conversar com editores para os quais e com quem trabalho, ficou claro que, na maior parte das vezes, eu mesmo abri meu caminho de volta.

"Você fez uma investida na profissão", disse Erik, sentado à mesa na varanda do restaurante Les Halles, em Washington, onde ambos fazíamos turnos para editar o *Washington City Paper*. "Foi um ataque completo. Não há outra forma de descrevê-lo. Sua ambição, sua energia e todos os seus movimentos estavam calibrados com muita precisão. Você não parece ambicioso, mas é."

No fundo, a maior parte do meu sucesso derivou de uma característica muito comum nos repórteres: a coisa mais interessante para mim é a que me dizem que não pode ser descoberta. Quando escuto isso, sou tomado por um impulso autodidata e passo a remover cada pedra que estiver no caminho. Como estive em alguns becos sem saída antes, e conheço o medo real, quando descobria algo que era verdadeiro ficava feliz de escrever sobre o assunto e lidar com as consequências. Nada de mais.

Naqueles primeiros anos de regresso à vida de repórter, escrevi coberturas de mídia que desconstruíam as deficiências do jornal diário. Minha cobertura política era selvagem e mal-humorada. Certa vez, disse que um senador do Minnesota deixava "sua bússola moral girar como a hélice de um C-130". Quando um dos maiores advogados da cidade lesou sua empresa, fiz investigações científicas sobre seus motivos. Escrevi matérias que sugeriam que as empreiteiras estavam se aproveitando da cidade, que os funcionários municipais tinham conflitos manifestos e que a indústria de bebidas alcoólicas tinha aumentado sua influência.

Olhando para os textos que remetem àqueles dias, o leitor não escuta minhas duas meninas correndo ao fundo, ou o viciado latente implorando só mais uma carreirinha. Os textos são todos do mesmo tipo: um repórter no controle de sua informação e da revelação desta.

Para começar, houve muita inabilidade profissional quando eu estava tentando reabilitar minha reputação, depois de um fracasso público. Parte do problema com a recuperação autêntica é que você fica preso no mesmo conjunto retórico que tinha quando estava reincidindo de forma crônica. *Dessa vez, estou conseguindo alguma coisa. Dessa vez, sim. Agora, eu realmente quero. Isso foi antes, agora terminei completamente com aquela merda. OK, sei que já disse isso antes, mas, de uma vez por todas, acabou.* A não ser que não tenha acabado.

O viciado compartilha o ceticismo daqueles que o observam. Parte dele é prática — você tem que fazer o trabalho duro de permanecer limpo —, mas parte é mística. Caras que eu achava que estavam perfeitamente bem, dirigindo um show muito melhor do que o que eu jamais sonhei para mim, eram os que pulavam de uma ponte, colocavam uma espingarda na boca, morriam de overdose. Sim, claro, antes eles do que eu, mas, porra, e se *fosse* eu? A característica definidora da recuperação do vício, ou de qualquer outro problema crônico de saúde, é que você está bem até não estar mais.

Para uma pessoa normal, pode ser completamente desconcertante. No meu caso, por que alguém que tinha começado bem como escritor, com um futuro pela frente, ia estragar tudo buscando a autodestruição? Mas os caretas também são desconcertantes para os viciados. Já vi muita gente que bebe um copo e meio de vinho e deixa o resto. Qual é o sentido de fazer isto?

Gente comum, que não é bêbada nem viciada, bebe muito, tem uma ressaca horrível e resolve não fazer mais isso. E não faz. Um viciado fica pensando que houve algo errado com sua técnica ou com as doses. *Cocaína demais, ou a que tinha não foi suficiente. Foi o gim; a partir de agora, só uísque. E água, eu esqueci de beber água. Ou talvez tenha sido a falta de comida. Da próxima vez, vou pensar melhor antes de tomar um pico com o estômago vazio às três da tarde. Vou pedir um queijo grelhado. Deve fazer uma diferença enorme.*

Os viciados não são vultos fugidios. Eles caminham entre nós. A moça quieta e cerimoniosa que faz a manutenção dos computadores é muito doente. O gerente de vendas psicótico e controlador. O cara dócil e traiçoeiro que administra o escritório e se mete na vida dos outros. O chefe que dá tapinhas nas costas, que parece tão contente com tudo, sempre que toma dois comprimidos de alguma coisa. São todos bêbados. Viciados em pílulas. Fanáticos por cocaína. Todos os sabores, todas as noites repletas de desespero e saudade, seguidas de manhãs vacilantes e mortificantes, com seus juramentos desesperados de nunca deixar isso acontecer outra vez. Mas acontecerá.

Jay, aquele editor da revista comercial que me ofereceu a escolha entre tratamento e desemprego, disse que o fato de eu estar capacitado para trabalhar outra vez tinha a ver com uma reputação de competência e empenho, que pode não ter igualado minha tendência de espalhar o caos, mas que era mensurável.

"É uma cidade pequena, e você tinha uma grande reputação", disse ele. "Todos sabiam o que esperar de você, todos sabiam que haveria coisas muito positivas e muito negativas, que haveria algumas irregularidades, adiamento de alguns prazos de entrega e que a gente poderia não conseguir exatamente o que esperava. Haveria palavras demais, e também seria muito legível e interessante para qualquer pessoa que lesse. Sempre valia a pena correr o risco, e as pessoas iam querer ler a sua história e ver no que deu. Começo, meio e fim, você pensava entre eles. Você tinha uma capacidade prodigiosa de escrever, podia escrever 4 mil palavras em um prazo de seis a sete horas."

Muitas pessoas recorrem à chamada cura geográfica, depois que ficam limpas, dando um jeito de não passar pelos mesmos cantos de antes. Se você abandonar a cena dos seus crimes, não precisa implorar sua volta à solvência pedindo trabalho às mesmas pessoas que você sacaneou alguns anos antes. Havia alguns outros editores à mão, mas grande parte do meu regresso ao jornalismo se deu no *Twin Cities Reader* e na *Corporate Report*, onde antes eu havia fracassado redondamente. Deixar a cidade não era uma opção viável — eu tinha um grupo inteiro de apoio ali e afastar-me dele teria sido tolice.

No *Reader*, fiz várias coisas como freelancer, inclusive uma coluna muito fraca chamada "Política como de costume". Numa avaliação retrospectiva, dá para ver que eu errei muito em algumas das minhas previsões: eu disse, por exemplo, que aquele cara chamado Wellstone nunca tinha se drogado, até que se constatou que ele se drogava. Mas o discurso era muito moderno, quase como o de um blog, com uma direção e uma precisão de significado que eu desejaria poder alcançar hoje em dia. Eu ainda fazia coberturas jornalísticas de crimes — uma das matérias mais importantes foi sobre um estuprador em série que mantinha em sua mira as mulheres de Minneapolis e de quem a polícia não tinha pistas. Com frequência, eu estava à frente dos jornais diários, afirmando simplesmente o que estava à plena vista, em vez de submeter-me à camisa de força dos porta-vozes, das declarações preparadas de antemão e das respostas adequadas.

Liguei para o Tony, o ex-chefe de polícia com quem tinha batido de frente em certa ocasião — em que não estava detido ou sendo fichado um andar abaixo do dele. O chefe Tony tinha uma coleção de policiais desajustados pela qual nutria um interesse especial, cuidando deles — às vezes, quanto mais atingidos melhor —, e achei o mesmo ponto fraco dele quando eu usava drogas.

"Você era um fodido que trabalhava sério, não há dúvida disso." Ele pode ter ouvido falar de algumas coisas que andei fazendo quando não estava trabalhando em alguma matéria, mas nada que chegasse ao ponto de requerer uma investigação. Tínhamos em comum uma alta estima por policiais e um baixo apreço pela política de encobrir quem tinha culpa no cartório. "Você era rude, mas não era cínico nem queria favores. Era uma alma torturada tentando ficar bem, e aquilo me deixou impressionado", disse ele. "Havia algo de verdadeiro em você, nem fácil nem suave. Você sempre foi um lutador, e eu adorava trabalhar com você."

Às vezes, uma história profissional que teve sua parcela de coisas ruins tem um lado bom. Outras pessoas que deram um tropeção público imaginam que alguém com conhecimento empírico próprio sobre a fragilidade humana poderia ser menos apto a fazer julgamentos sumários sobre terceiros. As pessoas com histórias complicadas em alguns casos procuravam alguém como eu, que tive um passado também complicado.

Lyle Prouse, comandante da Northwest Airlines, era um ex-fuzileiro naval que começou a manhã do dia 8 de março de 1990 com suas trinta flexões costumeiras, embora ele e sua tripulação na véspera tivessem bebido até tarde no bar Speak Easy, em Moorhead, uma cidade de Minnesota em frente ao limite com Fargo, na Dakota do Norte. Lyle foi para o aeroporto internacional Hector, em Fargo, para pilotar o voo das 6h para Minneapolis, e um funcionário da Federal Aviation Administration (FAA) estava lá para conversar com ele sobre uma denúncia de pilotos que bebiam muito. Havia alguma preocupação a respeito das chamadas regras da "garrafa para o acelerador", que exigiam o transcurso de oito horas completas antes que qualquer pessoa que tivesse bebido pudesse entrar em uma cabine de pilotagem. Houve uma série de conversações, alguma confusão, e enquanto o cara da FAA falava ao telefone, Lyle e sua tripulação decolaram com cinquenta pessoas a bordo de um 727 para Minneapolis. Depois que chegaram, às 9h15, foram submetidos a um exame de álcool no sangue, e o resultado de Lyle foi 0,128 acima do limite legal para dirigir um carro. Alô, aqui é onde vocês devem gritar a frase de Jay Leno: adeus, carreira! Lyle foi sentenciado a cumprir pena de 16 meses em uma prisão federal.

Houve muito interesse em conseguir a grande entrevista antes que ele fosse para a prisão, inclusive por parte dos programas de televisão *Oprah* e *Geraldo*. Peter, um advogado criminalista de Minneapolis, pegou essa mãe de todos os casos judiciais de "dirigir embriagado". Eu conhecia Peter: ele fez muitos trabalhos de defesa criminalista federal, ambos bebíamos no McCready's nos velhos dias e, um par de vezes, quando me meti em confusões, pedi a ele auxílio legal gratuito. Ele me ligou oferecendo exclusividade, e escrevi a matéria para o *Corporate Report*. Em vez de ser uma matéria de tabloide sensacionalista sobre um lunático que pilotou um voo comercial estando bêbado, ela detalhava uma versão muito mais matizada do episódio, inclusive os tons de cinza que vivem em todas as boas narrativas:

> Desde sua prisão, Prouse vem lidando com seu alcoolismo, tendo passado 60 dias internado e, depois disso, incontáveis horas em vários grupos de apoio. O ex-comandante explica que, ao dar a entrevista, espera difundir a mensagem de que as pessoas podem se recuperar e se recuperam da doença do alcoolismo. Ele está claramente ansioso por compartilhar essa mensagem de recuperação, mas ri amargamente diante da sugestão que ele possa estar naquele tipo de "barato do tratamento", experimentado por pessoas recém-recuperadas, que buscam compartilhar com o restante do mundo seu segredo.
>
> "Certamente não tenho nada sobre o que sentir algum tipo de 'barato'", diz Prouse. "Durante 52 anos, fixei padrões muito altos para mim e para as pessoas ao meu redor. E tive sorte bastante para atingir a maior parte dessas metas. E aí aconteceu isso."

Perguntei a Peter por que ele me concedera essa formidável entrevista exclusiva. "Você estava em recuperação, você sabia a partitura, e Lyle confiava em você", explicou ele. "Não foi nada mais que isso."

Lyle cumpriu sua pena sem queixas nem desculpas, alterou sua conduta e terminou não apenas de volta à cabine, como treinando outros pilotos.

Dado o meu hábito de subir e descer da carroça tanto quanto um condutor de diligência, as pessoas do ramo me olhavam de modo estranho, mesmo depois que eu tinha passado um par de anos limpo. Não as culpo. Quando decidi sair da sarjeta em que me havia metido, eu considerava cada matéria que me deixavam fazer como uma delicadeza imensa, um ato de generosidade por parte de algum editor, que fazia aquilo por mim em vez de doar para alguma fundação destinada ao incremento da saúde de mães e bebês.

Logo que comecei o processo de recuperação, nenhum editor me concedeu tanto tempo e matérias tão boas quanto Terry, o editor do *Corporate Report*. Fiquei surpreso de que ele me desse atenção, e mais ainda quando me propôs fazer uma série, em duas partes, sobre o administrador de um fundo de pensão que fora encontrado morto a tiros ao lado do rio, com as calças abaixadas. E havia a história de Lyle, o piloto da Northwest. Sempre supus que Terry, um homem cético com uma risada impressionante, tivesse especial predileção por mim.

Em agosto de 2006, passei pela sala dele em St. Paul, onde trabalhava como repórter para o *Star Tribune*. Caminhamos até o Hotel Saint Paul para almoçar, e eu poderia jurar que ele pensava que o livro que eu estava bolando era uma ideia estúpida, construída a partir de um envolvimento do redator que ele nunca aceitaria como editor. Sua predileção por mim não estava em evidência, em parte, acho eu, porque, bem no fundo, ele também estava impressionado por eu ter percorrido um caminho tão longo com um conjunto de aptidões bastante modesto. Era menos ciúme profissional e mais curiosidade. Ele sabia, como eu sabia, que era tão jornalista quanto eu até o mais mínimo detalhe, se não mais. Posso me lembrar de várias ocasiões, no começo dos anos 1990, em que entrara na sala dele tendo nas mãos fluxogramas de fundos de pensão ou um grosso livro de regulamentos da FAA e de vê-lo contemplar aquele monte de páginas por algum tempo, mastigando uma caneta, e depois devolvê-lo para mim com uma explicação precisa, embora bastante casual, que eu teria levado dias ou semanas para achar sozinho.

Depois de muitos anos, sentamo-nos à mesa em um compartimento reservado do restaurante e pedimos o almoço. Quando tirei da mochila a câmera de vídeo digital, ele não disse nada, mas podia-se concluir, pela expressão dele, que aquilo era a coisa mais tola que já tinha visto. Assim que apontei a câmera para o rosto de Terry, ela capturou aquela mescla de azedume e ceticismo. Comecei a entrevista fazendo uma referência desajeitada à gentileza dele de querer trabalhar comigo num momento em que outras pessoas não estavam propriamente ajudando. Ele disse que não era nada disso.

"Hum, de fato, provavelmente havia uma certa falta de caridade naquilo. Eu não conhecia você, e tinha uma visão muito negativa. Acho que algumas pessoas ficaram realmente envolvidas com o romantismo da situação. Havia uma espécie de visão de Hunter S. Thompson sobre você, um pouco romântica, e eu tinha uma perspectiva oposta. Você derrubava muitas pessoas com seu carisma, penso, só que eu, sendo a pessoa dramática e iluminada que sou, nunca nem te escutei."

Terry me lembrou de que começara a trabalhar comigo porque aconteceu de eu estar ligado a uma grande matéria exclusiva sobre Lyle, o piloto.

"O assunto era muito interessante. Lembro de lançar a ideia para o nosso editor-chefe, e eu era bastante novo no emprego. Não queria que fôssemos apenas uma revista de negócios. Queria que fôssemos uma grande revista, e é claro que eu estava pensando nas maiores coisas possíveis. E aí a maior coisa possível aterrissou na minha frente."

"Era uma exclusiva nacional, de modo que, de saída, só por isso já valia a pena", disse ele. E o cara que trouxe a matéria? "Talvez eu fosse egoísta demais para pensar em possíveis repercussões ou nas dificuldades de uma matéria tão importante, que você tinha saído para buscar e tinha conseguido, mas que talvez ainda não estivesse à altura de escrever."

E também não era, disse ele, como se eu estivesse "deitado por aí, em uma cama beliche, almoçando batatas fritas... Você estava de volta ao trabalho, tinha uma reputação de fazer e conseguir grandes matérias. Não era como se você fosse um mero inventor de matérias ou algo ridículo assim. Teríamos uma grande matéria se eu dissesse que, de alguma maneira, estava ajudando você a voltar ao jogo, só que isso seria ridiculamente egoísta e falso para mim. Foi tudo muito mais pragmático que isso, eu acho".

Terry afirmou que eu tive êxito porque as pessoas gostavam de me contar coisas. Enquanto falava daqueles dias, que foram bons para nós dois, parecia que a animação de que uma pequena revista de negócios do Meio-Oeste pudesse dar um furo de reportagem nacional voltou a ele de algum modo. Como muitos bons editores, Terry tem um jeito de falar sobre o nosso trabalho que faz com que os clichês soem verdadeiros.

"Existe uma paixão, existe um saber", disse ele, contemplando sua comida que estava ficando fria. "De certo modo, você quase precisa saber como ser um jornalista antes de se dedicar a virar um jornalista." E fez uma pausa, colocando as grandes mãos sobre a mesa. "Se você encontra alguma coisa que pode fazer bem, não importa se é talhar madeira, consertar um carro ou escrever uma manchete, se você descobre que é um bom repórter, você vai querer isso mais e mais. Você deseja aquela convicção, aquele sentimento de *Eu sei o que estou fazendo*. É bom saber o que se está fazendo. Muitas pessoas por aí não sabem o que fazem, em nada. Não têm a menor noção. E isso é algo que se pode medir muito facilmente. Eu venci hoje?"

Terry venceu e ajudou um bando de outros, inclusive eu, a dar algumas voltas olímpicas. Foi um privilégio ouvi-lo ruminar sobre essa nossa coisa. Mais ainda porque ele morreu inesperadamente, um mês depois do dia em que conversamos. Ele tinha 47 anos, e não era apenas um dos bons, mas um dos melhores.

O jornalismo pode envolver digitar, mas a excelência no trabalho depende do respeito e da confiança de outros. As pessoas precisam estar inclinadas a dizer coisas a você, mas esses relacionamentos não resultam de um drinque depois do trabalho ou de um almoço rápido. As fontes se constroem, uma matéria de cada vez. Elas dizem alguma coisa a você, você faz a reportagem, você escreve a matéria e ela fica boa. E segue adiante para a próxima matéria, que algumas vezes é uma matéria maior.

Uma das minhas melhores fontes políticas de longa data foi Brian, um ex-ativista gay que se tornou membro altamente eficiente do Conselho Municipal de Minneapolis. Alguns o viam como vaidoso e autocentrado, mas ele era uma voz consistente em defesa dos oprimidos, que não tinham muitas oportunidades. Era mestre em dirigir a imprensa para onde queria, e eu era um dos violinos que ele regia, quando era conveniente a seus objetivos ou aos dos seus eleitores.

Em janeiro de 1991, eu estava de volta ao agito e recebi um telefonema de Brian convocando-me ao seu escritório. Na maior parte do tempo, falar com Brian era como passar o tempo com um lindo e particularmente grande gato siamês. Ele estreitava os olhos e pensava em algo delicioso que estava a ponto de compartilhar, e só lhe faltava lamber as patas enquanto pensava. Não tenho registro da conversa a seguir, mas Brian me perguntou se eu poderia guardar um segredo. Falei que sim. Ele disse que era um segredo muito grande. Eu pedi que ele não me fizesse repetir as palavras do juramento.

"Eu tenho AIDS", disse ele. Sempre no papel de regente. Brian queria contar a história à sua maneira e no seu tempo. Nós, quer dizer, ele, decidimos que a *Minnesota Monthly*, revista literária mensal local controlada pela estação de rádio do estado, seria o lugar certo para lançar a bomba. Diagramamos as fontes, a reportagem, e fizemos um acordo de gaveta com o editor da revista.

No dia em que a matéria saiu, no final de abril, enviamos cópias a todas as estações de televisão locais, imediatamente antes do noticiário das seis, obrigando os âncoras a lerem a notícia direto da revista, sem tempo para editá-la. "Nossa matéria", como Brian a chamava na época, era sobre como viver com a AIDS, mas a experiência não funcionou muito bem, para ele e para muitas outras pessoas que foram diagnosticadas na época. Em algum momento no começo do verão, larguei o bloco de notas e me tornei parte da equipe que cuidava do Brian. Toda essa coisa do jornalismo perdeu importância, e eu empreguei novamente recursos que havia desenvolvido quando trabalhava como enfermeiro.

Brian rumou para aquela última porta como um rei, um paxá rodeado pelas suas coleções orientais e por uma equipe de tratamento constituída pela família e pelos amigos. Havia algo de espantoso quanto ao que estava por vir, mas ele trouxe seu humor felino para a questão em pauta. Eu fiz o turno da noite durante uma semana, o que significava dormir ao lado da cama de hospital que ele havia instalado na sala da casa dele. Despertei no meio da noite e não ouvi nada. Nenhuma tosse, nenhuma agitação, nada.

Eu me arrastei até a cama dele na escuridão, aterrorizado pelo silêncio, e me inclinei. Bastante. Perto. Pertinho. Uma voz entediada rompeu o silêncio:

"Ainda estou respirando, David. Volte a dormir."

Brian morreu naquele mês de agosto.

44

ENTRE EM CONTATO CONOSCO OUTRA VEZ QUANDO O INFERNO CONGELAR

Depois de ter feito algumas matérias exclusivas que foram bastante bem recebidas, achei que ia poder comprar, para mim e para os meus, um pouco de segurança conseguindo um emprego de verdade, talvez no *Minneapolis Star Tribune*.

```
                425 Portland Avenue
                Minneapolis, Minnesota 55488

Star Tribune

        March 27, 1991
        David Carr, Minnesota Lawyer
        123 N. 3rd St.
        Minneapolis, MN  55401

        Dear David Carr,

        Thank you for sending your clips.  We don't
        have any appropriate openings right now and
        don't anticipate any in the near future.

        You do appear to be a good, solid
        journalist and I would like you to keep in
        touch.

        Yours,

              Linda Picone

        Linda Picone
        Deputy Managing Editor


        LP/aks
```

Tradução da carta:
Star Tribune

27 de março de 1991

David Carr, Minnesota Lawyer
123 N, 3rd St.
Minneapolis, MN 55401

Prezado David Carr,
Obrigado por enviar-nos suas matérias publicadas. Não temos nenhuma vaga adequada a você no momento, nem temos em vista nenhuma em um futuro próximo.
Você parece ser um jornalista bom, muito profissional, e gostaríamos de manter-nos em contato.

Sua,

Linda Picone
Vice-editora chefe

45

O PEQUENO PROBLEMA DE WARD CLEAVER

O coração e a cabeça são as partes constituintes do caráter; o temperamento não tem quase nada a ver com ele e, portanto, o caráter depende da educação e é suscetível de ser corrigido e melhorado.

— GIÁCOMO CASANOVA

Erin e Meagan cresceram com uma ampla compreensão do que se supõe ser "normal". Elas sabiam, por terem passado períodos de tempo com a mãe e comigo, que havia todo tipo de abordagens para abrir caminho nesse mundo. Elas não fizeram julgamentos sobre a nossa falta de dinheiro, em parte porque nunca quiseram muito. Meus amigos eram gays e héteros, pretos e brancos, advogados e viciados, podres de ricos e pobres de dar dó. Podíamos passar uma tarde nadando na piscina da mansão de um cara que era meu amigo e depois, a caminho de casa, parar para visitar um colega que trabalhava em um abrigo para sem-teto. Tratava-se menos de querer ensinar alguma noção abrangente sobre todas as crianças de Deus e mais de uma amostra da minha vida bastante eclética.

Uma das minhas fotografias preferidas foi tirada quando as meninas tinham cerca de 4 anos. Estávamos no Parque Loring, em Minneapolis, em uma noite de segunda-feira. Tínhamos ido lá para assistir a um filme e ouvir música. Não lembro qual era o filme, mas quem tocava era a banda The Wallets, e minhas filhas atravessaram a multidão e se comportaram como as fanzocas que eram. Eram jovens muito confiantes, bonitas e muito unidas.

Muita coisa é visível nessa fotografia. O abraço de urso da Erin, na irmã e no mundo, continua até hoje, e a tentativa da Meagan de agradar tanto a mim como à câmera, com um sorriso sem tamanho, apesar de estar sendo um pouco sufocada, reflete sua principal relação com a vida. Não havia em nós nada estranho ou que inspirasse piedade. E elas ouviam da mãe, com frequência razoável, que ela as amava também.

———

Naquela mesma época, eu cruzei com a Barb, minha primeira conselheira do período de tratamento na Parkview. Eu passei por lá duas vezes em meados dos anos 1980: primeiro como interno e depois como paciente externo. Barb teve o meu número de telefone durante todo o tempo em que fui seu cliente e sabia quem eu era — provavelmente melhor do que eu, naquele momento. Barb era muito sensível e até sentimental com muitos de seus clientes, mas ela sempre pulou à minha volta em um pé só, pois o outro estava sempre na minha bunda. Muitas vezes Barb sugeria que eu era: (a) um merda, (b) relutante em aguentar o trabalho duro de recuperação, (c) uma pessoa manipuladora e enganadora com as mulheres, e (d) um homem decente, por baixo de toda aquela arrogância e da atitude defensiva.

Compartilhamos um lindo almoço em 1991, no Lawry's, um restaurante da zona sul de Minneapolis, durante o qual eu me gabei de como as coisas tinham resultado esplendidamente bem, de como minha vida de duplicidade e corrupção afinal tinha ficado para trás. Ela escutou com atenção, sorriu e me congratulou pela minha boa sorte. Depois me deu um cartão de visita do seu consultório particular, dizendo que eu poderia ligar para ela se as coisas alguma vez ficassem enroladas.

Se bem me lembro, liguei para ela na semana seguinte.

Eu telefonei porque, por baixo de toda aquela coisa de Ward Cleaver/ pai do punk-rock, eu ainda estava me agarrando a uma parte do meu ser antigo. Eu tinha relacionamentos com algumas das mulheres mais sombrias que eu conhecia das ruas, nenhum dos quais nada tinha a ver com o tipo de laços amorosos caretas que, supunha-se, eu deveria estar cultivando. Sexualmente, eu ainda era um criminoso, que recebia visitas, tarde da noite, de mulheres com quem eu só fazia sexo e às quais às vezes dava dinheiro, em parte porque já não tinha mais os bolsos cheios de drogas. Algumas delas eram garotas festeiras, tentando conseguir algum dinheiro para comprar drogas, e outras eram prostitutas que eu tinha conhecido.

O fundo do poço chegou quando eu estava dirigindo pela Rua Lake, perto da minha casa da Avenida Pillsbury, certa noite em que as gêmeas estavam na casa da minha mãe, e avistei Rita, uma moça que conhecia dos velhos tempos. Ela acenou para mim, e parei. Quando ela entrou no carro, logo notei que seu queixo tinha sido costurado com arame, depois de ter sido quebrado em várias partes por conta de uma surra que tomara do seu gigolô. Eu perguntei o que ela podia fazer pelos otários das ruas naquelas condições. Rita se ofereceu para me mostrar, e o meu estômago revirou. Dei-lhe algum dinheiro e a deixei alguns quarteirões depois.

Em princípio, eu estava namorando mulheres normais — mulheres que eu encontrava em reuniões, mulheres que conhecia fazendo isso e aquilo —, mas eu ainda levava uma vida dupla, usando mulheres que haviam sido muito golpeadas pela vida. Supostamente eu estava criando minhas filhas para que não fossem objeto de ninguém e, no entanto, estava querendo transformar em objeto e fazer uso das filhas de outras pessoas. Apesar dos avanços reais que estava conseguindo em termos de vida familiar e de trabalho, o criminoso dentro de mim, o viciado que tentava me dominar, ainda respirava tranquilamente. E essa sensação de ser uma fraude é um caminho tóxico e escorregadio, que coloca em risco todo o resto. Eu apareci no escritório da Barb e disse a ela que eu queria ser o homem que fingia ser.

"Então pare de fingir", disse ela. Semana após semana, sessão após sessão, ela me ajudou a integrar o homem, o pai e o ser humano, o que era um negócio bem complicado para alguém que tivesse vivido como eu.

Quinze anos mais tarde, eu estava sentado diante de Barb, desta vez em uma praça na zona sul de Minneapolis. Ela havia tido seu quinhão de trabalho árduo, mas estava com ótima aparência e ainda era a mesma combinação de aço e empatia que eu tinha admirado tanto.

Para conseguir fazer grande parte das reportagens para o livro, eu tinha adotado uma espécie de atitude clínica quando entrevistava as pessoas, mesmo aquelas a quem eu tinha ferido, mutilado ou amado. Mas aquilo era diferente. A custódia da conversa reverteu quase imediatamente. Não só eu estava revisitando comportamentos que qualquer pessoa, mesmo eu, acharia revoltantes, mas estava fazendo isso com alguém que conhecia cada centímetro de mim, da minha história, o bom e o odioso. Barb estava contente de me ver, mas nenhum dos aparelhos da reportagem — a câmera de vídeo, o gravador, o bloco de notas — colocou-me a uma distância segura. Parte daquilo era a perícia clínica dela. Ela era uma assistente social diplomada, não algum médico cheio de pós-graduações, e tinha instintos ferozes que me deixavam preocupado.

Indo direto ao ponto, eu estava inquieto porque estava falando com a Barb sobre coisas que ocorreram quando eu fiquei totalmente limpo, quando todos à minha volta se maravilhavam com a reviravolta na minha vida. A questão das substâncias químicas induzirem a condutas ou revelarem o caráter parecia pairar um pouco perto demais para ser confortável, quando eu estava sentado naquele banco de praça com a Barb.

No passado, quando fui seu cliente, tanto na Parkview como no consultório particular, Barb tinha me observado percorrer as estações da via-sacra da recuperação: o cara desafiador do primeiro tratamento, o relapso arrependido e depois o cara totalmente limpo que enfrentava patologias virulentas que nada tinham a ver com substâncias químicas.

"Você era um pouco pragmático", ela lembrou, de quando me tratava como paciente interno em Parkview. "Não lembro de você ter precisado tanto de lenços de papel." Anos mais tarde, quando estive em seu consultório, os lenços de papel, montões deles, foram muito necessários. "Você nunca teria se passado por outra pessoa tratando suas filhas como você tratava as mulheres." Ela me lançou um olhar que era assustador em sua sabedoria. "Nunca."

Ela deixou claro que achava que eu estava sexualizando a atmosfera do lar — que mesmo que as gêmeas não soubessem precisamente o que estava acontecendo, sabiam que algo estava errado. "Você teria que mudar em casa, com as suas filhas, se quisesse que elas fossem menininhas com um papai respeitável", disse ela, sugerindo que um idiota que se misturava com mulheres através do meretrício não poderia ser o mesmo cara que punha seus bebês para dormir com uma história e uma oração.

"Aquilo era parte de quem você era e do que levava para aquela casa, para suas filhas", disse ela, ainda com aquele olhar. "Algumas vezes, você até levava as mulheres para casa e, ou porque as meninas dormiam, ou porque estavam fora de casa em um fim de semana com a mãe, você se dizia que aquilo não as atingia. Eu queria ajudar você a ver que elas iam ser afetadas por aquilo, porque aquilo afetava você."

Ela disse que eu apresentava alguns desafios terapêuticos.

"Todos necessitamos de limites, mas os seus eram muito duros. Para algumas pessoas, penso que você seria um osso duro de roer, porque você tinha a vivência das ruas. Mas havia aquele outro lado de você, que podia ser um pai para duas meninas que, de outra maneira, não teriam pais. Você era dúbio nesse sentido: era uma espécie de dentro e fora, dentro e fora. Havia essa sua parte de viciado brutal, mas também havia aquele cara realmente genuíno, agradável, divertido e inteligente: que merda ele está fazendo aqui? Era só para a frente e para trás. E eu dizia: 'O que aconteceu com você, que está destruindo sua vida com isso?, Porque eu pensava: 'Caramba, isso é loucura.' Você poderia ter tudo."

Finalmente as ruas e as mulheres que eram parte daquela vida se tornaram também parte de um passado que eu não podia visitar mais, nem mesmo como turista. Como me contou meu amigo Tak, ex-interno e agora conselheiro da Eden House, quando eu vinha das ruas, do jogo, alguns desses reflexos viscosos e repugnantes vinham comigo.

"Você brincava com todo mundo", disse Barb. "Havia aquele lado seu que [...] você mentia ou trazia à frente aquela espécie de... arrogância — é a única palavra em que posso pensar que se adapta à situação."

Além de sua perícia, parte da eficiência de Barb tinha a ver com o gênero. Era preciso uma mulher para me explicar que não se pode compartimentar a vida — ser Ward Cleaver um dia e uma versão de Casanova das ruas no outro. Eu precisava aprender a ser um homem, sem nenhum fingimento.

46

VIDA TRANQUILA COM O ALIENÍGENA

> E esse poderia ser o momento para deixar cair uma lágrima perfeita, agridoce e cintilante com sonhadora resignação. Exceto que, assim como a serpente tomava sol no Éden, esperando pacientemente a oportunidade de deixar o maior gato da eternidade sair do saco mais resistente, assim também um maço de cigarros Camel descansa nessas asas, esperando aparecer e fazer suas coisas mais inesperadas.
>
> — TOM ROBBINS, *STILL LIFE WITH WOODPECKER*

O câncer é o alienígena entre nós. Um dia você está vagando por aí quando uma pequena espaçonave aterrissa em algum lugar do seu corpo e você é abduzido de dentro.

Eu tive a estranha experiência de autodiagnosticar a invasão. No final de novembro de 1991, eu estava saindo apressado de nossa casa na Avenida Pillsbury. O gelo havia derretido e congelado novamente, e havia um bueiro diante da escada que estava quebrado. Quando cheguei ao último degrau, minha perna direita dobrou para trás. Doeu tanto que vomitei. Arrastei-me de volta pelos degraus e toquei a campainha. A babá que cuidava das crianças chamou uma ambulância. Eu havia partido o menisco do joelho direito, que foi retirado cirurgicamente no dia 21 de novembro, deixando-me de muletas com duas gêmeas de 2 anos e meio. Era patético, e havia de ficar mais patético ainda.

Na noite de 8 de dezembro de 1991, notei que um par de semanas com as muletas havia fortalecido os músculos do meu pescoço do lado esquerdo. Digamos que notavelmente. Na manhã seguinte, quando me levantei, fui verificar de novo para estar seguro de que não andava imaginando coisas, e, quando olhei no espelho, estava muito maior. Da noite para o dia.

Vejamos, crescimento descontrolado logo acima dos meus nódulos linfáticos. Caramba, acho que tenho um pouco de câncer por aqui.

Convenci as gêmeas a saírem comigo, e fomos para uma clínica CUCH, uma clínica barata de saúde pública, afiliada à Universidade de Minnesota. Logo depois de ser examinado, um bando de outros médicos e estudantes de medicina veio olhar o tumor gigante do lado esquerdo do meu pescoço. *Filho de uma puta!*

As gêmeas estavam sentadas juntas em uma cadeira só, felizes de não serem elas que estavam sendo cutucadas e examinadas, mas olhando, maravilhadas, a multidão de médicos que enchia o quarto. Fui enviado à Universidade de Minnesota para fazer uma biópsia, mas eu já sabia que as coisas não estavam boas para o meu lado.

Eu tinha o linfoma de Hodgkin, um câncer do sistema imunológico, um câncer "bom". Curável quando descoberto nos estágios iniciais — e estávamos bem no começo, apesar do crescimento impressionante do tumor. Agora tudo que os médicos tinham a fazer era percorrer a maior parte do caminho para me matar, tentando salvar minha vida.

Eu tendo a deixar a minha boca fechada quando o assunto do meu câncer aparece. Ele veio e se foi, nada de interessante aqui, continuem andando. Mas depois de passar algum tempo com meu enorme registro médico e depois de ler uma matéria que escrevi mais tarde para o *Twin Cities Reader*, ficou claro que o convívio com o alienígena deixou marcas: minha Área 51 privativa.

———

Desde pequeno, eu gostava de ver filmes sobre alienígenas. Anos depois de ter visto o clássico de 1951 *O dia em que a Terra parou*, meus sonhos eram povoados de caras feitos de canecas de aço, que falavam com vozes metálicas e lentas, exigindo que o mundo se rendesse. Os alienígenas agora eram diferentes. Estavam dentro de mim, perseguindo-me, criando um ser que eu mal podia reconhecer, com uma intimidade que os tornava infinitamente mais desorientadores e assustadores.

Durante o tempo da invasão, eu atendia o telefone com excessiva alegria, escrevia notas otimistas para velhas namoradas e sorria sabiamente sempre que alguém de avental branco vinha com algo afiado nas mãos. Eu pus os dedos nos ouvidos e cantarolei fora do tom até que alguém me disse que os alienígenas tinham ido embora.

A rotineira e insípida chamada telefônica do cirurgião, confirmando as más notícias, foi um anticlímax. Eu perguntei quão más eram as más notícias. "Bem, certamente não é uma coisa boa", disse ele, entrando em contato com sua Martha Stewart interior. Eu desliguei o telefone, fui ver as meninas, que já dormiam, e depois fui me olhar no espelho. E me vi indo embora. Não morrendo, mas não mais presente.

Fiquei esperando que alguém mais entrasse em pânico, mas os médicos e as enfermeiras faziam seu trabalho com uma calma notável. Minha tendência geral pela agressão cega em quase todas as matérias que escrevia diminuiu, e os registros médicos da época faziam menção ao meu semblante destemido. Fui descrito mais de uma vez nos registros médicos como um "cavalheiro", um termo que não era muito comum no meu bairro.

Há algo embaraçoso em ter um câncer, como se eu tivesse despertado durante a noite e descoberto alguém que eu não conheço me tocando. Quando o diagnóstico ficou claro, rompi com a moça com quem estava saindo — uma moça bonita e vivaz que eu tinha conhecido na recuperação —, porque eu não podia suportar que alguém que eu tinha conhecido de forma casual me visse enquanto eu estivesse sob ataque do inimigo. Outros ficaram envergonhados com o diagnóstico, preferindo referir-se eufemisticamente à doença do câncer. Havia tantas evasivas nesse sentido que comecei a pensar que eu tinha um caso de "Aquilo", em vez de câncer. *Como está indo Aquilo? Qual é a situação d'Aquilo?* Ah, você quer dizer esse tumor cancerígeno gigante aqui no meu pescoço e que está inclinando minha cabeça para um lado? "Aquilo" parece que vai muito bem. Já o hospedeiro está meio assustado.

Eu elaborava muitos pensamentos sobre o tipo de alvo suculento que eu apresentava, o equivalente da loura de peitos grandes e de moral suspeita em um filme de monstros, aquela que deve ser pega. Com uma longa e venal história de cigarros, narcóticos e pastéis doces, ter "Aquilo" não devia ser uma surpresa. Mas Hodgkin é mais aleatório. É uma espécie de infecção maligna, uma incontrolada proliferação que sitia pessoas de outro modo sãs, qualquer que seja a história. Minhas suspeitas passaram a se concentrar em meu velho forno de micro-ondas. Tinha sido usado por muitos anos na casa dos meus pais, um antigo aparelho de duvidosa integridade estrutural, que vibrava e zumbia com energia radiante quando eu o punha para fazer pipoca. Talvez, pensei eu, meu micro-ondas tenha vazado câncer na minha vida.

Mesmo que eu tivesse muito pouco dinheiro e não tivesse seguro, recebi um tratamento excelente — a competência de Minnesota outra vez — enquanto fazia minha peregrinação de sala de espera em sala de espera. O cara que cuidava do meu caso era um eminente hematologista chamado Greg, um homem com aptidões sociais raramente vistas em sua profissão. Eu e ele nos vimos atuando em um drama de televisão dos anos 1960. Ele dizia coisas como esta: "Nós vamos vencer essa coisa, David", e eu suprimia um impulso vergonhoso de rir, dirigindo-lhe em vez disso um aceno de cabeça cheio de resolução e confiança.

Parte do trabalho de diagnóstico eram delitos menores — tomografia computadorizada e ressonância magnética, tornada mais suculenta com injeções de contraste — e parte era assustadoramente agressiva, mesmo quando chamada de enfoque mais "conservador". Para evitar a quimioterapia, eles primeiro tinham que estar certos de que o câncer não havia se espalhado.

Eu fui um cara de sorte no cenário de algumas dessas salas de espera. Ao longo do meu tratamento, eu tive a oportunidade de me sentar ao lado de uma menina de 8 anos de idade que estava sendo queimada com radiação até o limite da sobrevivência, por todo o corpo, e de um simpático criador de vacas leiteiras de Luverne que trazia uma argola de aço parafusada no crânio para que pudessem encontrar o tumor durante os tratamentos com radiação. Eles podem ter sorrido — os seres humanos geralmente respondem ao absurdo com alguma demonstração de humor para fazer com que os que estão à sua volta sintam-se melhor —, mas as batalhas deles eram terríveis, repletas de medidas desesperadas e frequentemente atravessadas por desapontamentos.

Eu tinha uma história médica suficiente para ser um *connoisseur* e preferia competência e objetividade. O cara que fez a biópsia da minha medula óssea tinha bem pouco de ambas. Ossos não se anestesiam bem, mas têm um número surpreendente de nervos. O médico estava nervoso e ficava errando o tempo todo a localização do osso pélvico que tentava perfurar. Ele fazia ruídos, grunhia e até mesmo o ouvi praguejar uma vez, mas não me disse nada até me pedir que mudasse de posição para que ele tivesse um ângulo mais direto.

— Você pode sentir um pouco mais aqui — disse ele.

E errou outra vez, afundando a enorme agulha de biópsia em tecido macio.

Tentando acalmar seu nervosismo e firmar a mão dele, eu disse:

— Um pouco mais, é? Onde você fez sua residência, em Dachau?

Ele não reagiu.

Depois do diagnóstico, as notícias foram boas, nada indicava que o alienígena estivesse em marcha. O dr. Greg recomendou que fizéssemos uma laparotomia de estágio, que envolvia fazer uma incisão em meu abdome, remover meu baço, apertá-lo para obter evidência do estágio do câncer e depois tirar alguns nódulos linfáticos e pequenos pedaços dos meus outros órgãos principais para exame subsequente. Eu disse ao dr. Greg que aquilo se parecia muito com o que eu havia feito com uma rã nas aulas de biologia do secundário. Só que a rã estava *morta* quando fiz todas essas coisas com ela. "É um pouco parecido", disse ele, mas acrescentou que pensava ser o procedimento mais prudente.

As pessoas à minha volta, algumas das quais eu não conhecia muito bem, me brindaram com opiniões. Broto de trigo, diziam com grande segurança. Vitamina C, diziam outros. Eu tinha pensado em ioga? Não, eu pensava no câncer. Eu era a favor do envio de uma força médica de desembarque totalmente equipada para destruir qualquer coisa que encontrasse. Era eu, afinal, que estava com câncer, e se eles pensavam que sálvia aquecida e meditação iam resolver tudo, que tentassem quando chegasse a vez *deles*.

Meus pais ficaram inconsoláveis e atemorizados. Eles me observaram voar por aí anos a fio, e finalmente, quando eu consegui um pouco de estabilidade, entrávamos outra vez em estado de alerta 4. Posso me lembrar de ter ido no banco traseiro do carro deles, para a laparotomia, um dia depois do Natal. Não sei quem ficou cuidando das gêmeas naquele dia e nos que se seguiram enquanto estive hospitalizado, mas eu pensava nelas constantemente.

Meia hora antes da cirurgia para remover meu baço, um médico que eu não conhecia entrou no quarto e se apresentou como cirurgião bucal. Ele e sua "equipe" tinham determinado que minha boca seria submetida a uma grande quantidade de radiação porque o nódulo cancerígeno estava bem alto no meu pescoço. A equipe havia decidido extrair todos os meus dentes molares como medida preventiva contra cáries causadas pela radiação e posterior necrose do queixo. Meus pais meramente aquiesceram diante daquela transbordante autoridade, mas, sentado em minha camisola cirúrgica, eu me mostrei relutante em tomar decisão tão importante na minha vida sem as calças.

Juntei meus pensamentos o quanto pude para dizer ao médico, cujo nome eu nunca soube, que o *timing* dele era ruim, e que naquele dia em especial eu só estava disposto a doar o meu baço. Sem levantar os olhos do seu diagrama, ele indicou que eu me arrependeria muito da minha decisão e mandou uma enfermeira para me mostrar fotos de pessoas cujos rostos haviam caído depois que a necrose do queixo se havia instalado. Eu fiquei firme, dizendo que achava que já estava bom como estava. Ele sorriu discretamente e respondeu: "Estou muito familiarizado com o procedimento que você fará hoje e, acredite-me, você nem vai notar que seus dentes foram retirados."

Caramba, obrigado por isso. E foi preciso esclarecer que a conversa havia terminado. Quando o meu cirurgião chegou, eu declarei que, se aquele médico entrasse na sala de operações, eu me levantaria da mesa e iria embora.

Passados três dias da operação, quando eu tinha o baço a menos e estava com a imunidade comprometida, o cirurgião bucal ainda estava perseguindo meus dentes. Descobri que ele era um residente visitante, e aos poucos fui percebendo que havia algum tipo de lacuna em seu currículo e que ele estava tentando preencher. Finalmente, fiz tal escândalo que o chefe dos residentes veio me ver. Olhou minha ficha e disse: "Não queremos seus dentes."

Bem, disse eu, "que tal contar isso ao dr. Mengele?" Penso naquele babaca cada vez que peço um bife.

Os regimes de tratamento contra o câncer são pródigos de dolorosas realidades e poderosas ironias: a radiação pode causar câncer e pode eliminá-lo. Toxinas no sangue podem criar uma abertura para o câncer assim como podem ser usadas para fechar-lhe as portas. Para combater o câncer, você deve ficar muito tranquilo. Um enfoque conservador requer uma agressão tática. Era, e ainda é, confuso. Naquela longa narrativa clínica, eu sou carne doente, para não dizer carne condenada. A carne é chamada de "o paciente". O paciente é o que o paciente faz, sentado ah-tão-tranquilo, esperando com as mãos dobradas e os olhos docilmente fechados, esperando por alguém que toque um apito e diga que o paciente está bem.

O tique-taque do jargão médico do relatório vibrava com o subtexto.

"O paciente não tem queixas."

Ah, tem sim. E são uma legião, purulentas, e não podem ser resolvidas por palavras de consolo sussurradas com elegância e discrição.

"O paciente tolerou bem o procedimento, e [foi] levado para a sala de recuperação em condições satisfatórias."

Tal como eu me lembro, o paciente sentiu como se houvesse sido aberto ao meio, e quando acordou na sala de recuperação, deu-se conta de seu estado físico e começou a vomitar, empurrando com força seus pontos recém-costurados.

"O paciente teve o baço removido no período transcorrido desde o último exame."

Só isso? Meu baço, com tudo que fiz ao longo da minha vida, parece ter sido um órgão dotado de alta capacidade de adaptação. Eu pensava que sua perda seria reconhecida com um pouco mais que uma vida inteira de antibióticos profiláticos. Que tal um pouco de doce com o amargo, por misericórdia?

"O paciente continua bem e sua doença de Hodgkin está em remissão completa."

Assim está melhor. Depois de ter minha vida medicada por meses a fio, saí em uma carreira desabalada. Uma vez que o Borg médico disponha de suas coordenadas, pode carregar e apontar em um piscar de olhos. Tive que voltar a muitos hospitais, muitos médicos, muitas salas de espera, não porque o câncer tenha voltado, mas porque, certa vez, fui curado dele.

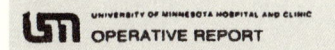

UNIVERSITY OF MINNESOTA HOSPITAL AND CLINIC
OPERATIVE REPORT

Name: CARR, DAVID
UH# 135-46-01-7
OR Date: 12/26/91   IP

/dm3603267

John Raines, M.D.
CUHCC
2000 Bloomington Avenue South
Minneapolis, MN 55404

OPERATIVE SITE: Main Operating Room Suite.

PREOPERATIVE STATUS & DIAGNOSIS: This thirty-five year old man recently developed a mass in the left neck. I did a biopsy under local anesthesia and it showed nodular sclerosing Hodgkins disease.

Dr. Vercellotti in the Hematology Section carried out an extensive workup including abdominal CT, chest CT, and bone marrow biopsies, all of which proved to be within normal limits, showed no evidence of Hodgkins disease.

After some deliberation, the Hematology Service recommended that the patient be subjected to staging laparotomy. He clinically is Stage I-A and the use of radiation versus chemotherapy was contingent upon establishing the status of the abdomen.

NAME OF OPERATION:
1. SPLENECTOMY
2. MULTIPLE LIVER BIOPSIES
3. MULTIPLE RETROPERITONEAL LYMPH NODE BIOPSIES.

ANESTHESIA: General.

OPERATIVE PROCEDURE: Under general anesthesia, the abdomen was prepared with Betadine and draped. A midline incision was made from xiphoid to about two inches below the umbilicus. Manual exploration of the abdomen revealed no palpable abnormalities. The spleen was questionably generous in size. There were a number of unusual adhesions of omentum to abdominal wall in the left upper quadrant which had to be taken down before the spleen was exposed. We then proceeded to clamp, divide and ligate the short gastric vessels. Then, we placed a single tie around the main splenic artery and tied it. The spleen was then mobilized up out of the retroperitoneum. Hilar vessels were then individually clamped, divided and ligated. The spleen was not grossly abnormal. It was sent to Pathology for permanent sectioning. After securing hemostasis over the bed of the spleen, we then proceeded to carry out a wedge biopsy of the left lobe of the liver, followed by the needle biopsy of the left lobe and another one of the right lobe of the liver. The next step was to open the lesser omentum and expose the retroperitoneal tissue lying just above the pancreas near the celiac axis. Here we encountered a matt of normal looking nodes. We were unable to dissect out a discrete node, but did obtain some fragments of nodal tissue from this celiac lymphatic plexus. We then exposed the first portion of the jejunum and mobilized the ligament of Treitz's so as to get into the retroperitoneum behind the duodenum next to the aorta. There was a firm 1.5 centimeter node which was probably within normal limits, but was certainly easily palpable. This was dissected out and sent to Pathology for permanent sectioning. We then exposed the right iliac by opening the retroperitoneum there and sent out some nodal and peri-iliac soft tissue. The same procedure was carried out on the left side, although we were less certain of a definite node. We carefully palpated up and down the iliacs in the retroperitoneum and could identify no enlarged or suspicious nodes. The external iliac was palpated through the intact peritoneum and again no significant adenopathy could be palpated. The small bowel was then run and no lesions identified. One mesenteric node from the jejunal mesentery was excised and sent to Pathology. The abdomen was then closed using interrupted #1 Ticrons on the fascia and a subcuticular stitch of 4-0 Dexon to approximate the skin edges. The latter was supplemented with Steri-strips.

COMPLICATIONS: None.

JOHN P. DELANEY, M.D. (00118)
LUIS SANTAMARINA, M.D.
ANDERS ULLAND, M.D.

JPD/70
D: 12/26/91
T: 12/26/91

cc: Gregory Vercellotti, M.D./UMHC

Tradução:

Hospital e Clínica da Universidade de Minnesota
Relatório de operação

Nome: Carr, David
UH 135-46-01-7
Data RO: 26/12/91
/dm3603267

Dr. John Raines
CUHCC
2700 Bloomington Avenue South
Minneapolis, MN 55404

Lugar da operação: Sala de operação principal
Situação e diagnóstico pré-operatórios:
Este homem de 35 anos recentemente desenvolveu uma massa no lado esquerdo do pescoço. Fiz uma biópsia com anestesia local, e revelou-se uma esclerose nodular causada por doença de Hodgkin.
O dr. Vercellotti, da Seção de Hematologia, levou a cabo um extenso trabalho que incluiu TC abdominal, TC do peito e biópsia da medula óssea, todas dentro dos limites normais, sem mostrar evidência da doença de Hodgkin.
Depois de algumas deliberações, o Serviço de Hematologia recomendou fosse o paciente submetido a uma laparotomia de estágio. Clinicamente, ele é Estágio I-A, e o uso de radiação *versus* quimioterapia era contingente ao conhecimento da condição do abdome.
Nome da operação:
1. Esplenectomia
2. Biópsias múltiplas do fígado
3. Biópsias múltiplas de nódulos linfáticos retroperitoniais

Anestesia: Geral
Procedimento da operação:
Sob anestesia geral, o abdome foi preparado com Betadina e envolto. Uma incisão de linha média foi feita do xifoide até cinco centímetros abaixo do umbigo. A exploração manual do abdome não revelou nenhuma anomalia palpável. O baço tinha tamanho questionavelmente generoso. Havia muitas adesões incomuns de *omentum* à parede abdominal no quadrante superior esquerdo, que tiveram que ser removidas antes de o baço ficar exposto. Passamos então a prender, dividir e ligar os vasos gástricos pequenos. Depois, colocamos um único laço em volta da principal artéria esplênica e o amarramos. A seguir, o baço foi deslocado para cima e para fora do retroperitônio. Os vasos hilares foram então individualmente presos, divididos e ligados. O baço não estava grosseiramente anormal. Foi enviado à Patologia para ser seccionado. Depois de assegurar a hemóstase sobre o leito do baço, procedemos a uma biópsia de fatias do lobo esquerdo do fígado, seguida de uma autópsia de agulha do lobo esquerdo e de uma outra do lobo direito do fígado.

O próximo passo foi abrir o *omentum* menor e expor o tecido retroperitoneal que jaz justo acima do pâncreas, perto do eixo celíaco. Ali encontramos um tecido de nódulos de aparência normal. Não pudemos dissecar um nódulo discreto, mas obtivemos alguns fragmentos de tecido nodal desse *plexus* celíaco linfático. Então expusemos a primeira porção do jejuno e mobilizamos o ligamento de Treitz para chegar ao retroperitônio por trás do duodeno, perto da aorta. Havia um nódulo firme de 1,5 centímetro que foi dissecado e enviado à Patologia para ser seccionado. Depois expusemos o ilíaco direito abrindo ali o retroperitônio e retiramos algum tecido macio nodal e do tecido peri-ilíaco. O mesmo procedimento foi levado a cabo no lado esquerdo, embora estivéssemos menos certos de um nódulo definido. Palpamos cuidadosamente para cima e para baixo os ilíacos no retroperitônio e não pudemos identificar nenhum nódulo crescido ou suspeito. O ilíaco externo foi palpado através do peritônio intacto e outra vez nenhuma adenopatia significativa pôde ser palpada. O intestino delgado foi então percorrido e nenhuma lesão identificada. Um nódulo mesentérico do mesentério jejunal foi extirpado e enviado à Patologia. Depois o abdome foi fechado com utilização de Ticrons 1 interrompidos na fáscia e uma costura subcuticular de Dexon 4-0 para aproximar as bordas da pele. Essa última foi suplementada com Steri-strips.

Complicações: Nenhuma.

Dr. John P. Delaney, (00118)
Dr. Luis Santamarina,
Dr. Anders Ulland,

Data: 26/12/91

Certamente a expressão física ainda está comigo. Não tenho papadas — elas foram cauterizadas durante a radiação — e tenho um pescoço de cisne, apesar de cheio de cicatrizes de todas as biópsias, primeiro para ver se o câncer estava lá e depois para ver se havia retornado. E, quando vou nadar, as pessoas ao meu redor imaginam se eu participei de uma luta de faca realmente barra-pesada. Possuo o que parece resultar da penetração de um facão no meu abdome: uma cicatriz grossa e cheia de filamentos que vai da cavidade do peito até, bem, até abaixo do cinto. Há um pequeno corte em volta do meu umbigo, que lhe confere um toque de drama. Muitas mãos estiveram lá dentro mexendo em tudo, e não alimento ilusões de que não voltarão.

A ubiquidade do câncer significa que eu, como todos os demais, perdi muitos familiares, inclusive minha mãe, para o alienígena. Eu poderia recorrer à linguagem da recuperação — antes eles do que eu —, mas, depois de todos esses anos, ainda me sinto em perigo. Não clínica, mas fisicamente. Mesmo que nunca fale muito disso, ter um câncer me assustou muito. Continua a parecer que está voltando, mesmo que não volte. Eu tinha esquecido aquela parte até que peguei os registros e os revi com certa distância. Meu pescoço continua a crescer de novo, e pelo menos uma vez, meu médico pensou ter sentido um nódulo aumentado debaixo do meu braço. Depois de ficar de boca fechada durante os seis meses de tratamento — eu não chorava, exceto na calada da noite, quando pensava em dar más notícias a Erin e Meagan —, a sugestão de que o câncer estava de volta causou uma oclusão, um "episódio vagotômico", como era chamado. Significa que desmaiei, não que fiquei todo efeminado. Foi, como eles dizem, um falso positivo. Estou bem agora.

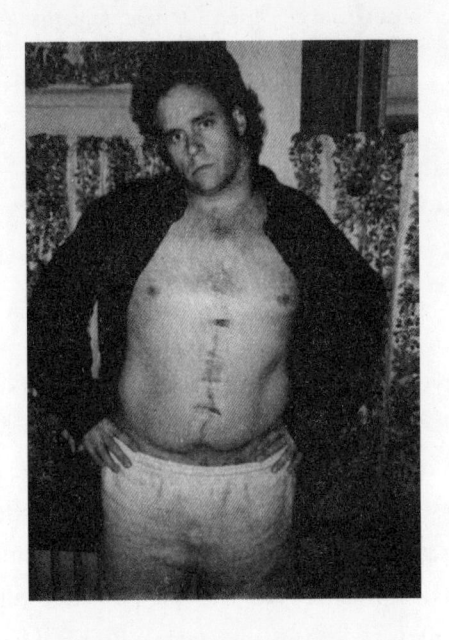

Mas diferente. Quando a vida é boa, como tantas vezes ela é, digo às minhas filhas que "as coisas nem sempre serão assim". Escondida nos arquivos, enterrada debaixo de toda aquela linguagem clínica, está a ideia de que ter câncer me feriu de um modo que o vício nunca fez. Com o vício, eu podia olhar no espelho e dizer: é verdade, aquela dor quase me matou e pode terminar o trabalho se eu não estiver vigilante. O câncer segue a sua própria agenda de compromissos. Um dia, seu corpo lhe pertence, e no outro se transforma em hospedeiro. Aquele poder mítico, sua própria inefabilidade, dá ao câncer um poder sobre a alma que nunca vai embora.

Algumas vezes, quando durmo, escuto um bip, semelhante aos barulhos que certos aparelhos médicos fazem, ou ao som de uma espaçonave muito pequena aproximando-se para aterrissar.

———

Voltei do hospital com um talho de 30 centímetros no abdome. Doolie e eu nos víamos apenas ocasionalmente naquela época, mas, movida pela piedade, ela apareceu e, sempre tão gentil, assegurou-se de que o resto de mim permanecia operativo. Foi de uma gentileza significativa, especialmente porque minhas feridas estavam, caramba, gotejando um pouco. (Não para adiantar-me à narrativa, mas aquele tal enfoque "conservador", pensado para evitar as complicações da quimioterapia, iniciou para mim uma odisseia cirúrgica, com reparação de hérnia ventral, cirurgia para reparar cicatrizes cirúrgicas [que é um pouco absurda, pensando bem], pancreatite necrosada aguda, remoção da vesícula biliar, e assim por diante. Se os médicos estavam planejando usar-me como se fosse um caixa eletrônico, eu preferiria que, para início de conversa, tivessem colocado uma dobradiça, em vez de me cortarem a cada vez que queriam entrar.)

Nunca estive perto de morrer, mas no primeiro mês do meu tratamento, parecia que isso poderia acontecer. Em trinta dias, fiz uma biópsia de pescoço, uma biópsia de medula óssea, uma importante cirurgia abdominal e recebi milhares de *rads* de radiação. Despertei em meio a punhados de cabelo caído, e minhas orelhas, meu pescoço e a parte interna da minha garganta ficaram queimados. Mas pareceu uma troca justa. Eu ficava ali, deitado, sendo irradiado, e uma voz mecânica repetia instruções por um pequeno alto-falante. "Segure o fôlego." "Relaxe." Passei bastante tempo olhando para um pôster tropical no teto e absorvendo o ritmo zen da máquina. (Aquele pôster talvez possa explicar por que eu senti uma necessidade estranha de ir à Nicarágua quando terminei meu tratamento, mas não estou seguro disso. Foi uma boa viagem.)

Eu passei de um cara gordo e vagamente delinquente, com uma cicatriz fresca e hedionda, a uma alma descarnada quase beatífica. Toda vez que eu encarava o meu reflexo, em um espelho ou na face de um amigo, eu desviava meus olhos.

Certa noite, minha amiga Mary, colega da igreja que frequentávamos, estava em nossa casa na Avenida Pillsbury fazendo um jantar para as gêmeas. Eu estava descansando no sofá da sala e ouvindo a música da conversa de Mary com Erin e Meagan, enquanto cozinhava. Sem aviso, uma parte de um lustre do teto se soltou, golpeou Mary na cabeça, quebrou e cortou seu antebraço. Os moradores do andar de cima haviam deixado a água aberta e a inundação decorrente infiltrou-se no teto. O lustre caiu junto com uma chuva que parecia quase bíblica. Enquanto eu a ajudava a estancar o sangue da ferida, pensei: "Este lugar é a porra do templo da perdição. Ninguém mais entra ou sai. Só nós."

As meninas e eu desenvolvemos uma rotina. Meagan, que era uma zeladora quase patológica por disposição natural, começou a assumir todo tipo de responsabilidades quando as meninas se aproximavam dos 4 anos. Do meu sofá na sala, eu podia vê-la arrumando copos de suco na bancada que era mais alta que a sua cabeça ou secando uma poça com as toalhas de papel que ela sabia que estavam debaixo da pia. (Meagan não se lembra de nada disso.)

Se eu assustava minhas filhas, elas não faziam por menos. No que ficou sendo um padrão para nós, eu lhes dizia tudo o que sabia, mesmo que elas ainda não tivessem 4 anos de idade. Sim, eu estava doente, com algo chamado câncer, mas os médicos achavam que tudo daria certo. Enquanto isso, eu poderia não parecer ou não me sentir muito bem. Estava tudo bem. De sua parte, as meninas ficavam firmes, sugerindo que esse algo chamado câncer não era adversário para gente como nós.

Quando eu me sentia bem, passava algum tempo arrumando a geladeira, para que todas as coisas que pudessem ser comidas cruas estivessem nas prateleiras inferiores — dessa forma, as meninas poderiam agarrar cenouras ou maçãs se estivessem com fome. Eu mandei Meagan mais de uma vez até a porta para dar 10 dólares ao entregador de pizza. "Fique com o troco", eu a ouvia dizer, por instrução minha, a algum cara surpreso que provavelmente contaria a história quando voltasse para a pizzaria. Nas noites em que eu estava cansado demais para levá-las até a cama, eu ficava deitado ali e ouvia Meagan falar para Erin que já era hora de dizer as orações e ir dormir.

"Amada senhora, vestida de azul, ensina-me a orar..."

Eu me desculpava quando os amigos ligavam querendo ir me visitar, dizendo a eles que estávamos bem, mas não poderíamos recebê-los naqueles dias.

As relações de sangue eram uma questão diferente. Minha mãe ia e vinha, trazendo comida fácil de preparar e levando a roupa suja para lavar. Minha irmã Coo, minha aliada de sempre e a palhaça da família, irrompia pela porta, os braços cheios de fast food e a cabeça cheia de travessuras, trazendo o circo com ela sempre que chegava. Eu não podia suportar nem o ruído da televisão naquele período, mas sua voz, seus gritos, sua patetice de certo modo soavam celestiais. Quando ela me perguntava como eu me sentia, eu respondia sinceramente, dizendo-lhe que me sentia uma merda, e que "Aquilo" estava me matando de medo.

"Epa, que coincidência! Eu também!" E gritava, virando-se para as meninas: "Que tal se nós formos para o quarto de vocês fazer um forte *enorme* onde ninguém esteja de mau humor e todo mundo se sinta bem?!"

Sempre que eu ia a uma sessão de tomografia computadorizada — que era marcada quando surgia alguma nova dor —, o técnico ficava confuso. "Onde está o seu baço?" "Ei, o que aconteceu com o seu rim?" Ou "parece que você não tem a vesícula biliar". E assobiava baixinho enquanto examinava as ruínas do meu passado na tela.

Para que saibam, eu sofri quatro concussões, não tenho menisco no joelho direito, nasci com um único rim, tenho meio pâncreas, não tenho baço, nem vesícula biliar, e o que resta das minhas entranhas está todo coberto por uma malha de aço para ficar aprumado. Tenho cicatrizes no pescoço e no abdome, onde os cirurgiões cortaram sua porta de entrada. Quebrei duas pernas, um pulso, um braço, um pé, o nariz (duas vezes), uma mão e um dedo. Daquele cirurgião bucal eu me livrei: foi uma luta preservar meus dentes. Mas ainda peço bife malpassado. Meu pescoço está cronicamente inclinado — a síndrome da cabeça caída — porque os nervos e os músculos que o mantêm ereto estão prejudicados, fuzilados por toda a radiação que absorvi tantos anos atrás.

Tudo isso serve de lembrete para dois pontos:

Posso ter sobrevivido a algumas coisas, mas não escapei incólume. Abandonei partes de mim pelo caminho.

Você não precisa de muito para estar bem. Meu cartão de doador pode não ser útil, mas estou suficientemente são para andar de bicicleta centenas de quilômetros, esquio em descidas íngremes sempre que posso e me sinto bem todo dia o bastante para fazer um trabalho honesto. É melhor ficar em movimento, para que o alienígena não encontre suas coordenadas.

47

AS PESSOAS DA COMUNIDADE

Querida, você é a princesa que está procurando pela sua mamãe, e eu sou a mãe, e nos encontramos no bosque ao lado do palácio.
— MEAGAN CONVERSANDO COM ERIN NA BANHEIRA, AOS 4 ANOS DE IDADE, TAL COMO CITADO EM UMA COLUNA PARA PAIS DA REVISTA *FAMILY TIMES*

As prerrogativas da vida normal — até mesmo de uma versão de classe média dela — começaram aos poucos a voltar para mim e para os meus enquanto eu me curava em 1991. Nos fins de semana do verão, íamos ao lago Blueberry, no Wisconsin, e ficávamos em um conjunto de cabanas de pesca arruinadas que minha família havia comprado. Era como o complexo dos Kennedy em Hyannisport, mas sem o futebol, sem o oceano, nem os iates — um nirvana de lixo branco. Eu levava as meninas para cruzar o lago e pescar quando os barcos a motor funcionavam, ou para segurar as ferramentas, enquanto meu pai praguejava baixinho tentando consertá-los, quando não funcionavam. Muitas vezes, eu aproveitava a oportunidade para dormir um pouco enquanto o restante da família ficava de olho nas gêmeas.

Blueberry sempre era mais divertido quando minha irmã Coo estava lá, porque significava que algum tipo de macaquice estava a caminho. Ela sempre construía alguma engenhoca obviamente insegura e temerária, para uso terrestre ou aquático, e jogava as gêmeas dentro dela.

Coo ensinou às minhas filhas que as mulheres fazem coisas — ela adorava ferramentas elétricas — e que não havia necessidade de esperar por um homem para fazer as coisas acontecerem. Ela tinha sido casada com um cara legal, um fazendeiro, que de vez em quando lançava uma ocasional piada homofóbica. Passei a maior parte dos meus anos de faculdade com uma multidão de lésbicas brilhantes que fumavam maconha; tendo notado como os olhos de Coo arregalavam-se quando estava perto delas, eu sabia que um dia ela despertaria e se revelaria ao marido.

Depois que isso aconteceu, virou um desenho animado lésbico: ela logo conheceu alguém em um grupo de mulheres, uma delas trouxe um caminhão de mudanças para o segundo encontro — e, num piscar de olhos, Coo estava vivendo com uma companheira em Uptown e usando aqueles odiosos terninhos de seda com pegadas de animais da loja "R" Us, preferida pelas lésbicas. Coo era uma pessoa incrivelmente forte, alguém que podia se impor com sua mera presença e que gostava de vir à minha casa dar um bom jeito em tudo. As gêmeas começaram a ir dormir na casa dela ainda bem pequenas. Havia velas, filmes, guloseimas para todos, e nenhum horário para dormir. Eu costumava chamar essas noites em que as gêmeas dormiam na casa da minha irmã de temporadas no Campo de Doutrinação Lésbica.

A outra companhia constante na vida das minhas filhas era Kathy, sua babá na creche, também lésbica, mas menos extravagante. Ex-monja, ela vivia no lado sul da cidade. Através de uma rede de referências, ela acabou trabalhando como *baby-sitter* para um grupo de pais e mães, em sua maior parte solteiros, que estavam na luta de uma maneira ou de outra.

Eu voltei para visitar Kathy, que agora vivia bem longe da cidade com Cynthia, sua companheira de longo tempo, e ela começou me dando, quase imediatamente, inúmeras fotografias. Diagnosticada com câncer no estágio 4, ela estava indo embora e queria me deixar algumas coisas. Conversamos várias horas e nos abraçamos muito no final, combinando uma visita dela à minha casa para ver as meninas, que ambos sabíamos que não ia acontecer.

Ela era uma pessoa perfeitamente centrada, de notável constância. E cuidava dos pais assim como dos filhos. Lembro-me daqueles anos, desde quando as meninas tinham 3 anos até os 6, como tempos simples, maravilhosos, mas Kathy me fez ver como eles foram difíceis também.

"Quando vejo como todos vocês trabalhavam duro — todos vocês; lares só com o pai ou só com a mãe, ou com os dois, não importa — vocês lutavam muito, como eu", disse ela. "Eu trabalhava duro, vocês pais também, e as crianças cresciam, desabrochavam. Fiz um bom trabalho com elas. Encontrei meu nicho."

Ela disse que eu achei o meu nicho na época em que ela me conheceu. "Ter aquelas duas meninas mudou você. Aposto que se você tivesse dois meninos, as coisas seriam diferentes. Penso que elas mudaram você."

Ela mexeu com o braço, que obviamente lhe doía. O câncer estava por toda parte, e agora estava ali, comigo, na minha amiga. Ela continuou falando. "Você se transformou: era um cara autocentrado e agora se concentra nelas. E ao fazer isso, você teve que passar a cuidar de si mesmo. Eu vi isso acontecer, estava por ali naquele momento. Você se preocupava profundamente com elas."

Ela me lembrou de que eu era apoiado por uma unidade tática de amigos e parentes, que assinavam o ponto quando necessário. Isso aconteceu muito, tanto por causa do trabalho como, naquela época, por causa do meu próprio câncer. "Você estava rodeado de gente que torcia por você o tempo todo. Não me lembro de todos os seus amigos, mas de vez em quando eles apareciam para pegar as meninas, e elas gostavam. As meninas estavam acostumadas com pessoas novas na vida delas."

E isso foi muito importante quando eu fiquei doente.

"Tenho recordações de você tratando daquilo como se não fosse grande coisa, como se dissesse 'eu preciso fazer isso', ou seja, que você tinha que seguir em frente. Não me lembro de ter pena de você, lembro-me de dizer 'Caramba!' Você tinha muita determinação", disse ela. "Não me lembro de você parecer com alguém que precisasse de piedade. Lembro que ficamos preocupados com você, todos nós, quando você esteve no hospital. Lembro-me dos seus pais — do seu pai mais que da sua mãe — e lembro-me das meninas indo para a casa deles ou da Coo, e de todos nós cacarejando atrás."

Eu acabei ficando bom, mas a Kathy, não. Ela morreu alguns meses depois desse nosso encontro. Quando olho para as fotos da creche, Kathy quase sempre está fora do quadro, mas você pode vê-la refletida em cada criança, inclusive nas minhas.

Como pai, eu era o rei do *ad hoc*, lutando nem tanto para conservar as aparências, mas sobretudo para manter nossas cabeças fora da água enquanto íamos rio abaixo. Quando as gêmeas olharam amorosamente para umas fantasias de *cowgirls* muito caras antes da festa de Halloween, eu comprei só os chapéus e disse que faria pôneis de verdade para elas montarem. Usei dois cavalos de brinquedo, um pouco de brilho e duas caixas de embalagem. Aquelas amazonas montavam bem. As *cowgirls* do Halloween de 1993 foram um momento de vívido triunfo pessoal.

As gêmeas estavam se metamorfoseando em si próprias tão rapidamente que algumas vezes, quando eu ia até a casa da Kathy, no final do dia, para buscá-las, elas pareciam diferentes de quando as tinha deixado lá de manhã. Quando comecei a tomar conta delas, eram um conceito, um lembrete vivo das minhas responsabilidades; mas depois começaram a falar e a me responder. Lendo as colunas antigas que escrevi para a revista *Family Times*, compreendi que eu havia mudado, transformando-me, de grande e desagradável bandido, em um daqueles pais horríveis e pretensiosos que acham tudo que seus filhos fazem extraordinário. Coisas pequenas ficavam enormes. Cozinhar um ovo. Comer doces. Ir passear.

Family Times, OUTUBRO DE 1992:

Mesmo velhas receitas de família, como o "Ovo no Buraco" — que foi passada com sucesso de uma geração para outra da árvore genealógica —, estão sujeitas a escrutínio. Outro dia, a cada uma das meninas foi dada a oportunidade de prender seu próprio ovo no buraco de um pedaço de pão frito.

"Mais manteiga, papai. Ficam mais gostosas", disse Meagan, apontando para a margarina com um movimento da espátula.

"Ei, eu venho fazendo Ovos no Buraco perfeitos desde que os dinossauros andavam pela Terra", disse eu, enquanto passava mais um pouco de margarina na frigideira. "Meu papai me ensinou como."

"Bem, ele é seu papai, mas é nosso vovô, e nós também sabemos fazer", disse ela, levantando com jeito um canto do pão para ver como estava o ovo.

Erin foi a próxima, e ficou tão feliz com seu esforço para fazer seu café da manhã com bons resultados que me ofereceu um raro beijo nos lábios.

"Ah, menina", disse eu com espanto zombeteiro. "Você não é muito dada a essa coisa de beijinho."

"Bem, eu mudei de ideia." Não muito tempo atrás, fiz num impulso uma compra na loja SuperAmerica: uns ursinhos de jujuba que tinham gosto de frutas tropicais. Um cheiro enjoativamente adocicado encheu o carro depois que eu abri as caixas para as meninas, e logo as caixas voltaram voando para o banco da frente, com gargalhadas sobre como eram horríveis.

"Esses não são ursinhos de jujuba. Esses são ursinhos de porcaria", disse Meagan, dando origem a um longo e musical repicar de risos das sabichonas do banco de trás. Assim encorajada, Erin encontrou as palavras para descrever como era ruim o que eu tinha comprado para elas.

"Eles são tão horríveis que têm gosto de árvores de brócolis."

Minha vida, que eu achava que ia encolher quando assumi responsabilidades além das minhas próprias necessidades, estava explodindo de forma gloriosa e imprevista.

48

UM AMOR SELVAGEM

Como família, éramos ferozes uns com os outros. Meus irmãos Jim e Joe desenvolveram as qualidades que possuem como pugilistas usando-me como *punching ball* até que eu comecei a revidar. "Nós continuamos até que você se transformou em uma espécie de monstro, e então passamos a conservar distância", disse Joe. Mas tomávamos conta uns dos outros. Era uma coisa tribal, algo bem mais arcaico e mais durável do que o idílio suburbano em que crescemos. Posso me lembrar de quando fui calouro na escola secundária e alguns alunos veteranos me levaram até um canto do ginásio para bater em mim. Por cima dos ombros deles, vi meu irmão Jimmy, que corria na nossa direção. Supus que ele queria se reunir à diversão, já que vinha fazendo o mesmo ao longo dos anos. Ele era pequeno, mas não era nada bom mexer com ele. Ainda o chamamos de O Selvagem. Ele pulou nas costas dos caras e não parou até que eles saíram correndo. Merda tribal. Coisa de irlandeses. Não se sacaneia ninguém da nossa família impunemente. Até hoje.

Numa família de sete, há um rico universo de aptidões. A menor, Missy, foi muito mandada, e deu amor em troca. Minha irmã Lisa foi a única da família que entrou na fila do senso comum quando Deus estava distribuindo essa peça do tesouro. Coo era uma inovadora, o tipo de garota céu azul, sempre se perguntando o que aconteceria se... Joe era o favorito da minha mãe — uma verdade que não se menciona, mas que está lá —, cuja capacidade de encantar não terminou nela. E meu irmão John era o mais velho, o homem que ajudou a negociar a paz em nossa família, quando não estava fazendo isso no Oriente Médio ou na Irlanda do Norte, trabalhando em missões para os bispos católicos. Jim era o único Carr que sabia contar. Ex-agente de reintegração de posse, com um bom toque para coleções, ele conhecia e compreendia problemas de crédito em uma família que possuía vários deles. Quando finalmente comecei a me estabilizar, eu tinha quase 30 mil dólares em dívidas.

"Mande-me o arquivo", ele latiu quando lhe pedi conselho. Era uma sacola de compras cheia de cartas assustadoras, avisos de faturas vencidas e ameaças de penhoras. O Selvagem conhecia cada meandro daquele jogo e negociou por mim, valendo-se daquele jeito todo próprio que tinha com o telefone, um instrumento que o transformou em um animal voraz. Ele escreveu cartas, carregou a arma e disparou todas as balas: eu era um viciado em crack, vítima de câncer, pai solteiro de duas gêmeas, e até incluiu uma matéria minha publicada. Mentiu um pouco e disse que estava disposto a pagar as dívidas ele mesmo, mas que era uma oferta por tempo limitado. A maior parte dos meus credores acabou implorando para fazer acordos por centavos.

14/03/94
Betty Marks
Departamento Legal — Citicorp
Ref.: David M. Carr

Betty, depois de nossas conversas na semana passada, envio anexo um artigo delineando alguns dos problemas que David teve no passado.

Como você notará, ele deixou esse estilo de vida, para dizer o mínimo. Ele deixou para trás seus problemas com a cocaína e teve algumas novas situações dignas de nota entrando em sua vida.

David é pai solteiro de duas gêmeas de 5 anos de idade, Meagan e Erin. A mãe delas (eles nunca foram casados) teve os mesmos problemas químicos que David e "levantou voo" quando as meninas eram pequenas. David agora tem a custódia definitiva dessas adoráveis menininhas.

Outra situação que atingiu David foi o câncer. David foi diagnosticado com a doença de Hodgkin [sic] faz um ano e meio. Após meses de químio e radioterapia, a doença parece estar em remissão.

Eu disse a David que ele deveria escrever um livro sobre sua aventura pessoal nos últimos dez anos, mas quem haveria de acreditar que todas essas coisas aconteceram ao mesmo cara?

Agora a realidade: David está em processo de arrumar sua vida, e o mais recente empecilho tem sido seu já antigo histórico de crédito. Para dizer o mínimo, não é muito bom. Eu ajudei David em várias ocasiões no passado, inclusive comprando-lhe um carro que ele "perdeu" (literalmente, pois ele de fato não se lembra de onde o deixou, e o carro nunca apareceu). Paguei algumas outras dívidas que ele tinha para que sua ex-mulher tivesse sua casa liberada de penhor e pudesse vendê-la. E ele pagou um empréstimo de financiamento de estudos universitários que tinha se transformado em sentença judicial.

David não tem dinheiro, mas tem um irmão que sabe que, se lhe for assegurada a oportunidade, ele pode vir a ter sucesso e criar aquelas duas belas meninas. Mas não poderá obter crédito, nem comprar uma casa, enquanto esta dívida estiver ativa.

David está trabalhando, mas as contas médicas, da creche e as despesas do dia a dia não deixam margem para que possa pagar uma dívida tão grande como a que ele tem com a sua companhia.

Eis a proposta: eu lhe pagarei 750 dólares à vista por conta de um acordo definitivo saldando todas as quantias devidas por David, e isso inclui o débito da conta corrente dele na sua agência bancária.

Esse dinheiro é meu, e é tudo que tenho para saldar essa dívida. Se algum de meus devedores me oferecesse 20 centavos *por dólar do principal depois de sete anos, eu aceitaria num piscar de olhos.*

Sua gentil consideração desse assunto será enormemente apreciada.

Jim Carr, irmão de David Carr

Mesmo que batêssemos uns nos outros sem piedade quando éramos jovens, depois que crescemos nos tornamos suficientemente sábios nos caminhos do mundo para saber que existe uma segurança que é significativa para um grupo. Éramos pessoas notavelmente diferentes, mas compartilhávamos características, inclusive um relacionamento abertamente afeiçoado com John Barleycorn [o álcool]. Somente O Selvagem e minha irmã mais nova, Missy, parecem ter se esquivado dessa bala. Um a um, quatro de nós cruzamos a porta da recuperação, um caminho por sinal aberto pelo meu pai. Meu irmão mais velho, John, era um ex-seminarista que abandonou seus estudos para o sacerdócio quando encontrou Linda, sua alma gêmea e, depois, sua mulher. Alto funcionário da Igreja Católica, trabalhou com muito sucesso em prol dos pobres, dos desamparados, dos incapazes. E então, apesar do contínuo sucesso na vida profissional e familiar, sua vez de admitir que não tinha poder sobre pelo menos um aspecto de sua vida finalmente veio há alguns anos. Ele encarava seu vício como uma fraqueza, uma falta de rigor pessoal. Quando foi fazer tratamento, mandei-lhe uma longa carta, sobre nossa história familiar, para lembrar-lhe que seu pai, sua irmã e dois dos seus irmãos tinham trilhado esse mesmo caminho. Ele me mandou uma cópia daquela carta depois que o entrevistei para o livro.

Existe uma parte de você que ainda vê a bebida como uma falha moral, mas há muita evidência do contrário. Você é, ao mesmo tempo, um alcoólatra e um homem de boa moral. Você não engana sua mulher, nem trapaceia nos impostos (não muito, pelo menos). Você criou filhos que são pessoas legais, com princípios morais sólidos, e demonstrou o poder da fé, tanto de modo pessoal como global. Isso faz de você igualmente um cara legal. Mas você também é um bêbado.

Então, o que é um bêbado?

Um bêbado é uma mulher que saiu do ventre materno com defeitos de nascença próprios, que sofre terrivelmente como adolescente, cometendo erros graves. Essa mulher encontra um homem bom, constrói uma vida nova com ele, mas traz a garrafa com ela. Finalmente ela tem um filho, que também possui um defeito de nascença. E aquela mulher deixa a bebida, ama aquela criança e as outras que terá com todas as suas forças, apoiando-as, mostrando-lhes uma vida que é boa e verdadeira. Ela se transforma em uma inabalável torre de força para todos à sua volta, em um dínamo de amor despretensioso. Essa mulher é um bêbado, mas um bêbado que descobriu a recuperação.

Um bêbado é um cara que vive uma vida em busca de si mesmo. Ele é um cara legal, que espalha alegria por onde passa. É um amante da vida e de sua família de origem, e é correspondido nesse amor. Mas uma inclinação pelas festas afinal o vence, e ele às vezes desperta caído no mato. Os bons tempos recuam e são substituídos por uma multa por dirigir embriagado, uma vida solitária de porres em quartos de hotel e muitas manhãs de implacável sofrimento. Afinal, ele se cansa da solidão, da dor, de toda aquela merda e vai fazer um tratamento. Fica sóbrio ainda a tempo de ficar ao lado da mãe, que está morrendo. E, nesse percurso, encontra uma mulher do seu passado que o ama de verdade. Casa com essa mulher e a toma em seus braços, junto com os filhos dela, e descobre um caminho para construir uma nova vida em meio ao caos de pouco dinheiro e adolescentes em pleno desenvolvimento. Seu novo amor fica doente, e ele fica ao lado dela todo o tempo até que ela melhore. Quando a irmã desse homem morre, ele assume a direção das coisas e coloca todos os negócios dela em ordem. Seu amor é enorme, assim como suas faculdades, e ele espalha bem mais que bons momentos por onde passa. Esse homem é um bêbado, mas está vivendo sem álcool um dia após o outro.

Um bêbado é um cara que se mete em problemas cedo e com frequência, tropeçando em um mundo de escuridão e álcool. Uma vida precoce de promessa profissional é anulada por uma vida de venalidade, de busca incessante do próximo barato. Em algum ponto ao longo do caminho, ele engravida sua traficante de drogas, e as gêmeas que surgem se tornam suas e apenas suas. Ele fica limpo, sentado em uma espelunca por seis meses, enquanto tenta lembrar-se de quem deve ser. Encontra uma nova forma de viver e começa a assumir responsabilidades por sua própria vida e pela vida daquelas que lhe foram dadas. Luta contra um câncer e muitas outras ameaças à sua saúde, mas permanece limpo. Encontra o amor de sua vida, sua carreira profissional recomeça e prospera, e acha uma felicidade que nunca conheceu. Esse homem é um bêbado, mas um bêbado que escolheu compreender sua impotência diante das drogas e do álcool, para vencer a luta ao se render.

Um bêbado é um cara que nasce em boa situação, que tem vantagens, mas que tropeça quando começa por conta própria. Tem muitas crianças com a mulher que ama, inaugura e perde um negócio, e começa a beber demasiado. Esconde garrafas no porão e bebe escondido quando pode. Sua vida empresarial é uma confusão, ele é levado por forças além do seu controle, até que um dia decide que o grande experimento terminou, que se voltar ao ringue com a bebida levará uma surra. Recupera-se, aprende a humildade e arranja um emprego em que trabalha para pessoas que têm metade da sua idade. Obtém o que entende como sucesso em seus próprios termos e se aposenta, depois de ensinar a muitos. Na totalidade do tempo, o homem floresce espiritualmente, tornando-se um líder de homens e mulheres. A mulher que ele ama fica muito doente, e ele cuida dela com amor e atenção. Conforta-a até o último momento e, quando este chega, está totalmente presente ao lado dela. Cumpre o luto, encontra um novo amor e começa uma vida rica e plena. Continua a amar e a cuidar dos filhos por tudo o que eles e ele valem. Esse homem é um bêbado, mas um bêbado que encontrou Deus em sua vida, um Deus que o deixou à deriva nas promessas da recuperação.

Um bêbado é um cara que começa as coisas do zero, um líder tremendamente talentoso e carismático. Em vez de pôr seu talento em ação construindo riquezas para si mesmo, torna-se um servidor, um homem que procura e encoraja a compaixão. Encontra e se casa com seu verdadeiro amor, e sua influência cresce. Senta-se entre os líderes do mundo e entre os mais simples com igual naturalidade. As pessoas viajam quilômetros para ouvi-lo falar. Mas, em meio a tudo isso, o homem se descobre bebendo demais, usando o álcool para atenuar as dores que o mundo distribui. Sua carreira continua a progredir, mas sua alma está sombria e torturada. Grande parte de seu trabalho e de seu esforço é afetada pela conduta dos outros, imprudente e alheia a Deus. Ele afunda mais na depressão, que não pode ser totalmente evitada pela esposa e pela família que ele tanto ama. E então, um dia, ele desperta e diz calmamente: basta! Vai fazer um tratamento cheio de apreensão, mas vai assim mesmo. Esse homem é um bêbado, mas um bêbado que deu seu primeiro passo na direção do seu futuro radiante.

49
MEU PLANO PARA DOMINAR O MUNDO

Nem por um momento imagino que nada do que tenho para relatar possa interessar ao público, quer como narrativa quer porque diga respeito a mim mesmo.

— JOHN STUART MILL, *AUTOBIOGRAFIA*

Quando fui encontrar o Sam, meu chefe no *New York Times*, para falar sobre o livro, conversamos sobre o formato que o projeto poderia ter. "Sabe aquela parte em que você sacode a poeira e domina o mundo?", perguntou ele. Eu disse que sim.

"Aquela merda é tááááááááão chaaaaaaata. Ninguém quer ler aquilo."

Ainda assim, os fundamentos do gênero exigem que eu faça uma análise detida e cuidadosa de como exatamente pude mudar o curso da condenação certa e cheguei a uma vida profissional além de todas as expectativas. Aí vai ela:

Eu trabalhei à beça.

Se a biografia é uma tentativa de moldar o ser através da narrativa, os sonhos simplesmente revertem a polaridade, com base no mesmo imperativo. O futuro é ainda mais fungível que o passado: podemos inventá-lo, afirmar que será assim, e ninguém pode dizer, com alguma certeza, que não acontecerá. Herman Melville, falando sobre história, disse que o passado é o livro didático dos tiranos, ao passo que o futuro é a bíblia dos homens livres.

Conquistar excelência na corrida rumo à vitória, seja caçando o maior javali ou ficando com o maior pedaço enquanto outros fazem a matança, é um ato de autoengano. Para começar, o perseguidor deve acreditar que o mundo é um lugar fundamentalmente meritocrático, que o trabalho duro compensa, que vencer é uma questão de esforço. E se os objetivos são alcançados, tal pessoa há de concluir que vive em um mundo justo, belo. E se as coisas não deram certo, ele vai para o bar, balbuciando amargas imprecações para um copo de uísque barato e lamentando o que poderia ter sido.

De posse da minha saúde química e da minha vida profissional, por fim, ou pelo menos temporariamente, eu tinha um objetivo: queria ter dinheiro suficiente e boas realizações para que, se alguém se metesse comigo de um jeito que eu não gostasse, eu simplesmente pudesse dizer: "Você não é meu chefe. Cai fora." E então partir para outra coisa. Eu vi meu pai ser empurrado pela vida afora por homens inferiores a ele, por homens que mentiam tanto quanto falavam, e decidi que isso não ia acontecer comigo. Ou, pelo menos, se alguém tivesse que mandar em mim, seriam homens ou mulheres de peso, pessoas que soubessem das coisas e quisessem me ensinar. Adequadamente inspirado, sou um trabalhador entre outros trabalhadores, que precisa de um mínimo de manutenção.

―――

Minha vida profissional beneficiou-se da sabedoria de outros. Os caras com quem eu andava agora também eram maníacos; só que não bebiam nem se drogavam. Depois que fiquei limpo por algum tempo, eu e um grupo de amigos alugamos uma casa flutuante e descemos o Mississippi para jogar golfe, cozinhar a bordo e pescar um pouco. Havia chovido bastante naquele verão, e o cara que nos alugou a casa deu uma olhada naquele bando heterogêneo — mesmo que não bebêssemos nem ingeríssemos drogas há anos, parecíamos com as fotos dos cartazes de "Procura-se" da parede dos correios — e nos aconselhou a ficar no canal principal. Muitos dos remansos se haviam inundado e pareciam convidativos, mas eram rasos e poderíamos arrancar a caríssima transmissão entre a hélice e o motor se não fôssemos cautelosos, disse ele com fisionomia grave.

Não fomos cautelosos. Fizemos uma tentativa de alcançar o lado de sotavento de uma ilha e ficamos presos contra a corrente quando tratamos de retroceder. O motor ficou atolado e nós mais ou menos que o usamos para cavar no fundo de lama, na tentativa de nos arrastar de volta para onde deveríamos estar. Justamente quando parecia que íamos conseguir, algo se rompeu, e o lamento agudo da máquina nos disse que não tínhamos mais transmissão.

Magicamente, flutuamos de volta para o canal principal e pudemos ancorar no lado da ilha a que deveríamos ter chegado. Antes que um de nós acenasse com uma bandeira para um barco que passava, nós nos amontoamos no cais: oito caras que sabiam contar uma história tentando chegar a uma versão do que havia acontecido. "Pois é, nós estávamos em marcha lenta, e o barco se soltou." Ou: "Havia um tronco enorme submerso, e não o vimos até que fosse tarde demais." As histórias, todas elas falsas, começaram a empilhar-se a nossos pés enquanto tentávamos criar uma versão definitiva do que havia acontecido. Meu amigo Steve, grande músico e artista, que certa vez estava se exibindo na varanda de um loft em Nova York e caiu da altura de alguns andares, limpou sua garganta:

"A verdade é sempre mais simples", disse ele. Quando o dono chegou, simplesmente dissemos a ele que quebramos o barco indo aonde não deveríamos ter ido. A verdade, simples e sem verniz, é uma espécie de presente, desde que você o aceite.

No meu porão, há um arquivo chamado "Coisas da carreira". Está cheio de memorandos pedindo emprego, memorandos para acertar o rumo das coisas uma vez que eu tivesse conseguido o emprego e memorandos sobre como corrigir o curso delas dali em diante. A papelada refletia um pensamento editorial decente, uma real necessidade de excelência, e, ah, sim, uma coisa mais: o cara que os escreveu parecia ser um completo idiota.

Em 1993, o cargo de editor-chefe do *Twin Cities Reader* ficou vago. O que certa vez fora um resoluto semanário tinha se mudado para o subúrbio e crescido, talvez um pouco demais. Sem dizer nada a ninguém, enviei um bilhete para o chefe de redação, Jeff, sugerindo que seu jornal tinha perdido o norte e que, se ele me contratasse, eu chegaria com uma caixa de granadas.

> *Algumas das pessoas que você está considerando para o cargo são, sem dúvida, muito inteligentes e competentes, mas eu, francamente, não esperaria delas nada além do trivial. Você precisa de alguém com um compromisso com a excelência, que possa comunicar de um modo direto e significativo, passando uma mensagem e arvorando uma conduta que motivem as pessoas a superarem-se a si mesmas continuamente. Por definição, um editor deve ser uma pessoa com forte sentido de propósito e convicção. E as pessoas de dentro e de fora de sua empresa lhe dirão que possuo meu quinhão de ambos. Francamente, só estou interessado no emprego se puder balançar o barco no* Reader. *Se você está procurando alguém que possa respeitar as preciosas suscetibilidades da equipe e manter o* status quo, *não sou a pessoa com quem você quer falar. Dito isso, adoraria a oportunidade de conversar com você sobre interesses que possamos ter em comum.*

Não tinha ideia do que Jeff pensava sobre o jornal. Eu só sabia o que eu pensava e disse: que o jornal precisava era de trabalho, que qualquer outro cara que ele contatasse seria fraco demais para mudar as coisas, e que para fazer aquilo do melhor modo possível eu iria ameaçar ou despedir qualquer um que se interpusesse no meu caminho. Jeff comprou a ideia. E eu liguei para ele, depois de passados todos esses anos, para perguntar por que tinha posto dinheiro dele nas mãos de um desequilibrado.

"Falei com várias pessoas, e muitas me alertaram contra você apenas por causa da sua história", contou-me ele. "Alguns poucos se mostraram indiferentes, e alguns disseram: 'É, o David sabe o que está fazendo. É um cara legal. Se você conseguir conservar as rédeas curtas, tudo vai funcionar.'"

Era um "se" bem grande.

Logo que pensei que havia uma pequena chance de conseguir o emprego, fiz com que cada advogado, cada político picareta e cada homem de negócios que eu conhecia enviasse um fax ao Jeff, sugerindo que eu estava no mesmo nível da invenção da roda, em termos de realizações da humanidade.

"Eu achei que precisávamos de alguém que fosse um pouco irreverente, alguém que desse personalidade ao jornal outra vez. Você sabia o que estava acontecendo. Tinha amigos em lugares privilegiados — eu fiquei impressionado com o número de ligações telefônicas que recebi apoiando você. Foi uma excelente campanha."

Durante sete anos no *Reader*, e mais tarde no *Washington City Paper*, eu fui o chefe. Uma inclinação pelo frenesi pessoal estava agora à solta em uma sala cheia de gente. Ser o tipo de pessoa que tem medo de perder alguma coisa é uma aptidão adaptativa no caso de um editor, mas talvez você não queira trabalhar com ele. Paul, um redator do *Star Tribune* de Minneapolis, escreveu um perfil meu quando consegui o trabalho. Era extremamente triunfalista, uma peça escrita muito generosa e gentil. A manchete era impactante:

David Carr: Sobrevivente. O editor do *Reader* vence o câncer, a cocaína e a batalha pela custódia.

Aí vinha o texto:

> Quando David Carr se candidatou ao novo emprego como editor do *Twin Cities Reader*, escreveu ao chefe de redação do semanário: "Se você não estiver disposto a balançar o barco, não me chame." Para enfatizar essa condição, uma enorme pistola de água com aparência de metralhadora está agora pendurada pelo teto bem em cima da mesa de Carr.
>
> "Ah, aquilo!", respondeu-me Carr, 36 anos. "Está ali para lembrar a qualquer um que entre em meu escritório quem é o chefe."
>
> Mesmo vindo de um homem que pode igualar em inspiração amigos íntimos como os comediantes Tom e Roseanne Arnold, a observação de Carr trai mais traços de ironia do que de humor. É certo que o currículo de Carr inclui o texto publicado no *Minnesota Monthly* no qual o finado conselheiro de Minneapolis Brian Coyle revelou sua luta pela vida contra o vírus da AIDS; a arrepiante série em duas partes do *Corporate Report Minnesota* sobre John Chenoweth, o ex-diretor executivo do Fundo de Pensão dos Funcionários de Minneapolis, que foi

encontrado morto a tiros; e o perfil confessional, publicado pelo *Corporate Report Minnesota*, do piloto da Northwest Airlines que voou bêbado.

Mas David Carr no controle? Por mais de uma década, Carr mal podia controlar a si mesmo, menos ainda um grupo de outras pessoas.

Palavras agradáveis e lisonjeiras, mas provavelmente não do tipo que fossem boas, em última instância, para um cara que já tinha problemas para se situar corretamente. As menções feitas a mim na matéria estão carregadas de arrogância e trazem muito pouco em termos de humildade ou consciência.

Como minha primeira experiência de administração foi cobrar dívidas de drogas de uma semana atrás, atividade substituída pela tarefa doméstica de correr atrás de gêmeas de 5 anos de idade, ali podia-se notar uma curva ascendente de aprendizagem. Como os jornais que eu dirigia eram bons, sempre foi minha tranquila presunção que eu era um chefe maravilhoso, mesmo que, objetivamente, a crer nos memorandos e nas pessoas que trabalhavam comigo, eu fosse explosivo, bruto e exigente.

"Quando peguei esse emprego, disse que íamos vencer a merda da competição. Isso não aconteceu", diz uma nota daqueles primeiros tempos. "Estou orgulhoso dos passos que demos, e acho que os textos das últimas três semanas indicam claramente que somos capazes de fazer um livro que valha a pena ler. Porém posso pensar em muitos, muitos outros textos que li com meus olhos quase fechados, porque não queria realmente ver como eles, o que significava nós, eram ruins."

Recém-chegado à administração, mesmo naquela coisa de pequeno calibre em que tinha me metido, experimentei a terrível beleza do poder e, no processo, trabalhei com aquele tipo de cadinho do qual Nietzsche falou, onde as pessoas eram recozidas pela minha vontade. Eu era uma paródia de chefe, alguém que sabia como motivar as pessoas a tomarem de assalto uma colina, mas que não era muito bom em escolher as colinas. E a minha tendência à idiossincrasia linguística — que era conhecida como "Carr-ismos" — levou ao desenvolvimento de uma base de dados de tradução que funcionava e que podia ser passada aos que chegavam, meio de brincadeira. "Tenho que ser honesto com você" — um tropo que eu usava para começar qualquer tipo de conversa — sugeria que eu era menos que honesto o restante do tempo. As matérias precisavam ser "incrementadas" (melhoradas) porque a reportagem era demasiado "boca aberta" (ingênua), resultando em uma matéria C-menos (de merda) cheia de clichês que estavam "banidos" (proibidos).

Uma das pessoas que conseguiram abrir caminho pelo matagal linguístico foi Brett, que trabalhava no departamento de propaganda quando o encontrei pela primeira vez no *Reader*. Ele escrevia sobre rock, e mais tarde, no *Washington City Paper*, tornou-se um crítico gastronômico, oportunidade que eu lhe proporcionei porque sempre parecia estar assediando as pessoas a fim de comida na hora do almoço. Filho de um ex-governador de Minnesota, ele cresceu muito na profissão e se transformou em um notável escritor, que agora trabalha em Nova Orleans.

Brett gostava de trabalhar para mim, éramos amigos. Na sua taxonomia de supervisores, eu seria classificado como do tipo gritão. "Há pessoas que não podem aguentar que gritem com elas. Não sou uma delas", disse ele, sentado no pátio da sua casa, no Faubourg Marigny, perto do Bairro Francês. "Algumas pessoas não gostam de quem tem um ponto de ebulição baixo."

"Sempre achei que você era justo e honesto. Honesto não só sobre o trabalho de seus funcionários, mas também sobre si mesmo. Quando você explodia, e tínhamos algum tipo de discordância, eu sabia que você estava aberto à ideia de estar errado e de admiti-lo." Ele disse que eu era um homem com pressa, que esperava que os outros se adaptassem ao meu horário. "Eu pensava que você estava tentando recuperar o tempo perdido. Tentando fazer um jornal melhor que o outro cara, provar isso a si mesmo e correr contra o relógio. Minha impressão era que você sentia que tinha desperdiçado talvez uma década de sua vida, e enquanto esteve drogado e bêbado, pessoas menos talentosas que você haviam chegado a um patamar superior ao seu, na sua profissão. Acho que você não conseguia conviver com isso."

Muitas coisas boas aconteceram enquanto eu estava no *Reader*. O novo chefe de redação, R.T., que chegaria a prefeito de Minneapolis, fez um acordo para nos tirar do horrível edifício de escritórios de subúrbio onde trabalhávamos e para nos trazer para o centro da cidade, que estávamos tentando cobrir. Contratei Rose, diretamente de uma loja de camisetas — e ela se transformou em uma repórter investigativa muito talentosa; Burl, um redator lacônico, porém maravilhoso e engraçado, e uma variada tripulação de desajustados. Fizemos um grande jornal e lutamos casa por casa com o *City Pages*, um semanário muito bem-feito que havia sobrepujado o *Reader* no começo dos anos 1990.

Alguns de meus defeitos de caráter fizeram com que ficasse difícil para mim dirigir o jornal com credibilidade. Era um ambiente ágil e solto, onde não faltava conversa mole. Eu pisei na bola mais de uma vez. As pessoas elogiaram uma blusa que uma das minhas colaboradoras usava, e eu comentei que ela estava dependurada em um "bom apoio". Perto do final da minha gestão, fui empurrado para dentro do escritório do chefe de redação, onde me disseram que eu fazia algumas mulheres do escritório se sentirem pouco à vontade. Não compreendi que minha tendência a estourar por qualquer coisa de qualquer modo que eu quisesse era menos que politicamente correta agora que eu estava na gerência. Instituí uma política, a partir dali, de não fazer nenhuma afirmação sexista sobre pessoas que trabalhavam sob minha supervisão e de conservar minhas mãos nos bolsos. Cresci às expensas das pessoas ao meu redor, um motivo persistente.

Claude tornou-se o editor-chefe do *Reader*. Quando eu era freelancer e ele me pediu para reescrever uma matéria, fiz um juramento de empregá-lo algum dia, se tivesse a chance. Conversando com ele doze anos mais tarde, em Minneapolis, tive a clara sensação de que ele estava descrevendo um desenho animado, que mais ou menos se havia desenhado a si mesmo.

"As reuniões de pauta eram sempre divertidas. Ah, meu Deus, como elas eram histéricas. Eram divertidas, mas você lia as pérolas que o pessoal produzia, e dava pulos e ficava louco com quem não tivesse ideias para matérias, ou com quem viesse sem se preparar, ou não tivesse nada que levar à reunião."

"E havia os estagiários", disse ele. "Você dizia coisas como: 'Se você não tiver isso pronto amanhã, vou meter meu pé tão dentro dessa sua bunda que você vai parar no quinto andar.'"

Ele me lembrou que passamos tempos maravilhosos, fizemos um grande jornal e que eu tinha uma equipe muito leal. Na verdade, na época em que deixei o *Reader*, em 1995, eu tinha *meia* equipe ferozmente leal. A outra metade pensava que eu era um palhaço grosseiro, abusado, e rezava para que eu fosse embora. Era algo a discutir.

50
DANDO AS MÃOS AO FUTURO

Nunca tive necessidade de sair buscando uma mulher com quem casar. Por volta de 1993, meus interesses românticos e físicos não mais beiravam a patologia; em vez disso, encontravam expressão na monogamia serial, à qual podia faltar seriedade, mas que era suficientemente divertida. A garçonete do restaurante do meu amigo, por quem eu tive uma louca paixão; outra linda e esperta garçonete, que teve uma louca paixão por mim; algumas mulheres que conheci no processo de recuperação ou em grupos de pais, ou na vida profissional. Eu estava livre do câncer, malhava na academia Y, não era mais nem gordo, nem bêbado, nem viciado. Não podia ser visto propriamente como um bom partido, mas também não era um zero à esquerda.

Certa noite, na primavera de 1993, Sarah, uma ativista do Partido Republicano com quem uma vez servi mesas, disse que um bando de gente estava se reunindo no Monte Carlo, um bar do centro da cidade a que advogados, políticos e jornalistas costumavam ir. Ela disse que tinha uma amiga que queria me apresentar. Eu lhe respondi que todas as amigas dela fumavam charutos muito longos, bebiam álcool demais e, além disso, eram provavelmente republicanas que odiavam gente pobre, e eu quase me qualificava como pobre. Venha apenas, insistiu Sarah.

Cheguei acompanhado de uma moça — íamos a um show de rock mais tarde. Sarah veio até nós e me disse que sua amiga estava ali, que precisávamos nos conhecer.

— Bem — mostrei minha atraente amiga —, por que precisaria eu conhecer alguém?

— Estamos ali perto do bar — disse ela, afastando-se. (Jill não tinha ideia de que algum tipo de armação estava a caminho.)

Eu gostava de Sarah. Era uma amiga e uma fonte de boas matérias, de modo que, passados alguns minutos, desculpei-me com a moça e saí de fininho. Sarah me apresentou a Jillie, uma loura de olhos castanhos, bonita de uma maneira clássica, um refinamento do tipo Lord & Taylor. Apertei a mão dela e ouvi música de Wagner; meu rosto ficou quente e já não sabia mais onde estava. Apertamos as mãos e olhamos um para o outro até que as pessoas ao nosso redor começaram a ficar embaraçadas.

Ela não tinha nada a ver comigo. Eu geralmente saía com mulheres de longos e negros cabelos que lhes escondiam o rosto, lábios grossos e notáveis casacos de couro, com mais tatuagens que joias. Como meu amigo Eddie uma vez observou: "As mulheres com quem você sai não apenas parecem mal-intencionadas. Elas são." Essa moça dinamarquesa-islandesa-norueguesa-irlandesa tinha trabalhado no Senado dos Estados Unidos da América do Norte para um republicano, tinha sua própria casa na zona sul de Minneapolis e estava deixando um emprego de vendas e preparando-se para ir para a faculdade e se tornar uma professora. Não era meu tipo.

Mas levava jeito.

Sarah disse que minha lembrança do encontro com Jill não estava embelezada. "Nunca tinha visto nada parecido na minha vida até apresentar vocês dois. Era como se o restante do mundo não existisse. Foi deslumbrante. Foi uma coisa química, intelectual, tão rara que, quando você a presencia, é espetacular."

Eu ainda olho para essa moça e me pergunto por que ela está comigo.

———

Nosso primeiro encontro, no Dia de São Patrício de 1993, foi uma maratona, treze horas, mas não da maneira que vocês estão pensando. Eu fui buscá-la para almoçar, e ela estava encostada em um parquímetro no centro de Minneapolis, sorrindo e com uma aparência adorável. Em encontros para almoço geralmente não se beija. Mas, quando saí do carro, avancei na direção dela e plantei-lhe um beijo nos lábios.

Fomos a uma churrascaria chamada J. D. Hoyt's, a alguns quarteirões dali. Quando nos sentamos à mesa em um reservado, ela procurou na bolsa e pegou uma antiga gravata-borboleta verde com estampa de trevos. Eu meti a mão no meu bolso e tirei dele uma lâmpada verde, para colocar no lustre do reservado. A coincidência das atitudes, das mesmas ideias, sem combinar, sem ensaiar, mas conectadas, estava plena de maravilha. Até que, no processo de remover a lâmpada que já estava no lustre para trocá-la pela lâmpada verde, eu a deixei cair na mesa. Foi o destino, apesar de decorado, agora, com cacos de vidro.

Falamos sobre nossas famílias. O pai dela era brilhante, bêbado e itinerante. Ela cresceu com a mãe, uma enfermeira especializada em câncer. "Ela já se aposentou?", perguntei, prestativo. "Minha mãe é onze anos mais velha que você", disse ela. Hum, então ela tem muito tempo produtivo e maravilhoso ainda pela frente. A mãe dela, explicou, era o tipo de mãe que todo mundo quer ter — simpática, intuitiva e cuidadosa em matéria de opiniões, exceto sobre questões muito importantes.

Ela matou o trabalho pelo restante do dia, e eu a levei para St. Paul, onde a família do lado da minha mãe, os O'Neill, estava dando uma festa depois da parada de São Patrício no bar da minha prima Giggle. Ela conheceu toda a bagunçada tribo naquele primeiro dia: os bêbados, os recuperados, os loucos, os bem-sucedidos. Minha gente. Depois fomos para Hopkins, para a excêntrica parada anual organizada pela minha mãe. Por fim sugeri um jantar na minha casa. Pegamos o cachorro da Jillie na casa dela, minhas gêmeas na creche, e eu cozinhei para ela. Big-Mac para as meninas, e linguado *sauté* com banana para nós dois.

As coisas andaram rápido depois disso. Poucas semanas depois de nos conhecermos, fomos em seu carro novo até Taos, no Novo México, para esquiar. Esquiamos juntos e separados. A surra que levei naqueles enormes penhascos abriu minha incisão interna no meio do peito, e eu comecei a criar uma protuberância, como um dos membros da tripulação em *Alien*, logo antes que o monstro saísse. Eu pressionei o lugar até que minhas entranhas voltassem para dentro — tive que ser operado ao voltar para casa. Firme e disposta, ela aguentou tudo aquilo, sem maiores preocupações. Em toda a viagem, tivemos apenas uma discussão. Quando atravessamos a fronteira para Iowa, coloquei o CD do *Exile in Guyville*, de Liz Phair. "Se você acha que vou viver no campo de concentração pessoal dela por mais cinco segundos, você pirou." Foi aí que eu decidi que me casaria com aquela garota insolente, se a pudesse convencer a aceitar.

À primeira vista, parecia ridículo. Quando Jillie começou a trabalhar como estagiária no Senado, logo que saiu da faculdade, eu estava ingressando em minha carreira de traficante de drogas. Membro de uma fraternidade da Universidade de Minnesota, ela tinha uma conduta impecável; eu era, de um modo geral, pecador. Ela gostava de caras com calças bem passadas e mocassins bonitos; eu tinha dois pares de calças, as duas pretas, as duas jeans, e só usava tênis. Ela era uma dançarina de balé formada, que cresceu no Minnesota Dance Theatre, ao passo que meu estilo de dança podia ser mais bem descrito como um branco se sacudindo. Apesar de termos ambos raízes profundas e duradouras na cena musical de Minneapolis, ela achava que meu gosto em todo o resto era horrível. Ela era irresistível em suas opiniões ousadas, em sua atitude decidida, em ser quem era, e no que isso significava. Sua condição de católica convertida praticante, que realmente ia à igreja, causou na minha mãe espasmos de alegria. Nunca esperei me casar e, se o fiz, não pensei que seria com alguém como Jill: uma republicana que ia à igreja, que tivera seu quinhão de tolices na juventude, mas que, agora, era uma adulta sob todos os aspectos.

Antes de decidir-me a pedir a Jill para se tornar minha mulher, havia certas questões a serem resolvidas. Eu não me lembrava precisamente de como compartilhei as novidades com as gêmeas, mas depois recordei que havia escrito sobre essa conversa para o *Family Times*. A editora, Annie, enviou-me o texto que eu não tinha mais.

No dia anterior à véspera de Natal, coloquei as meninas no carro e expliquei que íamos fazer compras para Jill, que é o meu docinho e a amiga muito especial delas. Antes mesmo que o carro tivesse esquentado, elas começaram a me bombardear com perguntas.
— O que você vai comprar para ela? — perguntou Erin diretamente.
— Talvez uma joia — sugeriu Meagan.
— Está ficando quente... — respondi.
Eu sabia que estávamos a ponto de ter uma daquelas importantes conversas de família, que geralmente começam com alguma dificuldade e quase sempre terminam com algum tipo razoável de acordo.
Perguntei às meninas se elas sabiam o que significava comprar um anel. As duas assentiram com a cabeça depois de um instante, e Erin acrescentou que ela pensava que significava que "você ama alguém". Expliquei que também indicava que você queria passar o resto de sua vida com aquela pessoa.
— Quero casar com Jill e torná-la parte da nossa família.
Pronto, falei. Observei pelo retrovisor enquanto elas trocaram olhares, por baixo de seus chapéus de inverno. Meagan falou primeiro.
— Nós já temos uma mãe — disse ela tranquilamente.

Erin e Meagan haviam acabado de passar dez dias em Tucson com a mãe delas, com quem inclusive fizeram uma viagem ao México. Em todos os sentidos, fora um momento de renovação do contato e do vínculo. Nosso valor familiar principal é a lealdade, e fiquei orgulhoso ao ver que elas estavam deixando claras suas próprias pequenas lealdades.

Expliquei o arranjo proposto mais ou menos nos seguintes termos:

— A mãe de vocês continuará sendo a mãe de vocês. Isso não vai mudar, não importa com quem eu me case ou quem venha a morar com a gente. Jill vai se casar comigo e ser parte da nossa família, mas a mãe de vocês será a mãe de vocês pelo resto de suas vidas.

Erin viu para onde ia a conversa e me interrompeu:

— Mas nós não queremos uma madrasta.

Meagan acenou vigorosamente com a cabeça, concordando. Todo o simbolismo da literatura e da cultura pop que se empilhou ao redor da noção de pais adotivos aparentemente tivera um impacto sobre ambas. Segundo os desejos delas, não haveria nenhuma madrasta malvada e perversa que as trancasse em casa de noite. Sugeri que Jill poderia continuar a ser o que sempre tinha sido: uma amiga.

Além de obter a aprovação das gêmeas, eu precisava que elas guardassem segredo. Eu esperava que a surpresa trabalhasse a meu favor para levar Jill a dizer sim. Nos dias que precederam o Natal de 1993, eu disse a ela: "Vou comprar para você uma coisa que você não sabe que quer, mas que vai gostar muito de receber." Jillie é uma pessoa totalmente intrometida — nós a chamamos de "Krav", como a Gladys Kravits da série *A feiticeira* —, que precisa sempre saber de tudo, e isso a fez ficar maluca. Ela analisou minha história, minhas tendências, minhas ex-namoradas e finalmente disse: "Se você me comprar um casaco de couro como presente de Natal, eu vou odiá-lo. Vou ficar muito zangada e não vou usar nunca, nunca." Eu levei adiante a brincadeira, consegui uma caixa grande que poderia embalar o tal casaco, embrulhei-a de forma elaborada e a coloquei debaixo da árvore.

Na véspera do Natal, eu fiz a Jill esperar horas enquanto o Papai Noel colocava brinquedos e roupas espalhados por toda a sala para as meninas. Ela se sentou e finalmente pegou sua grande e pesada caixa. Dentro havia um velho ursinho de pelúcia que segurava uma pequena caixa em suas patas. Ela a abriu e contemplou um anel de noivado feito sob encomenda, com um diamante de tamanho moderado. Jillie colocou o anel no dedo e o admirou, quase sem fala. Enquanto isso, eu estava de joelhos, entoando algo a respeito de ela se casar comigo e me fazer o mais feliz dos homens. Ela continuou a admirar o anel. Finalmente, eu lhe disse que, se ela tinha gostado do anel, teria que aceitar também os cem quilos de tolo dos quais ele vinha. Ela disse sim.

Foi um casamento multitudinário: policiais e ladrões, juízes e trapaceiros, políticos e pessoas influentes. Erin e Meagan estavam lindas de doer como damas de honra, ao lado de Jill, que, quando apareceu na porta da igreja, me fez perder o fôlego. O sermão foi baseado na parábola do filho pródigo, mas senti que estava recebendo riquezas que ultrapassavam de longe qualquer bezerro cevado.

Nossa parceria era romântica e prática, e as calças iam de um lado para outro entre nós conforme a situação. Um apetite compartilhado pela aventura nos dirigia em cada curva do caminho. Se o casamento envolve decidir amar cotidianamente, eu tenho acordado com uma decisão muito fácil de tomar desde aquele dia.

Jill foi criada por um pai solteiro, de modo que tinha um olhar especial para o que eu e os meus tínhamos realizado, mas teve problemas para encontrar lugar para uma família que já estava em movimento. Se houve um desapontamento, e significativo por sinal, foi que ela nunca se ligou a Erin e a Meagan da maneira que eu esperava. Quando elas eram pequenas, foi fácil para todos. Mas, à medida que cresciam, eu com frequência me encontrava no meio de uma disputa silenciosa, mas muito real, pelas minhas lealdades. As meninas sentiam o olhar vigilante de Jill enquanto se moviam pela casa, e algumas vezes a desaprovação que vinha com ele. É um conflito comum em famílias compósitas de qualquer tipo, mas eu sentia necessidade de óculos de proteção para os olhos, por conta de tanto estrogênio. Quando consegui a custódia da Erin e da Meagan, eu me comprometi a protegê-las de qualquer pessoa e de qualquer coisa que se interpusesse no caminho delas, mas eu não tinha ideia de que parte do problema viria de uma distância tão pequena: no caso, a pessoa que escolhi para casar. Jill era uma boa mãe, administrava um lar que daria orgulho a qualquer um, ao mesmo tempo que trabalhava duro em empregos bons e interessantes. Mas, embora ela claramente amasse as gêmeas, havia ocasiões em que parecia não gostar muito delas. Parte disso já era esperado: coube a ela boa parte do trabalho pesado de educar, mas as gêmeas tinham isso como certo e não lhe davam valor. E me tratavam como se eu fosse a pessoa mais importante do mundo, quando eu voltava do trabalho.

Como todas as famílias que funcionam, fizemos concessões e encontramos um jeito de deixar de lado nossos desapontamentos. De um modo geral, tem sido uma jornada longa e gloriosa, baseada em duas pessoas que deram as mãos ao futuro no dia em que se conheceram.

Jillie tinha me visto ir e vir durante um ano, trabalhando no livro, desenterrando um passado do qual ela já tinha alguma consciência, mas pouca experiência. Quando conversamos em nossa cabana, nas montanhas Adirondacks, no final do verão de 2007, ela disse que nunca duvidou nem por um instante que teríamos uma grande vida juntos. Ainda assim, quando nos encontramos pela primeira vez, ela tinha todas as razões do mundo para manter distância de mim. Minha reputação ainda estava amassada em alguns cantos. Conhecíamos pessoas em comum, algumas das quais não me tinham em alta estima.

"Havia pessoas que desconfiavam de você, talvez nem tanto da sua condição na época, quando nos conhecemos, mas certamente do seu passado. Não lembro o que diziam, mas elas davam a entender: 'Fique longe, desconfie dele.' Você tinha uma bela reputação de maníaco e de encrenqueiro."

E por que não seguir o conselho?

"Porque pressenti algo muito diferente. Eu comecei a entender alguma coisa sobre essa história de vício e de drogas, principalmente através de você, por conta de sua narrativa honesta. Por isso, nunca fiquei incomodada com sua imagem e com a reputação que precedia você, que eu estava começando a conhecer. Nunca tive medo de você. Nunca disse: 'Ele me dá arrepios; não quero chegar perto dele.' Nem uma única vez.

"Acho que éramos como almas gêmeas. Não que eu fosse igual a você ou que você fosse igual a mim. Tínhamos tal ligação que queríamos estar perto um do outro, e sentíamos que o tempo que passávamos juntos era mais legal que o tempo que passávamos separados."

E o fato de eu ter duas filhas?

"Você estava em uma situação difícil, muito braba, e parte do seu encanto era como você podia ser essa pessoa surpreendente, trabalhar como um mouro, e ao mesmo tempo criar essas duas crianças. Isso era incrivelmente atraente para mim", disse ela. "Você fazia aquilo tudo sozinho, não tinha muito dinheiro e o tempo todo tinha uma atitude muito boa. Parecia dizer: bem, isso é o que eu faço, isso é o que sou."

Algum tempo antes de ficarmos noivos, estávamos deitados no quarto da pequena casa em que ela morava, na Avenida Pleasant. O cômodo era pintado de vermelho-chinês, com um arranjo decorativo de galhos de árvore e luzes brancas no teto. Era singular e atraente, como a garota que dormia ali. Como fazem os casais que podem ter um futuro em comum, estávamos discutindo nossos sonhos que avançavam.

"Você disse que sua intenção era se tornar uma figura importante no cenário nacional da mídia", lembra ela.

Eu disse isso?

"Não me pareceu nada estranho. É o tipo de coisa que você pode dizer, e talvez se torne realidade, talvez não. As pessoas podem ter sonhos."

Considerando que havia bem pouco tempo que eu estava livre da previdência social e do câncer, e que tinha meu primeiro emprego de verdade em anos como editor do *Twin Cities Reader*, parece bastante desagradável e improvável que eu tenha feito uma afirmação como aquela, mesmo na intimidade do quarto da mulher amada.

"Você trabalha duro, é esperto, não falha. Não posso pensar em nada, durante o tempo que passamos juntos, em que você falhou, estragou tudo, e saiu assobiando sem se importar. Nem uma única vez."

Um pouco astuto também?

"Isso implica ser negativo, e eu diria que nada daquilo foi negativo. Astuto não; provavelmente planejador, mas de modo metódico, sem perder de vista o quadro geral, mas talvez sem articular todos os pontos relevantes."

Eu observava Jill enquanto ela falava, lembrando-me da nossa lua de mel, durante a qual passei boa parte do tempo contemplando-a e pensando na minha boa sorte.

Falamos um pouco sobre a dinâmica da nossa pequena família, sobre o fato de que, apesar de profundamente apaixonados como parceiros amorosos, tivemos alguns choques significativos quando tentei cuidar da relação dela com as duas meninas. Ela disse que eu estava apenas sendo quem eu era.

"Você era muito empático, muito amoroso, afetuoso, tinha uma inclinação natural para suprir as necessidades dos outros, muito mais do que eu. Eu tentei fazer as coisas nas quais era boa. Eu não era muito empática. O fato de que fossem duas também nunca foi tão fácil para mim quanto era para você. Se uma estava fazendo zigue, a outra fazia zague."

Mesmo assim, disse Jill, eu quase sempre ficava do lado delas. (Por falar nisso, elas dizem que precisamente o oposto era a verdade.)

"Isso vem da sua família. Vocês são tribais sob todos os aspectos. Obviamente havia aquele sentimento de dívida: você sentia que devia muito a elas. Precisava compensar o fato de que a mãe delas fosse quem era, de que quando elas vieram a este mundo foi, em vários sentidos, uma situação nada perfeita. Você não estava apenas sendo o melhor pai que podia, também estava compensando um monte de merda."

Apesar da minha decisão de voltar a beber em um momento já avançado do nosso casamento, nós raramente brigamos, nem mesmo por causa das gêmeas. Mas quando lancei a ideia de mudarmos para Washington, um lugar que ela havia deixado havia quatro anos, para me tornar o editor do *City Paper*, ela se voltou contra mim. Estava feliz de volta a Minneapolis, feliz de ficar perto da mãe e planejava ter um bebê perto dela.

"Você pirou se acha que vou me mudar para milhares de quilômetros daqui, para um lugar que já deixei uma vez, e ter um bebê tão longe da minha mãe."

Um mês depois nos mudamos para Washington.

51
BEM-VINDO À CAPITAL DA NAÇÃO! VOCÊ CAIU NO PRIMEIRO DE ABRIL

Quando cheguei a Washington, estava ansioso para exercitar novos músculos no *Washington City Paper*, uma empresa muito maior, com uma história de excelência. Mas rapidamente descobri que estava aterrissando em um lugar complicado. Minha reputação me havia precedido.

NOVO EDITOR PARA O *CITY PAPER*

O *Washington City Paper*, o agressivo semanário gratuito do Distrito de Colúmbia, tem novo editor: um viciado em cocaína em processo de recuperação. David Carr, cuja nomeação foi anunciada ontem pelo dono do jornal alternativo sediado em Chicago, vem de Minneapolis, onde nos últimos dois anos tem estado à frente do semanário *Twin Cities Reader*.

"Como alguém em processo de recuperação, tenho uma crença fundamental na força de redenção das pessoas, dos seres humanos e de tudo o mais. Dessa forma, sim, sinto algum tipo de afinidade [aqui]", disse Carr, 38 anos de idade, falando ontem de seu hotel, onde estava descansando depois de procurar uma casa para morar. "Eu sou pró-Distrito. Acho que a cidade tem muito potencial."

Nos escritórios do *City Paper*, o anúncio teve recepção calorosa. "Observa-se um desalento contido, um otimismo discreto", declarou um dos integrantes da equipe, que pediu para não ser identificado. "O passado pitoresco do novo editor tem dado motivo a risos, mas ninguém emitiu juízos."

Carr, que afirma estar limpo há seis anos, faz questão de assinalar que tem sido igualmente, há cinco anos, pai solteiro de duas meninas gêmeas, agora com 6 anos de idade (ele se casou há quatro meses) e que é um jornalista com experiência. "Eu era claramente a pessoa mais indicada para o posto", diz ele. "Sou alguém que esteve em muitos lugares e que fez muitas coisas... Não estou interessado em chegar a essa cidade como 'o homem que enfiou coisas no nariz.'"

"Ele põe isso no currículo", disse Mike Lenehan, um dos donos do *Washington Free Weekly*, de Chicago, falando a respeito do uso de drogas por Carr. "E nunca foi um problema para nós." Carr vem substituir Jack Shafer, o editor de longa data do *City Paper*, que renunciou em novembro.

THE WASHINGTON POST, 1º DE ABRIL DE 1995.

52

A DONINHA NA FESTA DO JARDIM

Com possibilidade muito remota de vir a dirigir um dos melhores semanários do ramo, eu comandava um pequeno jornal de Minneapolis, e minhas entrevistas de emprego não pareciam ter ido bem. Mas Jane, a chefe de operações da unidade, me surpreendeu com uma chamada telefônica e uma oferta. No verão de 2007, liguei para ela para perguntar por que eles me haviam oferecido um emprego que parecia não ser para o meu bico. Nessa ocasião, ela já se havia aposentado da maior parte de suas obrigações.

"Minha lembrança é que decidimos contratar a pessoa, não o texto", disse ela. "Queríamos um líder. Eles eram um bando disfuncional. Não eram bem preparados como funcionários. Estava claro que precisávamos de alguém que fosse um líder, com um estilo peculiar de liderança, que você tinha naquele momento. Pareceu a nós que você seria capaz disso. Talvez você não tenha sido contratado com alegria, mas achou-se que você seria capaz de enfrentá-los."

Com sua história de matérias gloriosas, o *City Paper* era uma espécie de fantasia literária para gente como eu. Eu poderia recrutar os melhores de uma classe de jornalistas que surgia, gente jovem, com pressa, que havia chegado a Washington procurando uma via rápida de ascensão profissional. A equipe percorria toda uma gama de tipos: desde Eddie, um ex-motorista de caminhão de sorvete que gerou retratos lendários da entropia, ou de John, que escrevia acres comentários políticos com uma facilidade assustadora, passando por Stephanie, com seus grandes esforços investigativos; até Amanda, uma estudiosa da vida no Distrito de Colúmbia, que delineava perfis assombrosos. Tínhamos o Jason na página policial, o Erik, que fazia a coluna "Loose Lips", e o Brad, um editor de arte que, na realidade, era um jornalista. Darrow, que era um fotógrafo tranquilo e enormemente talentoso, conferiu ao jornal sua marca registrada de elegância em preto e branco. E quando finalmente consegui recrutar e publicar grandes escritores negros que refletiam a cultura da maioria — Neil, Ta-nehesi, Jonetta, Jelani, Holly, Paul —, isso trouxe ao jornal uma nova medida de credibilidade e projeção.

Quando cheguei em 1995, vinha cheio de planos e cheio de merda. Em nossa primeira reunião, a equipe recebeu uma carga de mim e do meu brutal sotaque do Meio-Oeste e decidiu que eu não duraria muito. Eles tinham tratado o diretor interino com tal ferocidade que ele se sentiu obrigado a ir embora depois que puseram um peixe morto no sistema de ventilação.

Não é que não tivessem talento — muitos deles continuaram a fazer um grande trabalho no *City Paper* e em outras publicações. Eram apenas jovens privilegiados, que nunca tinham experimentado a vida fora da estufa das faculdades elegantes onde cresceram. Havia muitos sorrisos, olhos rolando de um lado para outro e bilhetes sendo passados — fazia lembrar muito a escola secundária. Tomei o desrespeito manifesto como um tipo de provocação. Coletivamente, eles eram mais espertos que eu. Eram mais duros? Nem tanto. Para quem entrava em cômodos com pessoas a quem devia dinheiro — gente armada e com intenções desconhecidas —, trabalhar em um escritório onde se fofocava a respeito de como eu era idiota não me impressionava muito.

Havia algumas questões de ajuste. Proveniente de Minnesota — uma terra de gente branca que comia comida branca em uma paisagem quase sempre branca —, a Cidade-Chocolate, com sua classe média, liderança política e legado cultural de negros, era um completo mistério para mim. Na minha primeira semana, Jonetta, uma escritora negra com vínculos profundos na comunidade política, escreveu um libelo mordaz contra as aptidões e intenções dos líderes da cidade. Sempre em busca de uma manchete impertinente, pus essa na primeira página: "Buraco negro: Por que a comunidade negra não está formando líderes que valha a pena seguir?" Fui atacado por todos os lados, mas se aquilo me alertou para vigiar aquela minha boca explosiva, também me fortaleceu para retrucar quando necessário. Algum cara marginal, que elegia a si próprio como porta-voz, ligava para mim e dizia: "Nós, da comunidade, discutimos aquela sua questão..." E eu cortava: "Você quer dizer a comunidade em que trabalho, em que vivo, na qual meus filhos vão à escola e para a qual pago impostos, ou está falando de alguma outra comunidade que eu não conheço?" Ou eles começavam com "Vocês não podem dizer isso", e eu respondia: "Bem, já fizemos. Portanto, vamos começar desse ponto."

As manchetes me meteram em complicações mais de uma vez. Poucos anos depois, tendo observado que havia uma classe inteira de playboys de terras distantes — fedelhos de embaixadas, a progênie de agentes do poder internacional, realezas menores de lugares dos quais nunca se ouviu falar —, apareci com uma manchete em busca de uma matéria, que dizia "Eu estou OK, lixo europeu". Roberto, filho de embaixador, escreveu um escabroso retrato social dos estrangeiros naturalizados na vida noturna de Georgetown, que armavam confusões, usavam drogas e bebiam feito uns desgraçados. Por razões que não consigo explicar, pedi fotos de festas que de fato aconteceram para ilustrar a matéria. Os donos do jornal, que me deram liberdade para fazer o que eu quisesse e que me haviam apoiado nos bons e nos maus momentos, pagaram caro por essa falha minha.

Erik, que trabalhou como freelancer, colunista, editor assistente e que finalmente chegou a dirigir o jornal, falou sobre o episódio quando fui encontrá-lo, durante uma viagem a Washington em 2006.

"Creio que ouvi rumores, entre pessoas que realmente contavam em Washington, ou entre pessoas que o conheceram, que sustentavam a posição de que sua ambição era maior que sua capacidade. Havia uma disparidade ali que um dia ia ter que se resolver."

Como já havia feito no passado, escrevi uma coluna que usava a mídia como um prisma para analisar os aspectos mais amplos da cultura e comecei a dar mostras de que tinha uma compreensão da cidade.

A despeito de suas severas desconfianças, Jill amava a pequena casa em que vivíamos no American University Park e encontrou trabalho como diretora de administração da Convenção Nacional Republicana que ungiu Robert Dole, que mais tarde acabou naufragando.

Minhas filhas achavam o lugar maravilhoso. "Lembro-me de chegar a Washington", diz Meagan, "Erin e eu estávamos brigando na hora em que chegamos na casa. Olhamos para ela. Como era grande! Ficamos convencidas de que era uma mansão. Havia mais portas do que estávamos acostumadas a ter. Mais janelas. Tinha um pátio, e havia outras casas como aquela na rua. Era diferente."

Na verdade, era uma pequena casa de três quartos, mas levando-se em conta o lugar de onde as meninas vinham, provavelmente parecia gigantesca.

Em 1996, Jill ficou grávida. Era uma boa-nova, era um novo passo para todos nós, e ela ficou a mil. Eu não podia esperar para ver a pequena bola de amor enquanto crescia. Mas Jill foi, sem sombra de dúvida, uma das mais terríveis grávidas que jamais viveram, como Sigourney Weaver em *Alien*: armas lançando chamas em todas as direções. As gêmeas e eu nos protegemos atrás dos móveis enquanto isso durou. Quando Madeline saltou para a vida, no dia 13 de novembro, com cabelos negros encaracolados e inexplicáveis pontas brancas, eu a tirei das mãos das enfermeiras e a coloquei nos braços de Jillie. Minha mulher olhou para ela e disse: "Se soubesse que era você, eu não teria sido tão ranzinza."

Maddie era a verdadeira mafiosa da família. Aos dezoito meses, ela respondia a um prolongado olhar dizendo: "Não me olhe." Mas era difícil olhar para outra coisa.

Quando vivíamos em Washington, fui a reuniões de recuperação, mas não tinha os mesmos vínculos e relações sociais de quando vivia em Minneapolis. Lá, na minha cidade, toda quinta-feira à noite eu ia a uma reunião na House of Charity, com um grupo de homens que conhecia minha história. Milionários, motoristas de táxi, viciados, bêbados comuns e um montão de novos caras que chegavam das ruas. Eu gostava de reuniões de homens — ainda gosto — porque não posso evitar usar táticas na minha comunicação com as mulheres. É uma espécie de princípio de Heisenberg baseado em questões de gênero: a presença de mulheres mudava o que tinha sido dito. Em Washington, eu ficava pulando de um lugar para o outro, sentava na última fila e não conseguia me ligar. Cada vez que voltava para Minneapolis, eu me lembrava de como sentia falta daquela reunião.

E eu ia a festas. Não bebia nem usava drogas, mas eram muitas saídas, muitos jantares, muita gente por perto. O trabalho era objetivamente bom. Meu trabalho era não estragar um bom jornal, e eu conseguia. Ganhamos do *Washington Post* em um par de matérias importantes, e publicávamos um jornal do qual se falava — talvez nem sempre com muito afeto.

Eu ainda precisava evoluir como gerente. Com frequência, eu tratava as matérias cuidadosamente escritas pelas pessoas como pouco mais do que pontos na tela e depois praticamente as desafiava a discordar do que eu havia feito. Não que eu não pudesse obter um bom trabalho das pessoas — eu apenas tinha certa tendência a triturá-las ao mesmo tempo. A sala do Brad, o empático e talentoso editor de artes, era conhecida como Cabo da Boa Esperança, ao passo que a minha era conhecida como Cabo das Tormentas.

Uma das pessoas que me ensinaram a ser chefe foi a Amanda. Ela vinha falar sobre uma matéria, e eu a mandava de volta e dizia para ela trazer o texto. "Carr, você tem que falar conosco. Você tem que encontrar tempo para examinar com cuidado essas matérias", dizia ela.

Eu nunca fui bom na nomenclatura da edição. Tenho boas habilidades no teclado — posso imitar quase qualquer estilo —, mas era fraco no tocante à estrutura e à organização. Eu fechava a boca e pensava com as mãos; Amanda e alguns outros gradualmente me apresentaram ao conceito de discurso racional sobre estratégias editoriais, sobre o ato de escrever e sobre a execução. Ela me encheu o saco muitas vezes ao longo do caminho, e mesmo sendo uma pessoa baixinha, sempre achei que a impressão cômica que ela tinha de mim era brutalmente acertada. Ela me fazia lembrar da minha irmã Coo, uma pessoa pequena que causava uma grande impressão, principalmente quando punha as pessoas grandes em torno dela de volta no seu lugar.

Eu mandei um e-mail para Amanda — ela estava escrevendo um livro de verdade sobre algo maior que ela mesma, de modo que eu não queria interromper — indagando sobre a minha reputação de déspota naquela época.

"Você foi o melhor chefe que jamais tive", escreveu ela. "Embora aquele tenha sido o único emprego que tive que me dava dores no peito. Eu tinha 22 anos e costumava sentir dores no peito caminhando pela Rua Champlain. Fui ao médico, e ele me disse que podia ser o emprego. Às vezes você se comportava como um babaca, mas acho que era uma estratégia para nos motivar."

"A verdade é que trabalhávamos duro no *City Paper* principalmente porque você conseguia aquele tipo de efeito sobre uma sala cheia de gente. A energia que emana dos líderes bons e perigosos. Aquele tipo de aura que faz com que você queira agradá-los, mesmo quando não sabe bem por quê. Não sei de onde vem isso! Em parte paixão pelo trabalho, em parte pela credibilidade. Mas se nasce com isso. E você tinha essa coisa que eu diria que 99% dos chefes não têm."

O jornal mudou; jovens repórteres com muito futuro partiram para outros empregos, e a equipe foi gradualmente substituída por outros céticos talentosos, exceto os que eu havia contratado. Minha capacidade de chefiar gente cresceu, mas não tanto. Minha tendência à invenção linguística em geral deixava as pessoas com quem eu trabalhava mais confusas do que inspiradas. Neil, que partiu para uma grande carreira em Nova York, ao sair da minha sala, depois de uma das minhas conversas especiais a portas fechadas, disse ao pessoal: "Fui despedido ou ganhei um aumento, não estou seguro de qual dos dois."

A certa altura, mais ou menos no meio do período em que trabalhei no *City Paper*, recebi uma longa mensagem de correio de voz do meu amigo David, que era um dos roteiristas e produtores da *The Corner*, um seriado do HBO sobre tráfico de drogas nos conjuntos residenciais de baixa renda. Fiquei muito animado, porque pensei que ele podia estar procurando alguém para escrever roteiros. Em vez disso, ele propôs: "Tenho um papel falado, de uma linha, de um cara branco que compra droga, e acho que você seria perfeito." Ali estava eu, em um dos episódios, parando o carro ao lado do

"Fat Curt" e dando algum dinheiro a ele. "Você vai voltar, certo?" Mesmo que eu tivesse muito pouca experiência de atuação, não foi nada de mais.

No dia 1º de janeiro de 1999, eu indiquei Michael, um ex-bolsista da Fundação Fulbright de 25 anos de idade, para o cargo de editor assistente do *City Paper*. No dia 3 de janeiro, fui levado ao hospital com uma coisa chamada pancreatite necrosante aguda. Estive quatro dias no CTI, 16 dias no hospital, e fiquei sem trabalhar um mês. Eu estava tão doente e com tanta dor que me encheram de narcóticos e me puseram em repouso absoluto, o que significava ficar sem comer nem beber. Jill, que nunca me tinha visto chapado, veio ao hospital uma noite em que eu realmente estava viajando. Arranquei todos os tubos e saí correndo pelo saguão, dizendo a ela, e a quem mais quisesse ouvir, que eu era na verdade um membro da família Kennedy e que tinha coisas importantes a fazer. "Você foi incrivelmente desagradável", ela lembra agora. "Tive um relance do que você deve ter sido nos velhos tempos."

Eu não morri, mas parece que isso poderia ter acontecido. A pancreatite não curou totalmente, e me deixou com um cisto e com uma dor abdominal crônica. Ouvi muitas palestras sobre os mistérios do pâncreas em instituições médicas de toda a região, inclusive no Hospital Johns Hopkins de Baltimore. Fui terminar em uma clínica da dor, onde um médico me deu uma droga relativamente nova chamada OxyContin. Ela tornou a dor suportável, mas me colocou em risco por causa da minha outra questão crônica de saúde: a tendência a usar substâncias químicas que alteram o estado de ânimo, predispondo a excessos. Acabei ficando obsessivo, contando as pílulas até que finalmente chamei o médico para dizer a ele que eu precisava descobrir outro jeito. Ele me ofereceu um narcótico diferente. Joguei todo o estoque de remédios na privada, mas fiquei usando e deixando de usar medicações contra a dor por causa das sequelas pancreáticas e de aderência cirúrgica durante anos a fio. Na época, parecia um mal necessário, mas deixou uma enorme brecha no perímetro das minhas defesas, um lugar por onde o pirata poderia infiltrar-se. A doença causava outros efeitos, inclusive deixar meu pâncreas suficientemente debilitado para que, ao longo do caminho, eu desenvolvesse um diabetes insulino-dependente.

No dia 16 de junho de 1999, meu irmão John ligou e me disse que fosse encontrar-me com ele no Aeroporto Nacional de Washington. Diagnosticada havia alguns meses com câncer de pulmão, minha mãe estava morrendo. A enfermeira não estava segura de que ela ainda estivesse viva quando chegássemos a Minneapolis, de modo que telefonamos para nossa mãe. "Eu espero vocês", disse ela, aos nossos ouvidos colados ao celular de John.

Quando meu irmão e eu chegamos, dezenas de pessoas entravam e saíam do quarto. Meu pai liderava uma oração/canção improvisada. Tudo aquilo me deu arrepios. Todos eles se juntaram, cantando, contando piadas, falando sobre a "sua" Joanie. Eu nem mesmo conhecia alguns deles e achei tudo aquilo muito esquisito. Meu irmão Joe, porém, me lembrou: "Ei, Dave, essa moça sempre gostou de uma festa. Por que hoje haveria de ser diferente?"

As gêmeas — minhas gêmeas, suas gêmeas — eram uma de suas grandes realizações. Mamãe insistia em que elas a chamassem de Jo-Jo, o que eu pensava ser extremamente bobo, mas as meninas concordaram com alegria. Quando o quarto finalmente se esvaziou por um momento, li as últimas anotações do seu diário: "[...] minha taça se encheu, Senhor. Estarei convosco em alguns dias", dizia uma delas. Eu me inclinei e a fiz lembrar dos tempos em que ela colava fitas nas cabeças das meninas porque elas não tinham cabelo. De todas as roupas cujas cores combinavam. De como as roupas chegavam à nossa casa magicamente dobradas e combinadas. Ela não disse nada, mas sorriu.

E então um novo grupo de pessoas, em cadeiras de roda, entrou no quarto. Minha mãe colecionou gente ao longo do caminho: os sem-teto, os que tinham dificuldades de aprendizagem, o filho cabeça-oca. Ela me ensinou não só como abotoar uma camisa, mas como passá-la a ferro também; como servir, como rezar, como ser uma mãe, e agora ela estava me ensinando como dizer adeus. Vê-la morrer foi como observar um carro alegórico gigante deslizar vagarosa e graciosamente para dentro d'água.

Em 2000, cinco anos depois de ter iniciado meu trabalho no *City Paper*, comecei a ficar inquieto. Eu trabalhava para gente legal, a cidade e sua crônica eram muito interessantes, mas sempre que as pessoas que eu treinava começavam a fazer boas matérias partiam em busca de melhores empregos. Embora minhas maneiras como chefe tivessem melhorado um pouco, eu ficava frustrado de sempre ter que reescrever o trabalho dos outros, corrigindo aqui e ali para torná-los apresentáveis. Era muito parecido com educar filhos, sem o benefício agregado de ajudar a construir pessoas que você mesmo trouxe ao mundo.

Brett, meu colega de Minneapolis, que agora estava escrevendo sobre gastronomia para o *City Paper*, disse que havia visto novos relatórios sobre o Inside.com, um *site* de notícias de mídia digital que estava sendo lançado pelo Kurt, um dos caras que haviam feito a revista *Spy*, e pelo Michael, um editor das revistas *New York* e *Spin*. Por que eu não me candidatava a um emprego com os dois?, perguntava-se ele. "Brett, esses caras andando na rua podem encontrar em cada esquina pelo menos cinco pessoas mais qualificadas do que eu para escrever para eles", expliquei. Ele encolheu os ombros e foi embora.

Uma hora depois, algum panaca em uma festa, enquanto me dava uma ducha de cerveja e *pretzels* que saíam de sua boca em forma de gotículas, começou a martelar a minha cabeça dizendo que o *City Paper* precisava começar a cobrir o Senado, onde as matérias estavam "caindo do céu". Olhando para o seu crachá de identificação do Congresso, repeti uma conversa que já tivera dezenas de vezes e expliquei a ele que, quando saísse da estação do metrô de Dupont Circle, ia ver umas trinta máquinas de vender jornais. Só uma delas vendia um jornal sobre o próprio distrito: o *City Paper*. Ele disse que eu não estava compreendendo.

Eu caminhei as poucas quadras que havia até o escritório, e mesmo que já passasse das duas da madrugada, escrevi um bilhete para um endereço eletrônico que eu tinha visto do Kurt, anexei *links* para alguns dos meus trabalhos, enviei e me esqueci do assunto.

Alguns dias mais tarde, o Kurt respondeu ao meu e-mail e me convidou a tomar a ponte aérea para Nova York para conversarmos. Vim do Aeroporto LaGuardia observando a densidade da cidade com novos olhos, como um cara que tem uma família de cinco, e comecei a balançar a cabeça. Toda aquela história de *ponto.com* estava começando a parecer um pouco questionável. Eu tinha um bom emprego, e quem podia garantir que eu conseguiria trabalhar em uma cidade na qual nunca tinha vivido?

Os escritórios do Inside.com ficavam no final do trajeto de um elevador de carga do edifício Starrett-Lehigh, no West Side. Havia fileiras de computadores Mac e pessoas sentadas na frente deles, que haviam trabalhado no *Wall Street Journal*, na *Fortune* e no *McSweeney's*. Todas as marcas registradas das *ponto.com* estavam ali: a máquina de *cappuccino*, os meninos-prodígios e uma despreocupação ambiente com o fato de todas as regras terem mudado. Se houvesse um grande tonel de refresco, eu teria pulado dentro dele e começado a nadar de costas.

Aquilo justificava minha presença ali, mas por que Kurt deixou de lado toda aquela gente que poderia ter contratado com um estalar de dedos?

Quando eu liguei anos depois para o Kurt, ele disse que não se lembrava com precisão, mas arriscou um palpite.

"Eu acho que deve ter sido o seu e-mail; o seu charme sutil e indescritível estava evidente no seu e-mail. Eu li as coisas que você enviou e achei que eram boas", disse ele. "Gostei da ideia de trabalhar com alguém de mais de 40, alguém que tivesse alguns quilômetros interessantes nos pneus. E você contou de cara o seu passado de drogas — provavelmente fiquei impressionado, tanto com o horror quanto com a recuperação, e com a sua honestidade sobre tudo aquilo. Acho que pensei que a experiência em um jornal alternativo reles e sujo era uma boa coisa para ter em nossa equipe inicial, que iria pôr a mão na massa." Ele fez uma pausa. "E pensei que você ia ser divertido."

53

DAVID BOWIE NÃO CANTOU PARA MIM, MAS PODIA TER CANTADO

> A memória pode mudar a forma de um quarto; pode mudar a cor de um carro.
> — LEONARD, UM HOMEM QUE NÃO PODE TER NOVAS MEMÓRIAS E QUE ESTÁ PROCURANDO O ASSASSINO DE SUA MULHER, NO FILME *AMNÉSIA*.

Muita gente recorre a fábulas pessoais como forma de responder à pergunta: quem sou eu? Minha fábula atual é que eu cheguei da roça em Manhattan — de noite, é claro — em 2000, e a cidade, como de hábito, acolheu mais um *émigré* em seu farto seio. Eu podia ser ou não um provinciano, mas a verdade é que não conhecia nada nem ninguém. Nos primeiros três meses antes que a minha família chegasse, eu ficava sentado no apartamento que alugara, infestado de insetos, na Independence Plaza, lendo os jornais, tentando entender aquele lugar novo e estranho. Grande parte dos ensinamentos que absorvi vinha da Página Seis do *New York Post*, onde eu lia a respeito daquele cara da indústria cinematográfica chamado Harvey, grande e poderoso, para quem nada era impossível. Algumas vezes, eu estava descansando à janela e lendo os jornais, olhava para fora e via um enorme carro preto parar; um homem grande descia dele, e todos à sua volta começavam uma correria na Rua Greenwich. Ele folheava as páginas que levava nas mãos, ladrava ordens que eu não podia ouvir e depois desaparecia dentro do TriBeCa Film Center. Algumas semanas se passaram, meus mundos se fundiram, e entendi que o homem da Página Seis era o homem da Rua Greenwich. E pouco tempo depois, fui parar dentro daquele carro, entrevistando Harvey para uma matéria.

Isso é o que penso sobre minha apresentação a Nova York, mas pensar, com seus constructos simbólicos e representacionais, é, na realidade, o oposto de recordar. As lembranças, para começar, podem estar baseadas no que aconteceu, mas são reconstituídas a cada vez que são evocadas — e os eventos mais lembrados são em geral os menos precisos na memória, pois o que recordamos é a lembrança, não o evento. E a memória se vale dos blocos de construção da ficção — detalhes físicos, caráter e consequência — para ajudar-nos a narrar a memória a nós mesmos e aos outros. Assim, recordar é um ato de asserção tanto como de reminiscência. O termo neurocientífico é reconsolidação. Nós acessamos a memória com o tempo presente.

Sentadas no espaço existente entre os dendritos, as lembranças ficam esperando ser tocadas por um cheiro ou por um gosto, e, então, rugem de volta à vida, mas sempre a serviço da narrativa em curso. Quem pode realmente garantir que nossa mente, quer dizer, nosso cérebro, não esteja ocupada em alguma poética biológica quando não estamos de olho? Muitas vezes trava-se um diálogo no subcórtex que nada tem a ver com a participação consciente do hospedeiro. Ao longo da minha vida, em inúmeras ocasiões apaguei a luz e dormi em cima de alguma questão linguística ou lógica intrincada, insolúvel, para acordar de manhã com uma solução totalmente formada na cabeça. Eu estava dormindo, mas alguém, ou alguma parte de mim, estava acordada e processando. Por que então as lembranças não poderiam estar brincando, em um estado REM, rearranjando-se em uma narrativa mais coerente, conjurando uma história que seja compatível com o momento presente?

Se, por virtude da neurociência e da natureza humana, cada alma é uma ficção de sua própria criação, o que acontece quando essas ficções entram em conflito com as lembranças de alguém mais, ou com os fatos nus e crus? Quem ganha? Aquele que vai contando a história cada vez mais alto? Aquele que se lembra de mais detalhes que os outros, mesmo que sejam falsos? Ou é aquele que primeiro encontra a mentira na narrativa alheia?

Já contei várias vezes a história da minha primeira noite fora, quando comecei a viver em Nova York. A revista de compras *Lucky* ia ser lançada na Housing Works Bookstore, na Rua Crosby. Como repórter de publicações do Inside.com, eu estava consciente do subtexto de moda do evento — uma revista de compras, pelo amor de Deus — e resolvi vestir uma camisa de sarja por baixo de um paletó do mesmo tecido, minha própria tentativa boba de transgredir a moda. Você sabe, tão errado que fica certo? (Ficou só errado mesmo.)

De modo que, nessa minha lembrança/narrativa/mito, estou colado a uma parede. Eu não bebia, não se podia fumar, e a sala estava lotada, principalmente pelas mesmas duzentas garotas que estão em todas as festas de Nova York. Depois de algum tempo, decidi falar com alguém ou ir embora. Escolhi um cara com um corte de cabelo dos Pet Shop Boys que parecia suficientemente inofensivo. Dei um alô apressado para ele, disse que era repórter do Inside.com e que cobria revistas e publicações. "Esse sou eu", disse, todo ei-cara-muito-prazer. "O que você está fazendo aqui?"

"Eu sou James Truman. Sou o anfitrião", respondeu ele.

Merda. Eu sabia disso. Certamente, eu sabia que ele era o diretor editorial do grupo Condé Nast, o *swami* intelectual da Estrela da Morte. Na verdade, eu não tinha a menor ideia. Voltei para junto da parede.

Vendo-me ali parado, aproximou-se de mim uma mulher impossivelmente minúscula, com sapatos altos o suficiente para serem considerados superestruturas, e *outrée* o suficiente para fazer uma declaração.

"Você não se encaixa aqui", disse ela, mas de maneira amigável, até gentil. É mesmo? Passamos alguns poucos minutos divertidos, ela me assegurou que esse mundo tênue iria logo logo ganhar dimensões prosaicas e previsíveis. Mais tarde, almoçamos juntos e, tal como recordo, ela me convidou para um show de David Bowie. Foi — outra vez, tal como me recordo — uma noite incandescente, com lugares na área VIP, perto da Iman, e uma serenata do Bowie a um metro de distância, que provavelmente cantava para sua mulher. Na minha versão da história, Mim, a minha guia nesse novo e esplêndido lugar, virou-se para mim e me disse: "Você entrou."

Eu liguei para ela e marcamos um encontro. Continuamos amigos, embora na época em que a conheci ela já estivesse completamente entediada do cenário no qual eu tentava encontrar meu lugar. Minhas filhas achavam Mim a pessoa mais legal que jamais conheceram. Eu a achava intimidadora e notável. Escritora e editora de Nova York, com um cérebro enorme e pulsante, ela era e é neuroticamente brilhante, tão capaz de ganhar um concurso sobre trivialidades do rock como de debater sobre as operações secretas do governo durante a Guerra Fria. Nunca levei a melhor em uma discussão com ela, e essa vez não seria diferente.

Mim disse que não se aproximara de mim na festa, que fomos apresentados. E que não tinha dito que eu não me encaixava ali. Disse que, apesar de termos ido juntos ver o David Bowie, não nos sentamos nem perto da Iman. Ela estava à direita do palco, e nós estávamos à esquerda. E ela não me dissera: "Você entrou." Mim fala com segurança de suas lembranças. E eu acredito nela, não na minha própria história.

"Nós tínhamos lugares privilegiados, excelentes, incríveis", disse ela. "O pessoal do David Bowie sempre foi muito amável comigo, e ficamos em uma mesa pequena e muito bem situada. Isso era estimulante para mim, porque de hábito não disponho da influência necessária para merecer a melhor mesa."

De modo que foi legal, só que sem a Iman-sentada-ao-meu-lado, nem David-Bowie-cantando-para-mim?

"Ele não cantou para nós em particular, mas foi um show muito, muito bom. Ele cantou para nós e para todos os outros que estavam lá no Roseland, porque ele é o sr. Bowie. Eles tocaram todas as canções do *Station to Station*, com exceção de 'Word on a Wing' e 'TVC15', sobre as quais conversamos mais tarde."

Não há, chegou ela a dizer, "nada do que você me contou sobre nosso encontro que eu não saiba que está errado, porque fui testemunha em primeira mão dele", mas depois acrescentou: "A partir do que você está dizendo agora, sua memória é emocionalmente honesta. Ela apenas é, factualmente, muito inexata."

———

Quando me mudei para trabalhar em Nova York, perguntei à minha colega Amanda se ela pensava que eu ia gostar. "É uma luta. Se você estiver a fim de lutar, é ótimo. Se você não estiver, é uma merda."

Eu gostei da briga. Diferentemente de Washington e de Los Angeles, onde as pessoas ascendem e caem com base em algum organograma secreto, em Nova York o diagrama de fiação é bem visível e, no essencial, é curiosamente justo. Se você for bom no que faz, trabalhar duro e não recuar, pode conseguir se dar bem na ilha.

O truque para aproveitar Nova York é não ficar tão ocupado perfurando seu caminho até o centro da Terra a ponto de deixar de observar a centelha que brilha na superfície, uma escala e um tipo de maravilha que coloca todas as empresas humanas em seu lugar adequado. Certa noite, logo depois que comecei a trabalhar, estava no décimo terceiro andar do Starrett-Lehigh, admirando as luzes de Nova York ao crepúsculo: um provinciano do Meio-Oeste, literalmente de boca aberta, olhando para os altos edifícios. Eu estava em pleno sonho, e é provável que a minha boca estivesse aberta diante da majestade daquilo. "Não para", comentou Kurt, outro ex-migrante do Meio-Oeste. "Você nunca se cansa de olhar."

Eu não me canso. Depois de um ano no Inside, o dinheiro acabou, e consegui trabalhos temporários como redator contratado para a revista *New York* e para a *Atlantic Monthly*. E então, de repente, aquela vista que eu já havia começado a estimar mudou. Para mim e para todo mundo.

54

UMA MATÉRIA COMUM

Escrever é um ato de fé, não um truque de gramática.
— E. B. WHITE

Na manhã de 11 de setembro de 2001, eu estava no estado errado para um jornalista. Jillie estava na cidade e ligou para casa, em Montclair, Nova Jersey, às 9h em ponto, dizendo que um avião havia colidido com a torre norte do World Trade Center. Liguei a televisão enquanto falávamos e achei que estavam repetindo as imagens da colisão, que alguém havia gravado, mas ela disse: não, o que você está vendo é uma segunda colisão.

Fui para o topo da colina que domina Montclair, observei as torres queimando por alguns minutos e, quando voltei para casa, meus editores da *New York* e da *Atlantic Monthly* tinham, ambos, deixado mensagens dizendo que a minha presença era exigida na cidade. Passei a mão em mapas, água, um lenço, comida, uma lanterna, blocos de notas e todos os crachás de imprensa que tinha. Ir para lá estando vinte quilômetros a oeste da cidade foi como remar rio acima. Havia cordões de isolamento por todos os lados. Passei com o carro por cima de canteiros, cones de plástico e dirigi na contramão em uma rampa da autopista. Finalmente, cheguei ao túnel e disse ao guarda parado ali que eu havia falado com a Autoridade Portuária e que me haviam dito que, se eu chegasse até ali, poderia estacionar no porto. Ele disse: "Eu *sou* a Autoridade Portuária, e você é um mentiroso."

Afinal, consegui entrar em um dos botes de evacuação em Hoboken — tive que chorar e dizer que perderia meu trabalho, mas consegui. Cruzei o rio Hudson e comecei a caminhar para o centro da cidade. Quando cheguei lá, já era depois do meio-dia, as duas torres haviam desmoronado e, é claro, a poeira estava por toda parte. Eu não tinha instruções específicas, de modo que comecei a entrevistar todo mundo que passava por ali. Um homem em particular estava cheio de informações. Ele me disse que, depois que a torre sul caiu, a poeira tapou a visão da parte de baixo da torre norte, até que ela também caiu. E disse que, minutos depois daquilo, ele vira alguém saltar de um lugar muito alto e cair sobre um policial ou bombeiro que estava caminhando perto da base da torre norte. Ambas as histórias, é claro, podiam não ser verdade. A lembrança dele, diante de um dos mais horríveis eventos humanos já imaginados, estava começando a rebobinar o que ele havia visto, transformando aquilo em uma narrativa que ele pudesse entender.

Como todos os que ali estavam, eu apenas improvisava, tentava ser útil. Eu chegava perto e depois era expulso de novo para o perímetro. Eu estava parado na esquina das ruas Church e Chambers, e o dono de uma casa de vinhos viu meu bloco de notas e começou a falar comigo. "Está vendo esse lugar aqui?", disse ele, apontando para uma grande depressão na poeira. "Um motor de avião caiu bem aqui. O FBI chegou com um caminhão e o levou embora." Estávamos a seis quarteirões do lugar onde ocorreram os desmoronamentos, e eu apenas escrevi o que ele disse, sacudindo minha cabeça com incredulidade. Em um dia em que tantas coisas aterrorizantes tinham acontecido, por que as pessoas iriam fabricar mais?

Às 17:30h eu estava perto daquela esquina, e o Edifício 7 caiu, lançando uma parede de detritos ao longo da rua. Mergulhei debaixo de um carro para proteger-me e descobri um pombo solitário e um livro, rasgado e cheio de poeira, que havia sido arrojado das torres. *The Elements of Style*, a versão original de E. B. White sobre o ato de escrever.

Jillie ficou na cidade aquela noite, e consegui emprestada a chave da casa dos pais de um amigo, um grande apartamento no Upper East Side. Ela tinha conseguido falar com a nossa babá e com Erin, Meagan e Maddie. Depois de uma longa caminhada até o apartamento, desabei no sofá e comecei a ver as imagens daquele dia. Ninguém sabia menos sobre o que havia acontecido do que as pessoas que estiveram lá, inclusive eu. Assisti ao vídeo do segundo avião atingindo o canto sudeste da torre sul. O motor se soltou e ficou claramente visível, voando sobre a Rua Church e caindo onde o cara da loja de vinhos disse que tinha caído.

———

Eu trabalhei para grandes editores. Caroline e John, da revista *New York*, me acharam divertido e me deram uma mesa e algumas lindas matérias. Eu era o matuto da equipe, em uma sala cheia de pessoas legais e maravilhosas. Imediatamente depois do 11 de Setembro, eles organizaram uma sala cheia de repórteres que eram mais acostumados a cobrir a teia exterior da cidade e se transformaram em especialistas em tática, produzindo uma revista semanal que ascendeu, e depois ascendeu mais ainda, para fazer frente à ocasião. Minhas próprias matérias eram terríveis — cheias de poeira e disposição, mas nenhuma substância. Mas a Caroline me obrigou a me envolver mais naquilo, escrevendo textos e manchetes para um livro de fotografias sobre os eventos daquele dia, e finalmente senti que havia contribuído, com um pequeno pedaço, para uma história muito grande.

Michael, o editor do *Atlantic*, era o rei das missões horríveis. Contratou-me para fazer matérias sobre a mídia, mas mudou de ideia depois dos ataques. Eu tinha chegado a conhecer Michael lá em Washington. Jason, nosso repórter policial no *City Paper*, tinha focalizado a atenção em um quarteirão de Capitol Hill que tinha uma história sanguinária — parecia apresentar o ecossistema urbano perfeito para a violência. Enquanto ele trabalhava nessa matéria, ficou evidente que o *Atlantic* havia escolhido o mesmo assunto. Eu liguei para o Michael, e começamos um *round* de adulação estratégica.

— Trabalhamos nessa matéria por meses — disse eu. — E as pessoas que vivem lá nos dizem que estão esperando 'pela matéria do *Atlantic*'. Bem, não é o que todos estamos fazendo? Nós vamos ter a matéria pronta meses antes que vocês.

Michael, que tinha posto um conhecido redator morando naquele lugar, ignorou meu desafio.

— Você ouviu falar do que está acontecendo aí no zoológico de Washington? — ele disse. — Ouvi dizer que os tratadores de animais do zoológico estão trepando com os pandas! Grande escândalo! Vocês deviam dar alguma atenção a isso. É uma grande matéria.

Cara engraçado. Nós publicamos primeiro a matéria. A matéria do *Atlantic* destruiu a nossa.

Michael era repórter até a medula, e eu desligava o telefone depois de falar com ele com vontade de arrebentar toda a sala. Ele me convenceu a fazer a matéria da segurança interna do país medindo as várias vulnerabilidades, algo que manifestamente eu não estava qualificado para fazer. Mas, graças a uma espécie de hipnose, Michael me convenceu de que eu faria um trabalho verossímil. (E ele estava certo. Há anos venho recebendo cheques relativos a direitos autorais de uma escola militar, porque essa minha matéria é parte do currículo deles.)

Mas, ao trabalhar em casa para duas revistas diferentes, eu havia perdido o metabolismo e a urgência de uma sala de redação, bem como o sentimento de fazer parte de alguma coisa. Recebi uma chamada telefônica de Dave, o editor de mídia do *New York Times*, que havia lido alguns de meus trabalhos no Inside, e me perguntou se eu estava interessado em conversar sobre um emprego. Achei que era a coisa mais absurda que jamais ouvi. Meu pai, quando soube, observou: "Bem, você sempre quis trabalhar para o *New York Times*." O que é uma puta mentira. Eu nunca tinha dito isso na minha vida.

Como qualquer outro jornalista profissional, eu tinha lido e admirado aquele jornal durante toda a minha vida, mas nunca me vi como um cara do *Times*. Além disso, eu sentia que tinha projetos inacabados, especialmente no *Atlantic*. Liguei para o Michael e disse que me haviam oferecido um emprego tentador no *Times*. Ele respondeu — e estou parafraseando de memória — que, já que eu tinha recebido o que parecia uma boa oferta, ele ia comprar meu contrato na *New York*, ia me dar um aumento e deixaria de ficar mudando meu trabalho de dois em dois meses.

"Essa é a oferta que eu faço a você, como seu editor." E depois disse, e me lembro de cada palavra: "Como seu amigo, preciso lhe dizer que, se você for para lá e eles gostarem de você e você gostar deles, isso vai mudar sua vida. Não posso oferecer-lhe isso. Por que não aceitar o emprego, ver se gosta e, se não gostar, é só voltar para cá?"

Eu aceitei a proposta do *Times*. Michael, um repórter que não podia resistir a uma boa matéria, abandonou o lápis de editor e foi cobrir o começo da Guerra do Iraque. Depois da primeira Guerra do Golfo, ele havia escrito o livro *Martyrs' Day* e voltou para escrever um segundo livro. Durante o primeiro ataque a Bagdá, Michael foi morto quando seu veículo foi atacado e capotou em uma vala inundada. Eu escrevi seu obituário no *Times*.

55

AS NECESSIDADES DE MUITOS

Quando fiz as entrevistas para o emprego no *Times*, no final de 2001, eu estava indo bastante bem até que topei com Al, um cara grande e indomável, uma presença notável. Ele olhou de relance, com ceticismo, para meu passado de revistas, de semanários alternativos e de sites *ponto com* — nem um pingo de trabalho em jornais diários — e na certa viu algo que não ia servir. A única maneira de sair vivo da sala dele foi afirmar, em termos simples, que eu entendia claramente que as necessidades de muitos com frequência suplantavam as necessidades de um só. Pude vê-lo animar-se quando eu disse que estava mais interessado em me adaptar do que em sobressair.

E estava mesmo. Eu me sentia como um menino de 8 anos de idade que acorda dentro do corpo do pai e recebe a pasta dele. Não deveria alguém mais competente, mais dotado e mais maduro estar fazendo aquele trabalho? Mesmo assim, fui trabalhar na seção de negócios, escrevendo matérias que passavam pela edição e eram modificadas para que todos vissem.

Dave, o editor de mídia, apresentou-me ao pessoal. Era um cara da velha escola. Eu fui submetido a algumas correções logo no começo — e o temor me mantinha acordado nas longas e tenebrosas horas da noite —, e Dave conversava comigo, explicando pacientemente que minha tendência a entremear muitos detalhes nas minhas matérias era um bom caminho para sofrer correções, mesmo que pequenas. "Se você não estiver absolutamente seguro, corte. Quem vai saber? Você não pode ter problemas por conta de coisas que não foram escritas."

A coisa do jornalismo básico não se perdeu em mim. Os costumes internos do *New York Times* fizeram da maior parte dos que trabalharam ali, inclusive eu, pessoas melhores do que eram antes. Imagine trabalhar em um lugar onde todos — o gerente severo, a cara nova hipercompetitiva do final do corredor, o chefão que caminha por ali de vez em quando — estão tentando melhorar. Mesmo quando estão encostando você na parede, apontando erros no seu trabalho, ou alterando-o de forma radical depois que você achou que o trabalho já estava pronto, eles estão tentando fazer o melhor.

O *New York Times* é esquisito nisso — até mesmo assustador. Sou o primeiro a admitir que a majestade do esforço é muito mais aparente para as pessoas que leem o jornal do que para as que o fazem, mas a energia institucional que existe lá é difícil de negar. Os que dirigem o jornal geralmente me mantiveram longe das notícias de última hora, mas eu peguei algumas batatas quentes: trabalhei com prazos impossíveis, com poucas informações, sem tempo para escrever e com bombas caindo por todos os lados. E justamente quando tudo está perdido, quando você está, de forma silenciosa, mas óbvia, ficando louco, você é agarrado e levado até a linha de chegada.

Se parte da escuridão que viceja entre aquelas paredes chegou a me alcançar — o jornalismo da cidade grande é uma empresa muito séria que, se realizada de forma incorreta, pode arruinar vidas —, o impulso maior de fazer o melhor também teve um profundo efeito sobre mim.

De alguma forma, o *Times* mudou debaixo do meu nariz, e do nariz de todos, em 2003. Howell, o editor executivo, que parecia ser o senhor deus de tudo por toda a eternidade, foi embora. Jayson revelou-se a figura necessária, um cara que passara boa parte do tempo nas margens do jornal e depois se mudou para o seu núcleo em brasas antes de incendiar a si mesmo. Ele criou um enorme escândalo. Howell e seu assistente, Gerald, saíram do jornal depois que ficou claro que Jayson havia fabricado matérias e inventado fontes inexistentes.

Eu conheci o Jayson na recuperação, era um amigo com quem eu fumava cigarros. Ele estava ligado ao jornal de um modo que eu nunca estive nem nunca estarei, e assim eu sempre aprendia algo bem suculento quando conversávamos. Jayson era muito sociável, o tipo de cara que podia agradar o ego de qualquer pessoa, a menos que essa pessoa estivesse tentando supervisioná-lo. Eu sabia que ele era encarado como difícil de controlar — tinha se metido em muitas confusões quando trabalhava na seção metropolitana —, mas eu já não estava no ramo de supervisionar ou avaliar jovens repórteres.

Perto do Natal de 2002, eu estava sentado na sala de fumantes, quando ainda existia tal coisa, lamentando o fato de que, na saída de um jogo em Nova York, tinha assumido o compromisso de atender uma lista de pedidos de alguns garotos cujas famílias não podiam comprar presentes para eles. A lista enumerava todo tipo de roupa jovem, que não só estava além do meu orçamento, mas também além da minha compreensão. Jayson pegou a lista, olhou-a de relance e disse que ia dividi-la comigo. Fomos fazer compras. Ele negociou com empregados das lojas, instando-os a participar daquilo que estávamos fazendo, e logo conseguimos uma grande sacola cheia de presentes. Jayson tinha esquecido seu cartão de crédito naquele dia, naturalmente, mas prometeu entregar os presentes na casa dos meninos, que ficava nas vizinhanças do Brooklyn. Ele voltou e descreveu como os olhos das mães brilhavam com as lágrimas e como os garotos ficaram totalmente enlouquecidos porque tínhamos acertado em cheio na lista de pedidos de Natal deles.

As coisas pareciam estar melhores para Jayson, que teve uma boa mão no outono de 2002 como repórter na matéria sobre os atiradores de Washington. Mas as matérias que ele escreveu foram sua ruína e, por extensão, a de Howell, que havia enviado para a primeira página seus relatos parcialmente fabricados e baseados em fontes pouco seguras. No começo de 2003, fui enviado a Washington para fazer uma matéria sobre Ari Fleischer, o secretário de imprensa da Casa Branca. Liguei para Jayson durante a viagem e perguntei onde estava hospedado; ele mencionou o Jefferson. Perguntei se tinha banda larga no hotel. Ele disse que sim. Combinamos jantar no Georgia Brown's, um restaurante chique de comida caseira. Quase imediatamente, Jayson me ligou de volta e disse que tinha sido enviado para fora da cidade, para Virginia Beach. Quando cheguei ao Jefferson, não havia banda larga, e nunca tinham ouvido falar de Jayson. Tudo isso deveria ter mandado o meu medidor de mentiras até o número 11 da escala, mas eu fui cuidar da minha vida. Jayson me ligou outra vez, quando eu estava no trem para casa, dizendo que estava voltando para Washington.

Não trabalhávamos no mesmo departamento, nem cobríamos a mesma área, e não aceitei sua teoria de que o chefe o estava perseguindo. Eu acreditava que ele tinha um bom coração, que havia se recuperado de umas voltas de carrossel com o crack, e que era um jornalista de verdade, embora um pouco conflituado. No fim das contas, Jayson enganou seus editores, seus leitores e causou uma tremenda vergonha ao jornal. Suas mentiras eram ornamentadas e envolviam todo tipo de maquinações. Ainda acho que teria sido mais fácil ir e fazer as matérias, mas eu não sou ele.

Quando se tornou evidente que uma enorme fraude estava em movimento, fiquei perplexo. No dia em que foi embora, Gerald, o editor-chefe, estava menos preocupado com o que poderia acontecer a Jayson, o jornalista, e mais preocupado com o que seria de Jayson, o ser humano. Gerald me mandou procurá-lo. Encontrei Jayson na Rua Quarenta e Três, com sua amiga Zuza. Eu temia que ele pudesse se machucar e/ou voltar ao crack. Foi um momento de emoção. Parte de mim queria estrangulá-lo por mentir, por ter mentido a mim sobre mentir, mas havia muito que falar sobre aquelas coisas, de modo que achei que deveria mostrar compaixão. Fiz um pequeno discurso tomado de pânico, mas não me lembro das palavras que usei. Mais tarde, quando saiu o seu livro *Burning Down My Masters' House* [Queimando a casa de meus senhores], nosso encontro aparecia no livro. Ele conta que estava ali com Zuza e me avistou de longe.

> *Podíamos vê-lo do outro lado da rua, sozinho, a mochila preta ao ombro, de óculos escuros. Ele se balançava nervosamente para a frente e para trás.*
> *"Carr!", eu gritei.*
> *David atravessou a rua, e o apresentei a Zuza.*
> *"Ah, meu Deus, estou tão feliz de você estar aqui", ele disse, dando um grande abraço nela. "Estou tão feliz de você estar aqui." E David também me abraçou. Ele estava chorando, as lágrimas deslizavam pelo seu rosto por baixo dos óculos escuros. "Você não está indo para*

o oeste, não é?", lamentou-se ele, queixosa e emocionadamente. O oeste era onde estavam as drogas, os meus bares. "Não quero ir, cara. Não quero ir." Eu também estava chorando.

"Não vai não, não vai. Eu não quero que você morra, cara. Eu não quero que você morra. Escute, não sei o que foi que aconteceu. Só sei que você não foi honesto comigo, e chegará a hora de resolvermos isso. Mas não quero que você faça alguma coisa idiota. Não quero que você vá para o oeste, não quero que se pique, não quero que você se mate, e você sabe que picar-se é se matar, só que lentamente. Qualquer merda que esteja acontecendo com você, e que você pense que vai fazer melhorar, só vai piorar dez vezes. Dez vezes pior, e você vai se matar. Desta vez pode nem ser tão devagar. Não faça isso. Não faça!"

E o que é estranho é que, com maior ou menor quantidade de descrição hiperbólica, isso foi, provavelmente palavra por palavra, o que eu disse. E melhor do que qualquer coisa que eu pudesse ter produzido de memória. O cara estava no meio do pior dia da vida dele e, meses mais tarde, escreve um livro e se lembra quase exatamente do que eu disse. Foi quase um truque de magia. Quando chegou a hora de escrever o meu livro, liguei para Jayson e perguntei como tinha feito aquilo.

"Acho que fiquei no hospital recontando aquilo para mim mesmo e encenando tudo outra vez na minha cabeça. Estava preocupado com o fato de sair dali e não ter um emprego, em plena Nova York — com algum dinheiro no bolso, uns quarenta dólares, ou seja, apto a usar drogas. Fiquei contando e recontando aquela história para mim mesmo até sair do hospital." (Depois que deixou o *Times*, Jayson foi para um hospital por conta de algumas questões de saúde mental.)

Eu li o livro dele e engoli toda a cobertura do escândalo que estourou depois que ele foi despedido, e ainda não faço ideia de por que ele fez o que fez. O que aconteceu, mais ou menos, foi que ele pegou uma corda, amarrou-a em torno do pescoço, amarrou a outra ponta em volta dos pés de todos nós do jornal e depois pulou pela janela. Mas eu tinha algumas perguntas básicas. E aquela vez que você deveria ter estado no Hotel Jefferson em Washington, ou talvez tenha sido no Brooklyn?

"Não me lembro das datas específicas, mas, no começo do caso dos atiradores, eu *estava* no Jefferson", disse ele, acrescentando que ficara no quarto de outro repórter.

E sobre a grande sacola de presentes e a comovedora história familiar?

"Você deve anotar, para a sua história, que você e eu conversamos um par de vezes depois que tudo aquilo aconteceu; depois houve um período de silêncio", lembrou ele. "Eu liguei para você, e você disse: 'A única coisa que eu quero saber é se foi verdade.' E eu perguntei: 'Se foi verdade *o quê*?' Você disse: 'Você levou mesmo os presentes para eles?' E aquilo acabou comigo. Não sei como descrever o quanto fiquei ofendido com isso, porque se encaixava no gênero de coisas que estavam me acontecendo e me fez pensar que as pessoas estavam questionando até essa bobagem."

E eu perguntei outra vez: então foi verdade?

"Cem por cento", disse ele.

Eu acredito nele, mas talvez isso seja apenas coisa minha.

56

A COMUNIDADE SOFRE UMA BAIXA

Eu não tenho visto você há séculos, mas não é tão terrível como parece. Nós ainda dançamos em meus escandalosamente lindos sonhos de Busby Berkeley.

— MAGNETIC FIELDS, "BUSBY BERKELEY DREAMS"

Peguei um avião no dia 27 de fevereiro de 2004. Eu queria ter ficado ali, no céu azul brutalmente claro, onde o sol brilhava para todos, inclusive para minha irmã Coo. Enquanto eu estava lá em cima, Coo, que não era boa cantora, mas era boa dançarina, e tinha uma queda por ferramentas elétricas e pelas sobrinhas, ainda estava viva. "Coo era a divertida", diz Erin agora. Quando Coo estava fazendo o jantar para sua companheira Laurie, uma mão invisível em forma de aneurisma escolheu-a. Quando cheguei, ela ainda estava respirando, mas já tinha ido. Escrevi meu caminho até a borda de sua cama, e depois disse adeus. Mais tarde, publiquei no *Family Times* o que havia escrito.

Nossa família ama o drama. Qualquer que seja a má conduta — mais um tropeção de um irmão alcoólatra ou um namorado novo para a garota da família —, criamos um dilúvio de telefonemas repletos de teorias, paliativos e conselhos. Recontamos esses dramas uns para os outros, e normalmente eles terminam de modo suave, com o contador e a família sãos e salvos, uma vida além das consequências reais. A última frase dessas histórias dramáticas acabou virando marca registrada da família: "E ninguém morreu."

Minha irmã Coo é/era a rainha do "E ninguém morreu". Comunicadora dotada, podia jogar mais conversa fora do que um pivete de esquina, era capaz de tomar de assalto o palco e não descer mais dele, em uma família cheia de exibidos. Ela era especialista nisso, sempre no tom cômico perfeito aplicado a histórias que eram a manifestação audível de sua extensa gama de interesses.

Essa história começou na noite anterior. Meu irmão de Washington me ligou para dizer que Coo havia caído no chão e começado a balbuciar incoerências. Sua companheira Laurie chamou uma ambulância, e foram ambas para um hospital próximo. Diagnosticou-se que ela sofrera um aneurisma e resolveu-se que tinha que ser estabilizada e transportada até outro hospital, para submeter-se a uma cirurgia.

O som dos telefonemas, ao longo da noite, conferia mais peso, mais presságio a tudo. Acabei cochilando com o telefone na mão. De manhã, houve uma luz de esperança quando os remédios fizeram baixar a pressão sanguínea e acalmaram a hemorragia, mas depois vieram novos vazamentos, novos horrores. Não ia haver transporte para outro hospital. Sacudindo o choque, mas não seus efeitos profundos, reservei lugar no primeiro voo da manhã. Enquanto fazia a mala freneticamente, Jillie vetou o terno preto: demasiado mórbido.

Quinze minutos antes que meu avião decolasse de Newark rumo a Minneapolis, uma ligação telefônica de meu irmão Joe me anunciou que o grande e vibrante cérebro de Coo estava morto. Haveria uma reavaliação mais tarde, mas todas as indicações sugeriam que teríamos que tomar algumas decisões quando chegássemos.

Eu ia precisar daquele terno, afinal de contas. Mas antes de enterrarmos Coo, tivemos que ir ao hospital e admitir que ela estava morta. Admitir que aquele corpo, sem outras formas de vida, cujo peito era animado por um respirador, não tinha nada a ver com a minha irmã. Eu sabia, sem precisar verificar papéis, que ela era uma doadora de órgãos — espírito generoso com um grande coração.

Sei como vai acontecer. Meu irmão mais velho, John, um homem que passou muitos de seus dias defendendo a santidade da vida humana em todas as suas dimensões, mesmo assim vai acabar concordando, depois de conversar com o médico. Não haverá portas laterais, apenas um corredor escuro em que caminharemos com minha irmã e do qual depois sairemos, um a um, sem ela. Puxaremos a tomada — o filtro de nossa ancestralidade irlandesa nos ensinou que não se brinca com a morte. Você aperta a mão dela com força e depois procura uma garrafa de bebida ou, se isso puder matar você também, um encontro com outros espíritos semelhantes.

Mas, por agora, quero ficar aqui no alto, onde minha irmã não está morta, onde o azul é infinito e as nuvens são apenas decoração, não tufos de medo.

Dois anos mais jovem, ela me amava com ferocidade inconsistente, era um furacão de amor fraterno quando não estava cuidando de sua vida tão complicada e muito ativa. Sua lealdade a mim — numa família grande, formamos, por algum tempo, uma poderosa aliança — era uma retribuição pelas várias ocasiões, em seus anos jovens, em que eu caía na pancada com qualquer um que ousasse zombar de sua voz nasalada e de um nariz um pouco chato, legados de uma fenda palatina. Quando completou 20 anos, economizou dinheiro, quebrou cirurgicamente os ossos da cara, e o intento original do Criador foi restaurado. Depois disso, ninguém pôde mais com ela.

A moderação é algo em que eu e ela sempre fomos moderados. Eu a corrompi amorosamente anos a fio, levando-a a latejantes bares punk e a festas cheias de gente desagradável. Compartilhávamos um estilo maníaco de dançar, e a maior parte de meus grandes momentos de rock incluem sua alegre cara atrevida. Ela não se interessava por cocaína, mas fazia fileira após fileira de tudo à sua volta. Inalava o que estivesse à mão — gente, terras distantes, excêntricos de todo tipo.

Eu finalmente comecei a andar por aí, enquanto ela trocava de empregos, de cidades, de preferências afetivas. Nós compartilhávamos segredos, mas apenas quando as coisas estavam realmente pretas ou realmente boas. Na semana passada, quando liguei para ela por causa de alguma fofoca familiar, ela se autodescreveu como "fabulosa". Ela continua fabulosa, porque estou no ar, e eu vou continuar em frente rumo ao horizonte onde minha irmã ainda está viva. E ainda fabulosa.

57

PESQUISA SUPLEMENTAR

> Não há paixão na natureza tão demoniacamente impaciente como aquela de quem, tremendo diante da borda de um precipício, cogita mergulhar nele. Permitir-se, por um momento, qualquer tentativa de *pensar nisso* é estar inevitavelmente perdido; pois a reflexão apenas nos insta a evitar, e *portanto*, digo eu, isso é o que *não podemos* evitar. Se não há um braço amigo para nos segurar, ou se falhamos em um súbito esforço de nos afastarmos do abismo, mergulhamos e somos tragados.
>
> — EDGAR ALLAN POE, "O DEMÔNIO DA PERVERSIDADE"

Existe um componente mágico e profético no vício. Quem nega isso não tem ideia do que está falando. No dia 23 de novembro de 2002, quase 14 anos depois do dia em que entrei na Eden House, eu me surpreendi na cozinha da minha casa com um drinque na mão. E não era apenas algum resto de drinque. Eu estive limpando a casa durante uma festa, passando o que sobrou de um copo para outro e, sem muito pensar, trouxe aquela mistura desagradável até os meus lábios. E depois vieram outros goles mais. Poder-se-ia pensar que, se alguém fosse fazer algo tão importante como tomar um drinque depois de tantos anos, ia agir com planejamento: envergaria um lindo terno, iria a um bar da moda e pediria um martíni de primeira. Durante 14 anos eu havia passado ao largo de preciosos uísques escoceses de puro malte, de tequilas exóticas e, em um dado momento particularmente difícil, de uma cerveja gelada, depois que acabou a Coca-Cola em uma boate-disco, ao ar livre, que tinha vista para um vulcão ativo na Nicarágua. Mas não, eu estava bebendo o equivalente a uma mistura de drinques que se fazia na época da faculdade.

Em algum momento, no período da mudança de Washington para Nova York, eu havia parado de ir às reuniões de recuperação. Mas, mesmo assim, por que voltar ao ringue? O descuido desse ato está além da compreensão, em parte porque comigo se haviam cumprido todas as promessas que o "estar limpo" traz: uma mulher e uma família, que eu adorava, um emprego, do qual eu estava orgulhoso e renda que dava para viver confortavelmente.

Com aquele drinque, consciente ou inconscientemente, eu estava me preparando para virar um simpático alcoólatra de classe média. E consegui. Como havia me apresentado a todas as minhas relações como abstêmio, no começo não contei a ninguém. Algumas semanas mais tarde, Jillie estava sentada na varanda de trás de nossa casa e sentiu cheiro de álcool. Cinco anos depois, ela não tem nenhuma dificuldade de se lembrar daquela manhã.

"Estávamos na varanda dos fundos da casa, sábado de manhã. Eu tinha feito algumas coisas, você ia colocar as luzes de Natal do lado de fora da casa, o que requeria uma escada. Estávamos sentados à mesa, e pude jurar que senti cheiro de álcool. Eram 10h30 da manhã", disse ela. "Não pode ser, estou imaginando coisas. Eu me convenci de que estava imaginando aquilo. Mas, quando você saiu para o quintal, abri sua mochila, que estava ao lado do aparador da sala de jantar — sua mochila de trabalho —, e lá estava a garrafa de vodca, pela metade, em um saco de papel, meio derramada, fedorenta, no meio da maior bagunça."

Tal como o cara a quem a mochila pertencia. Ela ligou para meu pai e minha mãe, houve muitos dramas e comecei a frequentar de novo as reuniões, ficando sem beber por meses. Eu não sabia explicar aquilo. Durante anos, eu tinha sido a alma da festa sem beber nada e agora estava de volta à sarjeta. Parece ter surgido do nada. Só que não foi bem assim.

———

Alguns de meus velhos colegas da recuperação, lá de Minneapolis, pressentiram o que estava por vir. Comendo um hambúrguer no verão de 2006, meu colega Dave C., aquele que trouxera os presentes de Natal quando as gêmeas eram pequenas, disse que até mesmo em uma conversa telefônica interurbana ele chegara a se perguntar se eu estava me entendendo com Nova York, ou se, mais provavelmente, era o contrário que vinha acontecendo.

"Eu fiquei preocupado com você, quando você começou a falar de algumas daquelas pessoas que você estava entrevistando e do acesso que você tinha. É claro que essas pessoas poderosas, que sabiam o que você poderia fazer por elas, iam colocar iscas para você, oferecer-lhe coisas. Você ia se meter em situações muito diferentes das que temos aqui em Minneapolis. Ia ficar muito vulnerável. Eu fiquei preocupado com isso. É uma grande sedução, sobretudo quando você está longe de casa."

Um padrão caótico apareceu. Eu ficava limpo por semanas ou meses, fazia uma viagem para algum lugar e me tornava totalmente selvagem. Depois cambaleava de volta até as reuniões. Fiquei bêbado em Los Angeles, em Londres, em Montreal e em Chicago, mas fui bem cuidadoso; fazia o meu trabalho, entregava minhas matérias. Nunca apareci como um cara que bebe, nunca me deixei levar pelo incontido turbilhão social como um cara festeiro. Como nada estava dando terrivelmente errado, eu afinal dobrei a Jill e comecei a beber em casa no final do dia, quando as crianças já estavam na cama.

Tentei cheirar pó algumas vezes, mas vi que estava mais velho, mais assustado. Eu sabia que, se pulasse naquele buraco de *hobbit*, logo perderia meu emprego e minha família. Sei bem que existem muitos homens brancos de 50 anos que ainda cheiram pó, mas, mesmo bêbado, mesmo estúpido, eu não tinha um verdadeiro interesse de voltar ao carrossel das drogas ilícitas. Mesmo sem os narcóticos, porém, a doença avançou em mim. A bebida é um adversário astuto e desconcertante. Nunca me transformei em um mau bêbado, violento e atacado. Ficava quieto, rabugento. Bem lá no fundo, eu sabia que o que estava fazendo não ia funcionar. Nunca tomei um drinque na ilusão de que era uma pessoa normal, mas havia algo em mim que queria estragar tudo. Eu entrava e saía das reuniões, da sobriedade, dos problemas.

Houve alguns momentos divertidos naquilo. Jill e eu festejamos nossa viagem a Paris e outras cidades em 2003, mas havia sinais significativos de que aquilo não ia durar. Em fevereiro de 2004, Jill e eu nos vestimos muito bem e fomos à inauguração do Time Warner Center, em Manhattan. Eu bebi no começo da noite, mas, ciente do fato de que era um evento muito público e que provavelmente ia ter que dirigir na volta para casa, parei de beber e comecei a comer. Quando chegamos na entrada do túnel Lincoln, havia uma blitz de lei seca, um fenômeno bastante comum, no qual eu havia soprado muitas vezes como qualquer outra pessoa sóbria. Eu ainda não estava preocupado, mas quando o guarda verificou meu nível de álcool no sangue, disse que eu estava no limite e que teria que esperar até que o nível baixasse para prosseguir viagem. Não baixou.

Fui multado, vestindo um smoking, por dirigir embriagado. Não estava legalmente bêbado, mas não estava legal para guiar. Fiquei trancafiado em uma delegacia do West Side durante a noite. Cuidaram da Jill no saguão da delegacia, até que a julgaram capacitada para guiar. E então fui levado a Midtown para uma audiência, de manhã. Era a prisão: cela macabra, comida rançosa. O dia passou, e ninguém veio buscar o cara do smoking. Comecei a entrar em choque diabético porque não tinha comido nada. Quando se aproximou o final do dia, disse ao carcereiro que estava passando mal. Ele disse que estava bem, que iam me transferir para o centro, para a Tombs, a lendária casa de detenção de Manhattan. Caramba! Falei tanto que fui levado até um juiz e fui solto, finalmente, nas ruas de Nova York, vestindo um smoking com um dia de uso. Eu me declarei culpado, paguei as multas, fui a aulas de educação sobre o álcool e voltei às reuniões. Mas não por muito tempo.

Cada vez que eu voltava para o mundo da bebida, coisas piores aconteciam. Em junho de 2004, fui a Santo Antonio, no Texas, para dar uma conferência, que foi muito boa. Comemorei dando uma volta pelas vizinhanças, bebendo, dirigindo e farreando. No dia seguinte, perdi meu voo e finalmente saí de San Antonio sem os meus sapatos de boa qualidade e sem as chaves do carro. Cheguei em casa e fui direto para uma reunião de recuperação. Fiquei sentado em uma sala em forma de "L" e abri meu coração, falando das besteiras que eu me havia obrigado a fazer. Quando me levantei para ir embora, avistei um cara que conhecia, sentado no outro canto da sala, onde antes eu não podia vê-lo. Ele tinha certa posição de liderança no *Times*. Fiquei horrorizado com a possibilidade de ele ter ouvido a minha história. Quando voltei ao trabalho, havia um e-mail dele no meu computador, lembrando-me de que ele estava na reunião pela mesma razão que eu e que, se alguma vez eu viesse a precisar conversar com alguém, ele estava disponível.

Ir a essas reuniões fazia com que eu me sentisse uma fraude. Eu estava lá, rodeado de gente com anos de recuperação, anos que eu havia chutado para longe. Eu chegava atrasado, saía cedo, sentava na fileira de trás, não falava muito com ninguém. Ficava bem durante meses — às vezes, até oito sem beber —, mas eu sempre começava de novo. E acabava desmaiado, dirigindo embriagado ou vagando por regiões da cidade que eu nem conhecia. Não feri ninguém, nunca dormi na rua, e não caí de novo em uma vida de drogas. Minha carreira continuava a prosperar, em parte porque ergui um muro de proteção em volta dela: se sem beber eu já me sentia um pouco ultrapassado no *Times*, eu estaria frito como um bêbado ativo. Ainda assim, eu estava fracassando em identificar a tendência, em tentar entender que, uma dessas vezes, eu era capaz de não voltar.

Uma vez mais, comecei a recorrer a diferentes versões da verdade. Disse a muitas pessoas, inclusive ao meu chefe, Sam, que eu voltara a beber alguns drinques muito ocasionalmente e que estava indo tudo muito bem. Certa noite, talvez tenha sido depois que ele foi promovido, tivemos um jantar não planejado. Entramos no Bar Americain, um lugar de moda onde era preciso fazer reservas com várias semanas de antecedência. Valendo-se só do seu charme e objetividade, Sam nos conseguiu uma mesa bem no meio do salão. Ele nunca mencionava o *New York Times* — um tipo de carteirada que eu sempre achei que era um sinal de fraqueza — quando não havia uma matéria em vista. Foi uma noite estupenda, uma dessas noites mágicas de Nova York, em que as possibilidades pululam por toda parte. Dois martínis, metade do menu e muitos brindes ao fato de que um par de *schmucks* como nós tivesse terminado com os empregos, as famílias e as vidas que nós tínhamos. O Sam, é claro, pegou o metrô para casa, e voltou para aquela família adorável com um lindo brilho no olhar. Eu saí para o West Side e fui beber sozinho.

A única pessoa a quem contei toda a verdade foi o Seth, um escritor que eu conhecia. Tínhamos sido apresentados por amigos comuns, que achavam que poderíamos nos dar bem, e nos demos. Eu era mais velho, tinha mais anos de recuperação nas costas; ele já se envolvera com heroína, mas ambos levávamos o jornalismo e a sobriedade muito a sério. Quando eu estava bem, falava com ele sobre o assunto. Quando estava na sarjeta, falava com ele também. Ele dirigia um programa simples e direto de recuperação e tinha, como dizem, o que eu precisava.

Seth foi realmente o único, fora Jill, que soube de toda a minha história naquela época. Eu liguei para ele no verão de 2007 e fiquei surpreso ao descobrir que ele se preocupava comigo muito antes de 2003.

Em 2001, estávamos caminhando para uma festa de alguma *ponto com* no Village, uma festa na qual nenhum dos dois ia beber.

"Você havia tido alguns problemas de saúde e estava tomando Oxy", disse ele. "Estávamos falando de como isso era bom, e você disse que às vezes precisava tomá-lo de forma levemente diferente da prescrita, mas que isso não era um problema. Eu estava cerca de 98% certo de que você havia tomado algum Oxy naquele dia, que havia cruzado a linha entre necessidade e recreação."

"Havia três coisas em andamento. Você me dizia o que estava acontecendo com você, você tentava convencer-se de que o que estava lhe acontecendo era OK, e me perguntava se eu achava que o que estava acontecendo estava OK", disse ele. Ele não achava que o que estava acontecendo estivesse OK.

Sem pretensões, pode-se dizer que nasci para ser bêbado e que meramente estava atuando como um bêbado, depois de muitos anos em remissão. Mesmo sem levar em conta as questões de saúde, a sobriedade fará boas coisas pela sua vida se você seguir algum tipo de programa de recuperação, e praticamente qualquer um deles serve. O meu programa começa e termina com uma admissão de impotência, com frequentar reuniões e, quando me meto em alguma confusão, com um poder maior que eu. Fique com essas coisas básicas e você pode viver de forma coerente, ficar casado e fora da prisão. Mas o que você não pode fazer é mudar de canal. Se você está repleto daquele tédio tranquilo, não dá para ir até o armário e tomar vários copos de bebida, ou puxar um fumo na varanda. A sobriedade significa que onde quer que você vá, ali você está, pelo sim e pelo não.

Minha decisão de fazer mais pesquisas empíricas sobre meu relacionamento com o álcool quando os dados já eram claros ainda me deixa assombrado. Para mim, o caso não era tanto ter subido o pau de sebo de uma carreira e não ter encontrado muito lá em cima. Provavelmente tratava-se antes de alguma necessidade venal, de longa fermentação, de dar com uma marreta nas coisas que adoro. Nós, eu, você tendemos a nos sentir não merecedores das bênçãos que aparecem em nosso caminho, talvez porque, em nossos momentos mais sombrios, elas são tão mais do que pensamos que merecemos. Se isso parece um floreio de discurso terapêutico, para o que é uma questão bem preto no branco — simplesmente existem algumas pessoas, milhões, na realidade, que não podem ingerir substâncias químicas que alteram o seu estado de ânimo —, como então explicar a história bastante comum de recaídas entre pessoas que têm uma década ou mais de sobriedade? Talvez tenha menos a ver com imperativos freudianos e seja tão simples como admitir que os seres humanos alimentam uma tendência para o esquecimento. Vocês poderiam dizer que eu tive um lapso de memória.

———

Parei em Chicago para me encontrar com meu amigo Ike, cantor e compositor de rock, ex-porteiro do Hotel Park Hyatt e astuto estudioso da condição humana. Sentado no estúdio de gravação que montou na sua casa, ele analisou o seguinte enigma: por que as pessoas — pessoas como eu — escolhem o caos. Ike conhece muito bem a síndrome, e a mim.

"Estamos falando de norte-americanos brancos de classe média que têm um caminho interior traçado para qualquer que seja o objetivo que queiram alcançar e, mesmo assim, grande parte deles ferra com tudo", disse ele. "Você ferrou, eu ferrei, caras pelos quais passamos nas ruas da cidade também o fizeram. Por quê? Eu não sei. A cobiça e a insegurança são óbvias; o cara é ganancioso. Qual é o clichê? Os porcos são alimentados e os que comem demais são abatidos. As pessoas gananciosas deveriam ser punidas. Eu apoio."

Apesar de Ike se inclinar para o lado bíblico nos épicos sobre a máfia que compõe e toca, ele sugeriu que minha decisão pode ter sido tão básica quanto uma saudade dos aspectos sombrios da vida, a despeito das desvantagens que há neles.

"Será uma fuga da monotonia do estilo de vida da classe média em nossa época?", perguntou ele. "Você estava pondo à prova o destino?"

Sim.

"Talvez você tenha descoberto — e eu também — que esse estilo de vida da classe média é muito chato, por conta de algo em você — que remete ao estilo de vida do rock, ou do jornalismo, ou do vício — que diz respeito ao que está acontecendo, ao lugar da ação."

Às vezes, ele sugeriu, trata-se menos de meter-se em uma conversa de bar com algum imbecil de 23 anos, às 4h da madrugada, e mais de não saber se posicionar no jogo de futebol do filho.

"Nem posso ir à escola dos meus filhos, porque me assusta muito. Não quero ir à igreja. Não odeio aquela gente, mas me fazem lembrar de tudo do que quis me livrar quando era garoto. E chega a meia-noite, todos estão indo dormir para acordar cedo para trabalhar. Ainda vivo na mesma cidade, vou fazer merda hoje à noite, vou caminhar pelas ruas, ficar acordado a noite toda, vou correr pelo meu quintal só com a roupa de baixo durante uma tempestade. Isso será o mesmo que dar uma chance ao bêbado dos subúrbios elegantes?"

Quase exato, se pensarmos a respeito.

"Eu bebo demais", continuou Ike. "Certamente não tenho uma história de vício e de programas de recuperação como você, talvez porque não fui a nenhuma reunião, mas não cheguei tão no fundo do poço como você. Não pus em perigo os amores da minha vida. Você tem que trabalhar, tem que ser um homem. Não há nada de errado em ser um homem e cuidar das pessoas, e com isso vem o compromisso. Voltamos à discussão dos grandes artistas, grandes escritores, que renunciam a toda essa merda — famílias, lares. Eles são homens? Eles são *leais*?", perguntou ele, enfatizando a palavra que ele provavelmente sabe que está repleta de significado no meu bairro.

"O que você vai fazer?", perguntou ele. "Você vai ser leal à porra de um conceito, como o de ser um artista, ou vai ser leal aos seres humanos pelos quais você é responsável?"

―――

Restringida por uma força oposta e necessária, a obsessão que vive em cada viciado está sempre lá no porão, fazendo flexões, esperando por uma oportunidade. E todos os tesouros, humanos ou de outro tipo, não mudarão essa matemática. É por isso que eu rio quando leio todas essas biografias de viciados que ridicularizam vários programas de recuperação. Qual a alternativa? O livre-arbítrio? A moderação? Um momento de realização seguido de uma vida inteira de autocontrole? Caramba, isso parece muito com um plano, só que um viciado sozinho — eu, por exemplo — está em péssima companhia. Milhões de vidas foram salvas quando reuniram espíritos semelhantes no salão paroquial de uma igreja. Você não gosta dos slogans que eles usam? Invente alguns novos.

Em vários programas de recuperação, os que a eles aderem falarão de "deslizes"; mas o colapso de voltar a beber e a se drogar pode levar um tempo bem longo. Naquele processo, a perspectiva de ficar chapado ou bêbado, não obstada pela obediência a um poder maior ou a um programa de vivência diária, fica rolando na boca de forma sub-reptícia, muito antes de ser realmente engolida, para que se possa ver como é o seu gosto. Foi assim que eu finalmente me vi de pé, na cozinha da minha casa, com aquele drinque nojento.

Quando realmente pensei sobre o assunto, descobri que, em algum momento no final dos anos 1990 e início do ano 2000, eu parei de me identificar como alcoólatra e viciado e comecei a pensar em mim como alguém que apenas não bebia nem usava drogas. E quase quatro anos se passaram até que aquele drinque repulsivo chegasse à minha cozinha, quatro anos sem ir a reuniões, quatro anos sem falar honestamente com outras pessoas em recuperação, quatro anos de uma longa conversa que se travou na minha cabeça, antes que o pensamento se tornasse um fato.

Cada vez que eu recaía, eu me recuperava um pouco menos. De vez em quando, eu me comunicava com o Seth, durante aqueles deslizes. "Você dizia: estou tomando um drinque e está tudo bem. Sempre que aquilo acontecia, eu dizia algo como: 'Não é isso que você sempre ouve?' E você respondia: 'Bem, não é como se eu estivesse fumando crack.' Existem muitas coisas que também não são boas, antes de você chegar ao crack."

"Eu estava menos preocupado com a questão do seu emprego e mais preocupado com acordar um dia e receber um telefonema dizendo que você estava morto ou no hospital", disse Seth, lembrando os tempos em que caminhávamos conversando depois de uma reunião. "Talvez isso fosse uma estupidez da minha parte, mas era como se eu tivesse certeza de que, independentemente do que acontecesse no seu trabalho, você era suficientemente talentoso e hábil para conseguir mentir e contornar qualquer problema."

Para um cara como eu, o trabalho é sempre a última coisa que se abandona. Ele é, de alguma maneira torta, mais sagrado e mais merecedor de proteção do que os amigos, as pessoas amadas e a família.

Isso não significa que eu não estivesse tentando perder o meu emprego. No final de 2004 e início de 2005, não bebi por oito meses. Mas, no fim de semana do Quatro de Julho, eu pirei. Eu circulava pelo Mississippi e pela Louisiana, escrevendo uma matéria maravilhosa sobre um autor que estava usando uma jangada para fazer uma turnê de lançamento de seu livro. Enquanto guiava o carro para St. Joseph's, na Louisiana, liguei para o cara que estava me orientando no tocante a ficar sem beber e falamos até o celular perder o sinal. Eu me sentia inquieto, mas determinado. Estava cansado, faminto e muito distante de casa, mas supunha-se que o motel em que eu ia ficar hospedado dava para um lago. Imaginei um agradável jantar, seguido de uma xícara de café com um bom livro na varanda.

Cheguei lá e o motel era um edifício de blocos de concreto que dava para um pântano. Peguei um quarto, e era mais que sombrio. O restaurante do hotel estava fechado, e fui até a loja em frente, que vendia principalmente duas linhas de produtos: uísque e armas. Em meu estado de agitação, pensei: Deus quer que eu beba ou estoure os miolos. Comprei algumas garrafas de Jack Daniel's...

Consegui sobreviver ao fim de semana, mas outra espiral começou. Em agosto, enquanto Jill viajava pela França, levei as meninas para a nossa cabana nas montanhas Adirondacks. Era tarde, eu estava cansado, e me perdi por causa de um desvio na estrada. Quando paramos para abastecer, quase bati em um carro que vinha entrando no posto de gasolina. Foi o grito da Meagan, que estava sentada no banco do carona, o que impediu o choque. O frentista do posto, que falava poucas palavras em inglês, me viu, viu as meninas, viu o que aconteceu.

"Vá para casa, meu senhor. Já está na hora de o senhor ir para casa."

Lembro o voto silencioso que fiz a essas crianças quando assumi a custódia da vida delas: que eu abandonaria qualquer pessoa ou qualquer coisa que as pusesse em perigo. O que fazer quando a malevolência vinha de mim mesmo?

Sentada naquela mesma cabana, perto do fim do verão de 2007, a Erin lembra daquilo como se fosse ontem. De todas as entrevistas, as que fiz com as gêmeas são as mais incômodas. Eu ainda tenho um relacionamento imensamente terno com cada uma delas, que foi construído bem cedo e com muita força, mas que sofreu um grande golpe quando comecei a beber. Não que eu bebesse muito perto delas. Quase sempre eu esperava que elas fossem dormir antes de beber, mas isso apenas significou que, quando as coisas deram errado, elas ficaram ainda mais surpresas. Nunca tinham me visto bêbado nem chapado durante toda a vida delas, e certamente não esperavam por isso.

Erin vira-se para mim, por um segundo, quando o assunto vem à baila. Depois olha de novo para a câmera. Diz que eu lhes pedi que ficassem por perto naquela noite de sexta-feira, que iríamos de carro até nossa cabana nas Adirondacks, que ficava três horas e meia para o norte, se a estrada estivesse em boas condições.

"Nós saímos do trabalho antes para isso. Você tinha dito que não podíamos ficar com nossos amigos, de modo que ficamos esperando, esperando e ficamos perguntando a você a que horas íamos sair. E você continuava sentado lá fora, fumando na varanda, enrolando. E eu ficava pensando: o que será que o papai está fazendo? Que saco! Eu estava frustrada. Você entrou na sala, pronto para a viagem. O seu rosto estava um pouco vermelho. Mas eu não crescera com você bebendo, não tinha ideia do que era aquilo. Nunca tinha visto aquilo antes."

"Entramos no carro, e você parecia longe dali, mas pensei que estivesse cansado. A Maddie cochichou para mim: 'Acho que o papai andou bebendo.'" Maddie tinha 8 anos naquela época. "Eu disse: 'Não! Do que você está falando? Cale a boca, não diga essas coisas! Isso não é verdade.' E a Maddie respondeu: 'Não sei não, Erin. Estou meio nervosa.'" Ainda estávamos em Nova Jersey, acho que a uns vinte minutos de casa, e tivemos que parar em um posto de gasolina. Você não viu um carro que estava entrando no posto, e quase batemos nele. Foi quando todo mundo se deu conta de que você estava completamente bêbado. Foi a coisa mais irresponsável que você poderia ter feito."

Ela ainda está furiosa. E eu ainda lamento muito tudo aquilo. Esse episódio não apagou os 14 anos de sobriedade que vieram antes, mas deu ainda mais importância aos anos de sobriedade que vieram depois daquilo. Ela poderia ter seguido sua vida em paz sem nunca ter me visto com a cara na sarjeta.

O que parecia uma rápida espiral em direção ao alcoolismo — para minhas filhas e também para mim — antes me pareceu um longo e lento deslizamento, com muita ruminação ao longo do caminho, desde que eu comecei a fazer reportagens sobre o assunto.

Parei na zona sul de Minneapolis para encontrar minha amiga Cathy, cujo ex-marido, Patrick, agora está preso. Ela sabe muito bem como as coisas podem parecer maravilhosas e, mesmo assim, terminarem muito mal.

Cathy mencionou uma pergunta estranha que eu lhe fiz lá pelo ano 2000, quando ela e seu marido, sua filha Grace e seu filho Jack, que é meu afilhado, estavam passando uns dias na minha casa e visitando comigo os pontos turísticos da cidade. "Você estava levando a gente para o aeroporto e disse: 'Ei, tenho uma coisa para perguntar a vocês. Vocês acham que eu poderia escolher uma cidade, ir até lá para beber e depois conseguir sair de lá?'"

Eu estava brincando, ou pensava que estava, mas Cathy disse que eu já tinha uma cidade escolhida: Nova Orleans.

Quando veio o furacão Katrina, eu estava decidido a ir para lá, mas Jill se opunha ferozmente a que eu fosse, preocupada com que eu pudesse escorregar outra vez e sofrer as consequências. Fui para lá alguns dias depois da inundação, e o trabalho correu bem, mas, quando não estava trabalhando, eu vagava por uma Nova Orleans triste e caótica, com uma garrafa de bebida na mochila.

Com a maior parte da cidade debaixo d'água, os quartos de hotel estavam a preço de ouro, e convidei Brett, meu colega do *City Paper* e do *Reader*, que era agora o encarregado da seção de restaurantes do *Times-Picayune*, para ficar no quarto que eu havia mendigado a um colega. Fazíamos nossas matérias e saíamos à noite, mas eu ficava acordado até muito depois de ele ter ido dormir.

Fui a Nova Orleans falar com Brett sobre aqueles dias caóticos. Conversamos no quintal da casa dele, no Faubourg Marigny, que havia sobrevivido ao Katrina.

"Era uma situação profissional difícil para mim. Sou um crítico de restaurantes e, de repente, estava fazendo um trabalho muito diferente. E também me perguntava que consequências aquilo teria na minha vida, porque eu morava ali. Foi um período muito difícil."

"Eu não via você como um desastre total. Em parte porque não sinto que sua personalidade mude dramaticamente quando você bebe. Você já não tem uma série de inibições, de modo que beber, para você, não é se soltar. Esse sempre foi o modo em que convivi com a sua personalidade; você era muito desinibido."

E o contexto proporcionava camuflagem. "Naquele tempo, um jornalista com algum problema de bebida podia se misturar bastante bem com o resto." E eu fiz isso. Tinha muita companhia.

"Lembro-me de ter admirado as matérias que você mandou daqui", disse ele. "Estavam muito bem escritas, tinham a dose certa de empatia e até de irreverência. Sempre achei que você seria capaz de vencer a bebida também."

Meu irmão John me ligou quando minha segunda coluna sobre Nova Orleans foi publicada. Estava impressionado com o fato de que alguém que estava levando uma vida sem álcool pudesse caminhar tão perto do cume da montanha sem despencar. Eu meramente agradeci pela leitura e desliguei o telefone tão rápido quanto pude. Quando chegou a hora de olhar para trás, eu reli aquele texto. Podia-se sentir o cheiro de uísque nas frases. Bom trabalho, mas não o tipo de abordagem de uma matéria que eu pudesse defender.

> O Bairro Francês, que serviu como pano de fundo para tantas histórias mostradas pela televisão, está vazio, salvo os bêbados e os muito loucos no Johnny White's, um bar que nunca fecha. O resto do Bairro são quadras e quadras de pura escuridão. Essa é a rua Bourbon ou a rua Royal? Para que lado é o hotel? Minha lanterna está ficando sem pilhas?
>
> Na noite de quarta-feira, em meio às trevas na esquina das ruas St. Louis e Royal, apareceu a sombra de uma figura que tinha à sua frente um grande caldeirão. Finis Shelnutt, o dono do Kelsto Club, havia cozinhado uma enorme panela de jambalaia e tinha uma caixa térmica com cerveja gelada para acompanhar. Era um gesto de esperança, não um gesto comercial.

> "Não quero o seu dinheiro", disse ele. "Só quero saber o que você acha da comida. Na situação atual, eu preciso devolver às pessoas, não tirar algo delas." Um grupo de gente da imprensa — jornalistas que escreviam textos que podiam ou não ser publicados — aquiesceu. Para que saibam, a jambalaia estava incrivelmente apimentada, queimava até produzir um choque, um bom choque, nos fantasmas e sonâmbulos que apareceram para comer.

Talvez a matéria sobre o Katrina tenha encontrado tanta ressonância porque, em algum lugar dentro de mim, águas enlameadas estavam subindo e eu começava a submergir nelas. Fiz as minhas matérias e quis ficar, mas Jill ouviu alguma coisa na minha voz que não lhe agradou. Quando um segundo furacão ameaçou chegar à cidade, ela gritou comigo até eu pegar um avião. E eu peguei o avião, só que desta vez não pude fazê-lo aterrissar.

Quando voltei a Nova York, iniciei logo uma matéria sobre Caris, uma atriz que ficou incapacitada de formar memórias por causa de um dano cerebral. Ex-ingênua da Broadway, ela estava apresentando um espetáculo sozinha, com a ajuda de anotações. Jill e eu fomos assistir à peça, no dia 25 de setembro de 2005. Eis o que escrevi:

> A primeira vez que me encontrei com Caris Corfman, depois de seu espetáculo no Flea Theater, ela olhou — quase com espanto — no fundo dos meus olhos quando eu lhe disse como tinha gostado de sua atuação. Ela ficou lisonjeada e foi incrivelmente amável.
>
> Na segunda vez que me encontrei com ela, também me olhou com espanto e respondeu com gentileza. Mas não tinha a menor ideia de quem eu era. Isso aconteceu exatamente cinco minutos depois da primeira vez.
>
> Ela não pode se lembrar. Há dez anos, os médicos detectaram um tumor benigno no seu cérebro. Uma série de quatro operações removeu o tumor, mas

danificou a parte do cérebro que regula a memória recente. Como resultado disso, ela não só esquece quem encontrou cinco minutos antes, mas também não pode se lembrar se tomou os remédios, se comeu, se deveria ir para a direita ou para a esquerda, ou se deveria apenas ficar parada.

Tê-la achado fascinante talvez se relacione ao fato de que eu estava no meio do processo de esquecer algo muito importante: que para um cara como eu, esquecer podia ser um erro fatal. Ou como ela dizia em sua peça: "Sem memória, sem vida; sem memória, sem carreira; sem memória."

―――

Como eu havia passado três anos com e sem a bebida, mas principalmente sem, fui capaz de parar de beber. Mas não beber como uma pessoa normal. Minha ideia do que era um aperitivo: sentar sozinho na varanda da minha casa e beber 120 ml de vodca com gelo, seguidos de mais 120 ml de vodca com gelo, seguidos da vodca da garrafa misturada com saliva até que baixasse boa parte da garrafa. Mas ficando sem beber o tempo suficiente para fazer as coisas normais, como ir trabalhar e cumprir tarefas. Mas, em algum momento, uma patologia progressiva me dominou, e não pude parar. No domingo, depois da peça da Caris, eu bebi no pátio do TriBeCa Grand com Jill, levado, pelos martínis e pelos arredores esplêndidos, a pensar que tudo estava bem.

Lutei para ir trabalhar, na segunda-feira, inquieto e vigiando o relógio, o que não é meu estilo, e depois bebi na noite do mesmo dia. Na terça, 27 de setembro, trabalhei até a metade do dia e saí, minha pele arrepiada e minhas células — minhas sinapses — vazias de qualquer memória relevante e clamando por uma bebida alcoólica. Até então, eu nunca havia deixado de trabalhar para beber. Vaguei pela Oitava Avenida, bebendo em bares anônimos na companhia de outros como eu, pessoas que seguiam o barman com os olhos e se perguntavam quando ele ia passar por perto para servir-lhes mais uma porra de um drinque.

Liguei para a Jill, e ela percebeu que eu estava fora de controle. Ela disse que havia uma cerimônia na escola das meninas e que eu não devia ir. Respondi que ia sim. Jill disse que eu devia pegar o trem para casa. Respondi que iria de carro. Ela disse que estavam saindo sem mim e que esperava que eu não fizesse uma cena. Guiei até nossa casa, até uma casa vazia. Por razões que, estou seguro, eram evidentes para mim naquele momento, tomei um banho e vesti um terno. Havia alguma lógica naquilo. Se você não pode estar bem, pelo menos pareça bem. E depois bebi quase meia garrafa de vodca.

Eu estava atrasado, bêbado, mas bem penteado. No alto da colina, rumo a Verona, a caminho da escola das meninas, o cara que vinha na faixa esquerda diminuiu a marcha. Eu acelerei o motor e avancei rapidamente pela faixa da direita.

58

DESAJEITADO

Através das janelas, brilhantes luzes estroboscópicas vermelhas cintilaram pelas paredes acompanhadas por um lamento agudo. O som era incômodo e acusador. Não era nada, nada como uma canção.

— ANN PATCHETT, *BEL CANTO*

DEPARTMENT OF POLICE
VERONA, NEW JERSEY
DRINKING – DRIVING REPORT
(page 2 of 3)

DATE: 09/27/05   CC# 5009736

OPERATION OF THE MOTOR VEHICLE:

On Tuesday September 27, 2005 I was assigned to the 1500-2300 tour of duty in marked patrol vehicle #4. At approximately 1929 hours I was northbound on Grove Ave in the area of number 24 when I observed NJ-KRT57R traveling southbound at a speed of 44 MPH. I then turned my patrol vehicle around in an attempted to stop the above vehicle. As I attempted to position my vehicle behind the above vehicle the driver began to accelerate to speeds over 50 MPH. At this time I activated my overhead lights and affected a motor vehicle stop on Bloomfield Ave near Elm Rd in North Caldwell. The driver of the vehicle abruptly stopped the vehicle and pulled to the side of the road approximately three feet into the driveway of the "Exxon" gas station.

WHEN STOPPED:

Upon approaching the vehicle I observed the driver with his hand out of the driver side window holding what appeared to be his New Jersey Drivers License. The driver of the vehicle was found to be David M. Carr from his New Jersey (picture type) Drivers License. At this time I detected a strong odor of an alcoholic beverage emanating from the interior of the vehicle. Mr. Carr was then asked for his registration and insurance card. Mr. Carr fumbled through paperwork in an attempted to find the documents but was unsuccessful in his attempts. At this time I observed that his eyes were blood shot and watery and that he had white saliva buildup on his lips and in the corners of his mouth. I then asked Mr. Carr if was feeling okay to which he replied, "Yes." At this time I asked if he had been drinking, to which he also replied, "Yes." Mr. Carr was then asked where he was coming from and he stated, "Mount Saint Dominic." It was later discovered that Mr. Carr was in route to Mount Saint Dominic. I asked Mr. Carr where he had been drinking and he answered, "90 Cooper Ave." I then asked Mr. Carr to exit his vehicle and walk to the sidewalk, which was well lit, free of debris and level. Mr. Carr walked around the rear of his vehicle swaying and used his left hand for support on the rear of his vehicle as he approached the sidewalk. At this time I advised Mr. Carr that I was going to conduct field sobriety tests. Mr. Carr was asked his level of education to which he responded, "I graduated college." Mr. Carr was asked if he had any injuries or illnesses which would cause him to have a problem completing any of the tests to which he responded, "No." Before beginning I advised Mr. Carr to listen to all of the instructions carefully and not to begin each test until he was told to. At this time I demonstrated the walk and turn test, I advised Mr. Carr, with his arms at his sides, take nine heel-to-toe steps, turn, and take nine heel-to-toe steps back, while counting each step out loud, while watching his feet. Mr. Carr was asked if he understood these instructions to which he replied, "Yes." Mr. Carr started to perform the test before instructions were complete. He also didn't touch heel-to-toe, lost his balance while walking, used his arms for balance, turned incorrectly, and took the incorrect number of steps (7). I then demonstrated the one-leg-stand test, I advised the Mr. Carr to stand with his feet together with his arms at his sides and listen to his instructions. I demonstrated by lifting my left foot approximately 6 inches off the ground keeping both legs straight and my toe pointed out. Mr. Carr was asked if he understood the instructions to which he replied, "Yes." Mr. Carr started to perform the test before instructions were complete. He also used his arms for balance and put his foot down 4 times. At this time I advised Mr. Carr that I believed he operated his vehicle under the influence of intoxicating liquor or drugs.

DRINKING – DRIVING REPORT
(Continuation page 3 of 3)

DATE: 09/27/2005   CC# 5009736

Mr. Carr was advised that he was being placed under arrest, he was then handcuffed, read his Miranda rights and placed in the rear of marked patrol vehicle #4.

ENROUTE TO STATION:

While being transported to Headquarters, Mr. Carr apologized several times for his actions and stated that he would be more than cooperative if he could contact his wife.

AT THE STATION:

While at headquarters, Mr. Carr was again was advi. ed of his rights under Miranda. Mr. Carr stated that he understood his rights verbally and also shook his head that he understood his rights, however he would not sign the waiver. Mr. Carr was cooperative in answering any pedigree information questions. During conversation with Mr. Carr he stated that he had earlier spoken to his wife and that she told him not to drive. Mr. Carr further stated that he was going to Mount Saint Dominic from work in New York City, which contradicted his previous statements. Mr. Carr repeatedly stated that he was wrong and that I, Officer Shafer was right to pull him over and that it was a, "good stop." Mr. Carr was read The Standard Statement and when asked if he would submit to breathe testing he replied, "I am consenting to the testing of my breath for alcohol content." Mr. Carr was cooperative while giving breath samples. Refer to Alcohol Influence Report for results. This Officer contacted Mr. Carr's wife, Jill Rooney Carr, to arrange to pick up her husband from Headquarters. Mr. Carr was issued five traffic summonses and released to his wife, who signed the Potential Liability Warning at 2142 hrs.

TRAFFFIC OFFENSES:

Summons # A-083296 39:4-98
A-083297 39:4-50
A-083298 39:3-76.2f
A-083299 39:3-29
A-083300 39:3-29

OFFICERS SIGNATURE: *Ptlm. Robert Shafer*   # 0487
                     Ptlm. Robert Shafer

Tradução:

Departamento de Polícia
Verona, Nova Jersey
Relatório sobre dirigir embriagado
(pág. 2 de 3)

Data: 27/09/2005   CC 5009736

Operação do veículo automotor:
No dia 27 de setembro de 2005, terça-feira, fui designado para o turno das 15:00 às 23:00h no veículo de patrulha n° 4. Aproximadamente às 19:29h, eu trafegava na direção norte pela Avenida Grove, na área 24, quando observei o NJ-KRT57R rumando na direção Sul a 70 km/h. Dei a volta com meu veículo de patrulha para tentar parar o veículo supracitado. Enquanto tentava colocar meu veículo atrás do veículo supramencionado, o motorista começou a acelerar até uma velocidade acima de 80 km por hora. Diante disso, acendi as luzes e efetuei uma detenção de veículo na Avenida Bloomfield, perto da Estrada Elm, em North Caldwell. O motorista do veículo freou abruptamente o veículo e o estacionou no acostamento, a aproximadamente um metro da entrada do posto Exxon.

Quando parado:

Ao aproximar-me do veículo, observei o motorista com a mão para fora da janela do lado do motorista, segurando o que parecia ser sua carteira de motorista de Nova Jersey. O motorista do veículo era David M. Carr, tal como constava de sua carteira de motorista (com foto) de Nova Jersey. Nesse momento, detectei um forte cheiro de bebida alcoólica emanando do interior do veículo. Foi pedido ao sr. Carr que mostrasse os documentos do carro e o cartão do seguro. O sr. Carr mexeu em vários papéis numa tentativa de encontrar os documentos, mas não teve sucesso. Nesse momento, constatei que seus olhos estavam vermelhos e lacrimejantes e que havia saliva branca nos lábios e nos cantos da boca. Então perguntei ao sr. Carr se estava se sentindo bem, ao que respondeu "Sim". Perguntei se ele estivera bebendo, ao que também respondeu "Sim". Foi perguntado ao sr. Carr de onde ele vinha, e ele afirmou que vinha "de Mount Saint Dominic". Mais tarde descobriu-se que o sr. Carr estava a caminho de Mount Saint Dominic. Perguntei ao sr. Carr onde estivera bebendo, e ele respondeu "na Avenida Cooper 90". Então pedi ao sr. Carr para sair do veículo e caminhar até a calçada, que estava bem iluminada, livre de detritos e nivelada. O sr. Carr deu a volta em torno da parte traseira do seu veículo, tropeçando e usando sua mão esquerda para apoiar-se no seu veículo enquanto se dirigia à calçada. Nesse instante, informei ao sr. Carr que iria aplicar-lhe testes de sobriedade ali mesmo. Foi perguntado ao sr. Carr seu nível de escolaridade, ao que respondeu "eu terminei o curso secundário". Foi perguntado ao sr. Carr se ele tinha algum ferimento ou doença que o impedissem de completar qualquer dos testes, ao que ele respondeu "Não". Antes de começar, informei ao sr. Carr de que devia ouvir todas as instruções cuidadosamente e não começar cada teste até que lhe fosse dito que o fizesse. Então fiz uma demonstração do teste de caminhar e mudar de direção, e pedi ao sr. Carr que, com seus braços ao lado do corpo, desse nove passos do calcanhar à ponta dos pés, girasse e desse nove passos do calcanhar à ponta dos pés, de volta, enquanto contava em voz alta cada passo e observava os próprios pés. Foi perguntado ao sr. Carr se havia compreendido aquelas instruções, ao que respondeu "Sim". O sr. Carr começou a fazer o teste antes que as instruções tivessem terminado, e tampouco tocou o chão dos calcanhares às pontas dos pés. Perdeu seu equilíbrio enquanto caminhava, girou de forma incorreta e deu um número errado de passos, apenas sete (7). Depois, fiz a demonstração do teste de ficar parado apenas sobre uma perna, disse ao sr. Carr que ficasse com os pés juntos, com os braços ao lado do corpo e que ouvisse as instruções. Eu fiz a demonstração elevando meu pé esquerdo aproximadamente 15 centímetros do chão, mantendo ambas as pernas retas e as pontas dos pés apontando para fora. Foi perguntado ao sr. Carr se ele compreendera as instruções, ao que respondeu "Sim". O sr. Carr começou a fazer o teste antes que as instruções tivessem terminado. Usou os braços para se equilibrar e colocou o pé no chão quatro vezes. Nesse momento, informei ao sr. Carr que eu acreditava que ele havia guiado seu veículo sob a influência de bebidas alcoólicas intoxicantes ou de drogas.

Relatório de dirigir embriagado
(continuação pág. 3 de 3)

Data: 27/09/2005   CC 5009736

O sr. Carr foi informado de que estava sendo detido, em seguida foram-lhe postas algemas, lidos seus direitos (Miranda) e ele foi introduzido no banco traseiro do carro patrulha nº 4.

A caminho da delegacia:

Enquanto era transportado para a delegacia, o sr. Carr se desculpou várias vezes por suas ações e afirmou que seria mais do que cooperativo se pudesse falar com sua esposa.

Na delegacia:

Na delegacia, o sr. Carr foi informado outra vez de seus direitos, segundo Miranda. O sr. Carr afirmou verbalmente que compreendia seus direitos e também acenou com a cabeça assentindo que compreendia seus direitos. Porém afirmou igualmente que não assinaria a renúncia. O sr. Carr cooperou em responder a todas as perguntas sobre seus dados pessoais. Durante a conversa com o sr. Carr, este relatou que havia falado mais cedo com sua mulher e que ela lhe dissera para não dirigir. O sr. Carr mais tarde pretendeu que estava indo para Mount Saint Dominic, depois do trabalho em Nova York, o que contradisse seu depoimento anterior. O sr. Carr repetidamente afirmou que estava errado e que eu, o policial Shafer, estive certo em pará-lo e que tinha sido uma "boa parada". Foi lida para o sr. Carr a Declaração Padrão, e quando lhe foi perguntado se faria o teste do bafômetro, respondeu "Dou meu consentimento ao teste do bafômetro, para verificar o conteúdo alcoólico no meu sangue." O sr. Carr cooperou ao dar amostras de respiração. Referir-se ao Relatório de Influência do Álcool quanto aos resultados. Este oficial contatou a esposa do sr. Carr, Jill Rooney Carr, para combinar que ela viesse pegar o marido na delegacia. Ao sr. Carr foram emitidas cinco multas de trânsito, e foi liberado na presença de sua esposa, que assinou o Aviso de Responsabilidade Potencial às 21:42h.

Transgressões de Tráfego:

Multas   A-083296 39:4-98
        A-083297 39:4-50
        A-083298 39:3-76.2f
        A-083299 39:3-29
        A-083300 39:3-29

Assinatura do agente: _____   0487
                Robert Shafer

59

RECARREGADO

E agora?
A vida do bêbado dá alguns sinais de que as coisas não estão indo bem. Detenções tendem a ser um bom indicador, e eu tinha algumas novas nas costas. A incapacidade de restringir a bebida a momentos adequados do dia pode também ser um sinal. Mas quando Jill e eu nos sentamos na varanda dos fundos, olhando um para o outro, na manhã seguinte à minha detenção, as opções pareciam limitadas. Eu tinha estado em tratamento quatro vezes — na verdade, cinco, mas naquele tempo não sabia disso — e tinha sido consultor em questões de recuperação. Podia fazer uma apresentação bastante boa, de improviso, sobre o conceito do alcoolismo como doença, de modo que mais informações não pareciam necessárias. Nem mais pesquisas, dado que eu acabara de me livrar das algemas e me encontrava em meio à subtração física do álcool. Ser bêbado não subentende a alienação mental e a ilegalidade que o vício da cocaína envolve, mas ainda assim derrubará sua vida, um tijolo de cada vez, e o transformará em um amontoado trêmulo e carente.

Quando estive na instituição de tratamento de Parkview pela primeira vez, em 1984, agradável lugar no St. Louis Park, com boa comida e conselheiros sérios, não sabia muito sobre bebida e não tinha dependência física. Meu colega de quarto Mike, que era um dentista aposentado de

International Falls, estava perto do fim do seu tratamento, que tinha ido muito bem. Mike era o mais velho do grupo, um cara razoável, que tinha um estilo meio zen norueguês. Tudo está bem, dizia ele, tudo está bem. Quando regressou de uma licença de fim de semana, confidenciou-me que havia bebido um litro ou dois durante a folga e ia fingir que nada havia acontecido. Mas algo aconteceu. Na manhã seguinte, quando nos vestíamos, ele entrou em crise de abstinência e sua dentadura superior — imaginem, um dentista sem dentes — caiu no chão. Eu chamei a enfermeira, houve toda aquela coisa de sala de emergência, código azul, mas foi tudo inútil. Ele saiu do quarto morto em uma maca. Eu fiquei perplexo.

Tanto por herança como por preferência, eu era um bebedor substancial, principalmente uísque e muito gim, que sempre pensei que me fizessem me dar bem — até que não fizeram mais. Essa mesma carga genética, porém, significou que eu pude beber, durante anos, sem sofrer consequências médicas graves. E o ritmo de meu estilo de vida e o descuido que o acompanhava mascararam o fato de que, em um dado momento, eu cruzara a linha para o alcoolismo clínico. Quando cheguei ao meu terceiro tratamento, no hospital St. Mary's, em 1988, eu estava bebendo um litro por dia. Algumas horas depois de ser internado no St. Mary's levando uma sacola de lixo cheia de coisas, fui até o posto de enfermagem, dizendo às enfermeiras que me sentia mal, que minha visão estava nublada, que minha pele estava formigando e meu coração batia forte.

"Você está em crise de abstinência de álcool", disse a enfermeira sem rodeios. "Vamos lhe dar algo para facilitar a transição."

O absoluto horror daquilo quase me fez cair no chão. Eu aceitava ser um viciado em cocaína — de algum modo, havia transgressão e vanguardismo nisso —, mas um bêbado comum? E agora, vinte anos depois, aquelas tremedeiras que chocalham a alma e todo o resto estavam de volta. A crise de abstinência de álcool é profundamente difícil de suportar, e não é nenhum piquenique para os olhos de quem acompanha. Eu era uma ruína lamentável. De forma desconexa, Jill e eu falamos com todas as pessoas que podíamos procurar e com todas as instituições que podíamos visitar. Então a Jill lembrou: "E aquele cara do trabalho? Aquele que você me disse que viu em uma reunião? Ele não disse para você telefonar se precisasse de ajuda?"

E aquele cara? Eu realmente não conhecia aquele cara, além do fato de tê-lo visto em uma reunião de recuperação, onde ele me havia visto, e de saber que tinha um emprego importante. Depois de algumas dificuldades iniciais, consegui falar com ele.

Disse que não queria colocá-lo em nenhuma posição incômoda, porque ele era um chefão do *Times*, mas que eu estava bem ferrado com esse assunto da bebida. Será que devia me internar, falar com meu supervisor no jornal, ou o quê?

O cara me disse que o trabalho não era o problema, que estava interessado em ajudar-me de qualquer maneira que pudesse. Mostrou-se preocupado e empático, apesar do fato de que realmente não me conhecia bem. Escutou enquanto contei minha história, e disse que talvez fosse o caso de ingressar em um tratamento de desintoxicação. Eu disse que talvez precisasse ir para outro emprego, depois daquilo. O que eu ia dizer no trabalho? Ele respondeu que eu era um empregado com boa posição, sem problemas de trabalho e com muitas férias vencidas. "Não lhes conte nada." E me disse para ligar para ele quando saísse do tratamento e que começaríamos dali.

Com Sam, a coisa era outra, decidi. Ele era tanto um amigo como meu supervisor direto no jornal. Eu ia contar para ele.

———

Quando chega a hora de desintoxicar-se, uma regra de ouro diz que é melhor ir para longe de casa, mas, por razões que tinham que ver com o seguro médico e com falta de pensamento claro, Jill e eu decidimos que eu iria para um centro de desintoxicação da cidade mesmo, na manhã seguinte. Eu fiquei muito bêbado naquela noite e fiz papel de bobo, dizendo adeus às minhas filhas. O inesperado e a incerteza que se instauraram, aliadas às minhas desculpas intoxicadas, aterrorizaram as crianças.

"Eu não me lembro de você ter sido inseguro", disse a Meagan. "Não lembro de ter sentido que você estava fazendo escolhas que nos podiam colocar em perigo, e quando isso aconteceu — mesmo que por um tempo limitado —, foi muito assustador. Você é um pai estável, você é o pai bom, você é todas essas coisas. Quando isso não está presente, é muito assustador."

Na manhã seguinte, fomos para a desintoxicação em Midtown, e eu sabia que dias complicados me esperavam. A clínica era um lugar sério, medicamente avançado, mas um rápido olhar pela sala de espera indicava que a maior parte dos pacientes era gente da heroína, tirada das ruas; não havia acomodações especiais para um bêbado lambão dos subúrbios. Mas ali havia uma cama, e Jill não sabia mais o que fazer comigo. Eu imaginava o que haveria no andar superior daquela unidade, mas estava certo de que não era um lago com patinhos nadando.

Fui lá para cima e parecia um espetáculo épico: era como um filme B de horror preparado para rodar continuamente dias a fio. Colchões de plástico, contrações musculares, gente que se coçava, e eu, suando e tremendo. Caminhei pelo quarto por meia hora, olhando para a cidade por uma janela suja e pensando em todos os atos evidentes que me haviam levado àquele lugar. Ingênuo como eu era — na verdade eu me havia tornado um simpático alcoólatra dos subúrbios —, levei um maço novo de cigarros para a sala de fumantes. Um cara com *dreads* gordurosos e olhos muito vivos começou logo a me pressionar.

— Aqui, nós compartilhamos com todo o mundo — disse ele.

Ah, é, como assim?

— Você me dá metade do maço para dividirmos entre nós, e você fica com a outra metade — ele disse, sem sorrir. Todos os demais afastaram os olhos da televisão e olharam para mim.

— Que tal deixar isso em um nível civilizado? Você me pergunta se eu posso lhe dar um cigarro, e eu dou — disse eu.

— Ou o quê? — E ele quis saber.

— Ou eu arranco a porra dos teus olhos.

Ele sorriu e me examinou de cima a baixo, em toda a minha glória de suor e tremedeira.

— Não parece que você vai arrancar os olhos de ninguém.

— Talvez não hoje — eu disse. — Mas amanhã vou estar melhor.

Ele pegou o cigarro da minha mão e foi embora.

Quando vi o médico, ele me perguntou quais eram meus objetivos na desintoxicação. Eu disse que queria ficar desintoxicado do álcool o mais rápido possível e voltar para casa. Ele me fez uma receita de Librium e disse que, se eu acordasse no quarto dia e pudesse funcionar sem o remédio, ele me daria alta.

Eu fechei as escotilhas no meu quarto e assumi uma posição fetal. Meu amigo John, do *Times*, apareceu na clínica e deixou cigarros, um cartão telefônico e uns trocados para mim na portaria. Eu usei o cartão telefônico para ligar para a Jill e queixar-me de como o lugar era feio e sujo. Eu era patético: um grande bebê gordo e bêbado.

Andando sem rumo em um pátio trancado, dormindo em um lugar onde outros internos vinham ao meu quarto e mexiam em tudo, eu estava de volta onde tinha estado tantos anos antes. Sempre com aquele meu bando de pares que abraçavam os amigos e perguntavam quando era a próxima distribuição de remédios. Haviam-se passado 17 anos, mas ainda lembrava de tudo.

Quando se acorda com a cara colada pelo próprio suor ao colchão plástico da instituição, a mensagem transmitida é elegante e direta. Você não é um simpático bêbado dos subúrbios. Brinque com uísque, e ele brincará com você. Não, eu não injetei droga no meu pescoço, nem piquei ninguém, nem dei drogas a prostitutas. E cheguei ao fundo do poço assim mesmo.

Evitei a dança das cabeças abaixadas. Ah, quis me referir àquele tempo de qualidade passado com meus colegas viciados, na fila dos remédios. No quarto dia, 2 de outubro, domingo de manhã, fiel à sua palavra, o médico me deu alta. "Boa sorte lá fora", disse-me ele com um aceno.

Esperei a Jill na rua. Ela apareceu, olhou bem para mim e perguntou se eu tinha certeza de estar pronto para voltar para casa. "Você quer que eu vá de volta para Happy Acres? Não, obrigado. Vamos embora."

Voltei para casa e tive uma longa conversa pelo telefone com meu novo amigo do trabalho sobre tratamento, sobre internação e sobre o próximo passo. O dinheiro era uma questão, e o tratamento ia ser caro. Eu estava um pouco fora de mim, não sabendo como agir, agora que eu voltara a ser problema. "Quem sabe você não precise apenas voltar às reuniões? Intensamente, tipo noventa dias em noventa?", sugeriu meu amigo.

"Lembre-se", disse ele antes de desligar, "você não precisa se sentir assim nunca mais". Mencionei que havia entrado e saído de reuniões, que havia jogado fora 14 anos de sobriedade conseguidos com sacrifício. "Esses 14 anos e tudo que você realizou ainda são seus", disse ele, acrescentando que agora era dos próximos 14 anos que se tratava.

Fui a uma reunião de principiantes perto do meu escritório, levantando a mão e anunciando a contagem insignificante de dias que havia ficado limpo. Cinco dias, onze, vinte e três, e assim por diante. Fui a reuniões em Montclair, no centro, mas principalmente em Midtown. Regressei ao culto, aparecia cedo, dizia olá para as pessoas, bebia o meu refresco e, de repente, estava contando meses, anos e, se as coisas acontecerem do meu jeito, muito mais tempo.

Quando voltei ao trabalho, Sam me disse com palavras muito simples que o apoio dele e o da instituição eram incondicionais. Ele dava uma piscada para mim sempre que me via saindo para a reunião de recuperação de meio-dia e meia. Alguns de meus amigos no trabalho perceberam que eu havia posto uma rolha na bebida, mas esse não era um tópico importante de discussão. Beber não era algo sobre o que eu estivesse ansioso por falar.

Aos poucos fui me lembrando de quem eu era. A esperança flutua. Os pequenos prazeres de ser um homem, de ser um bêbado que não bebe, um viciado que não usa drogas, me faziam flutuar. Uma coisa leva à outra, como dizem. Depois de um par de anos de ir e vir, bêbado ou não, estou chegando ao terceiro e nem uma vez o monstro me pegou, nem me fez sentir como se eu pudesse voltar. Além de firmar um alicerce agradável e firme mantendo a frequência às reuniões, comecei a me lembrar de como minha vida tinha sido direita e controlável antes que eu tomasse aquele primeiro drinque na cozinha.

Quando fui para as Adirondacks para começar o livro, no verão de 2007, recebi uma ligação daquele amigo do trabalho que me ajudou na recuperação, e que já estava aposentado. Ele tinha um amigo que dirigia uma reunião de recuperados e que precisava de um palestrante em um centro de desintoxicação de Midtown. E mencionou o lugar onde eu tinha ido parar dois anos antes. Será que eu tinha ouvido falar nele?

Fui até a cidade e participei da reunião. O lugar era pesado, como eu bem me lembrava. Houve uma grande confusão no meio da reunião, e alguns dos caras exibiam cicatrizes recentes das ruas. Mas desta vez, notavelmente, eu senti que me ajustava bem ali. E outra vez, no final da reunião, eles me deixaram ir embora.

Enquanto estava na cabana escrevendo o livro, todo dia eu contemplava as ruínas do meu passado. Fui a mais reuniões. Era até agradável e amistosa a reunião em Saratoga, Nova York, onde as pessoas falavam de multas de estacionamento, parentes doentes e de seus gatos com leucemia. Mas era sombria e assustadora a reunião na montanha, na cidade mineira devastada, onde o sinal de começar a reunião é dado por um martelo feito de uma chave de fenda encravada em um pedaço de madeira. Eu podia ser exigente, mas todos eles se pareciam comigo e se sentiam, de algum modo, como eu. Não mais Cachinhos Dourados — esse é muito mole, esse é muito duro —, todos eles pareciam apenas certos.

60

MEIO ESQUECIDOS

As últimas entrevistadas do verão bateram de frente comigo: as gêmeas. Nenhuma delas me conheceu como viciado ou bêbado, mas agora tinham 19 anos, e depois de terem crescido pensando que era eu quem segurava a Lua no céu, elas me tinham visto de cara no chão. Quando as gêmeas fizeram suas monografias para a faculdade, o que eu pensava que era uma história simples — menino encontra menina, menina e menino têm gêmeas, menino e menina se detonam, menino e gêmeas vivem felizes para sempre — aos olhos delas tinha se aprofundado e se tornado mais complicada. Foram elas, afinal, que cresceram sem a mãe. Foram elas que tiveram que me ensinar como ser pai. Foram elas que tiveram que encontrar seu lugar depois que me casei. E depois de me ouvirem dizer, durante toda a vida delas, que todas as coisas boas vêm da sobriedade, elas me viram jogar tudo pelo ralo.

Tenho uma enorme preocupação em saber quem a Erin e a Meagan se tornaram e como elas dirigem seus shows. Elas vieram do nada e se tornaram donas dos próprios narizes. Não sou dono do sucesso delas. A condição das duas de mulheres jovens, brilhantes e independentes é algo que me enche daquele encantamento que, suponho, todos os pais sentem, mas a viagem delas tem sido ainda mais notável. Depois de passar meses olhando para os relatórios médicos, as fotos, os diários, penso no quanto elas sofreram, viajando no rastro de vapor dos adultos que tinham ainda muito para crescer eles mesmos.

Mas perguntar a elas, conversar com elas, era diferente. Se elas foram as coisas mais lindas que jamais me aconteceram, poderia ser verdade alguma coisa pelo menos próxima do oposto?

Erin e eu passamos o verão nas Adirondacks juntos. Ela trabalhou em um bar e foi garçonete. Eu fiquei trancado em um quarto, digitando. Éramos colegas de quarto incômodos — um escritor de livros iniciante e uma quase segundanista da faculdade com 19 anos, dois dos seres humanos mais enfurnados em si mesmos sobre a superfície da Terra. E agora era a hora de falar. Erin é uma pessoa reflexiva, que vê o lado brilhante das coisas, e um pouco sensualista. Durante um passeio de carro, quando ela era pequena, disse: "Amo este mundo porque existem tantas coisas nele que eu amo." Ela é uma garota, agora uma pessoa, que sempre achou que o copo estava meio cheio e, quando está vazio, simplesmente acha um jeito de enchê-lo ela mesma. Uma *savante* da cultura pop, escritora e conversadora muito dotada, seu lado brilhante esconde uma determinação abundante.

Erin está prestes a voltar para a Universidade do Wisconsin, e dá para sentir que ela não aguenta mais esperar por isso — e não apenas para livrar-se de mim e do livro repulsivo no qual estou trabalhando, mas porque ela está construindo uma vida por lá. Quando conversamos, fica claro que ela deseja que sua mãe tivesse sido diferente, que Jill tivesse sido diferente, que eu tivesse sido diferente, mas acredita que todos fizeram o melhor que podiam, inclusive ela.

"Só olhar as minhas origens e como fui criada, o bebê de um quilo e tudo mais", disse ela. "Leio os relatórios de saúde: eu tinha tantos problemas naquela época, e olhe para mim agora. Vou para o segundo ano da faculdade, estou bastante bem, tenho amigos, sou esperta, posso fazer certas coisas bastante bem. É, posso dizer que a vida foi boa comigo."

"A Meagan e eu somos mais espertas porque você é nosso pai", disse ela, olhando para a câmera e não para mim. "Aprendemos muito com você." Ela se vira para mim. "Você é um cara inteligente. Cortesia, respeito, todas essas coisas que eu vejo que alguns dos meus colegas não têm, eu sei que tenho graças a como fui criada, não só por você, mas por causa da Kathy, nossa professora da creche, por causa da Jo-Jo, por causa da vovó Diane. Foi um esforço de grupo e deu certo. Você era o líder da nossa tribo."

Erin é uma vira-casaca, que alterna cores de cabelo, piercings e modas como outras pessoas mudam de canal. Ela não julga ninguém e, por sua vez, espera não ser julgada. Tem pouco relacionamento com a mãe — é muito dramático para ela — e um relacionamento indiferente com Jill, que está mudando para algo mais substancial, agora que não vivem mais juntas.

Ela e eu somos muito ligados, não apenas pela nossa história comum, mas pelo nosso amor por todas as formas de cultura pop. Nós trocamos filmes e MP3, passamos horas em *chats* sobre o valor estético de vários grupos. Na semana anterior à sua volta para a faculdade, fomos de carro até um restaurante e bar, caído, porém maravilhoso, a uns cinquenta quilômetros da cabana. Como sempre, ela levou um iPod e ficou mostrando todas as canções que queria que eu ouvisse. Criando um clima de expectativa, ela escolhe "At the Bottom of Everything" (cantada pela banda Bright Eyes, que ambos adoramos), que fala de encontrar o futuro "com nossas lanternas e nosso amor". Aparentemente é sobre um acidente de avião, mas seu coro rouco lembra que existe felicidade em fazer qualquer viagem, mesmo uma que termine na morte ardente dos que se amam, juntos. É uma canção maravilhosa, cheia de esperança, terror e prodígio, tudo banhado pela força do amor humano. Estamos tendo um momento nosso. O sol começa a se esconder nos vales por que passamos e, quando o crepúsculo se transforma em noite, uma lua muito cheia faz sua aparição espetacular. A mão de Erin segura a minha. Nós vamos ficar bem.

Dos danos colaterais que vieram com a vida que escolhi, grande parte caiu sobre a Meagan. Ela passou seu tempo de bebê agarrada às minhas pernas e se tornou uma jovem que se perguntava se qualquer pessoa com quem cruzava poderia ser sua mãe. Essa busca não lhe trouxe o calor e a afeição de que ela precisava. E Meagan começou a realizar coisas surpreendentes, na escola e nos esportes, para obter uma medida de seu valor, mas quando aquilo não funcionou, passou a achar conforto em coisas negativas. A comida se tornou uma medida de merecimento e de punição, e a depressão veio reunir-se com ela em longos dias e noites. Meagan acabou no hospital várias vezes, e nos vimos outra vez em uma série de consultas médicas, cruzando Nova Jersey em busca de algum descanso para ela. Durante o colégio, ela precisou que eu estivesse presente e atento. Tivemos muitas conversas nas horas escuras da noite, o que perturbou nosso relacionamento e nos uniu ao mesmo tempo. A faculdade, apesar de suas realizações, começou a parecer uma esperança que diminuía. E então ela assumiu a custódia da sua vida, do seu corpo, do seu destino. Houve muita discussão sobre se ela ia ou não para uma faculdade em algum lugar perto de casa, mas, quando chegou a hora, ela escolheu ir para a Universidade de Michigan, um lugar enorme que não está situado propriamente ali na esquina.

Meagan está muito bem no seu curso, e parece estar absorvendo os golpes que acompanham o modo de vida independente. Desde quando era pequena Meagan se mostrou assustadoramente verbal e extremamente direta ao falar de si mesma ou dos outros. Como segundanista, já resolveu fazer um mestrado em assistência social e curar outras pessoas. E se preocupa com tudo, como sempre fez.

"Acho que eu era agudamente consciente do estresse. Não lembro com clareza de estar estressada, mas lembro de ser uma criança ansiosa em uma idade muito tenra", disse ela. Mas não se lembra de ter sido pobre, de tomar conta de mim ainda sendo muito jovem, quando eu tive câncer, e não tem lembranças precoces dos períodos que passou, comigo ou com a mãe dela. Ela acha que nos demos bem porque eu tinha uma "inteligência muito prática. Você é muito cheio de recursos."

Muito mais que Erin, Meagan sempre teve empatia para com a mãe e as batalhas dela. Quando era jovem, Meagan nunca queria voltar para casa depois de visitar Anna, e sempre achei que isso acontecia porque ela desejava tomar conta da mãe. Hoje em dia, parte dessa empatia se desgastou.

"As pessoas vivem como sabem viver, mesmo que isso não seja produtivo, e acho que minha mãe aprendeu muito cedo a viver de um modo muito destrutivo e ainda assim dar-se bem", disse ela. "Acho que ela nunca aprendeu a viver de outro modo. Se não são as drogas, são os homens; se não são os homens, é o dinheiro; se não é isso, é a solidão; e, se não for nada disso, é a doença mental. Sempre existe alguma forma de destruição ao alcance dela."

Isso deixou uma lacuna que ninguém, nem eu, nem a comunidade, nem Jill puderam preencher. Meagan aprendeu a ser a mulher que é sobretudo sozinha.

"Eu sentia como se estivesse olhando através de uma lente, tentando ver", disse ela, falando de como foi crescer em nossa casa. "E não acho que alguma vez tenha funcionado muito bem."

Estamos sentados à mesa da nossa cozinha em Montclair. Ela vai partir logo para Michigan, e subitamente parece muito importante, para mim, dizer a ela que tudo o que era bom começou com ela.

"Você me diz isso regularmente. Não tenho motivos para não acreditar em você. Sempre ficou claro que vocês tinham sua própria vida, que suas crianças não eram toda a sua vida, mas vocês também deixaram claro, ao mesmo tempo, que o fato de nós nos tornarmos parte da vida de vocês era algo integral, que a protegia. Sempre acreditei em vocês quando diziam isso."

Mesmo quando acabei bêbado depois de todos aqueles anos?

"Eu sabia que você ia fazer alguma merda, e sabia que ia ser grande, mas nunca imaginei você jogando a vida fora."

Algo mais que ela nunca planejou? Que saísse um livro de tudo isso.

"Eu apenas nunca imaginei que você pudesse achar esse tipo de coisa catártico."

Bingo. Essa é a minha garota.

61

NEM PERTO DO NORMAL

Na prática, toda pessoa normal é apenas normal como via de regra. Seu ego se aproxima do ego de um psicótico, de um modo ou de outro e em menor ou maior extensão.

— SIGMUND FREUD

Na primavera de 2007, voltei a Nova Orleans. A viagem incluía alguma reportagem sobre o reaparecimento ali do *Times-Picayune*, mas qualquer um que verificasse o calendário teria visto que era o primeiro fim de semana do Jazz Fest, a festa anual de celebração da música original da região. Jill e eu temos amigos queridos em Nova Orleans e fazemos questão de ir lá sempre que podemos. Foi um último encontro: Joan e Jeff, há muito cidadãos de Nova Orleans, estavam indo embora porque não podiam suportar criar suas filhas pequenas em uma cidade que sob muitos aspectos tinha desistido de trabalhar. E não davam sinais de que voltariam logo.

Quando Jill e eu estávamos programando a viagem, Maddie, com 10 anos na época, falou que aquilo parecia divertido. Então você vai, eu disse. Nós três descemos no Aeroporto Louis Armstrong. Da última vez que eu estivera ali, as esteiras de bagagem estavam sendo utilizadas como ponto de triagem para os desabrigados que se encontravam doentes ou fracos. Eu tinha conseguido chegar até o aeroporto atravessando a multidão — falava-se de outro furacão a caminho. Sentei-me no chão e fui morosamente martelado pela espera antes de pegar o meu voo. Posso lembrar de ter ficado observando aquela cena e de ter pensado coisas bem sombrias sobre o mundo, sobre aquele lugar, sobre o meu futuro.

Quando voltei, as vítimas tinham sido substituídas pelas velhas bagagens, e o lugar tinha a aparência e a atmosfera comuns a todos os aeroportos. A alusão metafórica não estava perdida para mim: tendo sacudido a poeira recém-adquirida, eu agora estava de pé em lugar seguro. Tomamos um carro alugado e partimos para a casa de nossos amigos no Esplanade, apenas a alguns quarteirões do Jazz Fest.

Nos três dias seguintes nós pegamos toda a música e a comida que pudemos agarrar com as duas mãos. De noite, quando saíamos em um grande grupo para jantar fora, eu virava o meu copo de vinho de cabeça para baixo quando chegava a hora. E pelas manhãs, antes que a casa despertasse, eu ia para uma reunião de espíritos irmãos em um café ali perto e falávamos sobre as alegrias do Jazz Fest e sobre como navegar entre seus ameaçadores bancos de areia de álcool. Existe um ditado que diz: sempre que há muita bebida, há muita recuperação. As reuniões foram uma revelação, ricas de conversa franca e de compromisso mortalmente sério. E aquele esforço relativo para cuidar da minha sobriedade pareceu um preço pequeno a pagar por toda a diversão que tive.

Isso levantou uma questão: por que levei três anos para admitir que estava certo já na primeira vez, quando disse que era impotente diante do álcool? Mas há benefícios em uma longa e cálida imersão na bebida, especialmente para os bêbados. Você diz que está um tanto entediado com os esplendores banais da vida cotidiana? Tente ficar sem eles. Quando eu estava em meio à luta com a bebida, eu teria dado tudo para ir para a cama como uma pessoa normal e levantar-me para trabalhar, sem ter que pensar nas doses da noite anterior ou nas tremedeiras que inevitavelmente vinham na manhã seguinte. Como bêbado, cada pergunta que me faziam parecia carregada de ameaças. Uma simples inquirição do tipo "O que você andou fazendo?" transforma-se em uma acusação aos ouvidos de um bêbado. *Ah, nada de mais, tomando drinques sempre que a oportunidade se apresente, tendo desmaios ocasionais e fazendo o possível para aplicar uma pátina de normalidade sobre todo esse caos.*

Ser normal tem alguns lados bons e muito práticos. Nos anos em que voltei a estar sóbrio, fiz três temporadas completas de reportagem sobre o

Oscar, pontuadas com festas regadas a álcool e ocasionais incursões aos banheiros em que todos pareciam ter um problema grave no nariz. Eu me misturava, fazia as rodadas de entrevista, depois voltava alegremente para o hotel e ficava trabalhando.

Como bom motorista sóbrio, atravessei o país dirigindo para deixar Erin e Meagan na faculdade, e quando jantamos em South Bend, Indiana, as meninas tiveram seu primeiro drinque legítimo com os pais. Mostrei-me capaz de falar com credibilidade sobre os benefícios e desvantagens da vida com a bebida, e sobre o papel que a herança genética delas poderia desempenhar em suas escolhas e nas consequências subsequentes.

Com os olhos claros e no momento apropriado, lancei minhas mãos para o ar em um show dos Hold Steady, empurrei minha família ladeira abaixo em pistas de esqui próprias para profissionais no Lago Tahoe, fomos andar de caiaque no Maine e nos deitamos no deque de um pequeno lago, nas montanhas Adirondacks, esperando para mostrar à Maddie sua primeira estrela cadente "verdadeira". Ela chegou no horário.

Nada disso teria acontecido com a versão de mim que bebia. Eu até ainda poderia conservar o emprego, ainda poderia ter ficado longe da cocaína, poderia estar casado, e poderia ter um relacionamento com as minhas filhas, mas seriam apenas apostas em aberto.

Para pessoas que não têm alergia, não há uma forma clara de explicar a falta de controle que vem com o vício. Um bêbado ou um viciado dão um tapa ou tomam um trago porque, da mesma forma que qualquer outra pessoa, querem se sentir um pouco diferentes. Mas nunca param nisso. Eu poderia estar bêbado amanhã ou consumindo drogas enquanto vocês leem essas linhas, mas as chances de que isso ocorra serão baixas enquanto eu tomar a decisão diária de compreender quem eu realmente sou e depois ficar satisfeito com isso no final do dia.

Arrependo-me por ter precisado de uma recaída para me lembrar dessas lições tão básicas, mas eu não estava pronto. Foi necessário passar por tudo isso para entender que eu não sou normal. Parte da razão pela qual tentei beber, depois de 14 anos, foi que eu tinha ficado tão confortável em uma vida cercada de normalidade que pensei que eu *era* normal. Não curado, não refeito, apenas normal. Dois anos de fazer reportagens e um monte de conversas constrangedoras mais tarde, compreendi que mesmo que viva em uma casa normal da metade do século, em uma rua normal de uma cidade normal, isso não significa que eu também o seja. Sou agradável — até mesmo amistoso — mas sou um maníaco que simplesmente gosta dos frutos de uma atuação normal.

Em termos psicanalíticos reducionistas, adquiri uma dada medida de integração, não só entre Aquele Cara e Esse Cara, mas entre o meu passado e o meu presente. Carl Jung sugeriu que até que expressemos tanto nosso lado masculino como o nosso lado feminino, não podemos ser inteiros. Apesar de toda a testosterona que empreguei em meus assuntos, experimentei a salvação praticando a conduta maternal comum. Sempre lhe dizem para recuperar-se por si mesmo, mas o único modo que encontrei de sair dessa foi botando mais gente na minha história.

Eu agora vivo uma vida que não mereço, mas todos nós caminhamos pela Terra sentindo que somos fraudes. O truque é ser agradecido e esperar que essa travessura não termine logo.

62

MATÉRIA VERDADEIRA

Quando comecei a tentar me lembrar de quem eu era, comprei um disco rígido externo, um aparelho de alta tecnologia projetado para preservar o passado. Mas o vendedor da Best Buy perguntou de que tamanho eu queria o disco. De que tamanho?

19,3 gigabytes.

Isso é quanto minha vida chegou a medir em bits naquele disco rígido. Ao longo de dois anos de entrevistas e de escrever, os dados foram se acumulando e começaram a contar uma história que eu pensava conhecer, mas não conhecia.

O vídeo de Donald, aquela combinação de anjo e gênio saindo de uma garrafa de Old Grand-Dad e dizendo para mim "é, pode ter havido uma arma naquela noite, mas que ele não tinha nenhuma?" **166.631 kilobytes.**

O vídeo da entrevista com Chris, sugerindo que Donald provavelmente estava certo? **205.375 kilobytes.**

O PDF do relatório policial sobre o ataque a um tal de William C. Mikhil, também conhecido como o motorista de táxi que eu nunca conheci? **1.025 kilobytes.**

O arquivo de áudio DDS — não há vídeo — de Doolie dizendo como eu me sentei sobre o peito dela e a espanquei? **7.098 kilobytes.**

O arquivo JPEG de Meagan recém-nascida, rodeada de todo o tipo de máquinas, lutando por uma vida que acabou sendo esplêndida? **773 kilobytes.**

O vídeo de minha mulher na cabana, olhando para a câmera e dizendo com naturalidade que ela sabia que cada dia de sua vida ia ser uma aventura e que isso era muito bom? **230.032 kilobytes.**

A música que escutei todo o verão enquanto escrevia o livro, só para ouvir algo além da voz do arrependimento, meu e dos outros, naquelas longas noites digitando? (Músicas mais frequentemente tocadas: "Chillout Tent", dos Hold Steady, "Bastards of Young", dos Replacements, "You Love to Fail", dos Magnetic Fields, Sinfonia Nº 9, de Beethoven, "Whatever Happened to the Girl in Me?", de Ike Reilly — no total foram 2.836 canções, todas executadas pelo menos uma vez.) **6,94 gygabites.**

O texto digitado da entrevista que fiz com Bob, o cara que dirigia os programas de tratamento do condado de Hennepin e que me disse que eu tinha uma coisa a meu favor: "um pouco do lado estatístico desse negócio"; o que ele chamava de "a capacidade de ter esperança"? **27 kilobytes.**

O livro que concentrou tudo isso — as entrevistas de áudio e vídeo, as mentiras, as histórias verdadeiras, o material escaneado, as fotos, os relatórios de detenção, os documentos médicos, as reparações, as acusações, as promessas de amor, de perdão e de vingança — em um pacote não tão pequeno? **37.586 kilobytes.**

No final da noite, quando eu terminava de escrever, eu ligava o disco rígido no computador, sempre levado pelo simbolismo de minha própria necessidade de uma memória externa. Eu transferia os dados do computador para a pequena caixa e depois a segurava pelo cabo, observava o luzidio exterior metálico e olhava maravilhado para uma caixa que sabia mais sobre mim do que eu mesmo.

A caixa sabia que eu é que tinha o revólver, que não roubei minhas filhas, mas que eu não era uma escolha óbvia para obter a custódia como pai. Ela anotou que meu primeiro advogado perdeu sua licença, que o meu advogado criminalista foi expulso do tribunal, e que meu mentor foi para a prisão, e enquanto acontecia tudo isso eu fiquei mais ou menos ileso. O cartão de memória sabe que eu enganei todos os advogados que me ajudaram, mas que paguei a todos os traficantes a quem devia. Ele sabe que David Bowie não cantou para mim e que o câncer me feriu fundo, mesmo que eu finja que não. A caixa sabe o nome real do motorista de táxi em quem bati, e tem, em algum lugar entre os zeros e os uns, o registro recorrente de que outros me corromperam enquanto eu os corrompia. A caixa fez a conta e descobriu que fui fazer tratamento cinco vezes, e não quatro, e por pouco evitei um sexto. A caixa sabe que eu fui um traficante de cocaína nojento e um jornalista sério. Os dados conservados dentro daquela caixa conjeturam que Deus não me esqueceu, talvez porque as freiras rezaram por mim.

O disco rígido estava sentado no banco do carro ao meu lado na segunda-feira, 4 de junho de 2007, cheio de tudo o que eu havia aprendido sobre uma história que eu pensava que já conhecia. Eu estava indo para a nossa cabana e estava com pressa. Fui parado por excesso de velocidade nos arredores de Saratoga Springs. Era o dia em que eu devia começar a escrever o livro, e tomei isso como prova de que o halo de moscas que eu costumava usar podia ser convocado quando necessário.

Eu fiquei sentado ali, segurando a minha licença do lado de fora da janela, com o cinto de segurança colocado. O guarda me perguntou se eu usava o cinto quando passei por ele.

— Não posso ajudá-lo com isso, oficial.

Não era que eu não soubesse, eu apenas não queria dizer.

— Ah, é mesmo? — disse ele, inclinando-se para dentro do carro. — Há alguma coisa que eu deva saber sobre sua história?

Hum, não. Eu me remexi um pouco, engolindo o impulso de ser espertinho. *Talvez você pudesse procurar no disco rígido e me dizer quem tinha o revólver, Donald ou eu?* Eu já sabia que, se ele me digitasse no computador, não ia descobrir muito. Vinte anos é muito tempo; e a ocasião em que acabei de cara no chão se deu há alguns anos, e em outro estado. Assim sendo, o que ele precisava saber, além do fato de eu não estar usando o cinto quando passei por ele, fato que ele poderia verificar sem minha ajuda?

O guarda, que era jovem e amistoso, ainda estava ali enquanto eu revia toda essa história na minha cabeça. Eu me ouvi abrindo a boca e falando sobre o meu passado recentíssimo.

— Eu não estava usando o cinto quando cruzei com você.

Ele voltou para o seu carro, preencheu uma multa por falta de cinto e disse que, daquela vez, ia desculpar o excesso de velocidade. Eu agradeci e segui o meu caminho.

AGRADECIMENTOS

LIVRO: Flip, David, Ruth, Cynthia, DonJack, Michelle, Peter, Jonathan, Phil, Jaime, Carolyn, Alexis, Sharon.

INTERNET: Nick, Jigar.

REPORTAGENS: Anna, Donald, Chris, Doolie, Tommy, Brett, Marion, Barbara, Phil, Mickey, Peter, Todd, Pat, Terry, Deborah, Brian, Frank, Cathy, Barb, Emily, Rose, Daniel, Scott, Scotty, Seth, Mim, Bob, Dave, David, Annie, Steve, Lizzy, Nancy, John, Tony, Paul, Cute Michael, Peter, Emily, Julie, Zelda, Patrick, Steve, Dan, Tak.

TRABALHO: Sam, Bruce, Lorne, Bill, Jill, John, Dave, Danielle, Scott, Larry, Campbell, Randy, Tim, Anne, Julie, Chip, Rick.

VIDA: Bill, Eddie, Erik, Kurt, Dave, Claude, Brett, Seth, Tommy, John, Burl, Oats, Bill W.

FAMÍLIA: Joanie, John Sr., John Jr., Joe, Jim, Coo, Lisa, Missy, Diane, Linda, Mary, Mary, John, Don.

MAS O LIVRO É PARA: Jill, Meagan, Erin, Madeline.

A matéria pertence a mim, o livro, não. Agradecimentos sinceros pela orientação, pela paciência e por dizerem a verdade.

Este livro foi composto na tipologia Adobe
Garamond Pro, em corpo 11,5/15,5, e impresso
em papel Luxcream 70g/m² na Markgraph.